교감국역 송남잡지 07

An Encyclopedia of Songnam

지은이 조재삼(趙在三)은 1808년에 태어나서 1866년까지 생존하였다. 본관은 임천(林川)이고 호는 송남(松南)이며 자는 중기(仲璣)이다. 졸수재(拙修齋) 조성기(趙聖期)의 5대손이다. 저서로『송남잡지』외에도 유고 2권이 있다고 한다.

옮긴이 강민구(姜玟求)는 성균관대학교를 졸업(문학박사)하고 민족문화추진회 국역연수원을 졸업하였으며 연청(研靑) 오호영(吳虎泳) 선생을 사사하였다. 현재 경북대학교 교수이다. 논문으로「영조대 문학론과 비평에 대한 연구」, 역서로『국역 낙재선생문집』외 다수가 있다.

교감국역校勘國譯 송남잡지松南雜識 07

1판 1쇄 인쇄 2008년 10월 5일
1판 1쇄 발행 2008년 10월 10일

지은이 / 조재삼
옮긴이 / 강민구
펴낸이 / 박성모
펴낸곳 / 소명출판
등록 / 제13-522호
주소 / 137-878 서울시 서초구 서초동 1621-18 (란빌딩 1층)
대표전화 / (02) 585-7840
팩시밀리 / (02) 585-7848
somyong@korea.com / www.somyong.co.kr

값 31,000원

ISBN 978-89-5626-326-7 94810
ISBN 978-89-5626-319-9 (전13권)

교감국역 송남잡지 07

松南雜識

조재삼 지음 | 강민구 옮김

일러두기

1. 저본(底本)

이 책은 1987년 동서문화원에서 영인 출판한 『송남잡지』를 저본으로 삼아 역주하되, 1986년 아세아문화사에서 영인 출판한 『송남잡지』와 규장각 소장본 『송남잡지』를 참고하였다.

2. 교감(校勘)

『송남잡지』의 모든 내용을 교감하였다.
인용 원문과 『송남잡지』의 내용을 대조하여 상호 출입을 모두 표시하였다. 인용 원문과 『송남잡지』 사이에 또 다른 전적이 개재되었을 경우, 즉 재인용의 경우에는 그들 간의 변형 과정과 양태를 제시하였다.
『송남잡지』에 인용되지 않은 부분이라도 원문의 이해를 위해 필요할 경우 전후를 제시하였다.
인용 원문을 왼쪽에 두고 『송남잡지』를 오른쪽에 두었으며, 화살표(→)로 변형된 것임을 표시하였다.

3. 역문(譯文)

역문은 쉬운 우리말로 옮기는 것을 원칙으로 하였다. 교감을 거친 번역이므로 원문과 차이가 있는 것이 많다. 그러한 경우 반드시 각주의 형식으로 교감기를 제시하였다.
시(詩)는 역문을 왼쪽에 두고 원문을 오른쪽에 배치하였다.

4. 주석(註釋)

주석은 내용이 간단하고 짧은 경우에는 간주(間註)로 처리하고, 내용이 긴 경우에는 각주로 처리하였다.
각주는 해당 항목을 제시하고 주석하였으며, 긴 항목은 앞뒤의 어구만 제시하고 중간에 …… 부호를 넣어 중략하였음을 표시하였다.

5. 맞춤법

맞춤법과 띄어쓰기는 한글맞춤법과 표준어규정을 따르는 것을 원칙으로 하였다. 단 필요한 경우 두음법칙 등을 적용하지 아니하고 원음을 그대로 제시하였다.

6. 부호

이 책에 사용한 부호는 다음과 같다.
( ) : 번역문과 음이 같은 한자를 묶는다.
[ ] : 번역문과 뜻은 같으나 음이 다른 한자를 묶는다.
" " : 대화 등의 인용문을 묶는다.
' ' : " " 안의 재인용, 또는 강조 부분을 묶는다.
「 」 : 편명을 묶는다.
『 』 : 책명을 묶는다.
〈 〉 : 인용된 주석을 묶는다.

해제

『송남잡지(松南雜識)』는 조재삼(趙在三 : 1808~1866)이 1855년(哲宗 6년)에 저술한 백과전서적 성격의 유서(類書)이다. 조재삼은 재야의 사인(士人)으로 호가 송남(松南)이고 자는 중기(仲璣)이며 졸수재(拙修齋) 조성기(趙聖期)의 5대손이다.

현재 『송남잡지』는 세 가지 종류가 전해진다. 하나는 임기중(林基中) 교수가 편의상 '임씨본(林氏本)'으로 칭하는 것이고 하나는 규장각 소장본이고 나머지 하나는 청주에서 프린트본으로 발간된 것이다.

임씨본은 총 7책으로 비·파·귤·율·도·매·리(枇·杷·橘·栗·桃·梅·李)로 차례가 정해져 있다. 임기중 교수는 이 책만이 『임천조씨가보(林川趙氏家譜)』에서 "송남잡지 7권을 저술하여 세상에 행(行)하고 있다[著雜識七卷印行于世]"라고 한 기록에 부합되는 유일한 현존본이며 기타 두 종과 대조한 결과 임씨본이 초고본이라는 견해를 제시하였다. 즉 규장각본과 유인본(油印本)은 각각 임씨본을 필사하고 유인(油印)했다는 것이다. 그리고 그 근거로 후자의 두 책과 전자의 편차를 비교해 보면 권차(卷次)가 흐트러져 있는데, 제책(製冊) 후에도 보충이 계속되었다는 점을 제시하였다.

규장각본(奎章閣本)은 총 14권으로 되어 있는데, 비(枇)를 1·2로, 파(杷)를 11·12로, 귤(橘)을 3·4로, 률(栗)을 10·13으로, 도(桃)를 7·8로, 리(李)를 5·6으로 편차하였으니 이는 나무의 이름으로 편차를 정하는 방법이 일반적이지 않기 때문에 생긴 오류로 보인다.

청주의 유인본은 임형택(林熒澤) 교수가 조재삼의 방손(傍孫)인 조남식(趙南植) 옹으로부터 입수하여 아세아 문화사에서 1986년에 영인하였다. 이것은 해방 후 청주 지방에서 이광(李光 : 1887~1966)씨의 주선에 의해 상·중·하 세 책으로 약간부가 유인(油印)되었다고 한다.

유인본은 필경(筆耕)하여 유인(油印)한 것으로 임씨본과 큰 차이는 없다. 단 필경(筆耕)하는 과정에서 자구(字句)의 첨삭을 가하는 교정이 이루어졌을 가능성이 있다. 그러나 규장각본은 임씨본과 제책상(製冊上) 편차에서 차이를 보일 뿐만 아니라 항목의 구성에도 다소간의 차이를 보이고 있다. 규장각본은 임씨본에 있는 항목이 다수 누락되어 있다. 그런데 제책 후 누락된 내용은 원본을 보고 항목간의 빈 공간에 채워 넣은 것으로 보인다. 이는 마치 간주(間注)의 형식처럼 보이는데 사실은 누락된 항목의 보충에 불과하다. 그것의 글씨는 알아보기 어려울 정도로 조악한 것도 있다.

임씨본 역시 결락(缺落)된 글자가 어떤 이에 의하여 가필(加筆)된 흔적이 있다. 그런데 그것은 문맹자의 소위(所爲)로 보이는 바, 전혀 문리가 닿지 않는 글자뿐만 아니라 존재하지도 않는 글자를 그려 넣었기 때문이다.

『송남잡지』는 1,743장으로 이루어진 거질로 '백과전서적 유서'라고 할 만한데, 그 구성을 살펴보면 다음과 같다.

천문류(天文類) 70항목, 세시류(歲時類) 153항목, 지리류(地理類) 189항목, 국호류(國號類) 35항목, 역년류(歷年類), 외국류(外國類) 117항목, 인사류(人事類) 40항목, 가취류(嫁娶類) 75항목, 상제류(喪祭類) 139항목, 성명류(姓名類) 71항목, 과거류(科擧類) 41항목, 문방류(文房類) 85항목, 무비류(武備類) 114항목, 농정류(農政類) 64항목, 어렵류(漁獵類) 16항목, 실옥류(室屋類) 121항목, 의식류(衣食類) 244항목, 재보류(財寶類) 77항목, 집물류(什物類) 90항목, 음악류(音樂類) 94항목, 기술류(技術類) 151항목, 구기류(拘忌類) 80항목, 선불류(仙佛類) 117항목, 상이류(祥異類) 118항목, 계고류(稽古類) 407항목, 이기설(理氣說) 33항목, 인물류(人物類), 조시류(朝市類) 119항목, 방언류(方言類) 816항목, 화약류(花藥類) 180항목, 초목류(草木類) 179항목, 충수류(蟲獸類) 207항목, 어조류(魚鳥類) 187항목으로 상위 범주가 33류이고 하위 항목이 4432항이다.

위와 같이 『송남잡지』는 한문학 · 국문학 · 국어학 · 역사학 · 철학 · 민속학 · 종교학 · 천문학 · 지리학 · 농학 · 병학 · 건축학 · 동물학 · 식물학 · 한의학 · 복식사 · 음악사 · 과학사 · 외교사 · 제도사 등 다양한 분야의 지식을 담고 있다.

『송남잡지』의 '잡지(雜識)'라는 서명은 『성호사설(星湖僿說)』의 '사설(僿說)'이나 『반계수록(磻溪隨錄)』의 '수록(隨錄)'과 같은 의미이다. 이 책은 형식적 측면에서 유서의 전통적 양식을 충실히 계승하고 있을 뿐만 아니라 작가의 선명한 의식을 드러내고 있다.

조재삼은 『송남잡지』 자서에서 저작 동기와 저술 의식을 명확히 제시하고 있으니, 그는 추상물인 '태평(太平)'의 기록과 구체적 형상을 지니고 있는 '만물(萬物)'의 문자화를 자신의 책무로 자임하였다. 그 두 가지 중에서 조재삼의 주된 서술 의식은 전자에 맞춰져 있다. 즉 조재삼은 자서에서 "『송남잡지』는 태평(太平)의 기록으로 시작하여 태평(太平)의 기록으로 끝을 맺은 책"이라고 언명하고 있다. 과연 조재삼의 말대로 『송남잡지』의 첫 항목명은 '동방왈태평(東方曰太平)'이고 마지막 항목명은 '태평봉(太平鳳)'인데다가 '태평(太平)' 두 글자로 끝을 맺고 있다. 그런데 흥미로운 점은 조재삼의 강한 민족적 의식의 자각이다. 즉 '태평'은 우리나라의 태평에 다름 아니고 만물은 우리나라에 존재하는 만물에 다름 아니다. 조재삼은 우리나라를 '태평지역(太平之域)'이라고 명명하고 있으며, 우리나라가 천하에 존재하는 만물 가운데 절반을 보유하고 있다고 말하였다. 그러므로 『송남잡지』는 외우내환으로 나라가 병들어 가던 시기에 민족적 자존과 문화적 긍지를 고양하기 위한 의식의 소산이라고 할 수 있다. 그와 같이 선명한 의식이 백과전서적 형식 속에서 증명 분석되고 있다는 점이 기존의 유서와 다른 점이라고 할 수 있다.

그렇다면 『송남잡지』의 출현 동인은 무엇인가?

임형택(林熒澤) 교수는 『송남잡지』의 출현 동인으로, "새로운 지식에 대하여 경시하는 등 고루(固陋)와 고식(姑息)에 빠진 당대의 학풍을 반성하고 진작하려는 움직임"으로 파악하였다.

지금도 백과사전은 그것을 발행한 사회나 국가의 문화적 · 학술적 수준을 평가하는 하나의 척도가 될 수 있다. 『송남잡지』를 비록 '백과전서'라고 표현하고 있기는 하지만, 현대적 용어로 달리 대체할 만한 것이 없기 때문에 편의상 사용할 뿐이다. 현대적 의미의 백과사전은 중세의 유서들이 취하고 있는 분류 체계와는 전혀 다르기 때문이다. 즉 백과사전이 글자의 배열 순서에 입각해서 편찬된다면 유서는 작가의 가치관에 의해 차서(次序)가 정해진다. 그러므로 유서로서 『송남잡지』는 현재의 백과사전과 같이 다양한 정보를 제공하는 기능을 지니고 있는 동시에 당대인들의 가치관을 명확하게 볼 수 있는 유용한 자료라고 할 수 있다.

무엇보다 간과할 수 없는 점은 『송남잡지』가 문예미학적 특성을 갖추고 있다는 점이다. 이는 중국의 『운부군옥(韻府群玉)』·『사문류취(事文類聚)』 등이 문학 창작의 중요한 공구서(工具書)로 활용된 전통을 계승한 것이다. 그리고 또 하나의 중요한 사실은 『송남잡지』가 우리나라에서 발행된 『대동운부군옥(大東韻府群玉)』과 같은 운서류와 『지봉유설(芝峯類說)』·『성호사설(星湖僿說)』·『반계수록(磻溪隨錄)』과 같은 유서류의 전통을 충실히 계승하고 있다는 점이다. 조재삼은 중세의 막바지에서 유서라는 형식을 통하여 이전의 문화적 축적을 체계적으로 정리하려고 한 것이다.

참고문헌

임형택, 「송남잡지 해제」, 『松南雜識』, 아세아문화사, 1986.
임기중, 「송남잡지 해제」, 『松南雜識』, 동서문화원, 1987.

24. 상이류 祥異類

25. 계고류 稽古類

松南雜識 전체 차례

松南雜識 06

松南雜識 07

松南雜識 08

松南雜識 09

松南雜識 10

松南雜識 11

松南雜識 12

松南雜識 찾아보기

23. 선불류(仙佛類)

노씨성도
老氏聖圖

지봉(芝峯) 이수광(李睟光)이 말하였다.

『노씨성기도(老氏聖紀圖)』의 대략적 내용은 다음과 같다.[1)]

삼황(三皇) 때 화신(化身)하여 '반고선생(盤古先生)'이라고 불렀고, 복희(伏羲) 때에는 화신하여 '울화자(鬱華子)'라고 불렀고, 헌원(軒轅) 때에는 '광성자(廣成子)'라고 불렀고, 전욱(顓頊) 때에는 '적정자(赤精子)'라고 불렀고, 제곡(帝嚳) 때에는 '녹도자(錄圖子)'라고 불렀고, 요임금 때에는 '무성자(武成子)'라고 불렀다. 상나라 양갑(陽甲) 때에는 분신(分身)해서 기(氣)로 변하여 81년 동안 태아로 있다가 무정(武丁)[2)] 때 경

1) 『지봉유설』의 '老氏聖紀圖'를 『松南雜識』에는 '老氏聖圖'라는 항목명으로 처리하고 본문에서 '其略云'으로 시작했다.

신 2월 15일 묘시(卯時 : 오전 5시~6시)에 태어났다. 주(周) 무왕(武王) 때에는 수장사(守藏史)[3]가 되었다가 주하사(柱下史)[4]로 천직(遷職)되었다. 소왕(昭王) 23년에 함곡관을 지나가다가 관령(關令) 윤희(尹喜)를 만났다. 그 뒤 25년에 촉(蜀)의 청양사(青羊肆)[5]에 내려와 운희와 함께 사막 오랑캐 땅을 건너갔다가 목왕(穆王) 때 다시 중국으로 돌아왔다. 평왕(平王) 때 다시 함곡관을 나가 소린(蘇隣) 등 여러 나라를 감화시키고 다시 중국으로 돌아왔다. 경왕(敬王) 17년에 공자가 노자에게 도(道)를 물었고 열왕(烈王) 2년에는 진(秦)을 방문하였는데 진(秦) 헌공(獻公)이 역수(曆數)를 물으니 마침내 산관(散關)[6]을 나왔다. 난왕(赧王) 9년에 곤륜(崑崙)에서 신선이 되었다. 진나라 때에는 섬하(陝河)의 물가에 내려오니 하상장인(河上丈人)[7]이라고 하였고 하상공(河上公)이라고도 하였으니 그 설이 대부분 허탄하다.[8]

---

2) 무정(武丁) : 은나라의 제23대 왕(B.C. 1254~?). 59년간 재위했으며 시호는 고종(高宗)이다.

3) 수장사(守藏史) : 왕실의 도서관을 지키는 관직명.

4) 주하사(柱下史) : 주나라 때에, 장서실을 맡아보던 관리.

5) 『松南雜識』에는 '青衣肆'로 오기되어 있음.

6) 산관(散關) : 대산관(大散關). 섬서성(陝西省) 보계시(寶鷄市) 서남쪽 대산령(大散嶺)에 있음.

7) 『松南雜識』에는 '河上丈'으로 되어 있음.

8) **老氏聖紀圖**, 略**曰**, 三皇時化身, 號盤古先生, 伏羲時化身, 號鬱華子, 軒轅時號廣成子, 顓帝時號赤精子, 帝嚳時號錄圖子, **帝**堯時號務成子, 迨商陽甲時, 分身化氣, 寄胎八十一年, 生于武丁庚辰**歲**二月十五日卯時, 周武王時爲守藏史, 遷柱下史, 至昭王二十三年, 過亟谷關, 遇關令尹喜, 後二十五年, 降于蜀青羊肆, 會尹喜, 同度流沙胡域, 穆王時復還中夏, 平王時復出關, 開化蘇隣諸國, 復還中夏, 敬王十七年, 孔子問道於老君, 烈王二年過秦, 秦獻公問以曆數, 遂出散關, 赧王九年, 飛昇崑崙, 秦時降峽河之濱, 號河上丈**人**, 亦曰河上公, 其說多誕.(『芝峯類說, 卷十八, 外道部, 仙道』) → **其**略**云**, 三皇時化身, 號盤古先生, 伏羲時化身, 號鬱華子, 軒轅時號廣成子, 顓帝時號赤精子, 帝嚳時號錄圖子, 堯時號務成子, 迨商陽甲時, 分身化氣, 寄胎八十一年, 生于武丁庚辰二月十五日卯時, 周武王時爲守藏史, 遷柱下史, 至昭王二十三年, 過亟谷關, 遇關令尹喜, 後二十五年, 降于蜀青**衣**肆, 會尹喜, 同度流沙胡域, 穆王時復還中夏, 平王時復出關, 開化蘇隣諸國, 復還中夏, 敬王**時**十七年, 孔子問道於老君, 烈王二年過秦, 秦獻公問以曆數, 遂出散關, 赧王九年, 飛昇崑崙, 秦時降峽河之濱, 號河上丈, 亦曰河上公, 其說多誕.(『松南雜識』)

또 『둔갑개산도(遁甲開山圖)』에서 "여와씨(女媧氏)의 십구대 손자의 이름은 대우(大禹)이니 삼백 육십 구 세까지 살았다. 구의산(九嶷山)에 들어가 신선이 되었다. 그 뒤로 1600년 뒤에 정기로 변하여 아가씨를 임신시켜 열 네 달 만에 우를 나았다. 그가 바위를 쪼개고 산을 메우니 요임금은 그의 공이 옛날 대우와 같다고 생각하여 우(禹)라는 칭호를 하사하였다"라고 하였으니 역시 허탄하다.

소녀
素女

지봉(芝峯) 이수광(李睟光)이 "소녀(素女)는 양생서(養生書)에 보이고 현녀(玄女)는 지리서(地理書)에 보이는데, 모두 사람의 이름이지 여인이 아니다"[9]라고 말하였으니 마치 여와(女媧)가 임금의 칭호이고 여진(女眞)이 나라의 이름인 것과 같은 듯하다.

『석상부담(席上腐談)』[10]에서 "여와(女媧)는 여왕이 아니고 바로 남자 성인(聖人)이다"[11]라고 하였으니, 마치 『맹자(孟子)』의 '호랑이 때려잡는 풍부(馮婦)'[12]와 같은데 중국 사람들은 월산대군(月山大君) 이정(李婷)[13]을

---

9) 素女見養生書, 玄女見地理書, 皆人名, **似**非女人.(『芝峯類說, 卷十八, 外道部, 仙道』)→素女見養生書, 玄女見地理書, 皆人名, 非女人.(『松南雜識』)

10) 석상부담(席上腐談) : 원나라 유염(兪琰)이 편찬한 도가서(道家書). 상・하의 두 권으로 되어 있음.

11) 『석상부담』의 내용을 요약・인용했음.
媧氏繼伏羲氏之王天下, 後世以女媧爲古聖, 女乃伏羲之妹, 顓頊之母, 豈其然乎. 且夫氏名女媧, 猶國名女眞, 又如左氏傳所謂女艾, 莊子所謂偊女高, 孟子所謂馮婦, 果皆婦人哉.(『席上腐談, 卷上』)

12) 孟子曰, 是爲馮婦也. 晉人有馮婦者, 善搏虎.(『孟子, 盡心下』)→搏虎之馮婦.(『松南雜識』)

13) 이정(李婷) : 조선 성종의 형(1454~1488). 자는 자미(子美). 호는 풍월정(風月亭). 문장이 뛰어나 그의 시작(詩作)이 중국에까지 애송되었다. 작품집에 『풍월정집(風月亭集)』 등이 있다.

여자로 생각한다.

왕차중이 새로 변함
次仲化鳥

『열선전(列仙傳)』에서 말하였다.

왕차중(王次仲)[14]이 전서(篆書)를 예서(隸書)로 바꾸었다. 진시황이 그를 불렀으나 오지 않으므로 그를 죽이려라고 하였다. 왕차중이 큰 새로 변하여 날개를 떨치고 일어나자 사자(使者)가 절하며 말하였다.

"제가 황제께 복명(復命)할 수 없습니다."

그러자 차중은 세 길이나 되는 깃을 떨어뜨려 그에게 주었다. 그래서 그곳을 '낙핵산(落翮山)'이라고 한다.[15]

『수사(隋史)』에서 말하였다.

양제(煬帝)[16]가 의위(儀衛)[17]를 만들려고 새 깃을 구할 때의 일이다. 오정(烏程)[18]에 학 둥지가 백 길 높은 나무 위에 있었다. 그 나무를 자

---

14) 왕차중(王次仲) : 진나라의 서예가. 상곡(上谷) 출신. 약관에 창힐의 고문을 변모시켜 예서를 만들었다. 시황이 왕차중의 문자가 간편하여 번다한 사무에 능률이 있다고 여겨 불렀으나 나가지 않았다고 한다.

15) 王次仲變篆爲隸, 始皇召之, 不至, 將殺之, 次仲化爲大鳥, 振翼而起. 使者拜曰, 无以復命. 乃以三**大**翮, 墮與**使者**, 因號落翮山, 列仙.(『韻府群玉, 三翮』)→列仙**傳曰**, 王次仲變篆爲隸, 始皇召之, 不至, 將殺之, 次仲化爲大鳥, 振翼而起. 使者拜曰, 無以復命. 乃以三**丈**翮, 墮與**之**, 因號落翮山.(『松南雜識』)

16) 양제(煬帝) : 수나라의 제2대 황제(569~618). 성은 양(楊). 이름은 광(廣). 대운하(大運河)를 비롯한 토목 공사를 크게 일으켰고, 대군을 보내어 고구려를 침입했다가 을지문덕에게 패배했다. 재위 기간은 604~618년.

17) 의위(儀衛) : 시위(侍衛)가 들고 가는 의장(儀仗).

18) 오정(烏程) : 옛날의 현(縣) 이름. 현재 절강성(浙江省) 오홍현(吳興縣) 남쪽의 고고성

르려고 하자 학은 새끼가 다칠까 두려워 털을 뽑아 땅에 내던졌다.[19]

대개 신선이 학으로 변하고 학이 신선으로 변하니 정령위(丁令威)[20]나 소탐(蘇耽)[21]과 같은 류(類)가 이것이다.

모몽이 하늘로 올라감
茅濛昇天

지봉(芝峯) 이수광(李睟光)이 "진시황 때 모몽(茅濛)의 자는 초성(初成)으로 대낮에 하늘로 올라갔다. 그 읍요(邑謠)에 '신선이 된 사람 모초성'이라고 하니 칠언고시의 으뜸이 된다고 한다"[22]라고 말하였다.

「괴통전(蒯通傳)」에서 "괴통(蒯通[23])이 안기생(安期生)[24]과 놀았다"라고 하였으니, 괴통도 신선의 무리인가?

(古菰城).

19) 煬帝造儀衛, **課州縣送羽毛, 堪氅衣之用者, 殆無遺類**, 烏程, 有鶴巢樹, 高百**尺**, 伐其樹, 鶴恐傷子, **自**拔氅**毛**投于地.(『廣博物志, 四十四, 鳥獸一』)→煬帝造儀衛, 烏程, 有鶴巢樹, 高百**丈**, 伐其樹, 鶴恐傷子, 拔氅投于地.(『松南雜識』)

20) 정령위(丁令威) : 한나라 요동(遼東) 출신. 신선을 공부하여 학이 되어 고향에 돌아왔으나 아는 사람이 없자 다시 하늘로 돌아갔다는 고사가 있음.

21) 소탐(蘇耽) : 한나라 때의 도사. 계양군(桂陽郡) 출신. 소선공(蘇仙公). 한나라 문제(文帝) 때 득도하여, 사슴을 타고 지팡이를 짚고 다녔다는 고사가 있음.

22) 秦始皇時, 茅濛字初成, 白日升天, 其邑謠**曰**, 神仙得者茅初成, **駕龍上升入泰清, 時下玄洲戲赤城, 帝若學之臘嘉平云云, 後人以此**爲七言古詩之首.(『芝峯類說, 卷十八, 外道部, 仙道』)→秦始皇時, 茅濛字初成, 白日昇天, 其邑謠**云**, 神仙得者茅初成, 爲七言古詩之首**云**.(『松南雜識』)

23) 괴통(蒯通) : 전국 시대 초나라의 유세가. 본명은 괴철(蒯徹). 초한(楚漢) 때의 변사(辯士)로 범양(范陽) 출신. 괴생(蒯生)이라고도 한다. 사가들이 무제(武帝)의 이름을 피휘하여 '괴통(蒯通)'이라고 쓴 것이다. 저서로 『준영(雋永)』이 있으니, 전국 시대의 유세하는 이들의 권변(權變)을 모으고 자서를 붙인 것이다.

24) 안기생(安期生) : 진(秦)나라 때의 은사(隱士). 하상장인(河上丈人)에게 선술(仙術)을 배워 당시 사람들이 천세옹(千歲翁)이라고 칭호하였다. 진시황이 동방으로 유람할 때에 초청하여 3일을 함께 담론하고 수만금을 주었으나 버리고 갔다 한다.

두공 · 묵적
竇公墨翟

지봉 이수광이 “두공(竇公)은 위(魏) 문후(文侯)의 악공이니 한나라 문제(文帝) 때 이백 팔십 세였고, 묵적(墨翟)은 한나라 무제(武帝) 때 이백여 세였다”[25]라고 말하였다.

당나라 장과(張果)[26]가 “나는 요임금 시절 병자년에 태어났다”[27]라고 말하였다.

『포박자(抱朴子)』에서 “촉(蜀)에 이아(李阿)가 있다. 동굴에서 살고 먹지도 않는데 이름이 세상에 전해지지 않으니 ‘이팔백(李八百)’이라고 부른다”[28]라고 하였다.

우리나라에는 함흥에 삼백 살 된 사람이 있는데 그의 성명과 관향(貫鄕)은 모른다. 근래에까지 살아 있어서 임진왜란을 어제 일처럼 말하고 병자호란을 말하는데 그때는 이미 일흔 살이었다고 한다.

여동빈
呂洞賓

『열선전(列仙傳)』에서 말하였다.

---

25) 魏文侯樂**官**竇公, 至漢文時, 二百八十歲, 墨翟至漢武時, 二百餘歲.(『芝峯類說, 卷十八, 外道部,修養)→竇公魏文侯**時**樂**工**, 至漢文**帝**時, 二百八十歲, 墨翟至漢武**帝**時, 二百餘歲.(『松南雜識』)

26) 장과(張果) : 당나라 때의 도사. 흰 당나귀를 타고 하루에 수만 리를 갔는데, 쉴 때는 호리병에 당나귀를 집어넣었다고 한다. 그림의 소재로 많이 쓴다.

27) **嘗**云, 我生堯丙子**歲**.(『唐書, 卷二百四, 列傳, 第一百二十九, 方技, 張果』)→**唐張果老**云, 我生堯丙子.(『松南雜識』)

28) 蜀**中**有李阿**者**, 穴居不食, 傳世**見之**, 號**爲**八百**歲**.(『抱朴子, 內篇, 卷二, 道意第九』)→蜀有李阿, 穴居不食, **名不**傳世, 號**李**八百.(『松南雜識』)

여동빈(呂洞賓)[29]이 악주(岳州)의 백학사(白鶴寺) 앞에서 쉬고 있는데 어떤 노인이 소나무 가지에서 슬금슬금 내려와 말하였다. 저는 소나무의 정령입니다. 선생께서 지나가시는 것을 보았으니 예의상 기다려 뵙는 것이 마땅합니다.

여동빈이 인하여 벽에 시를 썼다.

홀로 와서 홀로 앉아 있으니	獨自行來獨自坐
나를 아는 이 세상에 하나 없다	無限世人不識我
성남의 늙은 나무 정령만이	惟有城南老樹精
신선이 지나가는 줄 분명히 아네	分明知道神仙過[30]

『포박자(抱朴子)』에서 "산 속의 나무 중에서 말을 할 줄 아는 것은 나무가 말을 할 수 있는 것이 아니고 그 정령이 그렇게 하는 것이니 '운양(雲陽)'이라고 한다"[31]라고 하였다.

사선

四仙

신라 때 술랑(述郎)·영랑(永郎)·안상(安祥)·남석(南石)이 고성(高城)에서 3일 동안 유람하니 아마도 단서암(丹書巖)에서 이른바 '남석행(南石行)'[32]인 듯하다.

---

29) 여동빈(呂洞賓) : 당나라 때 사람. 100세가 넘어서도 몸이 건강하고 걸음이 빨라 경각에 수백 리를 가자 세상 사람들은 신선이라고 했다.

30) **呂**洞賓憩岳州白鶴寺前, 有老人自松梢冉冉而下曰, 某松之精也. 見先生過, 禮當候見**呂**, 呂書壁云, 獨自行來獨自坐, 無限世人不識我, 惟有城南老樹精, 分明知道神仙過.(『韻府群玉, 老樹精』) → 洞賓憩岳州白鶴寺前, 有老人自松梢冉冉而下曰, 某松之精也. 見先生過, 禮當候見, 呂**因**書壁云, 獨自行來獨自坐, 無限世人不識我, 惟有城南老樹精, 分明知道神仙過.(『松南雜識』)

31) 抱朴子曰, 山中**有大**樹**有**能語者, 非樹能語也, 其精名曰雲陽.(『抱朴子, 內篇, 卷四, 登涉, 第十七』) → 抱朴子曰, 山中樹能**人**語者, 非樹能語也, 其精**爲之**, 名曰雲陽.(『松南雜識』)

수선

水仙

『포박자(抱朴子)』에서 "화음(華陰)의 풍이(馮夷)가 수선(水仙)이 되었다"[33]라고 말하였다.

『열선전(列仙傳)』에서 "송나라 사인(舍人) 금고(琴高)가 붉은 잉어를 타고 왔다"[34]라고 하였으니 황정견(黃庭堅)의 시에,

서리 내린 숲에서 은행잎을 거두니	霜林收鴨脚
봄 그물에 잉어 잡힌다	春網薦琴高[35]

가 이것이다.

우리나라의 수암(守庵) 박지화(朴枝華)[36]가 임진왜란 때 양평 물가에서 나무를 찍어 두보의 시를 썼다.

흰 갈매기 원래 물에서 자거늘	白鷗元水宿

---

32) 삼일포의 단서암에 '述郎徒南石行'이라는 문구가 바위에 새겨져 있다. 조선 시대의 금강산 기행문에 의하면 바위에 새겨 놓은 글자에 붉은 색을 칠했다고도 하는데, 일설에는 글자 자체가 붉은 색을 띠고 있다고도 한다. 15세기까지만 해도 바위에 새겨놓은 글자가 뚜렷했는데, 많은 사람들이 이 글씨를 보고 탁본하기 위해 찾아오자 이들을 대접하기에 힘들었던 마을의 백성들이 돌로 짓이겨서 삼일포 물 속에 버렸다고 한다.

33) **或以赤班蜘蛛及七重水馬以合**, 馮夷水仙**丸服之, 則亦可以居水中, 只以涂蹠下, 則可以步行水上也**.(『抱朴子, 內篇, 卷四, 登涉, 第十七』) → **華陰**馮夷, **爲**水仙.(『松南雜識』)

34) 琴高**者趙人也. 以鼓琴爲**宋**康王**舍人, **行涓彭之術, 浮遊冀州涿郡之間, 二百餘年後, 辭入涿水中, 取龍子, 與諸弟子期曰, 皆潔齋待於水傍設祠, 果**乘赤鯉, **來出坐祠中, 且有萬人觀之, 留一月餘, 復入水去**.(『列仙傳, 卷上, 琴高』) → 宋舍人琴高乘赤鯉.(『松南雜識』)

35) 『송구씨야부지선성 이수(送舅氏野夫之宣城二首)』.

36) 박지화(朴枝華) : 조선 중기의 학자(1513~1592). 본관은 정선(旌善). 자는 군실(君實), 호는 수암(守庵). 아버지는 형원(亨元)이다. 서경덕(徐敬德)의 문하에서 수학했고, 유·불·도 등에 통달하였다. 청안(淸安)의 구계서원(龜溪書院)에 봉향되었으며, 저서로는 『수암유고(守庵遺稿)』·『사례집설(四禮集說)』 등이 있다.

무슨 일로 남은 슬픔 있느냐　何事有餘哀[37]

그리고 물에 빠져 죽으니 사람들이 '수선(水仙)'이라고 하였다.

남주의 옥바둑돌
南趎玉碁

지봉 이수광이 말하였다.

남주(南趎)는 곡성(谷城) 사람으로 손수 쓴 편지를 하인에게 주면서 말하였다.

"지리산 청학동에서 도인과 노승(老僧)이 바둑을 두고 있었을 것이다."

하인이 편지를 올리자 도인(道人)이 웃으며 "내 이미 네가 올 줄 알고 있었다"라고 말하고 편지 한 통과 옥바둑돌을 주었다. 하인이 갈 때는 9월이었는데 돌아올 때는 2월이었다. 남주는 급제하여 전적(典籍)[38] 벼슬을 하였다. 그가 죽은 뒤로는 바둑돌이 어디에 있는지 모른다. 도인은 바로 고운 최치원이고 중은 바로 검단선사(黔丹禪師)라고 한다.[39]

---

37) 『守庵先生遺稿, 附錄, 遺事』.

38) 전적(典籍) : 조선 시대 관직. 성균관에 속했으며 품계는 정6품, 정원은 13명이었다.

39) 南趎**者**谷城人, **少時學業不習而能之**, **父勸讀書**, **則曰 兒未嘗不讀耳**. **一日雲霧晦塞**, **俄而霧止**, **見趎與長者數輩**, **坐巖石上講讀**, **人異之**. **嘗**手書與**家**僮**曰**, 往智異山青鶴洞, 則**當有兩人對坐**, **爾須得報以來**. 僮**依言而往**, **果見畫閣數間**, **橫架巖洞**, **精麗無比**, **一**道人**政**與老僧對碁, 僮以書進, 道人笑曰, 我已知爾至矣. **碁罷**付一札**幷**青玉**碁**子**而送之**, 僮來時**是**九月**間**, **落葉飄逕**, **微雪洒空**, **及辭還**, **不覺飢乏**, **唯見履跡下**, **宿草欲抽芽**, **方訝之**. **出洞則天氣和暖**, **草木向榮**, **乃人間**二月矣. 趎登第, 官**止**典籍**而卒**, 卒**後**失碁子所在, **好事者謂**道人卽**崔**孤雲, 老僧卽黔丹禪師.(『芝峯類說, 卷十八, 外道部, 仙道』)→南趎谷城人, 手書與僮, 往智異山青鶴洞, 則道人與老僧對碁, 僮以書進, 道人笑曰, 我已知爾至矣. 付一札, **並**青玉**春**子, 僮來時九月, **還時**二月矣. 趎登第, 官典籍, 卒失碁子所在, **而**道人卽孤雲, 老僧卽黔丹禪師**云**.(『松南雜識』)

득도한 최치원
孤雲得道

『택리지(擇里志)』에서 말하였다.

쌍계사(雙溪寺)에 최치원(崔致遠)의 화상(畵像)이 있는데 계곡가의 석벽(石壁)에 최치원이 쓴 글자가 많이 새겨져 있다. 전설에 최치원이 득도하여 가야산과 지리산 사이를 왕래하였다고 한다. 선조 신묘년(1591)에 절의 중이 바위 사이에서 종이 한 장을 얻었는데 이런 시가 쓰여 있었다.

우리나라의 화개동은	東國花開洞
병 속의 별천지라	壺中別有天
신선이 옥베개를 미니	仙人推玉枕
천년이 눈깜짝할 새라	身世倏千年

글자의 획이 새 것 같았고 자법(字法)은 세상에 전해지는 최치원의 필체와 같았다.[40]

대개 최치원이 김가기(金可紀)[41] · 최승우(崔承佑)[42]와 상선(商船)을 타

40) 雙溪寺, **寺**有**新羅崔**孤雲**致遠**畵像, 沿溪石壁, 多刻孤雲**大**字. 世傳**孤雲**得道, **至今**往來於伽倻智異**兩**間云. 宣廟辛卯**年**間, 寺僧, 得一紙於巖石間, 有**絶句一首**曰, 東國花開洞, 壺中別有天, 仙人推玉枕, 身世倏千年. 字畫如新, **其**字法, **則**與世所傳孤雲筆同.(『擇里志, 卜居總論, 山水』) → 雙溪寺, 有孤雲畵像, 沿溪石壁, 多刻孤雲字. 世傳得道, 往來於伽倻智異**之**間云. 宣廟辛卯間, 寺僧, 得一紙於巖石間, 有**詩**曰, 東國花開洞, 壺中別有天, 仙人推玉枕, 身世倏千年. 字畫如新, **而**字法與世所傳孤雲筆同.(『松南雜識』)

41) 김가기(金可紀) : 신라의 학자(?~859). 당나라에 들어가 빈공과(賓貢科)에 급제하여 학식과 문장으로 이름을 떨쳤다. 만년에는 『선경(仙經)』·『노자도덕경』 등을 연구했다.

42) 최승우(崔承祐) : 통일 신라 말기의 문인 · 학자. 당나라에 유학하고 빈공과에 급제했으며 문장이 뛰어나 최치원, 최언위와 더불어 삼최(三崔)로 불렸다. 문집에 『호본집(餬

고 당나라로 들어가 종남산(終南山)[43] 절에서 신천사(申天師)를 만나 『내단비결(內丹秘訣)』을 얻은 뒤 귀국하여 신선술을 연마하였다고 한다. 실상은 "계림(鷄林)[44]은 낙엽, 곡령(鵠嶺)[45]은 푸른 솔(鷄林黃葉鵠嶺青松)"이라는 말을 하여 신라왕이 그를 미워하였던 까닭에 두려워서 솔가(率家)하여 가야산으로 도망갔던 것이다.

수암(守庵) 박지화(朴枝華)가,

고운은 당나라 진사로	孤雲唐進士
애당초 신선을 배우지 않았다	初不學神仙[46]

라고 한 시가 이것이다.

신선이 된 김가기
可紀登仙

당나라 심분(沈汾)의 『속선전(續仙傳), 비승일십육인(飛昇一十六人)』 가운데에 "김가기(金可紀)는 신라인으로 빈공진사(賓貢進士)이다"[47]라고 하였다. 신선의 행적이 매우 기이하였는데 우리나라에는 전해지지 않으니 애석하다.

당나라 대중(大中) 11년(857) 12월에 김가기가 홀연히 표(表)를 올려 말하였다.

本集)』이 있다.

43) 종남산(終南山) : 현재 중국 섬서성(陝西省) 서안시(西安市)의 동남쪽에 있는 산. 높이 약 1,200미터.

44) 계림(鷄林) : 경주. 신라를 이름.

45) 곡령(鵠嶺) : 개성. 고려를 이름.

46) 「청학동(青鶴洞)」.

47) 金可**記**, 新羅人**也**, 賓貢進士.(『續仙傳, 卷上, 飛昇一十六人內女眞三人, 金可記』) →金可**紀者**, 新羅人, 賓貢進士.(『松南雜識』)

"신은 옥황상제의 조서를 받들어 내년 2월 25일에 의당 하늘로 올라갈 것입니다."

선종(宣宗)이 기이하게 생각하고 궁녀와 향약(香藥)과 금채(金彩)를 하사하였다. 또 내시를 보내 엎드려 모시게 하였다. 그가 말한 날이 되자 과연 오색 구름・생황・학・종・경쇠 소리・깃발이 하늘에 가득한 가운데 학을 올라타고 날아갔다. 벼슬아치와 선비, 구경꾼들이 가득 길을 메우고 구경하였다고 한다.

장효표(章孝標)의 「신라로 귀국하는 김가기를 전송하며[送金可紀歸新羅]」라는 시에서,

당나라 과거에 급제해 중국말 배우더니	登唐科第語唐音
보름에 처음으로 고향을 그리워한다	望日初生憶故林
높이 부는 바람에 잎 하나 물고기 등 위로 날더니	風高一葉飛魚背
잔잔해진 바다 가운에로 삼신산이 나오네	潮淨三山出海心[48]

라고 하였다.

단학
丹學

『택리지(擇里志)』에서 "진인(眞人) 최도(崔濤)・도사(道士) 남궁두(南宮斗)[49]・청하(青霞) 권극중(權克中)[50]은 모두 단학(丹學)으로 일컬어진다"[51]

---

48) 登唐科第語唐音, 望日初生**憶**故林, **鮫室夜眠陰火冷, 蜃樓朝怕曉霞深**, 風高一葉飛魚背, **潮**淨三山出海心, **想把文章合夷樂, 蟠桃花裏醉人參**.(『全唐詩, 卷五百六』) → 登唐科第語唐音, 望日初生**歸**故林, 風高一葉飛魚背, **湖**淨三山出海心.(『松南雜識』)

49) 남궁두(南宮斗) : 조선 중기 단학파(丹學派)의 한 사람(1526~1620). 전라북도 함열 출신. 임파(臨陂)에서 살다가 애첩과 당질간의 간통사건으로 두 사람을 살해하고 중이 되었다. 법명을 총지(摠持)라 하고 지리산 쌍계사(雙溪寺)에서 은거했다. 경상도 의령의 한 암자에서 지낼 때 부주(符呪)・상위(象緯)・감여(堪輿)・추점(推占) 등 도교의

라고 하였다. 청주의 한무외(韓無畏)[52]는 득도하여 시해(尸解)하였고, 매월당(梅月堂) 김시습(金時習)은 무량사(無量寺)에서 좌화(坐化)하였고, 이패랭이(李平凉子)도 좌화(坐化)하였다고 한다.

『집선전(集仙傳)』에서 말하였다.

'시해(尸解)'는 발이 파랗게 되지 않고 피부는 쭈그러들지 않고 안광에 손상이 없고 머리털이 빠지지 않는 것이다. 염을 하지 않았는데도 시신이 훼손되지 않는 이가 있으며 사람과 형체는 있는데 뼈가 없는 이가 있다. 사람은 있는데 형체가 떠난 이가 있으며 머리털은 있는데 형체가 떠난 이가 있다. 대낮에 정신이 육신과 분리되는 것이 상등의 시해(尸解)이고 한 밤에 정신이 육체와 분리되는 것이 하등의 시해이다.[53]

방술에 뛰어난 노승을 무주 부근에서 만나 신선술을 익혔다. 내단수련(內丹修鍊 : 호흡법 등으로 장수를 누리려는 도교 수련법의 일종)의 극치인 신태(神胎) 일보 직전까지 도달했다고 한다.

50) 권극중(權克中) : 조선 중기의 성리학자·도교학자(1585~1659). 본관은 안동(安東), 자는 정지(正之). 호는 청하(靑霞). 전라도 고부(古阜)에서 태어났다. 13세부터 김장생(金長生)의 문인인 최명룡(崔命龍)에게 수학했다. 정두경(鄭斗卿)·이식(李植)·임전(任錪) 등과 교유하는 한편, 내단사상(內丹思想)에 침잠하였다. 저서에 『청하집(靑霞集)』이 있다.

51) 丹學**則**南宮道士斗**咸悅人**. 權靑霞克中**古阜人**. **又以修鍊方術著名**.(『擇里志, 全羅道』) → **崔眞人澋**, 南宮道士斗, 權靑霞克中, **皆以**丹學**稱**.(『松南雜識』)

52) 한무외(韓無畏) : 조선 중기의 도사(1517~1610). 호는 용현진인(泊玄眞人)·득양자(得陽子). 사대부가의 선비로 18세 때 청주의 관기(官妓)와 가까이 지내다가 그 남편을 죽이고 관서(關西)의 영변으로 도피했다. 거기서 희천교생(熙川校生) 곽치허(郭致虛)를 만나 연단비방(鍊丹秘方)을 배워 득도했다.

53) **形如生人者尸解也**. 足不靑, 皮不皺**者**, 尸解**也**. 目光不**落**, **無異生人者**, **尸解也**. **有死而更生者**, 有未斂而失**其**尸者, 有髮脫**而**形**飛**者, 皆尸解也. 白日**解者**爲上, 夜半**解者**爲下. **向曉向暮去者**, **爲地下主**. 集仙**錄**.(『古今事文類聚, 前集, 卷三十四, 仙佛部, 仙』) → 集仙**傳曰**, 尸解**者**, 足不靑, 皮不皺, 目光不**毁**, **髮不脫者**, 皆尸解也. 有未斂而失尸者, **有人形在而無復骨者**, **有人在形去者**, 有髮脫形**去**者, 白日**去**爲上**尸解**, 夜半**去**爲下**尸解**.(『松南雜識』)

『순오지(旬五志)』에서 말하였다.

단군(檀君)·혁거세(赫居世)·동명왕(東明王)이 있고 신라 때에는 영랑(永郎)·술랑(述郎)·남석(南石)·왕보(王寶)·고극겸(高克謙)·효태세(孝太世)·범칠(仈柒)·탐시(昆始)·김가기(金可紀)·최치원(崔致遠)이 있다. 고려 때에는 강감찬(姜邯贊)이 있다. 조선 세조 때에는 권진인(權眞人)·매월당(梅月堂) 김시습(金時習)·홍유손(洪裕孫)[54)]이 있다. 성종 때에는 신당(新堂) 정붕(鄭鵬)[55)]·정수곤(丁壽崑)[56)]이 있다. 중종 때에는 허암(虛菴) 정희량(鄭希良)·남주(南趎)·지리선인(智異仙人)·화담(花潭) 서경덕(徐敬德)·북창(北窓) 정렴(鄭𥖝)[57)]·고옥(古玉) 정작(鄭碏)[58)]·계헌(桂軒)

54) 홍유손(洪裕孫): 조선 초기 문인(1431~1529). 자는 여경(餘慶), 호는 소총(篠叢)·광진자(狂眞子). 본관은 남양(南陽). 문장에 능하여 부역을 면제받고 김종직(金宗直)의 문인으로 지냈다. 세조의 왕위찬탈 이후 세속적 영화를 버리고 시와 술로 세월을 보냈다. 1482년부터는 남효온(南孝溫)·이총(李摠) 등과 함께 죽림칠현(竹林七賢)을 자처하고 노장(老莊)의 학문을 논하여 청담파(淸談派)로 불렸다. 1498년 무오사화(戊午士禍)에 연루되어 제주도에 노예로 유배되었다가 1506년 중종반정으로 풀려났다. 저서에 『소총유고(篠叢遺稿)』가 있다.

55) 정붕(鄭鵬): 조선 중기 문신·학자(1469~1512). 자는 운정(雲程), 호는 신당(新堂). 본관은 해주(海州). 김굉필(金宏弼)의 문인으로 길재(吉再)·김숙자(金叔滋)의 학통을 이어 받아 성리학을 깊이 연구하여 이황(李滉)으로부터 학문이 깊다는 칭송을 받았다. 선산(善山)의 금오서원(金烏書院) 등에 제향되었다.

56) 정수곤(丁壽崑): 조선 전기의 문신(1452~1486). 본관은 압해(押海). 어려서부터 시를 좋아하여 『시경』을 통독했으며, 1472년 춘장문과에 병과로 급제했다. 성균관 박사를 거쳐 감찰·승문원교리 등을 역임했다.

57) 정렴(鄭𥖝): 조선 중기 유의(儒醫)·도교인(道教人)(1505~1549). 조선 중기 유의(儒醫)·도교인(道教人). 자는 사결(士潔), 호는 북창(北窓). 본관은 온양(溫陽). 어려서부터 천문·의약·복서(卜筮)·율려(律呂) 등에 두루 능통했으며, 특히 약제(藥劑)에 밝았다. 수련(修鍊)에 힘써 해동단학파(海東丹學派)의 한 사람으로 꼽히며, 수단(修丹)의 방법을 적은 『용호비결(龍虎秘訣)』을 남겼다.

58) 정작(鄭碏): 조선 중기 문신(1533~1603). 자는 군경(君敬), 호는 고옥(古玉). 본관은 온양(溫陽). 좌의정 순붕(順朋)의 아들이다. 아버지가 을사사화의 원흉으로 지목, 관직이 삭탈되었기에 벼슬에 뜻을 두지 않다가 선조 때 이조좌랑을 지냈다. 학문에 정진했으며 평소 시와 술을 즐겨 주선(酒仙)이라 일컬어졌다. 특히 글씨에 뛰어나 초서와 예서를 잘 썼으며, 의학에도 조예가 깊어 1596년 『동의보감』 편찬에 참여했다.

정초(鄭礎) · 전우치(田禹治) · 윤군평(尹君平)[59] · 한라선옹(漢拏仙翁)이 있다. 선조 때에는 격암(格菴) 남사고(南師古) · 수암(守菴) 박지화(朴枝華) · 토정(土亭) 이지함(李之菡) · 한계노승(寒溪老僧) · 유형진(柳亨進) · 남해선인(南海仙人) · 장한웅(張漢雄) · 장생(蔣生) · 망우당(忘憂堂) 곽재우(郭再祐)가 있다.[60]

산사람이 신선
山人謂仙

『설문해자(說文解字)』에서 "신선(仙)은 산(山) 사람(人)이다"라고 하였다.

『박물지(博物志)』에서 "일남(日南)[61]에 야녀(野女)가 떼 지어 다니는데 짧은 적삼조차 입지 않은 벌거숭이이다"[62]라고 하였다.

『신이경(神異經)』에서 "서방의 깊은 산 속에 어떤 사람이 있는데 키는 한 자 남짓으로 웃옷을 입지 않고 새우와 게를 잡아 먹으니 '산삼(山㺑)'이라고 한다"[63]라고 하였으니, 바로 옥강(玉姜)[64]의 종류이다. 나무꾼 중에 그를 본 자도 있으니 대개 바다 속 교인(鮫人)[65]의 종류인 듯하다.

---

59) 윤군평(尹君平) : 생몰년 미상. 조선 성종 · 중종 때의 도류(道流). 한양 출신. 어려서 무예를 익혀 군관이 된 뒤 서울로 가는 도중에 이인(異人)을 만나 『황정경(黃庭經)』과 수련법을 전수받았으며, 당시 전우치(田愚治)와 함께 도술이 높은 것으로 유명했다.

60) 『旬五志, 卷下』의 내용을 축약 · 인용했음.

61) 일남(日南) : 현재 안남(安南) 순화(順化) 일대.

62) 日南, 有野女, 群行**不見夫**, **其狀皛且白**, **裸體**無衣禣 .(『博物志, 卷二, 異人』) → 日南, 有野女, 群行, **裸袒**無衣禣 .(『松南雜識』)

63) 西方深山**中**, 有人**焉**, **身**長尺餘袒身, 捕蝦蟹, **性不畏人**, **見人止宿**, **暮依其火**, **以炙蝦蟹**, **伺人不在而盜人鹽**, 以食**蝦蟹**, 名**曰**山**臊**.(『說郛, 卷六十六上, 神異經, 西荒經』) → 西方深山有人, 長尺餘, 袒身, 捕蝦蟹**以食**, 名山㺑.(『松南雜識』)

64) 옥강(玉姜) : 전설상의 모녀(毛女)의 이름. 진시황 때의 궁인(宮人)으로 진나라가 멸망하자 산 속으로 도망하여 도사에게 솔잎 먹는 법을 배웠다고 한다. 추위와 주림을 모르고 몸은 나는 듯 가벼우며 온몸에 털이 나 있다고 한다.

65) 교인(鮫人) : 전설상의 반인반어.

『순오지(旬五志)』에서 말하였다.

두류산(頭流山) 중이 겨울 밤 아궁이에 불을 묻어두면 누군가 매일 헤집어 꺼뜨리곤 하였다. 중이 몰래 엿보니 깊은 밤에 크기가 사람만 한 날동물이 용마루 끝에서부터 아궁이로 날아들어가 불을 헤치고 쬐는 것이었다. 중이 튀어나가 잡으려고 하자 재빨리 날아가 버렸다. 그래서 그물을 설치하니 들어가기는 쉬워도 나오기는 어려운 것이었다. 그 동물이 과연 그물에 사로잡혔는데 중이 그 모양을 보니 얼굴이나 팔다리는 사람과 같았으나 긴 털이 온몸에 나 있었다. "사람이냐? 신선이냐? 어째서 왔느냐?"라고 물어보니 그 동물이 혀를 내두르며 재잘댔지만 알아들을 수 없는 말이었다. 놓아주자 바람을 타고 가 버렸다.

또 함흥(咸興)의 김진사가 밤에 동협(東峽)[66]의 궁벽진 마을에서 잠을 잘 때의 일이다. 마치 말이 재갈을 흔드는 소리 같은 쇠사슬 소리가 들리고 새벽까지 그치지 않았다. 김진사가 주인에게 물었다.

"너희 집에 길들이지 않은 말이 있느냐? 쇠사슬 소리 때문에 잠을 잘 수 없었네."

"말이 아닙니다. 저희 할아버지의 할아버지입니다. 연세가 얼마나 되는지 모르겠사오나 백 살이 넘은 지 벌써 오래되었습니다. 멧돼지처럼 온몸에 털이 나있습니다. 배고파 하지도 않고 배불러 하지 않으며 말도 통하지 않습니다. 언제나 뛰쳐나가려고 하는데 나가면 찾기 어렵습니다. 그래서 쇠사슬로 묶어 두었는데 항상 머리를 흔들어 끊으려고 하기 때문에 그 소리가 그치지 않습니다."

"어쩌다 이 지경이 되었는가?"

주인도 그 이유를 알 수 없다라고 하였다.

---

66) 동협(東峽) : 경기도 동쪽 지방과 강원도 지방을 통틀어 이르는 말.

옛날에 월나라 구천(句踐)이 오나라에 바치기 위하여 나라의 사람을 시켜 깊은 산에 들어가 기목(奇木)[67]을 구해오게 하였는데 십여 년이 흘러도 찾지 못하였다. 초목의 열매만을 먹고 온몸에 털이 났다. 수백 년 뒤에 어떤 사람이 그를 만났는데 바위 골짜기를 뛰어 넘는 것이 새나 짐승처럼 빨랐다. 이 사람이 목객(木客)이다.[68]

살펴보건대 「서현전(徐鉉傳)」에서 말하였다.

파양산(鄱陽山)의 목객(木客)은 진나라 때 아방궁(阿房宮)을 지은 사람인데 나무 열매만 먹고도 죽지 않았다. 민가(民家)에 가서 술을 가져다 먹고 다음과 같은 시를 지었다.

술이 떨어졌다고 사오지 마소	酒盡君莫沽
술병 비면 나는 의당 떠난다오	壺乾我當發[69]

도사
道士

『사물기원(事物紀原)』에서 "『황제내전(皇帝內傳)』에 도사가 예를 행하는 글이 있으니 이는 의당 도(道)가 있는 선비(士)이다"[70]라고 하였다.

---

67) 『수경주(水經注)』에 의하면 '櫟櫃'이라고 함.
68) 『旬五志, 卷下』에는 '함홍 김진사 이야기'와 '목객(木客) 이야기'가 먼저 나오고, '두류산 중 이야기'가 뒤에 나온다.
69) 鄱陽山**中有**木客, 秦時造阿房宮者, 食木實, 得不死, **時**就民間取酒, 爲詩云, 酒盡君莫沽, 壺**傾**我當發**云云**. 徐鉉傳.(『韻府群玉, 木客』) → 徐鉉傳, 鄱陽山木客, 秦時造阿房宮者, 食木實, 得不死, 就民間取酒, 爲詩云, 酒盡君莫沽, 壺**乾**我當發.(『松南雜識』)
70) 黃帝內傳, 有道士行禮之文, 此**疑謂**有道之士也.(『事物紀原, 卷七, 庫務職局部三十四, 道士』) → 黃帝內傳, 有道士行禮之文, 此宜爲有道之士也. 事物紀原.(『韻府群玉, 周有道士』) → 事物紀原**曰**, 黃帝內傳, 有道士行禮之文, 此宜爲有道之士也.(『松南雜識』)

『누관본기(樓觀本紀)』에서 "주나라 목왕(穆王)이 윤진인(尹眞人)이 초루관(草樓觀)을 짓자 은둔해 있는 사람들을 초빙하여 살게 하고 도사(道士)라고 하였다"[71]라고 말하였으니, 도사(道士)·진인(眞人)·유인(幽人)·일인(逸人)이라는 명칭의 유래가 오래되었다.

담양의 연형
曇陽鍊形

지봉(芝峯) 이수광(李睟光)이 말하였다.

담양대사(曇陽大師) 도정(燾貞)[72]은 명나라 태학사(太學士) 왕석작(王錫爵)[73]의 딸로, 가정(嘉靖) 무오년(1558)에 태어났다. 열일곱 살 때 천진(天眞)을 만나 도경(道經)을 전수 받았다. 연형(鍊形)[74]하고 음식을 먹지 않았는데 만력(萬曆) 경진년(1580) 중구일(重九日)에 시해(尸解)하였다. 왕세정(王世貞)[75]이 그의 사적을 전하였는데 괴이하다. 그의 말은 불가적(佛家的) 성향이 있다. 그렇지만 "『중용』의 '하늘이 명(命)하신 것을 성(性)이라 이른다'[76]라는 한 마디는 천하의 도를 개괄하였다"라고 하였다. 또 "'사사로운 뜻이 없으며, 기필하는 마음이 없으며, 집착하는 마음이 없으며, 이기심이 없다'[77]라고 하니 의미 있는 말이

71) 周穆王因尹眞人草**摟**之觀, 召**函**逸人居之, 謂之道士, **則自周有道士也**. 樓觀本紀.(『韻府群玉, 周有道士』) → 樓觀本紀**云**, 周穆王因尹眞人草**樓**之觀, 召**幽**逸人居之, 謂之道士.(『松南雜識』)

72) 도정(燾貞) : 왕규(王桂). 도정(燾貞)은 그의 자이다. 호는 담양(曇陽). 명나라 때의 여도사.

73) 왕석작(王錫爵) : 명나라의 문신. 태창(太倉) 출신. 시호는 문숙(文肅).

74) 연형(鍊形) : 도가에서 자신의 형체를 수련함을 이름.

75) 왕세정(王世貞) : 왕석작(王錫爵)의 동생이다.

76) 天命之謂性.(『中庸』)

77) 毋意, 毋必, 毋固, 毋我.(『論語, 子罕』)

다. 이것이 공자가 된 이유인가 보다. '효과를 미리 기대하지 말아서 마음에 잊지도 말며 억지로 조장(助長)하지도 마라'[78]라고 하니 맹자는 거의 자신의 책임을 자임하였는가 보다"라고 하였다. 또 "도를 추구하는 사람은 종일 마음과 몸을 점검하는 것일 따름이다"라고 하니, 이 몇 마디의 말은 우리 유가(儒家)와 배치되지 않는다.[79]

주의녀
朱衣女

연암(燕巖) 박지원(朴趾源)이 말하였다.

천주당(天主堂)에 그려져 있는 주의녀(朱衣女)는 오대(五代) 때 민(閩)의 도순검(都巡檢) 임원(林願)의 여섯 째 딸과 유사하다. 그녀는 천복(天福)[80] 8년(943)에 태어나서 옹희(雍熙)[81] 4년(987) 2월 29일에 신선이 되었는데 언제나 붉은 옷을 입고 바다 위를 날아 다녔다. 마을 사람들이 그를 위해 사당을 세웠다.[82]

---

78) 必有事焉而勿正, 心勿忘, 勿助長也.(『孟子, 公孫丑上』)

79) 曇陽大師燾貞者, 皇明**大**學士王錫爵**之**女, 生於嘉靖戊午, 十七, 遇天眞降授道經, 鍊形不食, 萬曆庚辰重九蛻去, 王世貞傳其事**甚悉**, **可怪也**. 所言多涉禪味, **而**其曰中庸天命之謂性一語, 冒天下之道. 又曰, 毋意毋必毋固毋我有味哉. 玆所以爲孔子乎. 勿正勿忘助, 孟氏庶幾擔荷矣. 又**曰**, 求道者但於十二時, 點檢身心中過而已. 此數語**却**與吾道不**甚相**背, **亦異矣**.(『芝峯類說, 卷十八, 外道部, 仙道』) → 曇陽大師燾貞者, 皇明**太**學士王錫爵女, 生於嘉靖戊午, 十七, 遇天眞降授道經, 鍊形不食, 萬曆庚辰重九蛻去, 王世貞傳其事, **而**所言多涉禪味, **然**其曰中庸天命之謂性一語, 冒天下之道. 又曰, 毋意毋必毋固毋我有味哉. 玆所以爲孔子乎. 勿正勿忘**勿**助, 孟氏庶幾擔荷矣. 又**云**, 求道者但於十二時, 點檢身心中過而已. 此數語與吾道不背.(『松南雜識』)

80) 천복(天福) : 오대(五代) 진(晉) 고조(高祖)의 연호(936~943).

81) 옹희(雍熙) : 송나라 태종(太宗)의 연호(984~987).

82) **東西洋考**, 五代時, 閩都巡檢林願之第六女, 生**于**晉天福八年, 以雍熙四年二月二十九日昇仙, 常**衣**朱衣, 飛翻海上, 里人祠之, **宋宣和癸卯**, **給事中路允迪使高麗**, **中流遇風**, **鄰舟俱溺獨路舟**, **神降于檣無恙**, **使還奏于朝**, **特賜廟號順濟**. **今**天主堂所畵朱

천주녀
天主女

『명사(明史)』에서 "만력(萬曆) 29년 신축(1601)에 천진(天津)의 감세중관(監稅中官)이 대서양(大西洋) 이마두(利瑪竇[83])의 방물(方物)과 천주녀도(天主女圖)를 바쳤다"[84]라고 하니 서양인이 중국에 들어간 것은 그가 처음이다. 희종(熹宗) 때 어사(御史) 추원표(鄒元標)와 풍종오(馮從吾)가 수도에 수선원(首善院)을 건립하고 고반룡(高攀龍[85]) 등과 함께 강학(講學)하였는데 그들 중 군소배가 전적을 모두 불 태우고 공자(孔子)의 신주를 길에 내다 버렸다. 숭정(崇禎) 연간에 이르러 서양인 탕약망(湯若望[86])이 그 곳에서 역서(曆書)를 찬수(撰修)하였으니 지금은 천주당(天主堂)이라고 한다. 근자에 우리나라의 사신이 연경에 들어가 천주당의 예수상을 보니 그것은 백단(白檀)으로 만들었으며 그가 형벌을 받는 모습을 형상하였는데

衣女**像**, **飛翻海雲間**, 似**爲其神也**.(『燕巖集, 卷之十四, 別集, 熱河日記, 口外異聞, 順濟廟』) → 天主堂所畵朱衣女似**是**, 五代時, 閩都巡檢林愿之第六女, 生晉天福八年, 以雍熙四年二月二十九日昇仙, 常朱衣, 飛翻海上, 里人祠之.(『松南雜識』)

83) 이마두(利瑪竇) : 이탈리아 예수회 선교사인 Matteo Ricci의 중국이름. 1552~1610. A. 발리냐노의 부름을 받아 1582년 마카오에 내항, 이듬해 조경(肇慶)에 정주하도록 허가받아 가톨릭포교를 시작했다. 중국을 포함한 최초의 세계지도 「만국여도(萬國輿圖)」를 그렸는데, 조경 지부 왕반(王泮)에 의해 1584년 출판되었다. 1601년 북경(北京)에 들어가 명나라의 신종(神宗)에게 자명종 · 서양금 등을 바쳐 베이징에서 정주하도록 허락받았다. 구태소(瞿太素) · 이지조(李之藻) · 서광계(徐光啓) 등의 지식인이 개종하여 전도가 진전되고 그들의 협력으로 서양 과학기술서와 기타 서적을 번역 · 저술했다.

84) 二十九年**二月**, 天津稅監**馬堂**, 進大西洋利瑪竇方物, **禮部言**, **大西洋不載會典**, **眞僞不可知**, **且所貢**天主女圖.(『明史紀事本末, 卷六十五, 礦稅之弊』) → **萬曆**二十九年**辛丑**, 天津監稅**中官**, 進大西洋利瑪竇方物**及**天主女圖.(『松南雜識』)

85) 고반룡(高攀龍) : 명나라 말기 사상가(1562~1626). 자는 존지(存之), 호는 경일(景逸). 강소생(江蘇省) 무석(無錫) 출신. 고헌성(顧憲成)과 함께 동림학파(東林學派) 지도자였다. 명나라 말기 정계의 부패를 수습하려 했으나 끝내 뜻을 이루지 못하고, 환관파(宦官派)의 동림당 탄압으로 체포되기 직전에 강에 투신했다.

86) 탕약망(湯若望) : Johann Adam Schall von Bell의 중국 이름. 명나라 말기부터 청나라 초에 걸쳐 포교와 천문역산(天文曆算)을 위해 활동한 예수회 신부(1591~1666). 포교와 천문역산(天文曆算)을 위해 활동했다.

선혈이 뚝뚝 새로 떨어지는 것 같다고 한다.

마호메트
穆罕默德

『영환지략(瀛環志略)』[87]에서 말하였다.

부처는 주 장왕(莊王) 10년(B.C. 705)에 태어나서 주 광왕(匡王) 6년(B.C. 617)에 죽었다. 천주교의 예수는 한 애제(哀帝) 원수(元壽) 2년 경신년(B.C. 1)에 태어나서 한 광무제(光武帝) 건무(建武) 7년 기축년(31)[88]에 죽었다. 회교(回教)의 마호메트는 진(陳) 선제(宣帝) 대건(大建) 원년(569)에 태어나서 수(隋) 문제(文帝) 개황(開皇) 14년 갑인년(594)에 죽었다.

또 서방의 야소교를 받드는 자들은 회교를 받들지 않는다. 회교는 회회국(回回國)의 종교이다. 서로 병사를 동원해 공격한다. 그런 까닭에 세상의 공교(孔教=儒教)·석교(釋教=佛教)·서양교(西洋教=基督教)·회회교(回回教=回教)를 '사대교(四大教)'라 하는 말이 이것이다.

근년에 우리나라 영남에 동학(東學)이 있어서 서학(西學)을 공격하였다. 그러나 그들이 외우는 말 중에 "천주의 조화를 의지한다"라는 것이 있으니 역시 서학의 유파이다.

---

87) 영환지략(瀛環志略): 청나라의 관료이자 지리학자인 서계여(徐繼畬)가 복건성(福建省) 순무(巡撫)로 있을 때 서양인들과 사귀면서 지도를 수집해 그것을 기초로 저술한 서적. '영해지략(瀛海志略)'이라고도 한다. 총 10권.

88) 건무 7년은 '己丑年'이 아니라 '辛卯年'임.

야소기독
耶蘇基督

『영환지략(瀛環志略), 이탈리아열전(意大里亞列傳)』에서 말하였다.

서양인이 출판한 예수의 책이 매우 많은데 그 책에 이런 내용이 서술되어 있다.

상고 시대에 지인(至人) 모세(Moses)가 서내산(西奈山)[89]에서 하늘의 가르침을 신으로부터 받았는데 십계(十戒)를 후세에 전하여 세상 사람들을 교화하였다. 그의 선조로 철인(哲人)이 있으니 아브라함(Abraham)이다. 그로부터 십사 세만에 위대한 왕 두 사람을 낳았는데 모두 서양의 명현(名賢)으로 교화를 잘하였다. 위대한 왕으로부터 십사 세가 바빌론이고 바빌론으로부터 또 십사 세만에 예수기독을 낳았다. 〈기독(基督)은 중국의 신령(神靈)과 같다.〉 예수의 아버지는 요셉(Joseph)이고 어머니는 마리아(Maria)이인데 마리아가 신에 감응하여 잉태하여 한(漢) 애제(哀帝) 5년 경신년(B.C. 1)[90]에 이스라엘에서 예수를 낳았다.

예수가 널리 전파한 교법(教法)은 살인을 경계하고 음란을 경계하고 도둑질을 경계하고 거짓말을 경계하는 것이다. 하늘을 일러 아버지라고 하고 자신은 하늘의 독자(獨子)로 이 세상에 태어나서 세상사람들을 구제한다고 한다. 사람의 삶은 영혼이 중요하고 육신은 가벼우니 육신은 한시적이지만 영혼은 억겁을 지나도 없어지지 않는다고 한다. 도를 닦은 사람은 천국으로 영혼이 올라가서 하늘과 함께 영원한데 천주(天主)는 예수로 상천(上天)을 주재(主宰)한다고 한다.

---

89) 서내산(西奈山) : Mt. Sinai. 이집트 시나이반도 남쪽에 있는 산. 해발고도 2285m. 모세산이라고도 하며, 『구약성서』에는 시내산으로 표기되어 있다.

90) 경신년은 애제 5년이 아니라 6년임.

이스라엘 왕이 그를 미워하여 그 지방 사람들에게 뇌물을 주어 그들의 스승 예수를 팔아 십자가에 못 박히게 하였다. 그는 자주 모습을 드러내기에 예수교를 신봉하는 사람들은 다른 신에게 제사를 지내지 않고 조상에게도 제사를 지내지 않고 예수를 구세주라고 하니 역시 불교의 지류(支流), 별파(別派)이다. 구라파는 멀리 떨어진 지역에 있는지라 주공(周公)과 공자의 가르침이 미치지 못하는 곳이다. 예수가 그 사이에서 태어나 자신을 잊고 세상을 구원하였기에 그 곳에서 숭앙하고 믿으니 원래는 그르다고 말할 이유가 없지만 반드시 중원에 그 가르침을 전파하려고 한다면 역시 많은 사단의 발생을 면할 수 없을 것이다.

십자패
十字牌

『영환지략(瀛環志略)』에서 말하였다.

천주교리에 따라 십자가를 세운다. 구리로 사람을 만드는데 예수가 못 박혀 수난당하는 형상을 본떴다. 그 곁에는 여인의 상이 있으니 예수의 어머니 마리아를 본뜬 것으로 천주여도(天主女圖)이다.

이마두
利瑪竇

지봉(芝峯) 이수광(李睟光)이 말하였다.

구라파 사람 이마두가 지은 『천주실의(天主實義)』 두 권은 맨 먼저 천주(天主)가 천지를 처음 만들었고 안양(安養)의 도리를 주재함을 논하였다. 그 다음으로는 사람의 영혼은 불멸하기에 짐승과 크게 다름을 논하였다. 그 다음으로 윤회육도(輪回六道[91])의 오류, 천당과 지옥이 선과 악의 응보임을 논하였다. 끝에는 사람의 본성은 원래 착하기에 천주를 공경하여 받들라는 뜻을 논하였다. 그들의 풍속에 임금을 교화황(敎化皇)이라고 하고 결혼을 하지 않으므로 세습을 하지 않고 어진 이를 가려서 세운다. 또 그들의 풍속은 우의(友誼)를 중시하여 사재(私財)를 모으지 않는다. 「중우론(重友論)」을 저술하였는데 초굉(焦竑)이 "서양의 이군(利君=이마두)은 '벗'을 '제 이의 나[第二我]'라고 한다"라고 말하였다. 상세한 사적은 『속이담(續耳譚)』에 보인다.[92]

대개 그 학문은 불교의 유파에다 묵가(墨家)를 섞었고 묵가의 이름에 도가(道家)를 겸하였다. 또 천문·지리·의약·복서(卜筮)·나무 재배·농업과 잠업의 기술로 꾸미니 심각하게 천하를 어지럽힌다. 정조 때에 이가환(李家煥[93])이 중국에서 그의 책을 사왔다. 이로부터 비로소 우리나

---

91) 윤회육도(輪回六道) : 불교에서 중생들이 지은 업(業)에 따라 천도(天道 : 천상), 인도(人道 : 인간), 수라도(修羅道), 축생도(畜生道), 아귀도(餓鬼道), 지옥도의(地獄道) 여섯 가지 세계에 태어나고 죽는 것을 계속 반복한다고 하는 말.

92) 歐羅巴**國**, **亦名大西國**, **有**利瑪竇**者**, **泛海八年**, **越八萬里風濤**, **居東粵十餘年**, 所著天主實義二卷, 首論天主始制天地, 主宰安養之道, 次論人魂不滅, 大異禽獸, 次辨輪廻六道之謬, 天堂地獄善惡之報, 末論人性本善而敬奉天主之意, 其俗謂君曰敎化皇, 不婚娶, 故無襲嗣, 擇賢而立之. 又其俗重友誼, 不爲私蓄, 著重友論, 焦竑曰, 西域利君以爲友者第二我, **此言奇甚**云. **事**詳見續耳譚.(『芝峯類說, 卷二, 諸國部, 外國』)→歐羅巴**人**利瑪竇所著天主實義二卷, 首論天主始制天地, 主宰安養之道, 次論人魂不滅, 大異禽獸, 次辨輪廻六道之謬, 天堂地獄善惡之報, 末論人性本善而敬奉天主之意, 其俗謂君曰敎化皇, 不婚娶, 故無襲嗣, 擇賢而立之. 又其俗重友誼, 不爲私蓄, 著重友論, 焦竑曰, 西域利君以爲友者第二我云. 詳見續耳譚.(『松南雜識』)

93) 이가환(李家煥) : 조선 후기의 학자(1742~1801). 자는 정조(廷藻). 호는 금대(錦帶)·정헌(貞軒). 안정복·정약용 등과 교유하며 학문 연구에 힘썼으며 가톨릭교에 흥미를 갖고 그 교리를 연구했으나, 신해사옥 때는 광주 부윤(府尹)으로서 가톨릭교를 탄압했다. 그 후 벼슬에서 물러난 후 가톨릭교 신자가 되어 신유사옥 때 순교했다. 문장과 글씨에 뛰어났으며, 저서에 『기전고(箕田攷)』가 있다.

라에 천주학이 있게 되었다고 한다. 한나라 봉선서(封禪書)에 의하면 여덟 신에게 제사를 지내니 그 하나가 천주(天主)이다. 불경에 의하면 육도(六道) 가운데 하나가 역시 천주(天主)이니 천주에 대한 설은 오래되었다.

연암 박지원이 말하였다.

야소(耶蘇 = 예수)란 중국말에 현인을 군자(君子)라고 하고 번국(番國)의 풍속에 중을 나마(喇嘛)라고 하는 것과 같다. 야소는 한 마음으로 하늘을 공경하여 팔방에 가르침을 세우고 나이 서른에 극형을 당하니 나라 사람들이 그를 애모(哀慕)하여 야소신을 만들어 놓고 천주(天主)라고 하였다. 그 교리 네 조목은 색욕 끊기를 맹세함, 벼슬 욕심 끊기를 생각함, 세상에 교리를 펼침, 금의환향하기 위하여 명예에 연연함이 없기를 원함이다. 명분은 비록 불교를 배척한다고 하지만 윤회를 독실히 믿는다.

만력(萬曆) 연간에 서양의 사방제(沙方濟)[94]가 월(粵) 동부에 왔다가 죽었고 그 뒤를 이마두가 이었는데 그의 교리는 부지런히 섬김(昭事)을 종지(宗旨)로 삼고 수신(修身)을 중요하게 여기며 충효와 자애를 공부해 힘쓸 일로 삼으며 개과천선(改過遷善)을 입문으로 삼는다. 생사(生死)는 큰일로 삼고 유비무환을 귀착점으로 삼는다. 서양에서 종교로 신봉한 이후 천여 년 만에 크게 안정되고 장구하게 다스려졌다. 그 말이 과장되고 허탄하여 중국에는 믿는 사람이 없다.

혹정(鵠汀) 왕민호(王民皥)가 "서학이 어떻게 불교를 헐뜯을 수 있겠는가? 본래 불교의 찌꺼기에 의탁하다가 중국에 들어온 뒤로는 중국이 불교를 배척하는 것을 보고 중국의 서적 안에서 '상제(上帝)'·'주재(主宰)' 등의 말을 찾아내어 우리 유가에 빌붙었다. 그러나 본령은

94) 사방제(沙方濟) : 사비에르(Xavier, Francisco). 에스파냐의 예수회 선교사(1506~1552). 예수회 창립에 참가했고, 1542년 이후 인도의 고아를 중심으로 포교하였으며, 일본, 중국에서도 전도했다.

본래 명물(名物)·도수(度數)에서 나온 것이 아니어서 이미 우리 유가의 제이의(第二義)에 떨어지기는 하지만 저 역시 이치를 본 바가 없지는 아니하다"라고 말하였다.[95)]

불교에 귀의한 유학자를 책망함
責儒歸釋

청(淸) 가경(嘉慶) 6년(1801)에 공부시랑(工部侍郎) 추혁효(鄒奕孝)의 셋째 아들이 유학을 버리고 불교로 귀의하였다. 그의 아내는 운남내각학사(雲南內閣學士) 윤장도(尹壯圖)[96)]의 딸인데 사서(四書)의 구절을 모아 엮어 문장을 만들어 소회를 기록하였다.

---

95) 耶蘇者, 如中國之語賢爲君子, 番俗之稱僧爲喇嘛, 耶蘇一心敬天, 立教八方, 年三十遭極刑, **而**國人哀慕, 設爲耶蘇之**會**, **敬其**神**爲**天主. **入其會者**, **必涕泣悲痛**, **不忘天主**, **自幼立**四條信誓, 斷色念, 絶宦慾, 有敷教八方, 願無更還故土**戀**名, 雖闢佛, 篤信輪回, **明**萬曆中, 西土沙方濟者, 至粤東而死, 繼有利瑪竇**諸人**, 其**所爲**教, 以昭事爲宗, 修身爲要, 忠孝慈愛爲工務, 遷善改過爲入門, 生死大事, 有備無患, 爲究竟, 西方**諸國**奉教**已**來千餘年, 大安長治, 其言**多夸**誕, 中國**人**無信之者.…… 鵠汀日, 西學安得詆**釋氏**, **釋氏儘爲高妙**, **但許多譬說**, **終無歸宿**, **纔得悟時**, **竟是一幻字**, **彼耶蘇教**, 本依**俙得**釋氏糟粕, 旣入中國, **學中國文書**, **始**見中國斥佛, **乃反效中國斥佛**, 於中國文書中, 討出上帝主宰等語, 以**自**附吾儒, 然**其**本領, 元不出名物度數, 已落在吾儒第二義, 彼亦不無所見於理者.(『燕巖集, 卷之十四, 別集, 熱河日記, 鵠汀筆談』)→
耶蘇者, 如中國之語賢爲君子, 番俗之稱僧爲喇嘛**也**. 耶蘇一心敬天, 立教八方, 年三十遭極刑, 國人哀慕**之**, 設爲耶蘇之神**謂**天主. **其教**四條信誓, 斷色念, 絶宦慾, 有敷教八方, 願無更還故土名, 雖闢佛, 篤信輪回, 萬曆中, 西土沙方濟者, 至粤東而死, 繼有利瑪竇, 其教以昭事爲宗, 修身爲要, 忠孝慈愛爲工務, 遷善改過爲入門, 生死大事, 有備無患, 爲究竟, 西方奉教**以**來千餘年, 大安長治, 其言**誇**誕, 中國無信之者. 鵠汀曰, 西學安得詆**佛**, 本依釋氏糟粕, 旣入中國, 見中國斥佛, 於中國文書中, 討出上帝主宰等語, 以附吾儒, 然本領, 元不出名物度數, 已落在吾儒第二義, 彼亦不無所見於理者.(『松南雜識』)

96) 윤장도(尹壯圖) : 청나라의 관리. 내각학사(內閣學士). 운남(雲南) 출신. 성품이 강직하고 간언을 잘했다.

"이단을 공부하는[97] 내 서방이여.[98] 심하군요![99] 남편이란 평생 바라보는 대상이건만 지금 이 지경이니[100] 저도 어쩔 수 없군요.[101] 이미 옛사람이 말을 하였으니[102] 군자는 집에서 나오지 않아도 나라에 가르침을 이룬다 했지요.[103] 셋째 아들(남편)이 나가버리니[104] 올바른 도가 아닙니다.[105]

부모께서 모두 살아 계시고 형제에게 사고가 없으니 또한 즐겁지 않습니까?[106] 당신 집안을 화순하게 하고 당신의 처자식을 즐겁게 하면[107] 선비라고 할 수 있건만[108] 지금 아내를 내치고 자식을 물리치니[109] 이것은 참으로 무슨 마음인가요?[110] 아비도 무시하고 임금도 무시하면 이는 짐승이니[111] 당신이 돌아가 찾는다면[112] 이는 천하를 어지럽히는 것입니다. 인(仁)에 거처하고 의(義)로 말미암는 것은[113] 군자다운 사람입니다.[114] 미련 없이 가니[115] 또한 좋지 못하게 변한 것입니다.[116] 자식이 되어 효에서 그쳐야 하건만[117] 지금의 효자는 부

97) 攻乎異端.(『論語, 爲政』)
98) 我丈夫也[나도 장부이니].(『孟子, 滕文公上』)
99) 甚矣.(『論語, 述而』)
100) 良人者, 所仰望而終身也, 今若此.(『孟子, 離婁下』)
101) 吾末如之何也已矣.(『論語, 衛靈公』)
102) 古人有言曰.(『書經, 泰誓下』)
103) 君子不出家而成教於國.(『大學, 九章, 釋齊家治國』)
104) 三子者出.[세 사람이 나가자] (『論語, 先進』)
105) 非其道也.(『孟子 萬章上』)
106) 父母俱存, 兄弟無故一樂也.(『孟子, 盡心上』)
107) 宜爾室家, 樂爾妻帑.(『詩經, 小雅, 常棣』)
108) 可謂士矣.(『論語, 子路』)
109) 出妻屛子.(『孟子, 離婁上』)
110) 是誠何心哉.(『孟子, 梁惠王上』)
111) 無父無君是禽獸也.(『孟子, 滕文公下』)
112) 子歸而求之.(『孟子, 告子下』)
113) 居仁由義.(『孟子, 盡心上』)
114) 君子人.(『論語, 泰伯』)
115) 望望然去之.(『孟子, 公孫丑 上』)
116) 亦爲不善變矣.(『孟子, 滕文公 上』)

모 봉양에 관심이 없으니[118] 이것을 효라고 할 수 있겠습니까?[119] 부모가 살아 계시면 먼 곳으로 놀러가지 말아야 하건만[120] 당신은 놀러가기를 좋아합니까?[121] 편안한 집을 비워두고 살지 않으니[122] 그만둘 수 없습니까? 아버지가 시작하고 아들이 계술(繼述)하니,[123] 계승할 수 있거늘[124] 그대는 이것을 배우니[125] 무식하군요.[126]

누가 추(鄒)나라 사람의 자식이 예를 안다고 하겠습니까?[127] 아버지가 대부가 되고 아들이 사(士)가 되는 것은[128] 대개 있을 수 있지만[129] 자기 몸만 깨끗이 하려고 큰 윤리를 어지럽히니[130] 현자가 이런 짓을 한다고 말하겠습니까?[131]

사내가 태어나면 그를 위하여 아내가 있기를 원하는 것은[132] 만물의 실정이거늘[133] 어떻게 그것을 없앨 수 있겠습니까?[134] 여자가 태어나면 그를 위하여 시집이 있기를 원하는 것은[135] 옛날의 도이거늘[136] 어찌 저 홀로 그렇게 하지 않겠습니까?[137]

---

117) 爲人子止於孝.(『大學, 四章, 釋本末』)
118) 不顧父母之養.(『孟子, 離婁下』)
119) 曾是以爲孝乎.(『論語, 爲政』)
120) 父母在, 不遠遊.(『論語, 里人』)
121) 子好遊乎.(『孟子, 盡心上』)
122) 曠安宅而弗居.(『孟子, 離婁上』)
123) 父作之, 子述之.(『中庸 十八章』)
124) 爲可繼也.(『孟子, 梁惠王上』)
125) 子是之學.(『孟子, 滕文公上』)
126) 空空如也.(『論語, 子罕』)
127) 孰謂鄹人之子知禮乎.(『論語, 八佾』)
128) 父爲大夫, 子爲士.(『中庸』)
129) 蓋有之矣.(『論語, 里仁』)
130) 欲潔其身而亂大倫.(『孟子, 微子』)
131) 謂賢者爲之乎.(『孟子, 萬章上』)
132) 丈夫生而願爲之有室.(『孟子, 滕文公下』)
133) 物之情.(『孟子, 滕文公上』)
134) 如之何其廢之.(『論語, 微子』)
135) 女子生而願爲之有家.(『孟子, 滕文公下』)
136) 古之道也.(『論語 八佾』)

옷자락을 잡고 당에 오름에[138] 서방님의 행실이 바른 길에서 나오지 않으니[139] 저는 보고 싶지 않습니다.[140] 정수리를 갈아 발꿈치까지 이르는 것은[141] 부모와 나라 사람들이 모두 천하게 여기거늘[142] 남편은 그것을 모르시는군요.[143] 슬픕니다![144] 터럭 하나를 뽑아도[145] 나쁜 안색을 보면 일어나거늘[146] 지금은 그것도 없군요.[147] 사람으로서 새와 같을 수는 없겠지요."[148]

이윽고 번뜩 생각을 바꾸어[149] 말하였다.

"'지나간 일은 간할 수 없지만 오는 것은 오히려 따를 수 있다'[150] 하니 어찌 돌아오지 않나요?[151] 다시 추(鄒)로 돌아가기를[152] 저는 날마다 바랍니다."[153]

---

137) 吾何爲獨不然.(『孟子, 公孫丑下』)
138) 攝齊升堂.(『論語 鄕黨』)
139) 夫子未出於正也[아버지 행동도 정도에서 나오지 못한다].(『孟子, 離婁上』)
140) 吾不欲觀之矣.(『論語, 八佾』)
141) 摩頂放踵.(『孟子, 盡心 上』)
142) 父母國人皆賤之.(『孟子, 滕文公下』)
143) 良人未之知也.(『孟子 離婁下』)
144) 嗚呼.(『論語, 八佾』)
145) 拔一毛.(『孟子, 盡心上』)
146) 色斯擧矣.(『論語, 鄕黨』)
147) 今亡矣夫.(『論語 衛靈公』)
148) 可以人而不如鳥乎.(『大學』)
149) 旣而幡然改曰.(『孟子, 萬章上』)
150) 往者不可諫, 來者猶可追.(『論語, 微子』)
151) 盍歸乎來.(『孟子, 離婁上』)
152) 復之鄒.(『孟子 滕文公上』)
153) 予日望之.(『孟子, 公孫丑下』)

우리나라의 중
東方有僧

『전등록(傳燈錄)』에서 "초조(初祖)[154]인 달마(達磨)가 진단(震旦)으로 갈 때 천법악(天法樂)을 마련하고 마침내 배를 타고 남해에 도달하였다"[155] 라고 하였다.

역사에서 말하였다.

> 당나라 때 천축국(天竺國)의 왕이 "예부터 위대한 진단(摩訶震旦) 사신이 우리나라에 온 적이 있습니까?"라고 말하였다.

『동사(東史)』를 살펴보건대 '진단(震旦)'은 바로 발해(渤海) 고왕(高王) 대조영(大祚榮)의 국호이다. 고구려 소수림왕(小獸林王)[156] 때 부견(苻堅)[157]이 순도(順道)[158]를 파견하였고 또 진(晉)나라 때 호승(胡僧)[159] 마라타(摩羅陀)가 백제에 왔다. 이에 우리나라에 중이 있게 되었다. 신라의 법흥왕(法興王)이 처음으로 불법(不法)을 시행하고 진흥왕(眞興王)이 머리를 깎고 가사를 입었다.

왜사(倭史)의 기록에 의하면 송나라 옹희(雍熙) 연간에 일본의 중 조연(奝然)이 송나라 조정에 들어가서 "백제에서 처음으로 불교를 전해 받았다"라고 말하였다.

---

154) 초조(初祖) : 가계(家系)나 유파(流派)의 초대 선조.

155) **佛**初祖達摩**達摩南天竺國人得般若多羅傳正法眼藏**曰, 當往震旦, 設**大**法樂**師**, 遂泛重溟, **凡三周寒暑**, 達**于**南海.(『錦繡萬花谷, 前集, 卷二十八, 佛祖』) → 初祖達磨曰, 當往震旦, 設**天**法樂, 遂泛重溟, 達**於**南海.(『松南雜識』)

156) 소수림왕(小獸林王) : 고구려의 제17대 왕(?~384). 이름은 구부(丘夫). 해미유왕(解味留王)이라고도 한다. 재위 기간은 371~384년.

157) 부견(苻堅) : 중국 5호 16국 시대 전진(前秦)의 제3대 왕(338~385). 자는 영고(永固). 이름은 문옥(文玉). 묘호는 세조(世祖). 재위 기간은 357~385년.

158) 『松南雜識』에는 '阿道'로 오기되어 있음.

159) 호승(胡僧) : 인도나 서역의 중.

『삼국유사(三國遺事)』에서 "보덕화상(普德和尙)이 평양에 있을 때 고구려왕이 따르지 않기에[160] 완산주(完山州) 고대산(孤大山)에 방장(方丈)[161]을 옮겨 지었다"[162]라고 하였다.

도의국사(道義國師)·직표율사(直表律師)·범왈국사(梵日國師)·홍섭국사(洪涉國師)·철감국사(哲鑑國師)·무염국사(無染國師)·도헌국사(道憲國師)·보조국사(普照國師)·혜각존자(慧覺尊者)·인각국사(麟覺國師)·호가 강월당(江月堂)인 나옹선사(懶翁禪師)·달공화상(達空和尙), 호가 함허당(涵虛堂)으로 『반야경설의(般若經說義)』를 지은 무준선사(無準禪師)가 있다. 호가 태고(太古)인 보우(普遇)는 중국으로 건너가 임제(臨濟)의 십팔 대 적손(嫡孫)인 석옥(石屋) 청공(淸珙)의 도통(道統)을 얻어 돌아왔다.

혼수(混修)의 호는 환암(幻菴)이고 각운(覺雲)의 호는 구곡(龜谷)이고 정심(正心)의 호는 등계(登堦)이고 지암(智岩)의 호는 벽송(碧松)이고 일선(一禪)의 호는 경성당(敬聖堂)이고 영관(靈觀)의 호는 부용당(芙蓉堂)이다. 휴정(休靜)의 호는 청허당(淸虛堂), 또는 서산(西山)이다. 그는 「오도시(悟道詩)」에서,

만국의 도성은 개미둑 같고	萬國都城如垤蟻
천가의 호걸은 초파리 같다	千家豪傑若醯鷄
창에 달빛 가득한데 청허를 베고 누우니	一窓明月淸虛枕
끝없는 솔바람 소리 고르지 않네	無限松風韻不齊

라고 하였다.

---

160) 『三國遺事, 興法, 寶藏奉老普德移庵』에는 고구려의 보장왕(寶藏王)이 도교를 신봉하여 불교를 따르지 않은 것으로 기록되어 있음. 그러므로 『松南雜識』의 "初在東都, 以羅王不從(처음 경주에 있을 때 신라의 왕이 따르지 않기에)"은 착오임.

161) 방장(方丈) : 화상(和尙), 국사(國師) 등의 고승(高僧)이 거처하는 처소.

162) **時**普德和尙**住盤龍寺. 憫左道匹正, 國祚危矣. 屢諫不聽. 乃以神力飛**方丈. **南**移于完山州孤大山**而居焉**.(『三國遺事, 卷三, 興法第三, 寶藏奉老 普德移庵』) → 普德和尙**初在東都, 以羅王不從**, 移**錡**方丈**於**完山州孤大山.(『松南雜識』)

지상(志常)의 호는 노송당(老松堂)이고 유정(惟政)의 호는 사명당(四溟堂)이고 법견(法堅)의 호는 기암(奇巖)이고 언기(彦機)의 호는 편양당(鞭羊堂)이고 충휘(忠徽)의 호는 운곡(雲谷)이고 수초(守初)의 호는 취미(翠微)이다.

선통
禪統

『순오지(旬五志)』에서 말하였다.

아도(阿道)에서부터 무준(無準)까지 그 사이에 선종(禪宗)을 서로 계승하는 순서를 쉽게 알 수는 없다. 태고(太古)로부터 환암(幻菴)에게 전해지고 환암으로부터 구곡(龜谷)에게 전해지고 구곡으로부터 등개(登塏)에게 전해지고 등개로부터 벽송(碧松)에게 전해지고 벽송으로부터 부용(芙蓉)에게 전해지고 부용으로부터 청허(淸虛)에게 전해졌다. 이 육 대는 석가의 정통을 바로 전하였다. 사명(四溟)은 서산(西山)에게서 의발(衣鉢)을 전해 받았지만 도통을 잇지는 못하였다. 기암(奇巖)과 운곡(雲谷)도 근대 불가의 저명한 자들이다. 취미(翠微)는 바로 서산의 삼 세 법손(法孫)으로 도행(道行)이 있어 당대에 유명하였다.163)

지봉 이수광이 말하였다.

---

163) 自阿道, 至無準, 其間, 禪宗相承之序, 未易通曉, 自太古, 傳幻庵, 幻庵傳龜谷, 龜谷傳登**階**, 登**階**傳碧松, 碧松傳芙蓉, 芙蓉傳淸虛, 此**六**代, 則直傳釋伽正統, 四溟, 傳得衣鉢於西山而未繼道統者也. 奇巖雲谷, 亦近代空門, 顯著者而翠微, 卽西山之三世法孫, 有道行, 名於當世.(『旬五志, 卷下』) → 自阿道, 至無準, 其間, 禪宗相承之序, 未易通曉, 自太古, 傳幻庵, 幻庵傳龜谷, 龜谷傳登**塏**, 登**塏**傳碧松, 碧松傳芙蓉, 芙蓉傳淸虛, 此**七**代則直傳釋伽正統, 四溟, 傳得衣鉢於西山, 而未繼道統者也. 奇巖雲谷, 亦近代空門, 顯著者, 而翠微卽西山之三世法孫, 有道行, 名於當世.(『松南雜識』)

우리나라의 기이한 중은 의상(義湘)과 도선(道詵)이다. 세상에 전하는 말에 의상은 원효(元曉)의 제자로 모두 신라 신문왕(神文王) 때의 중이다. 또 도선의 스승은 지장(智藏)인데 당(唐) 일행(一行)의 제자라고도 한다.[164]

고려의 역사에서 "요망한 중 나옹(懶翁)을 금강산에 추방하였다"라고 하였다. 또 무학(無學)은 본래 고려 성부마(成駙馬)의 아들로 태어날 때 배꼽 아래에 '鬼(귀)'자가 써져 있었는데 나옹의 제자이다. 대개 의상으로부터 무학에 이르기까지 풍수(風水)로 도통을 전하였다.

흑두타
黑頭陀

지봉 이수광이 말하였다.

검단선사(黔丹禪師)가 바로 진감(眞鑑)이다.

고운 최치원이 지은 비문에서 "속성(俗姓)은 최씨이다. 그의 선조는 한족(漢族)으로 수나라가 요동을 정벌할 때 여맥(驪貊)에서 몰락하여 전주 최씨가 되었는데 모습이 시꺼멓기에 흑두타(黑頭陀)라고 불렀다. 그를 잉태하였을 때 그의 어머니는 범승(梵僧)[165]이 유리단지를 주는 태몽을 꾸었다"[166]라고 하였다.[167]

---

164) 東方異僧, 曰義**湘** 曰道詵, 世傳義**湘**爲元曉弟子, **按元曉義湘**, 皆**新**羅神文王時僧, **或言義湘乃元曉弟也**, 又謂**道詵爲**一行弟子.(『芝峯類說, 卷十八, 外道部, 禪門』) → 東方異僧, 曰義**相** 曰道詵, 世傳義**相**爲元曉弟子, 皆羅神文王時僧, **又道詵之師智藏**, **而**又謂**唐**一行弟子.(『松南雜識』)

165) 범승(梵僧) : 불법을 지켜 행덕(行德)이 단정하고 깨끗한 중.

166) 俗姓崔氏, 其先漢族, **冠蓋山東**, 隋師征遼, **多沒**驪貊, **有降志而爲遐氓者**, **爰及聖唐**, **囊括四郡**, 今爲全州**金馬人也**. **父曰昌元**, **在家有出家之行**, **母顧氏**, **嘗晝假寐**, **夢**

낭지가 구름을 탐
朗智乘雲

『삼국유사(三國遺事)』에 낭지법사(朗智法師)[168]가 구름을 타고 천축(天竺)을 왕래하였다[169]는 기록이 있다. 또 영관(靈觀)[170]의 거처는 용이 서린 굴과 가까워서 구름이 껴 어두운 날이면 악기 소리가 들렸다. 사람들이 전하는 말에 굴에 들어앉은 용이 피리와 거문고를 연주하자 법사가 지팡이로 상을 내리치니 문득 소리가 그쳤다고 한다. 하루는 용이 수면으로 나오자 사람들이 모두 놀랐는데 법사가 한 소리 고함을 치자 용이 즉시 물 속으로 들어갔다. 당시(唐詩)에서 이른바 "상 아래 사발 속에 용 한 마리 감춰져 있다[床下鉢盂藏一龍]"[171]이다.

一梵僧謂之曰, 吾願爲阿孃之子, 以琉璃罌爲寄. ……**禪師**形貌黯然, **衆不名而目爲**黑頭陀.(『孤雲先生文集, 卷之二, 碑, 眞監和尙碑銘 竝序』)→俗姓崔氏, 其先漢族, 隋師征遼, **役於**驪貊, 爲全州**崔氏**, **而**形貌黯然, **號**黑頭陀. **其娠也**. 母夢**梵僧寄以琉璃罌**.(『松南雜識』)

167) **崔致遠眞鑒**碑**序**曰, **師**俗姓崔氏, 其先漢族, 隋師征遼, **沒**於驪貊, 爲全州**金馬人云**. **今完山之**崔, **蓋是也**, **或言眞鑑與致遠同姓云**. **俗稱**黔丹禪師卽眞鑑也, **崔致遠撰其碑序曰**, **禪師**形貌黯然, **衆**號黑頭陀, **是也**.(『芝峯類說, 卷十八, ,外道部, 禪門』)→黔丹禪師卽眞鑑也, **孤雲作**碑曰, 俗姓崔氏, 其先漢族, 隋師征遼, **役**於驪貊, 爲全州崔氏, **而**形貌黯然, 號黑頭陀.(『松南雜識』)

168) 『松南雜識』에는 '郎智法師'로 오기 되어 있음.

169) 師**嘗**乘雲往**中國之淸凉山**.(『三國遺事, 卷五, 避隱第八, 朗智乘雲 普賢樹』)→**朗智法**師乘雲往**來天竺**.(『松南雜識』)

170) 영관(靈觀) : 조선 중기 승려. 호는 부용(芙蓉)·은암(隱庵)·연선도인(蓮船道人). 경상남도 삼천포(三千浦) 출신. 연산군 4년(1498) 출가하여 덕이산(德異山)에 들어가 3년 동안 참선하였다. 1501년 신총(信聰)과 위봉(威鳳)에게 배운 뒤 9년 간 눕거나 기대지 않고 앉아서 정진하였다.

171) 잠삼(岑參)의 「태백호승가(太白胡僧歌)」.

선종이 머리를 깎다
善宗祝髮

신라의 역사에 "궁예(弓裔)는 헌안왕(憲安王)[172]의 서자인데 머리를 깎고 선종(善宗)이라고 하였다. 까마귀가 아첨(牙籤)을 물어다 밥그릇 속에 떨어뜨렸는데 '王(왕)'자가 써 있었다"[173]는 기록이 있다. 고려의 현종(顯宗) 왕순(王詢)[174]은 신혈사(神穴寺)의 중으로 왕이 되고는 신혈사의 이름을 중흥사(中興寺)로 바꾸었다. 또 명나라의 고황제(高皇帝=太祖)[175]는 황각사(皇覺寺)에서 기식하면서 고빈(高彬)을 스승으로 섬겼다.

보육성승
寶育聖僧

『동국여지승람(東國輿地勝覽)』에 고려의 시조 보육(寶育)이 출가하여 중이 되어 평나산(平那山)에서 사니 사람들이 보육성인(寶育聖人)이라고 불렀다는 기록이 있다.

---

172) 헌안왕(憲安王) : 신라의 제47대 왕(?~861). 이름은 의정(誼靖)·우정(友靖). 제방을 쌓아 농사를 장려하였으며, 후사가 없어 왕족 응렴(膺廉)을 사위로 삼고 왕위를 물려주었다. 재위 기간은 857~861년.

173) 弓裔, **新羅人**, **姓金氏**, **考第四十七**憲安王**誼靖**, **母憲安王嬪御**, **失其姓名**. …… 祝髮**爲僧**, **自**號善宗. **及壯不拘檢僧律**, **軒輊有膽氣**. **嘗赴齋**, **行次有**烏**鳥銜物**, 落**所持**鉢中. **視之**, **牙籤**書王字.(『三國史記, 列傳第十, 弓裔』) → 弓裔, **卽**憲安王**庶子**, 祝髮號善宗. 烏**啣**牙籤, 落鉢中, 書王字.(『松南雜識』)

174) 왕순(王詢) : 고려 제 8대왕인 현종(顯宗)의 이름. 재위 기간은 1010~1031. 자는 안세(安世). 태조의 여덟째아들인 안종(安宗) 욱(郁)의 아들이며, 왕이 되기 전에는 대량원군(大良院君)이었다. 천추태후(千秋太后 : 경종의 비)와 김치양(金致陽)을 제거하기 위한 강조(康兆)의 변으로 왕이 되었다.

175) 태조(太祖) : 명나라 초대 황제(1328~1398). 이름은 주원장(朱元璋), 자는 국서(國瑞). 장강(長江) 일대를 평정하고 국호를 명(明), 연호를 홍무(洪武)라 했다. 중국을 통일했으며, 과거 제도의 정비, 대명률의 제정, 전국의 토지·호구 조사와 같은 많은 업적을 남겼다.

목은(牧隱) 이색(李穡)의 시에,

> 성승(聖僧)의 자취는 아직도 완연한데　　聖僧遺跡尙宛然
> 세월 지나 병석(甁錫)[176]에 곰팡이 슬었네　　甁錫歲月堆蒼菌[177]

라고 하였다.

편조 신돈
遍照辛旽

『고려사』에서 "태조가 중 혜거(惠居)를 국사(國師)로 삼고 탄문(坦文)을 왕사(王師)로 삼았다"[178]라고 하였으니, 이로부터 대대로 가법(家法)이 되어 마침내 '편조(遍照)[179]의 화'를 야기하였다. 공민왕(恭愍王)은 세신(世臣)이 권력을 장악하는 것을 미워하여 신돈(辛旽)에게 국정을 맡겼다. 사대부의 처첩(妻妾)들이 신돈을 신(神)으로 여겨 불법을 들으러 오면 신돈은 반드시 그들을 추행하였다. 또 왕이 일찍이 어떤 사람이 칼을 뽑아 자신을 찌르는데 어떤 중이 구해주는 꿈을 꾸었다. 마침 김윤(金允)이 편조를 왕에게 뵈였는데 그의 모습이 꿈에 본 중과 흡사하므로 왕은 기이하게 생각하였다. 그는 머리를 기르고 두타(頭陀)라고 하였다.

---

176) 병석(甁錫) : 승려가 지니고 다니는 물병과 석장(錫杖).

177) **扶疏以東山不盡, 衆峯揷天森石筍, 九龍穹窿勢自尊, 後如從者前如引**, 聖僧遺跡尙宛然, **石勢傾危將欲隕, 招提林壑雜煙霞**, 甁錫歲月堆**倉囷**, **何時長嘯上絶頂**, **萬里靑天見秋隼**, **焚香再拜虎景祠**, **尸素區區謝不敏**, **仰乞威靈靜東海**, **不見廟堂方勢窘**, **連營諸將向全羅**, **南畝擧趾誰見愍**, **農功一虧民失天**, **命墜顚崖其可忍**, **冥扶籌策戰必勝**, **更發狂風激齊賈**, **賊船掃向扶桑去**, **蒼生不復愁肝腎**, **便將禮樂問爲邦**, **舍瑟何知夫子哂**.(『牧隱詩藁, 卷之十五, 九龍山歌』) → 聖僧遺跡尙宛然, 甁錫歲月堆**蒼菌**.(『松南雜識』)

178) 以僧惠居爲國師, 坦文爲王師.(『高麗史, 卷二, 世家二, 光宗』) → 以僧惠居爲國師, 坦文爲王師.(『松南雜識』)

179) 편조(遍照) : 신돈(辛旽)의 속명.

오인택(吳仁澤)[180]이 "『도선비기(道詵秘記)』에 '중도 아니고 속인도 아닌 사람이 나라를 망하게 한다'는 말이 있으니 마땅히 이 사람을 제거하여야 한다"라고 말하였다. 살펴보건대 수우(竪牛)의 일[181]과 서로 유사하다.

천금인에게 제사 지내다
祭天金人

안사고(顔師古)가 "휴도(休屠)가 천금인(天金人)에게 제사를 지내니 금인(天金)은 지금의 불상(佛像)이다"[182]라고 말하였는데 제사에는 소와 양을 사용하지 않고 분향례(焚香禮)만을 한다. 양 무제(武帝)가 태묘에서 밀가루로 희생을 만들어 쓴 것은 여기에서 유래한다.

『수약편(守約篇)』에서 말하였다.

> 한(漢)나라가 곤명지(昆明池)를 만들 때 검정 숯을 얻었는데 동방삭(東方朔)이 "서역(西域)의 도인(道人)에게 물어봄 직합니다"라고 말하였으니 바로 불교도이다.[183]

---

180) 오인택(吳仁澤) : 고려 후기의 무신. 공민왕 11년(1362) 안우(安遇) 등을 따라 홍건적을 격퇴하고, 이듬해 개경을 수복하고 이방실(李芳實) 등을 주살했다. 1364년 판밀직사사가 되어 인사권을 장악했는데, 뇌물을 좋아하다가 유배되었다. 신돈의 집권 뒤 풀려나와 신돈의 제거를 모의하다가 발각되어 1367년 상주로 장류(杖流)되고, 가산이 적몰되었다.

181) 『춘추좌전』 소공 4년에 다음과 같은 기록이 있다.
노나라의 목자(穆子)가 가위에 눌리는 꿈을 꾸었는데 우(牛)라는 사람이 그를 구해주었다. 목자는 자신과 우연히 정을 통한 여인을 만나게 되었는데 그가 데리고 온 아들의 생김새가 꿈에 자신을 구해준 우(牛)였다. 그래서 그를 수(竪)라는 벼슬에 임명했다.

182) 休屠**有**祭天金人**象也**. 師古曰, **作金人以爲天神之主而祭之**, **卽**今佛像, **是其遺法**.(『前漢書, 卷九十四上, 匈奴傳第六十四上』) → **顔**師古曰, 休屠祭天金人, 今佛像.(『松南雜識』)

183) 漢作昆明池, 得黑灰, 東方朔**云**, 可問西域道人, **道人**佛之徒也. 守約篇.(『韻府群玉,

『역대삼보기(歷代三寶記)』[184]에서 "유향(劉向)이 나에게 전적(典籍)을 보라고 말하였는데 그 속에 불경이 있었으니 주나라 때 이미 불교가 있었음을 알 수 있다"[185]라고 하였다.

애제(哀帝)[186]때 박사(博士) 제자인 경헌(景憲)이 대월지(大月氏)의 사신 이존(伊存)에게 불경을 구두로 전해 받으니 특별히 불경(佛經)과 도상(圖象)을 싣고 온 것은 명제(明帝)[187] 때가 처음이다.

불도자비
佛道慈悲

『한서(漢書), 명제기(明帝紀)』에서 말하였다.

그 책은 대개 허무를 종지로 삼고 자비와 살인하지 않는 것을 귀하게 여긴다. 사람이 죽으면 정신이 소멸되지 않고 윤회하여 형체를 부여받는다. 살았을 때 행한 선악이 모두 보응(報應)이 있는 까닭에 정신을 수련하여 부처가 되는 것을 귀하게 여긴다. 거룩하고 위대한 말을 잘하여 우둔한 풍속을 교화하고 그 도에 정통한 사람을 '사문(沙門)'이라고 한다.[188]

漢前有佛』)→守約篇**云**, 漢作昆明池, 得黑灰, 東方朔**曰**, 可問西域道人, **卽**佛之徒也.(『松南雜識』)

184) 『松南雜識』에는 '歷代三寶記'로 오기되어 있음.

185) 歷代三寶記**云**, 劉向稱予覽典籍, **見**有佛經, 則知周時**夂流釋典則先漢之前**有佛**有經其來也**.(『韻府群玉, 漢前有佛』)→歷代二寶記, 劉向稱予覽典籍, 有佛經, 則知周時**已**有佛**矣**.(『松南雜識』)

186) 애제(哀帝) : 전한의 제12대 황제(B.C. 26~B.C. 1). 관제의 이름을 바꾸고 개혁을 실시했다. 재위 기간은 B.C. 7~B.C. 1.

187) 명제(明帝) : 후한의 제2대 황제(28~75). 성은 유(劉). 이름은 장(莊). 재위 기간 중에 불교가 유입된 것으로 추정되며, 흉노족을 평정하여 북방 지역에 대한 지배력을 재확립했다.

188) 其書, 大抵以虛無爲宗, 貴慈悲不殺, 以爲人死, 精神不滅, 隨復受形, 生時所行善

대개 그 도의 실천이 선악을 후생의 보응으로 여기는 설은 진실로 좌도(左道)[189]로서 살인을 좋아하고 욕심이 많은 자의 경계가 된다. 그러나 비록 죄악이 하늘에까지 가득하더라도 '아미타불(阿彌陀佛)'을 한 번 외우면 니리지옥(泥犁地獄)[190]을 모면할 수 있다는 말이 있는가 하면 또 이를 문질러 상[191] 아래로 던지자 "보살을 때려 죽이는구나"라고 하였다는 말이 있다.[192] 이런 까닭에 군자는 불교를 배척한다.

사문삭발
沙門削髮

『선각요람(善覺要覽)』에서 "범어(梵語)로는 사문(沙門), 혹은 상문(桑門)이라고 한다. 중국말로는 근식(勤息)이라고 한다"[193]라고 하였으니, 기리는 것을 '난사(蘭奢)'라고 하고 깨달음을 '불(佛)'이라고 하는 것과 같다. 안으로 덕과 지혜가 있고 밖으로 뛰어난 행실이 있어서 남들보다 위에 있는 사람을 상인(上人)이라고 하니 모두 방언(方言)이다.

『한서(漢書), 교사지(郊祀志)』에서 "사문(沙門)은 중국말로 식심(息心)[194]

惡, 皆有報應, 故所貴修**煉**精神以至爲佛, 善爲宏闊勝大之言, **以**勸誘愚俗, 精於其道者, 號曰沙門.(『資治通鑑, 卷四十五, 漢紀三十七, 顯宗孝明皇帝下』)→其書, 大抵以虛無爲宗, 貴慈悲不殺, 以爲人死, 精神不滅, 隨復受形, 生時所行善惡, 皆有報應, 故所貴修**鍊**精神以至爲佛, 善爲宏闊勝大之言, 勸誘愚俗, 精於其道者, 號曰沙門.(『松南雜識』)

189) 좌도(左道) : 유교의 종지(宗旨)에 어긋나는 모든 사교(邪敎).

190) 니리지옥(泥犁地獄) : 범어 Niráya의 음역. 지옥.

191) 『松南雜識』에는 '戶'로 오기되어 있음.

192) 무외삼장(無畏三藏)이 술과 고기를 먹고 언행이 거칠기에 율사(律師)가 그를 좋아하지 않았다. 그래서 언제나 문밖에서 잠을 자게 했다. 어느 날 율사가 이를 문질러 죽여 상 아래로 던졌는데 무외가 소리 쳤다. "보살을 때려 죽이는구나!" 이로부터 율사는 그를 공경했다.

193) 梵云沙門**那**, 或**曰**桑門, 唐言勤息, **秦譯云勤行**, **又云善覺**.(『資治通鑑, 卷四十五, 漢紀三十七, 顯宗孝明皇帝下』)→**善覺要覽曰**, 梵云沙門, 或**云**桑門, 唐言勤息.(『松南雜識』)

이니 머리를 깎고 정욕을 끊어 무위로 돌아가고자 한다"[195]라고 하였다.

삼보
三寶

신라의 역사에 눌지왕(訥祗王) 때 양(梁)나라가 사신을 보내 왕에게 향(香)을 하사하니 임금이나 신하나 그것의 이름과 용도를 알지 못하였다. 그런데 사문 묵호자(墨胡子)가 마침 고구려에서 와서 말하였다.

"이것을 태워 삼보(三寶)에 정성을 드리십시오. 삼보란 불타(佛陀)·달마(達摩)·승가(僧伽)이니 이것을 태워 발원(發願)하면 반드시 영험(靈驗)한 결과가 있을 것입니다"[196]

지금의 삼보(三寶)라는 이름이 이것이다.

『원각요람(圓覺要覽)』에서 "범어 '아도리아(阿闍梨耶)'를 수나라에서는 '바른 행실'을 의미하는 말이니, 이것으로 제자의 행동을 바로 잡을 수 있다"[197]라고 하였으니 역시 삼보의 종류이다.

당나라 왕파(王播)의 "도리(闍梨)[198]의 식사 후에 치는 종이 부끄럽다[199][慙愧闍梨飯後鍾]"[200]라고 한 시가 이것이다. '리(梨)'를 '려(黎)'로 쓴

---

194) 식심(息心) : 범어 śramana의 의역. 선법(善法)을 부지런히 수련하고 악행을 식멸(熄滅)시킨다는 의미.

195) **前**漢郊祀志, 沙門漢言息心, 削髮絶情欲, 歸**于**無爲也.(『康熙字典, 門』)→漢郊祀志**曰**, 沙門漢言息心, 削髮絶情欲, 歸**於**無爲也.(『松南雜識』)

196) 梁遣使賜**衣着**香**物**, 君臣不知**其香**名與**其**所用. **遣人齎香徧問**. 墨胡子**見之**, **稱其名目**曰, **此**焚**之則香氣芬馥**, **所以達**誠於**神聖**. **所謂神聖未有過於**三寶, **一曰**佛陀, **二曰**達摩, **三曰**僧伽, **若**燒此發願, 則必有靈應.(『三國史記, 卷四, 新羅本紀四, 法興王十五年』)→梁遣使賜**王**香, 君臣不知名與所用. **沙門**墨胡子**適自句麗至**曰, 焚**此致**誠於三寶, **三寶者**, 佛陀·達摩·僧伽**也**. 燒此發願, 則必有靈應.(『松南雜識』)

197) 梵語**云**阿闍梨耶, …… 隋云正行, 能糾正弟子行.(『錦繡萬花谷, 前集, 卷二十九, 浮圖名議, 闍梨』)→梵語阿闍梨耶, 隋云正行, 能糾正弟子行.(『松南雜識』)

198) 도리(闍梨) : 중에게 덕행을 가르치는 스승.

199) 왕파(王播)는 고아로 양주(揚州) 목란원(木蘭院)에서 기식했는데 중이 그를 싫어하

곳도 있다.

한산습득
寒山拾得

『전등록(傳燈錄)』에서 말하였다.

풍간선사(豐干禪師)가 산중을 가다가 몇 살짜리 어린아이를 보고 천태산(天台山) 국청사(國清寺)[201]로 데려가서 전좌(典座)[202]에게 부탁하였다.

"누가 와서 알아보거든 돌려보내도 된다"라고 하고는 '습득(拾得)'이라고 이름을 지었다.[203]

또 불명(佛名)은 '한산(寒山)'이다. 지금 승방(僧房) 손님 자리에 '한산습득(寒山拾得)'이라고 네 글자를 쓰는 것은 전좌(典座) 때문이다.

여 밥을 먹은 뒤에 종을 쳤다.

200) 『古今事文類聚, 前集, 卷三十五, 仙佛部, 佛, 闍梨飯後鍾』.

201) 국청사(國清寺) : 중국 절강성(浙江省) 천태산(天台山)에 있는 천태종의 절. 수나라 문제(文帝)가 창건하여 천태사(天台寺)라 칭한 것을 605년 양제(煬帝)가 고쳐 불렀다.

202) 전좌(典座) : 선원에서, 대중의 와구(臥具)와 식사 등을 맡은 소임. 또는 그 일을 맡아 보는 사람.

203) 豐干行山中, 見一兒數歲, 攜至國清寺, **附**典座曰, 人來認可還之. 名拾得.(『韻府群玉, 寒山拾得』) → **傳燈錄曰**, 豐干**禪師**行山中, 見一兒數歲, 攜至**天台**國清寺, **付**典座曰, 人來認, 可還之, 名拾得.(『松南雜識』)

갑인년에 태어나면 성인
甲寅生聖

지봉 이수광이 "갑인년에 태어난 사람은 성인이라고 하는데 이 말은 불가에서 나온 듯하니 석가가 갑인생이기 때문이다"[204]라고 말하였다.

『논형(論衡)』에서 "주 소왕(昭王) 26년 갑인년 4월 8일에 정천(井泉)이 범람하고 항성(恒星)[205]이 보이지 않자 태사(太史) 소요(蘇繇)가 점을 치니 서방에 성인이 태어났다"[206]라고 하였다. 서역의 국모(國母) 마야씨(摩耶氏)는 비람원(毘藍園) 무수(無優樹)[207] 아래에서 놀다가 석가모니를 낳으니, 자는 실달다(悉達多)로, 이 사람을 '불조(佛祖)'라고 부른다.

『요사(遼史)』에서 "2월 8일에 정범왕자(淨梵王子)를 낳으니 성은 구담(瞿曇)이고 이름은 석가모니(釋迦牟尼)이다"[208]라고 하였다.

불교도들이 "석가모니는 4월 8일에 태어나서 12월 8일에 명성(明星)[209]을 보고 도를 깨달았으며 2월 8일에 열반(涅槃)하였다"라고 말하였다. '열반(涅槃)'은 죽음을 말한다.

---

204) 甲及寅年生者聖, **亦由天生**, **亦由父母氣也**, 此言似出佛家, 以釋迦生**於**甲寅, 故**爲之說歟**.(『芝峯類說, 卷十七, 人事部, 壽夭』) → 甲及寅年生者聖, 此言似出佛家, 以釋迦生甲寅故**也**.(『松南雜識』)

205) 항성(恒星) : 천구 위에서 서로의 상대 위치를 바꾸지 아니하고 별자리를 구성하는 별. 북극성, 북두칠성, 삼태성, 견우성, 직녀성 등이 있다. ≒붙박이별, 정성(定星).

206) **古今**論衡**著周書異紀**, 周昭王**之**二十**四**年甲寅**歲**, 四月八日, 井泉溢, **宮殿震**, **夜**恒星不見, 太史蘇繇占**爲**西方聖人生.(『說郛, 卷十七下, 識遺, 三教』) → 論衡**云**, 周昭王二十**六**年甲寅,四月八日, 井泉溢, 恒星不見, 太史蘇繇占西方聖人生**云**.(『松南雜識』)

207) 무우수(無憂樹) : 보리수(菩提樹)를 달리 이르는 말. 마야 부인이 보리수 아래에서 싯다르타 태자를 안산하여 근심할 것이 없었다 하여 이렇게 이른다.

208) 二月八日, **爲悉達太子生辰**. **京府及諸州**, **雕木爲像**, **儀仗百戲**, **導從循城爲樂**. **悉達太子者**, **西域**淨梵王子, 姓瞿曇氏, 名釋迦牟尼.(『遼史, 卷五十三, 志, 第二十二, 禮志 六, 嘉儀,下』) → 二月八日, **生**淨梵王子, 姓瞿曇氏, 名釋迦牟尼.(『松南雜識』)

209) 명성(明星) : 샛별.

형상으로 가르친다

象敎

「두타비(頭陀碑)」의 '상교(象敎)'[210]의 주석에서 "나무를 깎아서 부처를 만들어서 바라보고 공경케 하니 형상으로 사람을 가르친다"[211]라고 하였다.

『후한서(後漢書), 천축국전(天竺國傳)』에서 "서천(西天)에 부처가 있으니 그 모습은 키가 한 길 여섯 자에 황금색이다"라고 한 말이 이것이다.

황금 빛 몸에 푸른 머리털

身黃髮靑

불경(佛經)에서 말하였다.

임아국왕(臨兒國王)이 은도태자(隱屠太子)를 낳으니 아버지는 도두야(都頭邪)이고 어머니는 막야도(莫邪屠)이다. 몸의 색은 노랗고 머리털은 푸른 실 같으며 젖은 푸른 색이 돌고 손톱은 구리처럼 붉었다. 처음 막야가 흰 코끼리 꿈을 꾸고 잉태하였으며 오른쪽 갈비뼈로 출산하였는데 날 때부터 머리털이 땅에 드리워졌고 일곱 걸음을 걸을 수 있었다. 또 낳을 때에 두 마리 용왕이 왼쪽과 오른쪽을 부축하고 물을 토하였는데 한 마리 용이 토한 물은 따뜻하고 한 마리 용이 토한 물은 차가웠다. 마침내 두 개의 못이 되었는데 그대로 하나는 차갑고 하나는 따뜻했다. 그가 처음에 있었던 유리 위에는 태자의 발자국이 아직도 있다고 한다.

---

210) 상교(象敎) : 석가모니 사후에 제자들이 나무로 그의 형상을 만들어 대중들을 가르친 것.

211) 頭陀**寺**碑**杜方知**象敎**力**. **注**, **謂**刻木爲佛, 瞻敬之, 以形象, 敎人也.(『韻府群玉, 象敎』) → 頭陀碑象敎. **註**, 刻木爲佛, 瞻敬之, 以形象, 敎人也.(『松南雜識』)

지금 불상은 금빛 몸체에 머리털은 푸르다. 그런 까닭에 임포(林逋)[212]의 "저물녘 짙은 산빛 부처의 머리인양 푸르다[曉山濃似佛頭青]"[213]라는 시구가 있다.

또 부처가 도리천(忉利天)[214]에 올라가 어머니를 위하여 90일간 설법을 하였다. 파사닉왕(波斯匿王)이 부처를 흠모하다가 그를 보고 난 후에 소머리와 단향목(檀香木)에 부처의 상을 새겨서 정사(精舍) 안에 불좌를 마련하니 이 상이 목상(木像)의 시초이다.

오른 손바닥 속에 붙임

着右手掌

불서(佛書)에서 "삼천대천세계(三千大千世界)[215]를 오른 손바닥 속에 놓았다가 다시 본래 있던 곳에 돌려놓아 사람들로 하여금 왔다 갔다 하는 마음을 먹지 못하게 한다"라고 하였다.

유마힐(維摩詰)이 "삼천대천세계(三千大千世界)를 마치 옹기장이의 물레같이 오른 손에 두었다가 항사세계(恒沙世界) 밖으로 내던진다"라고 하였으니 지금 불상의 손바닥 속으로 굽힌 손가락이 이것이다.

---

212) 임포(林逋) : 송나라의 시인. 서호에 살았으므로 서호처사(西湖處士)라 한다. 처자도 없이 매화와 학만을 좋아했으므로 당시에 사람들이 '梅妻鶴子'라고 했다. 서화(書畫)와 시를 잘하여 그의 매화시가 세상에 회자(膾炙)되었다 한다. 시호는 화정(和靖).
 *『松南雜識』에는 '蘇軾'으로 오기되어 있음.

213) **晩**山濃似佛頭青.(『林和靖集, 卷二, 西湖』)→**曉**山濃似佛頭青.(『松南雜識』)

214) 도리천(忉利天) : 육욕천의 둘째 하늘. 남섬부주 위에 8만 유순(由旬) 되는 수미산 꼭대기에 있는 곳으로, 가운데에 제석천이 사는 선견성(善見城)이 있으며, 그 사방에 권속되는 하늘 사람들이 살고 있는 8개씩의 성이 있다.

215) 삼천대천세계(三千大千世界) : 소천 · 중천 · 대천의 세 종류의 천세계로 이루어진 세계. 이 끝없는 세계는 부처 하나가 교화하는 범위가 된다.

삭발
削髮

『유요(類要)』에서 "부끄러움의 옷을 입고 그 번뇌의 머리털을 떨어뜨린다"[216]라고 하였는데 대개 '축발(祝髮)'은 호인(胡人)의 풍속인 듯하다. 『유설(類說)』에서 말하였다.

석실(石室)의 중이 신발을 스칠 만큼 수염을 기르는 것은 수염을 남겨두어 사내임을 나타내는 것이다.[217]

매죽당(梅竹堂)[218]은 "머리를 깎고 속세에서 도망친다[削髮逃塵世]"는 시구를 만들었다.

염주
念珠

불서(佛書)에서 "칠십 이후(七十二候) · 이십 사 기(二十四氣) · 십이 시(十二時)가 도합 백 팔이니 부처를 생각하는 수가 된다"라고 한다.
또 "과거 · 미래 · 현재 삼십육천(三十六天)의 수에 대응시키니 바로 삼십 육궁(三十六宮)이 모두 봄이다. 각각 삼생(三生)에 대응하여 도합 백 팔이다"라고 하였다.

---

216) 覆以慚愧之衣, 落其煩惱之髮. 類要.(『韻府群玉, 落煩惱髮』) → 類要**曰**, 覆以慚愧之衣, 落其煩惱之髮.(『松南雜識』)

217) **夫衡州**石室**山有**僧, **不剃鬚**, 鬚垂拂履, **蓋慕**留**鬚**, 表丈夫**也**.(『類說, 卷四十二, 西陽雜俎, 留鬚表丈』) → 石室僧鬚垂拂履**曰**, 留**髯**表丈夫.(『松南雜識』)

218) 『松南雜識』에는 매월당(梅月堂)으로 되어 있지만, 김정국(金正國)의 『사재집(思齋集), 척언(摭言)』에는 박세평(朴世平)의 아들 매죽당(梅竹堂)으로 되어 있음.

가사
袈裟

불서(佛書)에서 "아난(阿難[219])이 영취산(靈鷲山)[220]위에서 사방으로 복전(福田)의 경계를 보고 그에 따라 칠조의(七條衣[221])의 재단법을 만들었다"라고 하였다.

왕유(王維)의 시에서 "논[水田][222]에서 옷 만드는 법 배웠다[裁衣學水田]"[223]라고 하였고, 왕유(王維[224])의 시에서 "향기로운 옷 논[稻畦][225] 모양 보고 만들었다[香帔稻畦成]"[226]라고 하였다. 양신(楊愼)의 시에 '도휴피(稻畦帔)', '수전(水田)'[227]이라고 한 말이 이것이다.

전의발
傳衣鉢[228]

『전등록(傳燈錄)』에서 "달마의 가사(袈裟)는 바로 서역의 굴현포(屈眴布)

---

219) 아난(阿難) : 부처의 10대 제자 가운데 한 사람. 아난존자(阿難尊者)라고도 한다. 팔리어(Pali語) 아난다(Ānanda)의 음역으로, 환희 · 경희라는 뜻이다. 사카족의 왕 감로반(甘露飯)의 아들이며, 부처의 사촌동생이다. 출가 뒤 25년간 시자(侍者)로서 노경에 접어든 부처를 섬겼으며, 제자 가운데 부처의 설법을 가장 많이 들어서 '다문제일(多聞第一)'의 제자라고 한다.

220) 영취산(靈鷲山) : 고대 인도 마갈타국(摩竭陀國)의 왕사성 북동쪽에 있는 산. 석가여래가 법화경과 무량수경을 강(講)했다는 곳이다.

221) 칠조의(七條衣) : 중의 옷. 횡(橫)으로 일곱 갈래를 자르기 때문에 붙은 이름.

222) 가사를 '수전의(水田衣)'라고 함.

223) 『王右丞集箋注, 卷十一, 過盧四員外宅看飯僧共題七韻』.

224) 『松南雜識』에는 '王昌齡'으로 오기되어 있음.

225) '도휴의(稻畦衣)'는 가사의 또 다른 이름임.

226) 『王右丞集箋注, 卷十二, 與蘇盧二員外期遊方丈寺而蘇不至因有是作』.

227) **袈裟名**水田**衣**, **又名**稻畦帔.(『升菴集, 卷七十三, 水田衣』) → 稻畦帔水田.(『松南雜識』)

228) 전의발(傳衣鉢) : 제자에게 교법(敎法)을 전하여 줌을 이르는 말. 당나라 선종의 시조 달마로부터 제6조 혜능(慧能)까지 가사와 바리때를 전하여 준 데서 유래한 말이다. ≒ 전발(傳鉢). 전의(傳衣).

로 만들었으니 굴현포는 목면(木棉)의 화심(花心)을 모아 짠 것이다"[229] 라고 하였다.

석가불이 사십 구 세 때 금실로 짠 승가리(僧伽梨)[230]를 일조(一祖) 마하가섭(摩訶迦葉)[231]에게 전해 주어 오조(五祖)[232] 홍인(弘忍)[233]에게 이르렀다. 육조(六祖) 혜능(慧能)이 의발(衣鉢)을 얻어서 남령(南嶺) 너머로 달아났는데,[234] 상좌(上座)인 진혜명(陳惠明)이 대유령(大庾嶺)까지 쫓아왔다. 혜능이 의발을 바위 위에 던지고 말하였다.

"이 옷을 다툴 수 있는가?"

혜명이 옷을 들려고 하였지만 꿈쩍도 않자 말하였다.

"내가 온 이유는 법(法)을 구하려는 것이지 옷 때문이 아니다."

육조(六祖)의 의발은 천하의 종통(宗統)가 되었다. 장초창(張初昌)이라는 사람이 칼을 품고 방으로 들어가 육조를 해치려고 하였다. 육조가 금 열 냥을 방장(方丈)에 놓자 장초창이 칼을 세 번이나 휘둘렀지만 조금도 다치지 않았다.

육조가 말하였다.

"바른 칼날은 사악하지 않고 사악한 칼날은 바르지 않으니 다만 너의

---

229) **傳衣**, 乃西域屈眴布, 緝木綿花心織成, **並**傳燈錄.(『韻府群玉, 傳衣』) → 傳燈錄**曰**, **袈裟**乃西域屈眴布, 緝木綿花心織成.(『松南雜識』)

230) 승가리(僧伽梨) : 범어 Smaghātī의 음역. 대의(大衣). 설법을 하거나 걸식할 때에 입는 중의 옷. 삼의(三衣) 가운데 가장 큰 것을 이른다.

231) 마하가섭(摩訶迦葉) : 범어 Mahā Kāsyapa의 음역. 석가모니의 10대 제자의 한 사람. 욕심이 적고 엄격한 계율로 두타(頭陀)를 행했고 교단의 우두머리로 존경을 받았다.

232) 『松南雜識』에는 '三十二祖'로 되어 있음.

233) 홍인(弘忍) : 당나라 때의 승려(601~674). 호북성(湖北省) 황매현(黃梅縣) 출생. 중국 선종(禪宗)의 제 5대조이다. 7세 때 제 4대조 도신(道信)을 따라 출가, 그 법을 이어받아 51세에 대사 자리에 올랐다. 동산(東山)에 거주했기에 그 교단을 '동산법문(東山法門)'이라 칭했으며, 700명의 학도를 모아 법을 전했다. 671년 제6대조 혜능(慧能)에게 전수했으며 제자인 신수(神秀)와 함께 남쪽과 북쪽에서 각각 선을 펴게 하여 그 뒤 남종선(南宗禪)과 북종선(北宗禪)으로 나뉘어 융성하게 되었다. 저서에 『수심요론(修心要論)』이 있다. 시호는 대만선사(大滿禪師).

234) 홍인이 혜능에게 법(法)과 의발을 전수한 후 시기하는 자들을 피하여 달아나게 했다.

목숨만 버릴 뿐이다.”

장초창이 놀라 쓰러졌다가 깨어나자 금을 주고 가게 하였다.

중의 게(揭)에 “푸른 비단 같은 몸 위의 붉은 가사[碧羅身上紅袈裟]”라고 하였으니 그 색이 붉은 것은 유래가 오래다.

화남
和南

운서(韻書)에서 “합장례(合掌禮)를 화남(和南)이라고 한다”235)라고 하였다. 『목천자전(穆天子傳)』236)에서는 “합장하여 절하고 받음을 이른다[膜拜而受]”237)라고 하였다. 호인(胡人)들은 절을 ‘남모(南膜)’라고 하니 대개 천도는 남쪽에 합한다는 의미인 듯하다. 『통감(通鑑)』에서는 ‘모배(膜拜)’에 “길게 꿇어앉아 절하는 것”이라고 주석하였다.

불타
佛陀

『위서(魏書)』에서 “부도(浮屠)의 바른 호칭은 불타(佛陀)이니 중국말로 번역하면 정각(淨覺)이라고 한다”238)라고 하였다. 불경에서 말하는 ‘긍

235) 合掌**作**禮**曰**和南.(『康熙字典, 南』)→合掌禮**謂**和南.(『松南雜識』)

236) 목천자전(穆天子傳) : 중국 최고(最古)의 역사소설. 위(魏)나라 때의 작품으로 작자는 분명하지 않다. 281년 지금의 하남성 위나라 국왕 고분에서 발굴된 『급총주서(汲冢周書)』의 하나이다. 죽간(竹簡)에 전서(篆書)보다 오래된 문자로 씌어져 있었으나, 순욱(荀勖) 등이 현재 상용되는 문자체로 전사(轉寫)하고 제명도 붙였다.

237) 膜拜而受.(『穆天子傳, 卷二, 古文』)→膜拜而受**也**.(『松南雜識』)

238) 浮屠正號曰佛陁. **佛陁與浮圖聲相近, 皆西方言. 其來轉爲二音**. 華言譯之則謂**淨**覺.(『魏書, 卷一百一十四, 志第二十, 釋老十』)→浮屠正號曰佛陁,. 華言譯之則謂**淨**覺.(『松南雜識』)

가(殑伽)'은 중국말로 천당(天堂)이다. 殑의 음은 긍이다.

『정운(正韻)』에서 "가람(伽藍)은 신의 이름이다. 승가람(僧伽藍[239])은 중원(衆園)이니 원(園)으로 번역한 것은 생식의 의미를 취한 것이다"[240]라고 하였고, '보살(菩薩)'에 대한 주석으로 "보(菩)는 보(普)이고 살(薩)은 제(濟)이니 중생을 널리 구제할 수 있음"[241]이라고 하였다.

저고승
苧姑僧[242]

『선종기(禪宗記)』에서 말하였다.

> 선승(禪僧)은 갈색 옷을 입고 강승(講僧)은 붉은 색 옷을 입을 입는다. 유가승(瑜伽僧)은 지금의 응부승(應赴僧)으로, 총백색(蔥白色)을 입는다. 또 진랍국(眞臘國[243])에서는 중을 저고승(苧姑僧)이라고 하니 모두 물고기와 고기를 먹고 술만 마시지 않으니 부처에게도 물고기와 고기를 바친다. 국왕이 중요한 정무(政務)가 있으면, 금은교(金銀轎)를 타고 일산을 들은 중을 찾아가서 자문을 구한다.[244]

---

239) 승가람(僧伽藍) : 승가람마(僧伽藍摩). samghārāma. 중이 살면서 불도를 닦는 집. 곧, 절의 건물을 통틀어 이르는 말.

240) 伽藍神名. **又梵書那伽龍也**. **竭伽犀也**. 僧伽藍衆園也. 譯云, 園取生植義.(『康熙字典, 伽』)→伽藍神名**也**. 僧伽藍衆園也. 譯云, 園取生植義**也**.(『松南雜識』)

241) 菩普也. 薩濟也. 能普濟衆生.(『康熙字典, 薩』)→菩普也. 薩濟也. 能普濟衆生**也**.(『松南雜識』)

242) 『松南雜識』에는 '苧菇僧'로 오기되어 있음

243) 진랍국(眞臘國) : 캄보디아.

244) 禪宗記, 禪僧衣褐, 講僧衣紅, **瑜伽僧**衣**蔥**白. 瑜伽僧者, 今應赴僧**也**. 又眞臘國, 呼僧爲苧菇僧, 皆茹魚肉, 惟不飮酒, 供佛亦用魚肉, 僧用金銀轎扛傘柄者, 國王有大政, 亦咨訪之.(『康熙字典, 僧』)→禪宗記**曰**, 禪僧衣褐, 講僧衣紅, 瑜伽僧者, 今應赴僧. 衣**蔥**白. 又眞臘國, 呼僧爲苧菇僧, 皆茹魚肉, 惟不飮酒, 供佛亦用魚肉, 僧用金銀轎扛傘柄者, 國王有大政, 亦咨訪之.(『松南雜識』)

단타

團墮

불서(佛書)에서 쏟아준 밥이 사발 속에 들어 있는 것을 말한다고 하였으니, 범어로는 빈다파(儐茶波)라고 하는데 빈다야(儐茶夜)라고 하기도 한다. 중국말로 '단(團)'은 '식단(食團)'이니 돌아다니며 빌어먹는 것을 의미한다.

범패

梵唄

『집운(集韻)』에서 "서역(西域)에서는 송(頌)을 패(唄)라 한다"[245]라고 하였다.

『법원주림(法苑珠林)』에서 "서방(西方)에 패(唄)가 있으니 동방의 나라에 찬(讚)이 있는 것과 같다. 찬은 종문(從文)으로 장(章)을 엮고 패(唄)는 단게(短偈)로 송(頌)에 흘러가지만 그 사상(事象)과 내용을 비교해 보면 이름은 다르지만 실상은 동일하다"[246]라고 하였다.

기별

記莂

불가(佛家)에서 작시(作詩)를 '게(偈)'라고 하고 작문을 '별(莂)'이라고 한다. 황정견(黃庭堅)이 「선사에게 보내는 편지[與禪師書]」[247]에서 "새벽에

245) 集韻, 西域, 謂頌曰唄.(『康熙字典, 唄』) → 集韻**曰**, 西域, 謂頌曰唄.(『松南雜識』)
246) 西方之有唄, 猶東國之有讚, 讚者, 從文以結章, 唄者, 短偈以流頌, 比其事義, 名異實同.(『法苑珠林, 卷四十九, 華香篇, 第三十三, 述意部』) → 法苑**曰**, 西方之有唄, 猶東國之有讚. 讚者, 從文以結章, 唄者, 短偈以流頌, 比其事義, 名異實同.(『松南雜識』)

기별(記莂)을 받았습니다[夙承記莂]"라고 한 말이 이것이다.

송시에서,

> 서목(瑞木)[248]은 팔천 자나 솟구쳤는데　　瑞木千尋竦
> 선도(仙圖)는 몇 권이나 펼쳤는가　　仙圖幾弖開[249]

라고 하였는데, 그 주석에서 "진고(眞誥)에 한 권(卷)을 '일규(一弖)'이라고 한다"[250]라고 말하였다. '弖'의 음은 규이다.

불좌축수
佛座祝壽

『선원보(璿源譜)』에서 "관례상 왕의 탄신일에 훈구신(勳舊臣)들이 절에 가서 재(齋)를 마련하고 축수한다"라고 하였다. 성종(成宗) 정유년(1477)에 계정(鷄正) 주심원(朱深源)이 상주(上奏)하여 혁파하였다. 그러나 지금 불좌(佛座) 앞에 여전히 '주상전하만만세(主上殿下萬萬歲)' 일곱 자를 쓰니 역시 무당이 우리 임금의 장수를 축원하는 격이다. 대개 우리나라가 유교를 숭상하나, 고려의 풍속을 여전히 계승하여 궁중 재물의 태반을 재회(齋會)[251]와 시주(施主)에 허비한다. 근년에만도 계룡산(鷄龍山)에서 천등제(千燈祭)를 지냈다.

---

247) 원제는 「황룡심선사탑명(黃龍心禪師塔銘)」.
248) 서목(瑞木) : 두 그루의 나무 가지가 이어져 하나로 된 연리목(連理木). 왕자(王者)의 덕택(德澤)으로 만들어진다고 함.
249) 송기(宋祁)의 「화천휴사인봉사태일궁견기(和天休舍人奉祠太一宮見寄)」.
250) 眞誥謂一卷, 爲一弖.(『東觀餘論, 卷上, 論弖字』)
251) 재회(齋會) : 음식을 차려 여러 중과 모든 넋을 공양하는 법회. 중국 양나라 무제 때부터 시작했으며, 우리나라에서는 고려 시대에 나라에서 많이 행했다.

사신
捨身

『어록(語錄)』에서 말하였다.

안과 밖의 몸과 마음을 일시에 모두 버려서 상황에 따라 외물에 대응하여 욕망을 모두 잊을 수 있는 것을 '대사(大捨)'라고 한다. 도를 행하고 덕을 펴되 바람이 없는 것을 '중사(中捨)'라고 한다. 수행하고 각종 선행을 하되 바람이 있는 것을 '소사(小捨)'라고 한다.[252)]

양(梁) 무제(武帝)가 동태사(同泰寺)에서 사신(捨身)을 하였다는 기록이 이것이다. 당나라 역사에, 이마에 향을 놓고 몸을 태운다고 하였는데 지금은 불상 앞에서 불을 받는 것을 사신(捨身)이라고 한다.

소향
燒香

『능엄경(楞嚴經)』에서 "순정한 불꽃은 물에 잠겨 불이 보이지 않게 하라[純燒沉水, 毋令見火]"[253)]라고 하였고, 그 인도성(引導聲)에,

판향(瓣香)[254)] 하나를 바치니	奉獻一瓣香
덕스런 얼굴 생각하기 어렵네	德容難思意

252) 內外身心, 一時俱捨, 隨方應物, 能所皆忘, 是謂大捨, 行道布德, 無所希望, 是謂中捨, 修行衆善, 有所希望, 是謂小捨. 語錄 (『韻府群玉, 三捨』) → 內外身心, 一時俱捨, 隨方應物, 能所**欲**皆忘, 是謂大捨, 行道布德, 無所希望, 是謂中捨, 修行衆善, 有所希望, 是謂小捨.(『松南雜識』)

253) 楞嚴**云**, 純燒沉水, **無**令見火.(『說郛, 卷十九上, 寓簡』) → 楞嚴**經曰**, 純燒沉水, **毋**令見火.(『松南雜識』)

254) 판향(瓣香) : 모양이 오이씨 같은 향. 원래 선승이 사람을 축복할 때 피우는 것.

뿌리는 속세에 서렸고　　　　根盤塵沙界
잎은 오수미(五須彌)를 덮었다　　　　葉覆五須彌

라고 하였다.

진사도(陳師道)의 시에 대한 주석에서 "중들이 불당을 열고 세 번째 판향을 피우니 그 법을 얻은 근원을 미루어보면 이 한 자루 판향으로 어떤 사람을 공경하였기 때문이다"라고 하였다. 그 주석이 붙은 시에서,

지난 번 한 자루 판향으로　　　　向來一瓣香
증공(曾鞏)에게 경의를 표하였다　　　　敬爲曾南豊[255)]

라고 한 말이 이것이다.

『명사(明史)』에서 말하였다.

의종(毅宗)이 편전(便殿)[256)]에서 분향하는 것을 보고 말하였다.

"선제께서 장수하지 못하신 것은 이것으로 양기를 도왔기 때문이다."

대개 향을 태우는 것은 양에서 음을 구하는 것이니 향기가 움직이기 때문이다.

---

255) 向來一瓣香, 敬爲曾南豊. 〈**向來見前注**, 諸**方**開堂, 至第三瓣香, 推本其得法所自則云, 此一瓣**香**, 敬爲某人**云云**.〉(『后山詩注, 卷三, 觀兗國文忠公家六一堂圖書』)→諸**禪**開堂, 至第三瓣香, 推本其得法所自則云, 此一瓣, 敬爲某人. **其詩曰**, 向來一瓣香, 敬爲曾南豊.(『松南雜識』)

256) 편전(便殿) : 임금이 평상시에 거처하는 궁전.

절에 도장이 있음
寺刹有印

진사도(陳師道)의 시에,

부귀하면 부처의 도장이 있고　　貴有空王章
빈천하면 송곳 꽂을 땅도 없다　　貧無置錐地

라고 하였다. 그 주석에 "부처의 도장은 부처의 마음을 전하는 도장이다"[257]라고 하였는데 지금도 있다.

마음의 등불을 이어 전함
繼傳心燈

『유마경(維摩經)』에서 "여러 제자들에게 법문(法門)[258]이 있는 것을 무진등(無盡燈)[259]이라고 한다. 비유하자면 등 하나가 백 개 천 개의 등을 태우는 것과 같다"[260]라고 하였다. 연등(燃燈)은 불공의 시작인가 보다.

팔관 · 연등
八關燃燈

『고려사』[261]에 "매해 중동(仲冬 : 11월)에 궁중에서 중들을 모아 놓고

257) 貴有空王**章**, 〈章**印也**, 謂傳佛心印.〉 貧無置錐地.(『后山詩注, 卷八, 和鄭戶部寶集文室二首』) → 貴有空王**印**, 貧無置錐地, **註**, **佛**章謂傳佛心印.(『松南雜識』)
258) 법문(法門) : 중생을 열반에 들게 하는 문이라는 뜻으로, 부처의 교법을 이르는 말.
259) 무진등(無盡燈) : 하나의 등불로 수없이 많은 등불을 켠다는 뜻으로, '불법(佛法)'을 비유적으로 이르는 말. 부처의 가르침이 잇따라 전파되어 다함이 없음을 의미한다.
260) 諸弟子有法門, 名無盡燈, 譬如一燈然, 百千燈, 維摩經.(『韻府群玉, 無盡燈』) → 維摩經**云**, 諸弟子有法門, 名無盡燈, 譬如一燈燃, 百千燈.(『松南雜識』)

윤등(輪燈) 하나를 설치하고 채붕(彩棚)과 온갖 놀이를 마련하여 복을 비니 팔관(八關)이라고 한다"[262]라고 하였다. 고려 태조가 친히 「훈요십조(訓要十條)」를 지으니 첫 번째가 절을 창건하는 것, 두 번째가 왕실의 원당(願堂)이니 민간에서는 공덕원(功德院)이라고 한다.[263] 여섯 번째가 연등으로 부처를 섬기는 것과 팔관회이다. 팔관은 하늘의 신령·산천(山川)·용신(龍神)에게 제사 지내는 것이다.

목어
木魚

『유부척유(劉斧摭遺)』에서 "절에 목어(木魚)[264]가 있으니 물고기는 밤이나 낮이나 눈을 감지 않으므로 수행자가 잠을 잊고 수도하게 하려는 뜻이다"[265]라고 하였다. 물고기가 용으로 변할 수 있다는 것은 일반인도 성인(聖人)이 될 수 있다는 의미이다.

또 목탁(木鐸)은 『서경』에서 "주인(遒人)[266]이 길에서 목탁을 가지고 순행하니"[267]라고 하였건만, 중들이 취하여 대중을 경계하고 양식을 비는데 사용한다.

---

261) 『松南雜識』에는 '羅史眞興王'으로 오기되어 있음.

262) **前主**每歲仲冬, **大設**八關**會**以祈福. **乞遵其制**. **王從之**. **遂於毬庭**, 置輪燈一座, **列香燈於四旁**, **又結二**綵棚, **各高五丈餘**, **呈**百戲.(『高麗史, 卷六十九, 志二十三, 禮十一, 嘉禮雜儀, 仲冬八關會儀』)→**羅史眞興王**, 每歲仲冬, **宮中會僧徒**, 置輪燈一座, **設**綵棚百戲以祈福, **名**八關.(『松南雜識』)

263) 왕실에서 사사롭게 원당을 함부로 짓는 것을 경계했다.

264) 목어(木魚) : 목탁(木鐸). 나무를 잉어 모양으로 만들어 매달고 불사(佛事)할 때에 두드리는 기구. ≒ 어고(魚鼓)·어판.

265) **或問**木魚**何義**. **曰**, 魚晝夜不合目, **欲**修行者, **日夜**忘**寐思**道**也**.(『類說, 卷三十四, 摭言, 長老悟下』)→**劉斧摭遺云**, **僧舍**木魚**者**, 魚晝夜不合目, 修行者, 忘**寢修**道.(『松南雜識』)

266) 주인(遒人) : 명령을 선포하는 관리.

267) 遒人**以木鐸**徇**于**路.(『書經, 夏書, 胤征』)→遒人循路.(『松南雜識』)

걸식예불
乞食禮佛

『금강경(金剛經)』에서 “세존(世尊)이 식사 시간에 옷을 입고 바리를 가지고 사위대성(舍衛大城)[268]에 들어가 빌어먹다”[269]라고 하였으니 지금은 ‘산걸(山乞)’이라고 한다.

『전등록(傳燈錄)』에 “화상(和尙)[270]의 가풍(家風)[271]을 물으니 ‘병 하나와 바리 하나를 가지고 다니니 도처가 생애(生涯)일세’라고 하였다”[272]는 기록이 있다. 또 팔보살(八菩薩)[273]이 중향국(衆香國)[274]에 가서 예불을 드리고 대궁밥을 빌자 향적여래(香積如來)[275]가 중향발(衆香鉢)에 밥을 담아 주었다.

산곡(山谷) 황정견(黃庭堅)의 시에 “누더기 가사 입고 향반 비는 중을 만나지 못하였다[不逢壞衲乞香飯]”[276]라고 하였으니 지금 예불을 하고 주는 밥이 이것이다.

우리나라의 경우 중이 왕성(王城)에 들어가지 못하도록 한 것은 정조 때 홍술해(洪述海)[277]의 변란 이후부터이다.

---

268) 사위대성(舍衛大城) : 파사닉왕이 거처하는 성으로 풍요롭기에 ‘대성’이라 함.

269) 世尊, 食時, 著衣持鉢, 入舍衛**大**城, 乞食. 金剛經.(『韻府群玉, 舍衛城』) → 金剛經**曰**, 世尊, 食時, 着衣持鉢, 入舍衛大城, 乞食.(『松南雜識』)

270) 수청선사(守淸禪師)를 이름.

271) 가풍(家風) : 승려의 수행과 교화.

272) 問**如何是**和尙家風, 曰一甁兼一鉢, 到處是生涯.(『錦繡萬花谷, 後集, 卷二十八, 僧』) → 問和尙家風, 曰一甁兼一鉢, 到處是生涯.(『松南雜識』)

273) 팔보살(八菩薩) : 문수사리보살(文殊師利菩薩)·관세음보살(觀世音菩薩)·득대세보살(得大勢菩薩)·무진의보살(無盡意菩薩)·보단화보살(寶檀華菩薩)·약왕보살(藥王菩薩)·약상보살(藥上菩薩)·미륵보살(彌勒菩薩).

274) 중향국(衆香國) : 상방계(上方界) 불토(佛土)에 있는 나라의 이름.

275) 향적여래(香積如來) : 상방계(上方界) 불토(佛土)에 있는 부처의 이름.

276) 「증정교(贈鄭郊)」.

277) 홍술해(洪述海) : 조선 후기의 문신(1722~1777). 본관은 남양(南陽). 자는 중선(仲善). 수제(受濟)의 증손으로, 할아버지는 행대사간(行大司諫) 우전(禹傳)이고, 아버지는 이조판서 계희(啓禧)이며, 어머니는 김취로(金取魯)의 딸이다. 큰아버지 계손(啓孫)에게

단월은 시주
檀越施主

범어(梵語)의 '타나발저(陀那鉢底)'는 중국말로 '시주(施主)'이다. '단나(檀那)'는 '타(陀)'가 '단(檀)'으로 와전된 것이다. 또 '단월(檀越)'이라고 칭하는 이유는 '단시(檀施)'[278]를 행하여 빈궁의 바다를 건널 수 있기 때문이라는 의미이다.

남종 · 북종
南北宗

『전등록(傳燈錄)』에서 "육조(六祖)[279]가 법을 얻은 뒤에 조계(祖溪)에서 살았고 신수(神秀)[280]도 오조(五祖)의 법을 이어받아 형주(荊州)에서 살아서 남종(南宗) · 북종(北宗)이라고 한다"[281]라고 하였다. 이것은 마치 '대웅전(大雄殿)'으로 '석가여래(釋迦如來)'를 지칭하고 '극락전(極樂殿)'으로

입양되었다. 1776년에 황해도관찰사로 재직 중 거액의 공금을 횡령하여 흑산도에 안치되었다. 이듬해 아들 상범(相範)이 아버지의 치죄에 불만을 품고 홍인한(洪麟漢) · 정후겸(鄭厚謙) 등 벽파(僻派)와 제휴, 정조를 시해하고 은전군(恩全君)을 추대하려는 역모를 꾀했다. 그러나 발각되어 아우 필해(弼海) · 지해(趾海) · 찬해(纘海) 및 조카 상간(相簡) 등과 함께 주살당했다.

278) 단시(檀施) : 시주.
*『松南雜識』에는 '禮施'로 오기되어 있음.

279) 육조(六祖) : 선종(禪宗)의 제6조 혜능(慧能)으로 남종(南宗)을 열었다. 홍인에게 선법(禪法)과 의발을 전수받고 남방으로 가서 교화를 펴다가 광동(廣東) 조계산(曹溪山)에 들어가 정혜불이(定慧不二)를 설했다. 좌선보다 돈오법문(頓悟法門 : 한꺼번에 깨닫는 가르침)을 크게 열어 견성성불(見性成佛)을 선양했다.

280) 신수(神秀) : 당나라의 선승(606~706). 개봉(開封) 위씨현(尉氏縣 : 지금의 河南省) 출신. 북종선(北宗禪)의 개조이다. 어려서는 유학(儒學)을 했으며, 출가한 뒤 홍인에게 배워 법통을 이어받았다. 홍인이 죽은 뒤 형주(荊州 : 지금의 湖北省) 강릉(江陵)의 당양산(當陽山)에 있으면서 명성을 떨쳤다. 시호는 대통선사(大通禪師).

281) 六祖得法, 住曹溪, 神秀亦襲五祖, 居荊州, **有**南北宗**之**號.(『錦繡萬花谷, 前集, 卷二十八, 佛祖』) → 六祖得法, 住曹溪, 神秀亦襲五祖**法**, 居荊州, 號南北宗.(『松南雜識』)

'나무아미타불[南無阿彌陀佛]'을 지칭하는 것과 같다.

나무아미타불
南無阿彌陀佛

『비화경(悲花經)』[282]에서 "'나무(南無)'는 여러 부처, 세존(世尊)의 이름을 부르는 소리이다"[283]라고 하였다. 불경에서 "부처 위에 세계(世界) 극락(極樂)이 있는 것은 팔물(八物) 십악도(十惡道)가 없기 때문이다"라고 말하였다. 지금 불전(佛殿)의 제액(題額)에 이것을 쓴다.

제화불문
題畵佛文

한유(韓愈)가 "극서(極西) 지방에 부처가 있으니 대단히 즐거운 곳이다. 이 부처를 그림으로 그려 예를 올리고 왕생을 기원한다"[284]라고 하였으니 대개 「논불골표(論佛骨表)」의 주장과는 다르다.

---

282) 비화경(悲花經) : 북량(北梁)의 담무참(曇無讖)이 번역. 비화존불이 성불한 일로부터 그 본생(本生)을 말하고, 과거무수겁 이전에 아미타불 등과 함께 보장여래의 회상에서 수기 받던 일 등이 기록되어 있다.

283) 南無者, 諸佛世尊各號音聲. 悲花經.(『韻府群玉, 南無』) → 悲花經**曰**, 南無者, 諸佛世尊各號音聲**也**.(『松南雜識』)

284) 極西之方, 有佛焉, 其土大樂, **親戚姑能相**爲圖是佛而禮之, 願其往生.(『東雅堂昌黎集註, 卷二十三, 祭文, 弔武侍御所畵佛文』) → 極西之方, 有佛焉, 其土大樂, 爲圖是佛而禮之, 願其往生.(『松南雜識』)

달마진성
達摩眞性

지봉 이수광이 말하였다.

「달마진성송(摩眞性頌)」에서,

처음부터 끝까지 항상 극도로 오묘하여	始終常妙極
참으로 성정의 인연을 떨쳤네	眞離性情緣
이치가 비고 조적(照寂)을 잊으니	理空忘照寂
몸은 지극히 정결하고 명원(明圓)하다	身至淨明圓

라고 하니, 이 스무 자는 동그랗게 고리로 만든 후 앞으로 읽고 뒤로 읽으면 마흔 수, 도합 팔백 자가 되는데 매 수마다 운을 사용하였으니 기이하다.[285]

팔만대장
八萬大藏

『신라사』에서 말하였다.

애장왕(哀莊王)[286]이 죽어서 염습까지 하였는데 살아났다. 그는 저

285) **古詩類苑載達摩眞性**頌云, 始終常妙極, 眞離性情緣, 理空忘照寂, 身至淨明圓, 此二十字, 回環進退, 成四十首, 計八百字, 每首用韻, **可謂**奇**妙**矣.(『芝峯類說, 卷十八, 外道部, 禪門』)→**其**頌云, 始終常妙極, 眞離性情緣, 理空忘照寂, 身至淨明圓, 此二十字, 回環進退, 成四十首, 計八百字, 每首用韻, 奇矣.(『松南雜識』)

286) 애장왕(哀莊王) : 신라 제40대 왕(788~809). 성은 김(金). 이름은 중희(重熙). 태종 무열왕과 문무왕의 묘당을 세우고 해인사를 창건했다. 섭정을 하던 숙부 김언승(金彦昇)에게 왕위를 빼앗기고 시해되었다. 재위 기간은 800~809년.

승사자와 발원하기로 약속을 하고 사자를 당나라로 보내 팔만대장경을 사서 배에 싣고 오게 하였다. 그것을 새겨서 옻칠을 하고 구리와 주석으로 장식을 한 후에 각(閣) 백 이십 간을 건립하여 수장하였다. 지금 천여 년이 지나도 목판이 새로 새긴 듯하다. 나는 새도 장경각을 피해가고 지붕에도 앉지 않으니 이상한 일이다.

지봉 이수광이 "세상에서 '목판에서 땀이 나면 변방에 환란이 생긴다'라고 말한다"[287]라고 하였다. 왜는 서불(徐市)[288]이 가지고 온 구경(九經)과 서로 바꾸자고 하였지만 우리나라에서 허락하지 않았으며, 함풍(咸豊) 정사년(1857)에 우리 대왕대비께서 봉은사(奉恩寺)[289]에 새로 판각하라고 명하셨다.

다비 · 사리
茶毗舍利

『요람(要覽)』에서 "야유(耶維) · 사비(闍毗) · 다비(荼毗)는 모두 불사른다는 말이다"[290]라고 말하였다.

소식의 시에,

---

287) 俗**謂經**板出汗, **則**有邊患云.(『芝峯類說, 卷十九, 宮室部, 寺刹』) → 俗**傳**板汗出, 有邊患云.(『松南雜識』)

288) 서불(徐市) : 서복(徐福). 진(秦)나라 때의 사람. 진시황의 명으로 동남(童男), 동녀(童女) 3천 명을 데리고 불사약(不死藥)을 구하러 바다 끝 신산(神山)으로 배를 타고 떠났으나 다시 돌아오지 않았다 한다.

289) 봉은사(奉恩寺) : 서울특별시 강남구 삼성동 수도산에 있는 절. 31본산의 하나로, 신라 원성왕 10년(794)에 연회 국사(緣繪國師)가 창건하여 견성사(見性寺)라 했다가 연산군 4년(1498)에 정현(貞顯) 왕후가 성종의 선릉을 위하여 중창하고 이 이름으로 바꾸었다.

290) **或云**, 耶維闍毗茶毗, 皆言焚燒也. 要覽.(『韻府羣玉, 耶維』) → 要覽**曰**, 耶維闍毗茶毗, 皆言焚燒也.(『松南雜識』)

모르는 사이에 불똥이 떨어져	不覺燈花落
중 하나를 다비(茶毗)하였네[291]	茶毗一個僧[292]

라고 한 말이 이것이다.

지금 도승(道僧)을 다비하면 온몸이 다 타고 구슬 같은 뼈가 불 속에서 튀어나오니 사리(舍利)라고 하는데 탑과 사당을 세워 그것을 보관한다. 혹은 보통사람을 화장하여도 그런 것이 있다고 하니 대개 사람의 정수(精髓)는 불도 태울 수 없는 것인가 보다.

불립문자
不立文字

『요람(要覽)』에서 "달마(達摩)의 '불립문자(不立文字)'는 글에 집착하고 상(相)에 막힐까 염려한 것이다"[293]라고 하였다.

『전등록(傳燈錄)』에서 "등불로 등불을 전하고 마음으로 마음을 전한다"라고 하였다. 그러나 사혜자(謝惠子)가 이른바 "묘한 곳은 전할 수 없다"라고 한 말은 무엇인가?

문구왈게
文句曰偈

불가에서 문구(文句)를 '게(偈)'라고 하니 도가서(道家書)에서 권(卷)을 규(픙)라고 하는 것과 같다.

---

291) 소식이 『전등록』을 읽고 있을 때 불똥이 책에 떨어져 '僧' 한 글자를 태웠다는 의미.
292) 『東坡全集, 卷二十八, 曹溪夜觀傳燈錄燈花落一僧字上口占』.
293) 達磨不立文字者, 恐執文滯相也. 要覽.(『韻府群玉, 不立文字』) → 要覽**曰**, 達磨不立文字者, 恐執文滯相也.(『松南雜識』)

고요한 밤 물이 찬데 물고기 미끼 물지 않으니	夜靜水寒魚不食
배 가득 한갓 달빛만 싣고 돌아온다	滿船空載月明歸[294]

와 같은 것이 불게(佛偈)이다. 그러므로 법당(法堂)의 주련(柱聯)으로 만든다.

패엽전단
貝葉栴檀

『택리지(擇里志)』에서 "장단(長湍)의 화장사(華藏寺)[295]에 서역 중 지공(指空)[296]이 남긴 패엽경(貝葉經)[297]과 전단향(栴檀香)[298]이 있다"[299]라고 하였다.

유종원(柳宗元)의 「예초사시(詣超師詩)」[300]에서,

간간히 패엽서를 가지고	間持貝葉書

294) 『類說, 卷五十五, 冷齋夜話, 華亭舡子和尙偈』.

295) 화장사(華藏寺) : 경기도 장단군 보봉산(寶鳳山)에 있던 절. 전등사의 말사(末寺)로, 고려 시대에 인도의 중 디아나바드라가 창건했다.

296) 지공(指空) : 고려 말기 원나라의 고승. 범명(梵名)은 제납박타(提納薄陀), 본래 인도의 승려로 마갈타국(摩竭陀國) 왕 만(滿)의 제3왕자이다. 19세에 남인도 보명(普明) 밑에서 정진하여 의발(衣鉢)을 전해 받고, 그 뒤 중국에 귀화했다. 충숙왕 15년(1328) 고려에 와서 법화(法化)를 펴고 왕사(王師)가 되었다. 그 뒤 다시 중국으로 가 법원사(法源寺)에 머무르면서 고려의 혜근(慧勤)에게 선종(禪宗)을 전수했고 공민왕 12년 귀화방장(貴化方丈)에서 입적했다.

297) 패엽경(貝葉經) : 종려나무 잎을 따서 장방형으로 잘라 얇게 만든 후 표면을 평평하게 한다. 그리고 그 위에 문자나 경전을 새기고 기름으로 닦아서 글씨를 검게 나타나게 한 뒤에 중앙에 구멍을 뚫어 묶는다.

298) 전단향(栴檀香) : 인도에서 나는 향나무의 하나. 목재는 불상의 재료로 쓰고 뿌리는 가루로 만들어 단향(檀香)으로 쓴다.

299) 長湍**邑治, 在臨津北自鶴山下, 邑北有**華**藏山**寺, 有西域僧指空所留貝葉經栴檀香.(『擇里志, 京畿道』) → 長湍華**莊**寺, 有西域僧指空所留貝葉經栴檀香.(『松南雜識』)

300) 원제는 「신예초사원독련경(晨詣超師院讀蓮經)」.

동재로 걸어나가 읽는다 　　　　　　　　　　　　　　　　步出東齋讀[301]

라고 하였는데, 그 주석에서 "서역의 경전은 대부분 패목(貝木) 잎에 쓴다"라고 하였다. 『문선(文選)』에서 "지공(指空)은 가비라국왕(伽毘羅國王)의 아들인데 동쪽으로 와서 금강산에서 유람을 할 때 선비와 여자들이 몰려들었다. 황제의 뜻에 따라 연(燕)으로 돌아갔다"[302]라고 하였다.

보리수
菩提樹

범어로 보리(菩提)는 '정각(正覺)'을 말한다.
오조(五祖)의 게(偈)에,

몸은 보리수(菩提樹)[303]요 　　　　　　　　　　　　　　　　身是菩提樹
마음은 명경대(明鏡臺)[304]와 같다 　　　　　　　　　　　　　心如明鏡臺

라고 하자 육조가 말하였다.
"보리(菩提)는 본래 나무가 아니고 명경(明鏡)도 대(臺)가 아닙니다."[305]

녹수는 노한 듯 시끄럽고 　　　　　　　　　　　　　　　　綠水喧如怒

301) 西域經多以貝**多**葉書之.(『柳河東集, 卷四十二, 晨詣超師院讀蓮經』) → 西域經多以貝**木**葉書之.(『松南雜識』)

302) 『문선(文選)』에 없는 내용임.

303) 보리수(菩提樹) : 석가모니가 그 아래에서 변함없이 진리를 깨달아 불도(佛道)를 이루었다고 하는 나무.

304) 명경대(明鏡臺) : 저승의 입구에 있다는 거울. 지나는 사람의 생전의 행실을 그대로 비춘다고 한다. ≒업경대.

305) **上座神秀**偈曰, 身是菩提樹, 心如明鏡臺, …… **夜請同侶**, **書一偈于秀偈傍**曰, 菩提本**非**樹, **心**鏡亦非臺.(『錦繡萬花谷, 前集, 卷二十八, 佛祖』) → **五祖**偈曰, 身是菩提樹, 心如明鏡臺, **六祖**曰, 菩提本**無**樹, **明**鏡亦非臺.(『松南雜識』)

라고 하니 "녹수는 원래 노함이 없고 청산도 찡그리지 않는다"라고 한 말과 유사하다.

만다라화
曼陀羅花

『유양잡조(酉陽雜俎)』에서 "천녀(天女) 구퇴(九退)의 상(相) 가운데, 아홉 번째는 산발을 하여 부시시하다. 또 입술을 쉴 새 없이 움직이며 영락(瓔珞)[306] 화만(花鬘)[307]이 모두 무겁다"[308]라고 하였다.

『불정심경(佛頂心經)』에서 "관세음보살(觀世音菩薩)이 이 다라니(陀羅尼)[309]를 강설하자 하늘에서 보화(寶花)[310]가 어지럽게 떨어졌다"[311]라고 하였다.

신라 때 아도(阿道)가 강연을 하니 천화(天花)[312]가 절로 떨어졌다.

신숙주(申叔舟)의 『해동기(海東記)』에서 "성덕태자(聖德太子)[313]는 바로

---

306) 영락(瓔珞) : 주옥(珠玉)을 꿰어 만든 목걸이.

307) 화만(花鬘) : 각종 보석을 꽃 모양으로 깎아서 이어 만든 장신구.

308) 天女九退相, **一皮緩, 二頭花散落, 三赤花在道變爲黃, 四風吹無縷衣如人依觸, 五飛行意倦, 六觸水而濁, 七取樹花高不可及, 八見天子無媚**, 九髮散亂澀, 又**脣**動不止, 瓔珞花鬘皆重.(『酉陽雜俎, 卷三, 貝編』)→天女九退相, 九髮散亂澀, 又**唇**動不止, 瓔珞花鬘皆重.(『松南雜識』)

309) 다라니(陀羅尼) : 범문을 번역하지 아니하고 음 그대로 외는 일. 자체에 무궁한 뜻이 있어 이를 외는 사람은 한없는 기억력을 얻고, 모든 재액에서 벗어나는 등 많은 공덕을 받는다고 한다. 선법(善法)을 갖추어 악법을 막는다는 뜻을 번역하여, 총지(總持)·능지(能持)·능차(能遮)라고도 이른다.

310) 보화(寶花) : 불국(佛國)의 꽃.

311) 觀世音菩薩說此陀羅尼, 已天雨寶花繽紛而下. 佛頂心經.(『韻府羣玉, 陀羅尼』)→佛頂心經**曰**, 觀世音菩薩說此陀羅尼, 已天雨寶花繽紛而下.(『松南雜識』)

312) 천화(天花) : 천계(天界)의 선화(仙花).

313) 성덕태자(聖德太子) : 쇼토쿠(574~622). 일본 요메이 천황[用明天皇]의 아들. 우마야

일본 민달천황(敏達天皇)의 손자"[314]라고 하였는데 세 살 때 열 사람의 말을 듣고 동시에 이해하였다. 열 살 때는 보리사(菩提寺)에서 불법을 깨닫고 성만경(聖鬘經)을 강설하니 하늘에서 만다라꽃이 떨어졌다. 이때 중국 양나라의 소명태자(昭明太子)[315]에게도 기이한 일이 있었다.

기랍
耆臘

당시(唐詩)[316]에서 "중의 나이는 계단 앞의 나무와 같고[僧臘堦前樹]"[317]라고 하였는데, 주석에 "불가에서는 나이를 납(臘)이라고 한다"라고 하였다. 또 중은 여름에 결하(結夏)[318]를 하고 여름에 머리를 깎는다.

도첩
度牒

『고승전(高僧傳)』에서 "도첩(度牒)은 남북조(南北朝) 때부터 있었다"[319]라고 하였다.

도 황자[廐戶皇子]·도요토미미 황자[豊聰耳皇子]라고도 한다. 학문에 통달했고 불교에 깊이 귀의했다. 숙모 스이코 천황[推古天皇]이 즉위하자 황태자가 되어 섭정으로서 내정·외교 및 불교진흥에 힘썼다.

314)『申高靈海東諸國記, 日本國紀, 天皇代序』.

315) 소명태자(昭明太子): 남조 시대 양(梁)나라 무제(武帝)의 황태자(501~531). 성은 소(蕭). 이름은 통(統). 자는 덕시(德施). 소명은 시호. 불교를 숭상하고 문학을 좋아했다. 저서에 『정서(正序)』 10권, 『영화집(英華集)』 20권 등이 있다.

316) 한굉(韓翃)의 「제천복사형악간사방(題薦福寺衡嶽暕師房)」.

317) 僧臘**堦**前樹.(『唐詩品彙, 卷六十六, 接武, 韓翃, 題薦福寺衡嶽暕師房』)→僧臘**庭**前樹.(『松南雜識』)

318) 결하(結夏): 음력 4월 16일, 또는 5월 16일에 여름 안거를 시작하는 일.

319) **僧史畧曰**, 度牒, 自南北朝有之, **見**高僧傳.(『事物紀原, 卷七, 庫務職局部三十四, 度牒』)→高僧傳**曰**, 度牒, 自南北朝有之.(『松南雜識』)

『당서(唐書), 식화지(食貨志)』에서 "숙종이 봉상(鳳翔[320])에 이르러 국자의 재정이 부족하자 처음으로 공명도첩(空名度牒)을 발급하였다"[321]라고 하였으니 지금의 가자체(加資帖[322])와 비슷하다.

백제의 역사에 "침류왕(枕流王[323]) 원년에 처음으로 절을 짓고 승려를 인정하였다[度僧]"[324]는 기록이 있다. 조선 성종 임자년(1492)에 도승법(度僧法)을 부활시켰다.

삼생 · 사중
三生四衆

불경(佛經)에서 "과거 · 미래 · 현재를 '삼생(三生)'이라고 한다"라고 하였으니 바로 당시(唐詩)에서 "삼생 돌 위에 옛 정혼[三生石上舊精魂]"[325]이라고 한 말이 이것이다. 민간에서 이른바 태생(胎生[326]) · 습생(濕生[327]) · 화생(化生[328])이라고 한 것과는 다르다.

성문승(聲聞乘[329]) · 연각승(緣覺乘[330]) · 보살승(菩薩乘[331])을 '삼승(三

320) 봉상(鳳翔) : 당대(唐代) 사경(四京)의 하나. 서경(西京).

321) 至鳳翔, **明年鄭叔清與宰相裴冕建議**, 以**天下**用**度**不**充**, **諸道得召人**, **納錢**給空名, **告身授官**, **勳邑號**度.(『唐書, 卷五十一, 食貨志, 第四十一』) → 至鳳翔, 以**國**用不**足**, **始**給空名度**牒**.(『松南雜識』)

322) 가자체(加資帖) : 가자를 내릴 때 주는 교지(敎旨)를 이르던 말.

323) 『松南雜識』에는 '辰斯王'으로 오기되어 있음.

324) **二年春二月**, 創**佛**寺**於漢山**, 度僧**十人**.(『三國史記, 卷二十四, 百濟本紀二, 枕流王二年』) → **辰斯王元年**, **始**創寺, 度僧.(『松南雜識』)

325) 천축목동(天竺牧童)의 「별리원(別李源)」.

326) 태생(胎生) : 모태(母胎)로부터 태어나는 생물.

327) 습생(濕生) : 사생(四生)의 하나. 습한 곳에서 태어나는 생물을 이른다. 뱀이나 개구리 등이 있다.

328) 화생(化生) : 사생(四生)의 하나. 다른 물건에 기생하지 않고 스스로 업력에 의하여 갑자기 화성(化成)하는 생물을 이른다.

329) 성문승(聲聞乘) : 부처의 설법을 듣고 아라한의 깨달음을 얻게 하는 교법을 이른다.

330) 연각승(緣覺乘) : 홀로 수행하여 깨달음의 경지에 이르는 교법을 이른다. ≒ 독각승

乘)'이라고 하니 대승선(大乘禪)[332]·소승선(小乘禪)[333]·최상승선(最上乘禪)[334]과도 다르다. 사람·하늘·신(神)·귀신을 '사중(四衆)' 또는 '사부(四部)'라고 한다. 또 승(僧 : 남자 중)·니(尼 : 여자 중)·선남(善男)·선녀(善女)도 '사중(四衆)'이라고 한다.

황장생
皇長生

『택리지(擇里志)』에서 말하였다.

영암(靈岩)의 도갑사(道岬寺)는 도선(導詵)이 입신(立身)한 곳이다. 골짜기 밖에는 바위 두 개가 서 있다. 하나에는 '황장생(皇長生)' 세 자가 새겨 있고 하나에는 '국장생(國長生)' 세 자가 새겨 있으니 어떤 의미인지 모른다.[335]

계룡산(鷄龍山) 갑사(岬寺) 뒤 봉우리 바위에는 '方白馬角口或生禾(방백마각구혹생화)' 여덟 자가 새겨 있는데 역시 어떤 의미인지 모른다.

(獨覺乘).

331) 보살승(菩薩乘) : 보살이 큰 서원(誓願)을 세워 위로 보리를 구하고 아래로 중생을 교화하는 교법을 이른다.

332) 대승선(大乘禪) : 아법이공(我法二空)으로 나타난 진리를 깨달아 수행하는 사람들의 선.

333) 소승선(小乘禪) : 흔염취사(欣厭取捨)의 상대관을 부정하고 무아의 경지에 도달하지만 아직 제법개공(諸法皆空)의 이치를 깨닫지 못한 사람들의 선.

334) 최상승선(最上乘禪) : 자심(自心)의 청정과 번뇌가 본래 공함을 깨닫고 오로지 참된 지혜가 본래 모두 충족되어 있으며 중생과 부처가 하나라는 것을 믿고 수행하는 사람들의 선.

335) 道岬. **則新羅僧**導詵發**跡之**所, 洞外, 立二石, 一刻皇長生三字, 一刻國長生三字, 不知何意.(『擇里志, 卜居總論, 山水』) → **靈岩**道岬**寺**. 導詵發**迹**所, 洞外, 立二石, 一**則**刻皇長生三字, 一**則**刻國長生三字, 不知何意.(『松南雜識』)

백운탑 속의 입정한 중
雲墖入定

연암 박지원이 말하였다.

장성(長城) 밖 백운탑(白雲塔) 석굴(石窟) 속에 요(遼)나라 때 입정(入定)한 중이 있는데 건륭(乾隆) 때까지도 미지근한 체온이 있고 피부가 부드러우며 윤기가 났다. 다만 숨을 쉬지 않을 뿐이다.[336]

승과
僧科

『고려사』에서 "선종(宣宗)[337]이 처음 승과(僧科)를 세웠다"라고 하였다.

지봉 이수광이 "조선의 선과(禪科)는 보우(普雨)의 건의를 채택해서 설치하였다가 후에 혁파하였다"[338]라고 말하였다. 보우는 임피현(臨陂縣) 동사(東寺)의 중으로 손에는 청산설월권(靑山雪月權)을 쥐었다.

다음과 같은 전설이 있다.

보우가 제주로 귀양을 갔을 때 이런 말을 하였다.

"내가 죽으면 나라의 말이 되어 올 것이다. 그러니 특별히 은제(銀製) 구유를 만들어 죽을 담고 여러 말들을 향해 '보우(普雨)'라고 부르면 나와서 죽을 먹을 것이다."

---

336) 長城外白雲塔石**龕**中, 有遼時入定僧**肉身**, 至**今不壞**, 微溫柔澤, 但**瞑目**無氣息.(『燕巖集, 卷之十四, 別集, 熱河日記, 口外異聞, 入定僧』) → 長城外白雲塔石**窟**中, 有遼時入定僧 至**乾隆時**, 微溫柔澤, 但無氣息.(『松南雜識』)

337) 선종(宣宗) : 고려의 제13대 왕(1049~1094). 이름은 운(運). 승과(僧科)를 설치하고, 교장도감을 설치하여 도서를 출판하는 등이 불교 발전에 힘썼다. 재위 기간은 1083~1094.

338) **先是**用普雨言, **兩宗**禪科, **至是竝**罷**之**.(『芝峯類說, 卷十八, 外道部, 禪門』) → **我朝**禪科, 用普雨言**設之**, **後**罷.(『松南雜識』)

훗날 과연 그의 말대로 하였더니 어떤 흰말이 은구유로 가서 먹는 것이었다. 마침내 왕의 말로 삼았는데 대단한 명마인 데다가 사람의 뜻을 잘 알았기에 매우 아꼈다. 그런데 갑자기 병이 나서 거의 죽게 되자 왕이 말하였다.

"이 말이 죽는다고 말하는 자는 죽는다."

하루는 말의원이 진언하였다.

"말의 병이 심해져서 사흘 간 죽도 못 먹고 사흘 간 누워 일어나지 못합니다."

왕이 말하였다.

"죽겠구나!"

말의원이 말하였다.

"전하께서 이미 죽을 것이라고 말씀하셨으니, 신의 소견으로도 죽을 것 같습니다."

승통총섭
僧統摠攝

『수사(隋史)』의 기록에 의하면 문제(文帝)가 사문(沙門) 언종(彦琮)[339]을 번경관(飜經館) 학사(學士)로 임명하였다고 한다. 당나라는 불공(不空)을 홍노경(鴻臚卿)으로 임명한 것이 시초이다.[340] 우리나라는 임진왜란 때 묘향산(妙香山)[341]의 중 휴정(休靜)을 초치하여 승군(僧軍)을 모집하게 하

339) 『松南雜識』에는 '彦崇'으로 되어 있음.

340) **自**隋文帝, 以沙門彦**琮**爲翻經館學士, **後始命僧以官**. **及**唐, **又**以不空爲**開府儀同三司試**鴻臚卿.(『事物紀原, 卷七, 庫務職局部三十四, 僧官』)→隋**史**, 文帝以沙門彦**崇**爲翻經館學士, 唐以不空爲鴻臚卿, **始也**.(『松南雜識』)

341) 묘향산(妙香山) : 평안북도 영변군 신현면과 백령면의 경계에 있는 산. 묘향산맥의 주봉으로서, 단군이 내려왔다는 전설로 유명하다. 산속에는 보현사와 서산(西山), 사명(四溟) 두 대사의 원당이 있다.

고 휴정의 제자 의암(義巖)을 총섭(摠攝)으로 삼고 관동(關東)의 중 유정(惟政)과 호남의 중 처영(處英)[342]을 장군으로 삼았다.

산곡 황정견의 「송밀노(送密老)」[343] 시에서,

가거든 청산과 더불어 주인이 되어 去與青山作主人
법창산[344] 노승장을 져 버리게 말게 不負法昌老禪將[345]

라고 하였으니, 바로 이것과 부합된다.

지봉 이수광이 말하였다.

휴정(休靜)의 「금강산(金剛山)」 시에서,

달빛에 춤추는 파리한 신선은 천 길 회나무 舞月臞仙千丈檜
숲 넘어 울리는 맑은 비파는 한 소리 여울물 隔林淸瑟一聲灘[346]

이라고 하였다. 그는 전공(戰功)을 세워 이품직을 제수 받았다. 또

---

342) 처영(處英) : 조선 중기 승려. 호는 뇌묵(雷默). 선조 25년(1592) 임진왜란 때 휴정(休靜)의 격문을 받고 전라도에서 승병을 모집, 권율(權慄)과 함께 평양·개성에서 싸워 최대의 승첩을 거두었고 절충장군(折衝將軍)이라는 직함을 받았다. 그 뒤 정조 18년(1794) 왕명에 따라 대흥사(大興寺)의 표충사(表忠祠)와 묘향산(妙香山)의 수충사(酬忠祠)에 휴정·유정(惟政) 등과 함께 진영(眞影)이 안치되었다.

343) 원제는 「송밀로주오봉(送密老住五峯)」.

344) 법창산(法昌山) : 의우선사(倚遇禪師) 30년간 홀로 기거하던 곳. 홍주(洪州) 분녕(分寧) 북쪽에 있음.

345) 『山谷集, 卷七, 送密老住五峯』.

346) **近歲僧**休靜**善書與詩**, **爲叢林所宗**, **其遊**金剛山詩**曰**, 舞月臞仙千丈檜, 隔林淸瑟一聲灘, **己丑逆獄**, **以名僧逮繫**, **先王特命放釋**, **賜御製詩及衣物**, **遣還山**, **壬辰倭變**, **召至行在**, **授都摠攝**, **使之統領僧徒**, **協力討賊**, **其上足有惟政**, **義嚴者**, **亦爲摠攝**, **皆以**功**授從**二品職, …… 昇平僧玉洞**者**, **嘗**從李統制**舜臣**, **在舟師**有功, **及統制歿**, 仍居忠**愍**祠**數十歲**, **自備**祭奠, **年今八十餘矣**, 且言**海上**有警**報**, 則統制**必**先期見夢.(『芝峯類說, 卷十八, 外道部, 禪門』) → 休靜金剛山詩, 舞月臞仙千丈檜, 隔林淸瑟一聲灘, **有戰**功, **授**二品職, **又**昇平僧玉洞, 從李統制有功, 仍居忠**武**祠祭奠, 且言**國**有警, 則統制先期見夢.(『松南雜識』)

승평(昇平)[347]의 중 옥형(玉泂)은 이순신을 따라 전공을 세웠기에 충무사(忠武祠)에 배향되어 제사를 받는다. 또 나라에 변란이 생기면 사전에 통제사가 먼저 꿈에 나타나 알려준다고 한다.

설암이 조정에 천거되다
雪庵薦朝

지봉 이수광이 "설암(雪庵)은 바로 이부광(李溥光)으로 처음 중이 되었을 때 조송설(趙松雪)이 그가 쓴 주방(酒榜)[348]을 보고 환속(還俗)을 권유하고 조정에 추천하여 벼슬살이를 하게 하였다"[349]라고 말하였다. 그는 가도(賈島)[350]・정개청(鄭介淸)[351]과 유사하다.

『시림(詩林)』의 주석에 "신돈(辛旽)이 처음으로 뼈를 묻은 중이 되었다"라고 하였다.

---

347) 승평(昇平) : 전라남도 순천의 옛 이름.

348) 주방(酒榜) : 술집 앞에 내다 거는 간판.

349) 宣祖大王於經筵, 問雪菴何如人, 左右對曰僧也. 副提學申湛進曰, 乃李溥光也. 時人善其該博, 然不知其爲僧, 按王世貞有言元僧溥光書, 風骨遒勁而超洒不足, 蓋僧而溥光名, 雪菴號者也. 金南窓曰, 雪菴初爲僧. 趙松雪見其所書酒榜, 勸令還俗, 且薦於朝而官之.(『芝峯類說, 卷十八, 技藝部, 書』) → 雪菴, 乃李溥光. 初爲僧. 趙松雪見其所書酒榜, 勸還俗, 薦朝官之.(『松南雜識』)

350) 가도(賈島) : 당나라의 시인(779~843). 자는 낭선(浪仙). 진사시험에 낙방, 승려가 되어 무본(無本)이라 했으나 낙양(洛陽)에서 한유(韓愈)를 만나 시재(詩才)를 인정받고 환속하여 지방 관리로 생을 마쳤다.

351) 정개청(鄭介淸) : 조선 시대의 문신・학자(1529~1590). 고성(固城) 정씨의 시조. 자는 의백(義伯). 호는 곤재(困齋). 유년시에 보성군의 영주산사(瀛州山寺)에 들어가 10여 년간 성리학 뿐 아니라 천문・지리・의약・복서(卜筮) 등의 잡학을 강구했다. 저서로 『수수기(隨手記)』, 『곤재우득록(困齋愚得錄)』이 있다.

중이 되다
遁入禪社

『고려사』에서 말하였다.

권단(權昍)[352]은 자호를 '몽암거사(夢庵居士)'라고 하였는데 하루아침에 중이 되어 머리를 깎았다. 아들 권부(權溥)가 찾아가서 곡을 하니 권단이 말하였다.

"내게 수염과 머리털을 다시 붙여 놓을 수 있겠느냐?"[353]

세간에 전하는 말에 의하면 고려 말에 사대부들이 서로 문벌을 자랑하면서 "너희 집에 가사가 걸려있는가"라고 떠벌렸다고 한다.

우리 조선의 신미대사(信眉大士)는 점필재(佔畢齋) 김종직(金宗直)의 동생으로 복천사(福泉寺)에서 살았는데 세조가 환대하고 예우하였다. 학조대사(學祖大師)는 청음(淸陰) 김상헌(金尙憲)[354]의 종조부(從祖父)로 국사(國師)가 되어 풍수를 좋아하여 화상(和尙)으로 일컬어졌으니 또 괴애(乖厓) 김수온(金守溫)[355]의 형이라고 한다.

---

352) 권단(權昍) : 고려 후기의 문신(1228~1311). 본관은 안동(安東). 자는 회지(晦之). 성품이 청렴, 겸손하고 불교를 독신하여 만년에는 선흥사(禪興寺)에서 머리를 깎고 중이 되어 일생을 마쳤다. 시호는 문청(文淸)이다.

353) 自號夢菴居士. …… **恐爲**子溥**所沮未果**, **會溥不在**, 遁入禪**興**社剃髮, **溥馳至大**哭, 昍曰, 將復鬚髮我耶. **此予素志也**.(『高麗史, 卷一百七, 列傳, 二十, 權昍』) → 自號夢菴居士. **一夕**遁入禪社, 剃髮, 子溥**往**哭, 昍曰, 將復鬚髮我耶.(『松南雜識』)

354) 김상헌(金尙憲) : 조선 중기의 문신(1570~1652). 자는 숙도(叔度). 호는 청음(淸陰) · 석실산인(石室山人). 대제학 · 이조 판서 · 예조 판서 · 공조 판서 · 병조 판서를 지냈다. 저서에 『야인담록(野人談錄)』 · 『풍악문답(豊岳問答)』 등이 있고, 『청구영언(靑丘永言)』 등의 가곡집에 시조 4수가 전한다.

355) 김수온(金守溫) : 조선 시대의 학자(1409~1481). 자는 문량(文良), 호는 괴애(乖崖). 세종 27년(1445)에 승문원 교리로서 『의방유취(醫方類聚)』 편찬에 참여했고, 공조 판서 · 영중추부사를 지냈다. 불교에 조예가 깊어 『금강경』 등의 불경을 국역 간행했다.

현상 · 능파
現像凌波

『이문록(異聞錄)』에서 말하였다.

진계경(陳季卿)은 강남이 고향이었다. 청룡사(靑龍寺)를 찾아갔더니, 종남산옹(終南山翁)이 있었다.[356] 동쪽 벽에는 전국지도가 걸려 있었다. 진계경이 강남길을 찾고서 길게 탄식하며 말하였다.

"어떻게 하면 위수(渭水)에서부터 하수(河水)로 배를 타고 고향에 갈 수 있을까?"

종남산옹이 말하였다.

"그런 것이라면 어렵지도 않지."

그는 하인에게 댓잎을 꺾어오게 하여 배를 만든 뒤에 지도 위에 올려놓았다. 진계경이 한참을 응시하였더니 위수의 물결이 점점 불어났고 배 한 척이 점점 커지는 것이 느껴졌다. 자리와 돛이 이미 펼쳐졌고 황홀하게 배를 탄 듯한 느낌이었다. 열흘 남짓 지나서 집에 도착하였다.[357]

『택리지(擇里志)』에서 말하였다.

흥양(興陽)[358]의 능가사(楞迦寺)는 팔령산(八靈山)에 있다. 옛날 유구

---

356) 진계경이 진사가 된 이후로 장안에서 10년 동안 고향에 가보지 못했다.

357) 陳季卿家于江南. **嘗**訪**僧於**青龍寺**遇僧**, **他適**有終南山翁, **亦候僧歸**, 東壁有寰瀛圖, 季卿乃尋江南路而長歎曰, 安得自渭泛河達**於**家, 山翁**笑**曰, 是不難, 命**僧**僮折**階前一**竹葉, 作舟置圖上, 季卿熟視, 久之, 稍覺渭水波浪一葉漸巨, 席帆旣張, **恍**若登舟, 旬餘已至家**矣**. 異聞錄.(『古今事文類聚, 續集, 卷二十七, 器用部, 舟, 仙翁葉舟』)→異聞錄**曰**, 陳季卿家于江南. 訪青龍寺, 有終南山翁, **在**東壁有寰瀛圖, 季卿乃尋江南路而長歎曰, 安得自渭泛河達**于**家. 山翁曰, 是不難, 命僮折竹葉, 作舟置圖上, 季卿熟視, 久之, 稍覺渭水波浪一葉漸巨, 席帆旣張, 怳若登舟, 旬餘已至家.(『松南雜識』)

358) 흥양(興陽) : 전라남도 고흥 지역의 옛 지명.

국(流球國)의 태자가 표류하여 이 절에 왔는데 관세음(觀世音)에게 본국으로 돌아가게 해달라고 7일 밤낮으로 기도하였다. 관세음이 대사의 모습으로 나타나더니 태자를 데리고 파도를 건너갔다. 이 절의 중이 그린 관세음상(觀世音像)이 아직도 있다.[359]

나한이 모습을 드러내 보임
羅漢觀象

『택리지(擇里志)』에서 말하였다.

조선의 태조가 등극하기 전에 서까래 세 개를 등에 지고 있는데 꽃이 날리고 거울이 깨지는 꿈을 꾸었다. 무학(無學)에게 물어보니 "나무 세 개는 '王(왕)'자이고 꽃이 날린 것은 마침내 열매가 열린다는 의미이고, 거울이 떨어지니 어찌 소리가 나지 않겠습니까?"라고 대답하였다.

마침내 안변(安邊)에 석왕사(釋王寺)를 건립하고 수륙도량(水陸道場)을 이틀 동안 성대하게 차리니 오백 나한이 공중에서 모습을 드러내 보이는 감응이 있었다.[360]

---

359) 楞**迦則**在八靈山**下**, 昔琉球太子漂到, **遂於寺前**, 伏禱觀音, 請歸國七日夜, 大**士**現像, **挾**太子, 凌波而去, 寺僧繪**其**像**於壁**, **至今仍**在.(『擇里志, 卜居總論, 山水』)→**興陽**楞**嚴寺**在八靈山**中**, 昔琉球太子漂到**此寺**, 伏禱觀**世**音, 請歸國七日**七**夜, 大**師**現像, **扶**太子, 凌波而去, 寺僧繪像**猶**在.(『松南雜識』)

360) 太祖**未登極**, 夢背負三椽, 花飛鏡落, 問**於僧**無學, 對曰, **背負**三**椽**者, 王**字**也, 花飛終有實, **破**鏡豈無聲. **太祖大喜**, **後**建**寺**, **名曰**釋王, 大修水陸道場**二**日, 有五百羅漢**現像**空中之應.(『擇里志, 咸鏡道』)→**我**太祖 **潛邸時**, 夢背負三椽, 花飛鏡落, 問無學, 對曰, 三**木**者, 王也, 花飛終有實, 鏡**落**豈無聲. **遂**建釋王**寺於安邊**, 大修水陸道場**三**日, 有五百羅漢**觀象於**空中之應.(『松南雜識』)

관촉사
灌燭寺[361]

반야산(般若山)에 있다. 높이가 쉰 네 자인 돌미륵이 있다. 고려 광종 때 반야산 기슭에서 커다란 바위가 솟아나자 중 혜명(慧明)이 쪼아서 불상을 만들었다.

파주미륵
坡州彌勒

파주(坡州)에 석불(石佛)이 있으니 '미륵(彌勒)'이라고 한다. 은진(恩津)에도 있으니 그 높이는 모두 수십여 길이다. 바라보면 박부(樸父)[362]가 우뚝 서있는 것 같다. 전설에 땅 속에서 솟아 나와 읍의 수호신이 되었기에 그것에 기도를 하면 영험이 있다고 한다.

---

361) 관촉사(灌燭寺) : 충청남도 논산시(論山市) 은진면(恩津面) 반야산(般若山)에 있는 절. 고려 광종 19년(968)에 혜명(慧明)이 창건했다. 창건 당시 조성한 석조미륵보살입상(石造彌勒菩薩立像)에 관한 설화가 전한다. 한 여인이 반야산에서 나물을 캐다가 아이 우는 소리를 듣고 가보니, 아이는 없고 큰 바위가 땅에서 솟아나고 있었다. 이 소식을 들은 조정에서는 바위에 불상을 조성하라고 혜명에게 명했다. 불상을 완성하여 세우자 미간의 옥호(玉毫)에서 발한 빛이 사방을 비추었는데, 중국의 승려 지안(智眼)이 그 빛을 좇아와 예불했으며, 그 빛이 촛불과 같다고 하여 절 이름을 관촉사라 이름을 지었다고 한다.

362) 박부(樸父) : 신화 속의 인물. 『신이경(神異經), 동남황경(東南荒經)』에 의하면 동남쪽 모퉁이에 박부가 있는데 부부의 키가 천 리나 된다고 한다. 하늘이 처음 열렸을 때 그들 부부에게 모든 냇물을 트게 했는데 게으름을 피우고 일을 하지 않았기에 동남쪽으로 귀양을 보내 서있게 했다고 한다.

제석원
帝釋院

『고려사』에서 "예종(睿宗)은 송나라 황제가 부처의 치아와 머리뼈를 금 상자에 넣어서 보내니 외제석원(外帝釋院)에 보관하였다"[363]라고 하였다. 살펴보건대 석(釋)은 석가(釋迦)이니 승가(僧家)에서 그를 받들어 제(帝)라고 한다.

소도
蘇塗[364]

「동이전(東夷傳)」에서 "삼한(三韓)은 소도(蘇塗)를 세운다"[365]라고 하였는데, 그 주석에서 "부도(浮屠)이니 승탑(僧塔)이다"[366]라고 하였다. 불경(佛經)에서 "대안화상(大安和尚)이 마음은 탑 꼭대기 상륜(相輪) 가에 있다"라고 하니 바로 왕안석의 탑을 비유 한 말[367]과 같다. 지금 탑의 풍경(風磬)이 달린 곳이다.

---

363) **初, 王字之使還**, 宋帝**以**金函**盛**佛牙頭骨**以**賜, 置外帝釋院.(『高麗史 卷十四, 世家, 十四, 睿宗, 三』)→**睿宗**, **以**宋帝**所賜**金函佛牙頭骨, 置**之**外帝釋院.(『松南雜識』)

364) 『松南雜識』에는 '蘇屠'로 오기되어 있으니, 『운부군옥』의 오류를 답습한 것임.

365) 立蘇**塗**.(『後漢書, 卷一百十五, 東夷傳, 第七十五, 東夷』)→**三韓**立蘇**屠**.(『松南雜識』)

366) 僧塔**皆曰**浮屠. **亦曰浮圖**. **詳圖**. **又曰**, **蘇屠**. **後東夷傳**, **三韓立蘇屠**, **注似浮屠**.(『韻府羣玉, 浮屠』)→浮屠僧塔**也**.(『松南雜識』)

367) 정자(程子)가 왕안석(王安石)이 도를 말하는 경지를 평하면서 한 비유로, "탑의 꼭대기 상륜부(相輪部)에 앉아서 그 모양을 말하는 것과 같다"라고 했다.

불탑을 철거하다
撤佛塔

공민왕 때 영주지사(榮州知事) 정습인(鄭習仁)[368]이 무신탑(無信塔)을 철거하고 말하였다.

"이상하기도 하다. 악목(惡木)의 그늘에서는 쉬지 않고 도천(盜泉)의 물은 마시지 않으니 그 이름을 싫어하기 때문이다. 어떻게 그 모양은 우뚝하게도 한 마을에서 바라보는 대상이면서도 무신(無信)이라고 이름을 지었을꼬?"

사찰
寺刹

『석씨요람(釋氏要覽)』에서 "범어로 '찰슬(刹瑟)'이라고 한다. 이것은 장대이니 바로 깃대이다. 사문(沙門)으로 불법을 얻은 자는 의당 깃대를 세워 사방에 알려야 한다"[369]라고 하였다.

지봉 이수광이 말하였다.

> 사(寺)는 궁시(宮寺)의 시(寺)와 같다. 살펴보건대 한나라 명제(明帝) 때 섭마등(攝摩騰)이 서역에서 백마에 불경을 싣고 와서 홍려시(鴻臚

368) 정습인(鄭習仁) : 고려 말기의 문신. 자는 현숙(顯叔). 본관은 초계(草溪). 공민왕 때 문과에 급제하여 성균학관이 되고, 이어 지영주(知榮州)가 되어 집무하려 할 때 주리(州吏)가 고사를 들어 소재도에 분향하기를 청했으나, "인신(人臣)은 법이 아니면 행하지 않는다"라고 하며 철거해버렸다. 또 무신(無信)이라는 탑을 허물고 그 벽돌로 빈관(賓館)을 수리, 신돈(辛旽)의 노여움을 사 계림옥(鷄林獄)에 갇히기도 했다. 그 뒤에도 가는 곳마다 지방의 세력가를 누르고 음사(淫祀)를 금하는 데 힘썼다.

369) 梵云刹瑟. **故**此云竿, **今畧名刹**, 卽幡柱也. 沙門得一法者, 便當建幡告四遠. 要覽. (『錦繡萬花谷, 前集, 卷二十九, 浮圖名議, 梵刹』) → 要覽**曰**, 梵云刹瑟. 此云竿, 卽幡柱也. 沙門得法者, 便當建幡告四遠**也**.(『松南雜識』)

寺)에 보관하였다. 그래서 불상이 있는 곳을 사(寺)라고 하였고 그 절을 '백마(白馬)'라고 명명하였고 불경도 '백마(白馬)'라고 하였다.[370]

불당을 전이라고 한다
佛堂名殿

『전등록(傳燈錄)』에서 '좋은 불전(好箇佛殿)'이라고 하였다. 살펴보건대, 석가(釋迦)는 바로 정반왕(淨飯王)의 태자로, 왕이 되어 출가했기 때문에 왕의 예로 대우하여 그가 사는 곳을 전(殿)이라고 한다. 그들의 풍속에 태자(太子)를 부도(浮屠)라고 한다. 그래서 중의 탑도 그렇게 칭한다.

정사
精舍

『사물기원(事物起原)』에서 "한나라 명제가 정사(精舍)를 세우고 섭마등(攝摩騰)을 살게 하였다"[371]라고 말하였다. 지금 절을 정사(精舍)라고 하는데 유자(儒者)의 경우 가르치는 곳을 정사라고 하는 것은 회암(晦庵) 주희(朱熹)의 무이정사(武夷精舍)와 창주정사(滄洲精舍)가 처음이다.

370) 漢以來官府皆名曰寺, 鴻臚寺本以待四夷賓客, 故摩騰竺法蘭以白馬負經, 舍于鴻臚. 今洛中白馬寺, 卽其地也. 後槪稱僧居爲寺云.(『芝峯類說, 卷七, 文字部, 字義』) →寺與宮寺之寺同, 按漢明時, 攝摩騰, 自西域, 馱經白馬來, 置鴻臚寺, 故仍名佛居爲寺, 寺曰白馬, 經亦曰白馬.(『松南雜識』)

371) 漢明帝, 於東都城門外, 立精舍, 以處攝摩騰.(『事物紀原, 卷七, 庫務職局部三十四, 白馬寺』) →漢明帝, 立精舍, 以處攝摩騰.(『松南雜識』)

비보사탑
裨補寺塔

고려의 중 굉연(宏演)이 지은 「도선전(導詵傳)」[372]에서 말하였다.

도선(導詵)이 당나라로 건너가 일행(一行)에게 배웠는데 일행이 삼한의 산수도(山水圖)를 보고 "사람에게 병이 생기거든 혈맥을 찾아서 침을 놓고 뜸을 뜨면 낫는다. 산천의 병도 마찬가지여서 절을 건립하고 탑을 세우면 사람에게 침을 놓고 뜸을 뜨는 것과 같으니 '비보오백찰(裨補五百刹)'이라고 명명하라"라고 말하였다고 한다.

당시(唐詩)에서 "천하의 명산은 중이 독차지하였다[天下名山僧占多]"라고 한 말이 이와 가깝다. 지금 석불(石佛)이나 부도(浮屠)는 대개 그때 세운 것이라고 한다.

살펴보건대, 지가(地家)[373]에서 멸만경(滅蠻經)[374]으로 지리를 살피고 이장(移葬)하니, 실재로는 산천의 혈맥을 절단하여 그 생기(生氣)를 말살하려는 의도가 있다. 지금 산맥를 절단한 것은 대부분 중국 장수나 왜놈들이 저지른 짓이라고 한다.

---

372) 「고려국사도선전(高麗國師導詵傳)」.

373) 지가(地家): 풍수지리설에 바탕을 두고 지리를 보아 묏자리나 집터 등의 좋고 나쁨을 알아내는 술법.

374) 멸만경(滅蠻經): 중국 사람들이 조선을 포함하는 주변 민족에서 훌륭한 인물이 나오는 것을 막으려고 명당 자리는 나쁜 것으로, 나쁜 자리는 명당으로 살짝 고쳐서 흘려 건네주었다는 풍수지리서.

소사초제
蕭寺招提

『두양편(杜陽編)』에서 "양(梁) 무제(武帝)가 절을 세우자 소자운(蕭子雲)[375]이 비백체(飛白體)[376]로 '蕭(소)' 한 자를 썼다. 그 뒤 이약(李約)[377]이 그것을 사서 동락(東洛)으로 돌아가서 집을 짓고 '소재(蕭齋)'라고 이름을 붙였다"라고 하였으니 '재(齋)'가 절을 명명하는 호칭이 된 것은 모두 여기에서 시작되었다.

불경에서 "초제(招提)와 보살(菩薩)은 모두 옛날 부처의 호칭이다. 그래서 절도 '초제(招提)'라고 부른다고 한다"라고 하였다. 지금 늙은 여중을 '보살'이라고 하는 말도 여기에서 유래하였다.

구림
鳩林

『홍사(鴻史)』에서 말하였다.

> 영암군(靈巖郡)[378] 최씨의 정원에 한 자 남짓한 오이가 있었다. 최씨의 딸이 그것을 몰래 따먹고 아들을 낳았는데, 비정상적이라고 생

---

375) 소자운(蕭子雲) : 양(梁)나라 사람. 자는 경교(景喬). 자현(子顯)의 아우이며 제 고조(齊高祖)의 손자이다. 제(齊) 건무(建武) 때 신포현후(新浦縣侯)에 봉해졌으며, 양나라로 들어가 국자좨주(國子祭酒)의 벼슬에까지 올랐다. 초서와 예서를 잘 썼으며, 저서로는 『진서(晉書)』와 『동궁신기(東宮新記)』가 있다.
*『松南雜識』에 '蘇子雲'으로 오기되어 있음.

376) 비백서(飛白體) : 십체(十體)의 하나. 후한 때, 채옹(蔡邕)이 만들었다. 팔분(八分)과 비슷하지만 획을 나는 듯이 그어 획의 안이 희게 비도록 쓴다.

377) 이약(李約) : 당나라의 시인. 자는 존박(存博). 호는 소재(蕭齋). 당 종실의 후손. 저서로 『동표인보(東杓引譜)』가 있다.

378) 영암군(靈巖郡) : 전라남도 남서해 쪽에 있는 군.

각하고 대숲에 버렸다. 그랬더니 비둘기가 와서 아이를 덮어주었다. 마침내 데려다 길렀는데 출가하여 중이 되어 '도선(道詵)'이라고 이름하였다. 중국으로 건너가 일행 선사(一行禪師)에게 지리법(地理法)을 전수 받고 귀국하였다. 훗날 그 곳을 '구림(鳩林)'이라고 명명하니 마치 마야부인이 아수가수(阿輸迦樹)에 올라갔다가 태자를 낳았기에 '지림(祗林)'이라고 하는 것과 같다.

천방사
千房寺

옥구(沃溝)[379]에 있다. 신라의 김유신(金庾信)이 백제를 공격하려고 당나라에 군사를 요청하였다. 소정방(蘇定方)이 군사 십이만 명을 배에 태우고 산 아래에 도착하니 연무(烟霧)가 자욱하고 천지가 어두웠다. 산신령에게 기도하자 산신령이 "날씨가 개이게 하려면 근방에 절 천 채를 세우고 부처를 받들면 그 날로 천지가 맑아지리"라고 하였다. 그러나 산이 몹시 협소하여 천 채의 절을 지을 수 없었기에 다만 돌 천 개를 절 모양으로 늘어놓고 절 한 채를 짓고 천방사(千房寺)라고 이름하였다.

칠불사
七佛寺

『택리지(擇里志)』에서 말하였다.

고구려 때 수나라 병사가 청천강 가에 이르자 중 일곱 명이 앞서

379) 옥구(沃溝) : 전라북도 군산 소재의 읍.

서 강을 건너는데 무릎이 빠지지 않았다. 수나라 병사들은 물이 얕아서 건널 만 하다고 생각하고는 기다랗게 따라 건너다가 모두 익사하였다. 수나라 군대가 퇴각하자 중도 보이지 않았다. 마침내 절을 세워 그들을 제사하였다.[380]

아마도 배도화상(盃渡和尙[381])의 류(類)인 듯하다.

신흥사
新興寺

『고려사』에서 "태조(太祖)가 삼한공신(三韓功臣)[382]의 그림을 신흥사(新興寺)[383]에 그리고 무차대회(無遮大會)[384]를 베풀었다"[385]라고 하였으니 나는 '어찌하여 기린각(麒麟閣)[386]을 만들거나 능연각(凌煙閣)[387]을 만들지 않고 불사(佛寺)에서 그것을 하고 승재(僧齋)에서 그것을 하였을까?'라

---

380) **高**句麗時, 隋兵至江上, 有七僧前渡, 水不沒膝, 隋兵隨而長驅, **先鋒一陣**渰焉, 兵退而僧不見, **士人聽之**, 建寺祀之.(『擇里志, 平安道』) → 句麗時, 隋兵至**淸川**江上, 有七僧前渡, 水不沒膝, 隋兵**以爲淺可渡**, 隨而長驅, **盡**渰焉, 兵退而僧不見, **遂**建寺祀之.(『松南雜識』)

381) 배도화상이 나무잔을 타고 강을 건넜다고 한다.

382) 삼한공신(三韓功臣) : 고려 태조 때 후삼국 통일에 공이 있는 사람에게 준 공신호. 제정된 시기는 태조 19년인 936년에서 940년 사이로 추정된다. 책봉된 사람들은 후삼국 통일에 참여한 태조의 막료(幕僚) 및 협력한 각 지방의 호족(豪族)과 그 막료까지 포함되어 있었다.

383) 신흥사(新興寺) : 강원도 속초시 설악동(雪嶽洞) 설악산에 있는 절.

384) 무차대회(無遮大會) : 불교 의식의 하나. 이 대회는 승려·속인·남녀노소·귀천의 차별 없이 널리 일반대중에게 잔치를 베풀고 물품을 고루 나누어 주면서 행하는 법회를 말한다.

385) **是歲重修**新興寺, **置功臣堂**, 畫三韓功臣**於東西壁**, 設無遮大會.(『高麗史, 卷二, 世家二, 太祖二十三年』) → **太祖圖**畫三韓功臣**於**新興寺, 設無遮大會.(『松南雜識』)

386) 기린각(麒麟閣) : 한 선제(宣帝)가 곽광(霍光) 등 11공신의 화상을 그린 누각.

387) 능연각(凌煙閣) : 당 태종(太宗)이 공신 24인의 화상을 그린 누각.

는 의문이 든다.

중사재
仲獅齋

속리산(俗離山)에 있으니, 계씨(季氏)를 위한 원당(願堂)이다. 계씨(季氏)는 바로 영빈(暎嬪) 이씨(李氏)[388]로 주문(奏文)[389]에 '李' 자 위에 가로 획을 더한 것이다.[390]

천관사
天官寺

경주(慶州)에 있다. 김유신이 어릴 때 어머니가 엄하게 타일러 함부로 놀지 못하게 하였다. 하루는 우연히 기방에서 잠을 잤는데 어머니가 "네가 공명(功名)을 세워 임금과 어버이의 영광이 되기를 바랐는데, 지금 기방에서 놀 수 있단 말이냐?"라고 말하고는 통곡하였다.

김유신이 다시는 그 문을 지나가지 않으리라 맹세하였다. 하루는 말이 옛날 다니던 길을 따라 창녀의 집으로 갔다. 창녀는 한편으로는 기쁘고 한편으로는 원망하여 눈물을 흘리면서 나와 맞이하였다. 그런데 김유신은 타고 온 말의 목을 베고 안장을 버리고 돌아갔다. 여인이 「원사(怨詞)」를 지어 유전시켰다. 절은 곧 그녀의 집으로 천관은 그 여인의 이름이다.

---

388) 영빈 이씨(暎嬪李氏) : 조선 영조의 후궁(?~1764). 사도세자(思悼世子 : 莊獻世子)의 생모. 어려서 궁중에 들어가 귀인(貴人)이 되었으며, 영조 6년(1730) 영빈으로 봉해졌다.
389) 주문(奏文) : 임금에게 아뢰는 글.
390) 왕의 성인 '李'를 기휘(忌諱)한 것.

황룡사
皇龍寺

신라의 역사에서 말하였다.

진평왕(眞平王) 때에 황룡(黃龍)이 월성(月城) 동쪽에 출현하였다. 왕이 이때문에 절을 세우고 황룡(皇龍)이라고 명명하였다.[391] 그리고 솔거(率居)에게 명하여 절의 벽에 노송(老松)을 그리게 하였는데 뿌리와 줄기가 물고기 비늘처럼 갈라지고 가지와 잎이 서리고 구부러졌다. 새와 참새가 이따금 그것을 바라보고 날아들었다가 부딪혀 정신을 잃고 떨어졌다. 오랜 세월이 지나 색이 바라자 중이 단청을 덧칠했더니 새와 참새가 다시는 오지 않았다.[392]

주암사
朱巖寺

경주에 있다. 옛날에 도인(道人)이 신상(神象)[393]을 얻었는데, 삼매(三昧)로 스스로를 독려하면서 말하였다.

"궁녀의 유혹이 아니면 마음이 움직이지 않으리."

신상이 궁녀를 훔쳐서 하늘로 올라가서는 새벽에 갔다가 저녁에 되돌려 놓자 궁녀들이 두려워서 왕에게 아뢰었다. 왕이 단사(丹砂)로 표시

---

391) 『三國遺事, 卷三, 塔像, 皇龍寺丈六』.

392) **率居新羅人**, **所出微**, **故不記其族系**. **生而善畵**, **嘗**於**皇龍**寺壁畵老松, **體**幹鱗皴, 枝葉盤屈, **烏鳶燕**雀, 往往望之飛入. 及到, 蹭蹬而落. 歲久色暗, **寺**僧以丹靑補之, **烏**雀不復**至**.(『三國史記, 卷四十八, 列傳八, 率居』) → **命率居**, 於寺壁畵老松, **根**幹鱗皴, 枝葉盤屈, **鳥**雀, 往往望之飛入. 及到, 蹭蹬而落. 歲久色暗, 僧以丹靑補之, **鳥**雀不復**來**.(『松南雜識』)

393) 신상(神象) : 신령한 형상.

를 하도록 명령하고 무사들에게 수색하게 하였다. 이 바위 아래에 이르자 붉은 자국이 있었는데 노승이 그 안에 앉아 있었다. 왕이 용맹한 무사 수천 명을 보내 찌르게 하였으나, 중이 눈을 감고 앉아서 주문을 외우니 신병(神兵) 수만 명이 산과 골짜기까지 뻗쳐서 진입할 수가 없었기에, 왕이 맞아들여 절하고 국사(國師)로 삼았다.

절 옆에 지맥석(持麥石)이 있는데, 그 위는 평평해서 백 명이 앉을 수 있다. 태대서발한(太大舒發翰) 김유신이 보리를 가져다 술로 만들어서 군리(軍吏)들에게 대접한 곳이라고 한다.

신광사

神光寺[394]

『택리지(擇里志)』에서 말하였다.

원나라 문종(文宗)이 경신년에 황제를 장연(長淵)[395] 대청도(大青島)로 귀양보내니, 황제란 바로 순제(順帝)[396]이다. 순제가 집을 짓고 살면서 순금 불상 하나를 봉안하고 매일 해가 뜨면 기도하였다. 본국으로 돌아가 황제가 되자 해주(海州) 수양산(首陽山)에 신광사를 크게 건립하니 제작 솜씨가 뛰어나서 온 나라에서 가장 훌륭한 절이 되었다. 뒤에 불에 타서 다시 지었지만 옛날만 못하였다.[397]

---

394) 신광사(神光寺) : 황해도 벽성군 서석면(지금의 황해남도 해주시) 신광리 북숭산(北嵩山)에 있었던 절.

395) 장연(長淵) : 황해도 장연군에 있는 읍.

396) 순제(順帝) : 원나라의 마지막 황제(1333~1370). 제 8대 명종(明宗)의 맏아들. 궁정 내의 정쟁 때문에 어릴 적부터 고려와 광서(廣西) 등 변경의 땅으로 옮겨 다녔는데 14세 때 광시에서 부름을 받고 제위에 올랐다. 주원장(朱元璋 : 명나라 태조)의 북벌군에게 쫓겨 상도(上都)로 피했다가 응창(應昌)에서 죽었다.

397) 元文宗竄**順**帝於大青島, **順**帝築室以居, 奉純金佛像一軀, 每日出**時**, 輒**祈**禱返國, **未幾歸而**登極, **遣工匠百餘人**, **使中官監役**, 大建**佛**寺於海州首陽山**中**, **是爲神光寺**.

회암사
檜巖寺[398]

고려 때 서역의 중 지공(指空)이 이곳에 이르러 "천보산(天寶山)과 계곡의 형상이 완연히 천축의 아란타사(阿蘭陀寺)와 같다"라고 하였다. 뒤에 중 나옹(懶翁)이 절을 짓기 시작하였으나 마치지 못하고 죽었고 그의 제자 각전(覺田) 등이 완공하니 모두 이백 육십 이 간이다. 건물과 불상의 굉장함과 아름다움이 우리나라에서 최고라고 한다.

감로사
甘露寺[399]

고려의 이자연(李子淵[400])이 원나라 조정에 건너갔다가 윤주(潤州)의 감로사에 올라가서 호수와 산의 뛰어난 경치를 사랑하여 따라온 사공에게 말하였다.

"너는 의당 산수의 형세를 잘 관찰하여 마음 속에 담아 두어라. 천지간의 형체가 있는 모든 물건치고 서로 비슷하지 않은 법이 없느니라. 하물며 우리나라의 산천은 청수(淸秀)한데 어찌 중국이나 우리나라에 서로 유사한 곳이 없으랴? 너는 조각배에 짧은 노를 저어 멀다고 찾지 않는 일이 없이 하되, 십 년을 기한으로 삼으라."

制**作宏麗**, 爲一國之最. **中間灾於**火, 更建**而**殊不及古.(『擇里志, 黃海道』) → 元文宗竄**庚申**帝於**長淵**大靑島, **帝卽順帝**, 帝築室以居, 奉純金佛像一軀, 每日出輒禱返國, **及**登極, 大建**神光**寺於海州首陽山, 制**工巧**, 爲一國之最. **後**火, 更建, 殊不及古.(『松南雜識』)

398) 회암사(檜巖寺) : 경기도 양주군 회천면 회암리 천보산(天寶山)에 있는 절.

399) 감로사(甘露寺) : 경기도 개풍군 중서면 전보(錢甫) 오봉봉(五鳳峰)에 있었던 절.

400) 이자연(李子淵) : 고려 시대의 문신(1003~1061). 자는 약충(若沖). 현종 15년(1024) 문과에 급제하여 벼슬이 태사 겸 중서령에 이르렀다. 셋째 딸이 문종의 비가 됨으로써 세력을 장악했다.

사공이 “예”라고 대답하였다.

그 후 육 년 만에 비로소 그런 곳을 찾았는데, 의외로 개성 서쪽 오봉봉(五鳳峯) 아래였다. 중국 윤주(潤州)의 절이 비록 아름답지만 건축과 그림 장식의 솜씨가 특별히 훌륭할 따름이고, 하늘이 만들고 땅이 낳은 자연의 형세는 자못 이곳에 미치지 못한다고 한다.

화엄사
華嚴寺

지리산(智異山)에 있다. 중 연기(煙氣)는 어느 때 사람인지 모르는데 이 절을 창건하였다. 가운데에 전(殿)이 한 채 있으니 네 벽을 흙으로 바르지 않고 모두 청색 벽을 사용하였는데 그 위에 화엄경(華嚴經)을 새겼다. 석상(石像)이 있으니 석탑을 머리에 인 어머니의 형상이다. 전설에 ‘연기(煙氣)와 그의 어머니가 화신(化身)한 곳’이라고 한다. 동쪽에는 일류봉(日留峯)이 있고 서쪽에는 월류봉(月留峯)이 있다.

경천사
敬天寺[401]

풍덕(豊德) 부소산(扶蘇山)의 경천사(敬天寺)에 십이 층 석탑이 있는데, 이것에 십이회불상(十二會佛相)이 조각되어 있으니,[402] 인물이 솟구쳐 움직이고 형상이 조밀하면도 시원하다. 그 제작의 정교함과 공교로움은 천하에 비길 바가 없다.

전설에 의하면 탈탈(脫脫) 승상이 원찰(願刹)을 만들려고 하자 진령군

401) 경천사(敬天寺) : 경기도 개풍군 광덕면 중련리 부소산(扶蘇山)에 있던 절.
402) 현재 서울특별시 종로구 세종로 경복궁 내에 있다.

(晉寧君) 강융(姜融)[403]이 원나라의 기술자들을 모집하여 탑을 만들었다고 한다. 그래서 지금까지 탈탈과 강융의 상(像)이 있다.

득모암
得母庵

『택리지(擇里志)』에서 말하였다.

대둔산(大芚山)에 백운암(白雲庵)이 있으니 임진왜란 때 함열(咸悅)[404]의 손 아무개[405]가 어려서 어머니를 여의고 이 암자에서 수륙도랑(水陸道場)을 차렸다. 그런지 7일 만에 손 아무개의 꿈에서 신라의 중이 나타나 말하였다.

"네 어머니는 앞 산에 있느니라"

손 아무개가 놀라서 가보니 과연 한 노파가 바위 위에 있었다. 급히 물어보니 바로 자기의 어머니였는데 이런 말을 하였다.

"납치되어 왜국(倭國)에 있었단다. 새벽에 옹이를 들고 물을 길러 가는데 어떤 중이 업고 이곳으로 왔단다. 영문을 모르겠구나"

그래서 암자의 이름을 '득모암(得母庵)'이라고 바꾸었다.[406]

---

403) 강융(姜融) : 고려 후기의 문신(?~1349). 본명은 장(莊). 할아버지가 진주의 관노였으며, 누이동생은 송악사(松岳祠)의 무당이었다. 충숙왕에 의하여 단성협대공신(端誠協戴功臣)의 호를 받았고, 또 뒤에 진녕부원군(晉寧府院君)에 봉해졌다. 이같은 출세의 배경에는 그의 딸이 원나라의 승상 탈탈(脫脫)의 애첩이었다는 사실과 관련이 있는데, 이점은 그가 부원적(附元的) 성격의 인물이었음을 말해준다.

404) 함열(咸悅) : 전라북도 익산 지역의 옛 지명.

405) 『택리지』에서 '孫順穆'이라고 명기되어 있음.

406) 大芚**則後**山**爲鷄龍小祖**, **而寺後**有白雲菴, 壬**辰倭**亂, 咸悅**人**孫**順穆**, 幼**時**失母, 設水陸道場於此庵. **凡**七日, 孫**忽於俯伏中**夢, 一羅**漢謂**曰, 汝母在前山. 驚**起遍視**, 果一老嫗, 在**前山**石上. 急**往**詢之, 卽其母**也**. 母言, 被虜在倭國**中**, 平朝, 提甕行汲, 有一僧, 負之**而**來此, 不知何. 故**云大衆驚動**, **仍**改名**其**庵曰, 得母庵.(『擇里志, 卜居總論, 山水』)→大芚山有白雲菴, 壬亂, 咸悅孫**某**幼失母, 設水陸道場於此庵. 七日, 孫

살펴보건대, 불서(佛書)에서 "황벽운(黃蘗運)의 스승의 어머니가 복청(福淸) 나루에 이르러 커다란 화광(火光)을 타고 올라갔다. 뒤에 관아(官衙)에서 그 나루의 이름을 대의(大義) 나루로 바꾸었다"라고 한다.

낙산사
洛山寺

절은 동해 절벽에 있다. 앞 기둥의 밑동이 바닷물에 침식되었는데, 전설에 의하면 절이 앞으로 뒤집히려고 하는데 서까래를 바꿀 방법이 없었다. 이때 어떤 목수가 먼저 배를 꾸며 흙을 실은 후에 각각 새 기둥을 싣고 일시에 무너진 곳을 어림짐작하여 흙을 버리자 배가 떠올랐고 절이 높이 들려서 보수할 수 있었다고 한다.

『위지(魏志)』에서 말하였다.

태조(太祖)에게 커다란 코끼리가 있었는데 그 무게를 알고 싶었지만 저울로 달아 볼 수 없었다. 그런데 막내아들 척발창서(拓跋蒼舒)가 말하였다.

"배에 코끼리를 태우고 물에 잠긴 자국을 새겨둡니다. 그리고 배에서 코끼리를 내리게 하고 흙을 채워 그 무게를 달면 코끼리의 무게를 알 수 있습니다."

또 이런 전설이 있다.

조선 초기에 종을 매달고 쳐보았지만 소리가 나지 않았다. 그러자 어린아이가 "종 밑을 몇 자 파세요"라고 말하였다. 아이의 말대로 하자 정

夢一羅**僧**曰, 汝母在山前. 驚**往**, 果一老嫗, 在石上. 急詢之, 卽其母. 母言, 被虜在倭國, 平朝, 提甕行汲, 有一僧負之來此, 不知何. 故改庵名曰, 得母庵.(『松南雜識』)

말 소리가 났다. 지금 종각(鐘閣)이 이것이다. 대개 쇠는 비면 울리기 때문이다.

북명사
北榆寺

지봉 이수광이 '榆'자는 운서에 보이지 않으니 바로 대홈통이다. 우리나라 말로는 홈이다. 매월당(梅月堂) 김시습(金時習)의 「유금오록(遊金鰲錄)」에 나온다"라고 말하였다.[407]

금사사
金沙寺

『택리지(擇里志)』에서 말하였다.

절은 바로 신라 때 창건되었는데 장연곶(長淵串)에 있다. 바닷가는 모두 매우 미세한 모래로 마치 금색 같은데 햇빛에 비춰 이십 리나 반짝인다. 바람을 따라 봉우리가 되는데 아침저녁으로 옮겨지고 좌우로 흘러 움직인다. 모래 위의 사탑(寺塔)이 웅장하고 아름다운데 매몰되지 않으니 이것은 괴이하다. 어떤 이는 해룡(海龍)이 만들었다고 한다.[408]

---

407) **金時習遊**金鰲錄, **有北榆寺看牡丹詩**, **按**榆字不見**於**韻書, **今俗以刳木引水爲榆**, 卽方言**所謂**篙音也.(『芝峯類說, 卷七, 文字部, 字義』) → 榆字不見韻書, 卽**筧**, 方言, 篙音也. **梅月堂**金鰲錄**有之**.(『松南雜識』)

408) **串北有金沙寺**, 海汀, 皆**沙岸**, 沙極細如金色, 映日閃爍者, 二十里, 每隨風成峯, **崔嵬戌削**, **朝夕遷徙**, **或峙於東**, **或峙於西**, **倏忽左右**, **游動無定**, **然**沙上塔廟壯麗, 而終不埋壓, 此實可怪, 或曰海龍所爲.(『擇里志, 黃海道』) → **寺卽新羅時所創而在長淵串**,

요즈음 듣자하니 임자년 수년 전에 모래에 매몰되고 법당의 기와 하나만 튀어 나왔다고 한다. 아마도 해룡이 보호를 하지 않았는가 보다.

동화사
桐華寺

『택리지(擇里志)』에서 "신라의 중 진홍(眞弘)[409]이 지팡이를 궁중으로 날리자 이곳에서 멈추었기에 마침내 절을 짓고 살았다. 지형이 동그랗게 돌아 합하고 건물이 웅장하기에 예로부터 이름난 중과 수행자(修行者)가 많다"[410]라고 하였다.

손곡(蓀谷) 이달(李達)의 시에,

오동 꽃은 밤 연기 속에 떨어지고 桐花夜烟落
바다 같은 숲에 봄 구름이 걷혔네 海樹春雲空[411]

는 이 절의 경치를 그린 것이다.

『순오지(旬五志)』에서 말하였다.

대구 팔공산(八公山)에 도승(道僧)이 큰 비단 여덟 필을 중국 시장에서 사와서 이어 붙여 한 폭으로 만들고 한 길 여섯 자[412] 크기의 금

海汀皆沙極細如金色, 映日閃爍者, 二十里, 每隨風成峯, **朝徙暮遷**, **左右流動**, 沙上塔廟壯麗, 而不埋壓, 此實可怪, 或曰海龍所爲.(『松南雜識』)

409) 『松南雜識』에에는 '弘眞'으로 되어 있음.

410) **桐華則**羅僧**眞弘**, 飛錫空中, 錫止於此, 遂建寺以居. 地形廻合, 屋宇宏傑, 自古多名僧修行者.(『擇里志, 卜居總論, 山水』)→羅僧**弘眞**, 飛錫空中, 錫止於此, 遂建寺以居. 地形回合, 屋宇宏傑, 自古多名僧修行者.(『松南雜識』)

411) 桐花夜煙落, 海**樹**春雲空.(『蓀谷詩集, 卷之五, 別李禮長』)→桐花夜煙落, 海**水**春雲空.(『松南雜識』)

불상을 그려서 정(幀)을 만들고자 하였다. 그래서 팔도를 다니면서 몇 년이나 그림에 능한 자를 수소문했지만 찾을 수가 없었다. 때마침 금강산의 수륙도량(水陸道場)에 중과 속인(俗人)들이 모두 모여들었다. 화주승(化主僧[413])이 그 이야기를 하였으나 한 사람도 응하지 않았다. 그런데 말석에 있던 쇠잔한 중 하나가 응하기에 같이 돌아와서 그림을 그려달라고 청하니 중이 말하였다.

"이 그림은 꼬박 삼십 일이 차야 완성할 수 있소. 나는 부처 앞에 몸을 가리고 그림을 그릴 터이니 삼가 엿보아서는 아니되오. 그 방의 네 벽을 모두 바르고 음식 들이는 구멍 하나만을 남겨두되 사흘에 한 번만 들이시오. 들일 때에도 엿보아서는 아니되오."

화주승이 그의 말대로 하였는데 이십 구 일 째 되던 날 그림이 다 완성되었으리라 짐작하고 잠깐 엿보았다. 화사(畵師)는 크게 놀라 붓을 내던지고 일어나 "글렀다!"라고 말하였는데, 바로 참새 한 마리가 밥 넣는 구멍으로부터 날아가 버리고 아무런 기척도 없이 고요하였다. 괴이하게 여기고는 들어가 보니 불화(佛畵)가 완성되었는데 발 하나를 채 그리지 못하고 그대로 새 발자국을 찍어놓고 가버렸다. 이 그림을 동화사에 걸어 두었더니 장마나 가뭄, 전염병에도 반드시 기도하면 신비한 효과가 있었다.

임진왜란 때 왜인(倭人)이 훔쳐 갔는데 유정(惟政)이 우리나라의 화폭을 돌려 달라고 하였더니 관백이 말하였다.

"우리나라는 비록 작지만 소장한 보물은 오히려 많으니 어째 이것을 버리고 저것을 갖습니까?"

유정이 말하였다.

"이 부처의 그림은 매우 영험하기에 바람을 불게 하고 비가 내리

---

412) 화신(化身)한 부처의 키. 전하여 부처의 몸을 가리킨다.

413) 화주승(化主僧) : 인가에 다니면서 사람들로 하여금 법연(法緣)을 맺게 하고, 시주를 받아 절의 양식을 대는 중.

도록 빌 수 있으며 재앙을 물리치고 상서가 이르도록 할 수 있소."

관백 이하 모든 이가 한 소리로 말하였다.

"대사께서도 바람과 비를 부를 수 있는데, 하필 부처 그림을 돌려 받아가려고 하십니까?"

불국사
佛國寺

신라 모량리(牟梁里)의 가난한 여인에게 대성(大城)이라는 아들이 있었는데 요절하였다. 그가 죽던 날 김문량(金文亮)의 집에서 신이 공중에서 소리쳤다.

"대성이 지금 너희 집에 환생하리."

김문량의 아내가 과연 아들을 낳았는데 오른 손을 칠 일간 쥐고 있었다. 금간(金簡)이 그 손에 있었는데 '大城(대성)' 두 글자가 새겨 있었다. 그래서 '대성'이라고 이름을 지었다. 김대성이 벼슬을 하게 되자 가난한 어머니를 모셔다 봉양을 하고 어머니와 함께 이 절을 세웠다. 그리고 표훈(表訓)[414]을 초빙하여 절에 상주하면서 두 어머니의 장수를 축원케 하였다.

석장사
錫杖寺

『삼국유사(三國遺事)』에서 말하였다.

---

414) 표훈(表訓) : 신라 때의 중. 의상십철의 한 사람으로, 불국사의 초대 주지가 되었고, 문무왕 10년(670)에 표훈사를 창건했다고 한다.

양지법사(良志法師)[415]가 경주에 있으면서 지팡이에 포대 하나를 매달고 다녔는데 지팡이가 저절로 시주(施主)의 집으로 날아가서는 떨며 소리를 냈다. 그러면 사람들이 알아보고 재비(齋費)[416]를 넣는데 포대가 가득 차면 날아서 돌아갔다. 그래서 '석장(錫杖)'이라고 절의 이름을 지었다고 한다.[417]

환륜사
奐輪寺

「신라본기(新羅本紀)」에서 "눌지왕(訥祗王) 때에 아도화상(阿道和尙)이 이 절을 창건하고 강연을 하니 천화(天花)가 절로 떨어졌다"라고 하였다.

금산사
金山寺[418]

『택리지(擇里志)』에서 말하였다.

금산(金山)은 본래 용이 사는 웅덩이로 깊이를 잴 수 없다. 신라 때 조사(祖師)가 소금 수만 석으로 못을 채우자 용이 옮겨갔고 그 곳에 터를 다져서 큰 대웅전을 지었다. 대웅전의 사방 계단 아래로 가느다

---

415) 『松南雜識』에는 '良知'로 오기되어 있음.

416) 재비(齋費) : 불사(佛事)의 비용으로 사용될 곡식 등속.

417) **釋良志, 未詳祖考鄕邑, 唯現迹於善德王朝. 錫**杖頭掛一布帒, **錫**自飛**至**檀越家. 振拂**而**鳴, **戶**知之納齋費, 帒滿則飛還. 故名其**所住曰錫杖**寺.(『三國遺事, 卷四, 義解, 良志使錫』) → 良**知法師, 在東都**, 杖頭掛一布帒, **杖**自飛檀越家. **至**振拂**自**鳴, **人**知之納齋費, 帒滿則飛還. 故名其寺**云**.(『松南雜識』)

418) 금산사(金山寺) : 전라북도 김제시(金堤市) 금산면(金山面) 금산리(金山里)에 있는 절.

란 냇물이 빙 둘렀다. 견신검(甄神劍)이 아버지 견훤(甄萱)을 가둔 금산사(金山寺)가 이곳이다.[419]

통도사
通度寺

『택리지(擇里志)』에서 말하였다.

당나라 초기에 자장법사(慈藏法師)[420]가 천축(天竺)에 건너가 석가의 머리뼈와 사리를 얻어다 절 뒤에 묻고 탑을 만들어 눌러두었는데 세월이 오래 지나자 조금 기울었다. 숙종(肅宗) 을유년(1705)에 중 성능(聖能)이 중수(重修)하려고 탑을 해체하자 그 안에 "외도(外道) 성능(聖能)이 중수(重修)하리(外道聖能重修)"라고 씌여 있었다. 은 상자 속 비단 보자기에 머리뼈가 싸여 있었는데 크기는 물동이만 했다. 비단은 이미 천여 년이 지났건만 썩지 않아서 새 것 같았다. 또 금합(金盒)에 사리가 담겨 있는데 광채가 사람의 눈을 어지럽게 하였다. 지금 양산(梁山)에 있다. 그 비석은 채팽윤(蔡彭胤)[421]이 지었다고 한다.[422]

---

419) 金山, **則**本龍湫, 深不測, **在毋岳山南**, **新**羅時祖師, 以鹽累萬石塡實, 而龍徙, 仍築基建大殿, 殿四角階下, 細**磵**環周, **至今樓閣嵬煥**, **洞府深邃**, **亦湖南大名藍**, **距全州府治甚近**. **麗史**甄神劍, 囚父萱於金山寺, **卽此寺**也.(『擇里志, 卜居總論, 山水』)→金山, 本龍湫, 深不**可**測, 羅時祖師, 以鹽累萬石塡實, 而龍徙, 仍築基建大殿, 殿四角階下, 細**澗**環周, **卽**甄神劍, 囚**其**父萱於金山寺, **是**也.(『松南雜識』)

420) 자장법사(慈藏法師) : 신라 때의 중. 속성은 김(金). 이름은 선종(善宗). 신라 십성의 한 사람으로, 당나라에 건너가 계율종을 공부하고 우리나라에 전했다. 통도사를 짓고 전국 각처에 10여 개의 사탑(寺塔)을 세웠다.

421) 채팽윤(蔡彭胤) : 조선 후기의 문신(1669~1731). 본관은 평강(平康). 자는 중기(仲耆). 호는 희암(希菴)·은와(恩窩). 병조참판·동지의금부사·부제학 등을 역임했다. 시문과 글씨에 뛰어났다. 저서로 『희암집(希菴集)』 29권이 있고, 『소대풍요(昭代風謠)』를 편집했다.

422) 唐初慈藏法師, 入天竺, 得釋迦頭骨及舍利, 瘞寺後, 作塔以鎭, 歲久少傾, 肅廟乙

천당
天堂

불경에서 "사람이 죽은 자를 위하여 부처에게 공양하고 불경을 읽으면 비록 묵은 세상의 죄업(罪業)이 있더라도 천당에서 생을 얻는다"라고 하였다.

지봉 이수광이 "천방국(天方國)의 옛 이름이 천당이다. 불교에서 말하는 '천당'이란 아마도 이것인 듯하다"[423]라고 말하였다.

당나라의 이주(李舟)[424]가 "천당(天堂)이 없다면 그만이거니와 있다면 군자가 올라갈 것이요, 지옥이 없다면 그만이거니와, 있다면 소인이 들어갈 것이다"[425]라고 말하였다.

시왕전
十王殿

불경에서 말하였다.

진광왕전(秦廣王殿)은 도산지옥(刀山地獄)을 관장하고 초강대왕(初江王殿)은 확탕지옥(鑊湯地獄)을 관장하고 송제왕전(宋帝王殿)은 한빙지옥

酉, 僧聖能, 欲重修毁塔, 則內書外道聖能重修, 而以銀函**錦**裸貯頭骨, 大如盆盎, **錦**已千有餘年, 不朽如新, 又**有少**金盒貯舍利, 光奪人目. **旣改**, **又建碑閣**, 碑**文**, 蔡**學士**彭胤撰.(『擇里志, 卜居總論』)→唐初慈藏法師, 入天竺, 得釋迦頭骨及舍利, 瘗寺後, 作塔以鎭, 歲久少傾, 肅廟乙酉, 僧聖能, 欲重修毁塔, 則內書外道聖能**能**重修, 而以銀函**金**裸貯頭骨, 大如盆盎, 已千有餘年, 不朽如新, 又金盒貯舍利, 光奪人目. **今在梁山**, **其**碑, 蔡彭胤撰**云**.(『松南雜識』)

423) 天方, 舊名天堂, **俗用回回曆**, **風景融和**, **四時皆如春**, **田沃稻饒**, **居民樂業**, **風俗好善**, **亦無刑罰**, **自然淳化**, **不作盜賊**, 佛**書**所**謂天堂**, 疑**指**此也.(『芝峯類說, 卷二, 諸國部, 外國』)→天方**國**, 舊名天堂, 佛**氏**所**云**, 疑此也.(『松南雜識』)

424) 『松南雜識』에는 송나라의 '이단(李端)'으로 되어 있음.

425) 天堂無則已, 有則君子生, 地獄無則已, 有則小人入.(『唐國史補, 卷上』)

(寒氷地獄)을 관장하고 오관왕전(五官王殿)은 검수지옥(劍樹地獄)을 관장한다. 염라왕전(閻羅王殿)은 발설지옥(拔舌地獄)을 관장하고 변성왕전(變成王殿)은 독사지옥(毒蛇地獄)을 관장하고 태산왕전(泰山王殿)은 좌대지옥(剉碓地獄)을 관장하고 평등왕전(平等王殿)은 거해지옥(鉅解地獄)을 관장하고 도시왕전(都市王殿)은 철상지옥(鐵床地獄)을 관장하고 전륜왕전(轉輪王殿)은 흑암지옥(黑闇地獄)을 관장한다.

지금 어두운 곳을 지옥(地獄)이라고 하는 것은 여기에서 유래하였다. 『소학(小學)』에서 이른바 "자르고 태우고 찧고 간다[剉燒舂磨]"[426]는 말이 이것이다.

두꺼비중, 박쥐중
蝦蟆鳥鼠

불경에서 말하였다.

입으로는 도를 말하면서 참된 깨달음이 없는 자를 '두꺼비선사(蝦蟆禪)'라고 하고 혀로 법을 말하지 않는 자는 '벙어리양중[啞羊僧]'이라고 한다. 세속도 피하고 중도 피하는 자는 '박쥐중[鳥鼠僧]'이라고 하고 외양은 중인데 마음은 속인(俗人)인 자는 '대머리거사[禿居士]'라고 한다. '조서(鳥鼠)'는 박쥐를 이른다.

426) 剉**燒**舂磨.(『小學集註, 卷五, 嘉言第五』) → 剉舂磨.(『松南雜識』)

우파니
優婆尼

불서에서 말하였다.

‘우파새(優婆塞)’, ‘우파니(優婆尼)’, 이 말은 재가(在家) 승려를 의미한다. 진(秦)나라 말로는 ‘선숙남(善宿男)’이고 당나라 말로는 ‘근사남(近事男)’이라고 하니 번우(番禺)에서 이른바 ‘화택승(火宅僧)’이다. 지금 북도(北道)의 재가승(在家僧)은 아내가 있고 자식이 있으며 가업(家業)도 있기에 번을 나누어 산사(山寺)에서 숙직을 한다. 교역할 때 그들을 이용하였기 때문에 ‘몽달군(蒙㺚軍)’이라고 한다.

『사물기원(事物紀原)』에서 “한나라 명제(明帝)가 유준(劉峻) 등의 출가를 허락하고 또 낙양의 부녀 아반(阿潘) 등의 출가를 허락하였으니, 중국 최초의 여승이다”[427]라고 하였다. 지금 또 곡예하는 여자를 우리나라에서는 ‘사당(寺黨)’이라고 하니 고려 시절, 중의 여종으로 중의 옷을 만들고 밥을 짓기 위해서 두었다. 그러므로 아직까지 절에 예속되어서 중을 보면 절을 한다. 또 그들의 지아비를 ‘거사(居寺)’라고 하니 바로 사노(寺奴)이다. 『자휘보(字彙補)』에서 “불가의 외도(外道)를 ‘산니(霰尼)’라고 한다”[428]라고 하였다.

---

427) 漢明帝**旣**聽劉峻**等出家**, **又聽洛陽婦**女**阿潘等**出家, **此蓋**中國尼之始.(『事物紀原, 卷七, 庫務職局部三十四, 尼』) → 漢明帝聽劉峻女出家, 中國**爲**尼之始**也**.(『松南雜識』)

428) 字彙補, 佛之外道曰霰尼.(『康熙字典, 霰』) → 字彙補**曰**, 佛之外道曰霰尼.(『松南雜識』)

비구
比丘

불경(佛經)에서 "중국말로 비구를 '걸사(乞士)'라고 하니 안으로 법을 빌어 마음의 밑천으로 삼고 밖으로 음식을 빌어 몸의 밑천으로 삼음을 의미한다"라고 하였다.

24. 상이류(祥異類)

용이 나타나 남문에 벼락이 침
龍見震門

신라의 역사에 "혁거세 때 두 마리 용이 금성(金城) 우물에 나타나자 갑작스레 남문(南門)에 우레와 비와 벼락이 쳤다"[1]라고 하였다.

기러기는 백성의 상징
鴻雁民象

유리왕(儒理王)[2] 때 기러기가 와서 모이자 일자(日者)[3]가 "기러기는 백

1) **六十年**, **秋九月**, 二龍見**於**金城井中, 暴雷雨, 震**城**南門.(『三國史記, 卷一, 新羅本紀一, 赫居世居西干, 六十年』) → **赫居世時**, 二龍見金城井中, 暴雷雨, 震南門.(『松南雜識』)

2) 유리왕(儒理王) : 신라 제3대 왕(?~57). 성은 박(朴). 노례 이사금(弩禮尼師今)이라고

성의 상징입니다"라고 말하였다. 얼마 뒤에 남옥저(南沃沮)가 귀순하였다.

신궁 문에 벼락이 침
震新宮門

벌휴왕(伐休王)[4] 때 신궁(新宮)의 남문(南門)에 벼락이 쳤고 또 금성(金城)의 동문(東門)에 벼락이 쳤다.

지진이 일어나 지하수가 솟구침
地震泉湧

기림왕(基臨王)[5] 때 지진이 일어나서 지하수가 솟구쳤으며, 서울에서는 민가가 파괴되어 사망자가 발생하였다.

산이 무너지고 물이 솟구침
山崩水湧

실성왕(實聖王)[6] 때 토함산(吐含山)이 무너져 물이 세 길이나 솟구쳤다.

도 한다. 육부의 이름을 고치고 성(姓)을 내렸으며 17등 관계(官階)를 제정했다. 유리왕 5년(28)에 신라 가악(歌樂)의 기원인 「도솔가」를 지었다. 재위 기간은 24~57년.

3) 일자(日者) : 삼국 시대에 천문 관측을 맡아보던 벼슬아치.

4) 벌휴왕(伐休王) : 신라 제9대 왕(?~196). 성은 석(昔). 탈해왕의 손자로 처음으로 좌군주(左軍主)·우군주(右軍主)의 군직을 만들어 소문국(召文國)을 정벌했다. 재위 기간은 184~196년. ≒ 발휘 이사금, 벌휴 이사금.

5) 기림왕(基臨王) : 신라의 제15대 왕(?~310). 성은 석(昔). 조분왕의 손자이며 이찬(伊飡) 걸숙(乞淑)의 아들로, 즉위 3년(300)에 왜국과 사신을 교환했고 빈민을 구제하는 등의 선정을 폈다.

6) 실성왕(實聖王) : 신라 제18대 왕(?~417). 성은 김(金). 내물왕이 죽자 즉위했으며, 고

저절로 가는 돌
有石自行

진성왕(眞聖王) 때 사량부(沙梁部)[7]에 저절로 가는 돌이 있었다.

지진으로 성이 허물어짐
地震城毁

눌지왕(訥祗王)[8] 때 지진이 일어나 금성(金城) 남문(南門)이 허물어졌다.

별이 비처럼 떨어짐
星隕如雨

진평왕(眞平王)[9] 때 별이 비처럼 떨어졌고, 가을에도 홍수가 나서 민가 삼만 삼백 육십 호가 떠내려가고 수몰되었다.

구려・일본과 수호를 맺었다. 재위 기간은 402~417년.

7) 사량부(沙梁部) : 신라 때에 둔 육부의 하나. 유리왕 9년(32)에 6촌을 6부로 바꿀 때 '돌산(突山)', '고허촌(高墟村)'을 개칭한 것으로, 최씨(崔氏)로 성(姓)을 받았으며, 지금의 경주 남천(南川) 이남, 서천(西川) 이동, 북천(北川) 이남 일대로 추측된다.

8) 눌지왕(訥祗王) : 신라 제19대 왕(?~458). 고구려에 볼모로 갔다가 돌아와 실성왕(實聖王)을 죽이고 왕위에 올랐다. 백제와 공수 동맹(攻守同盟)을 맺어 고구려를 견제했으며, 왕위의 부자 상속제를 확립했다.

9) 진평왕(眞平王) : 신라 제26대 왕(?~632). 성은 김(金). 이름은 백정(白淨). 수나라와 친교를 맺고 불교의 진흥을 꾀했다. 609년에 수나라의 도움을 받아 고구려를 원정했고, 당나라가 선 뒤에도 계속 친교를 맺어 고구려를 견제했다. 재위 기간은 579~632년.

개구리가 모이는 것은 전쟁의 상징

蝦集兵象

선덕왕(善德王)[10] 때에 궁궐 서쪽 옥문지(玉門池)에 개구리가 많이 모이니 임금이 "전쟁이 일어날 상징이다"라고 말하고는 장군에게 명하여 백제 병사를 수색케 하였다. 또 칠중성(七重城)[11]에는 남쪽의 큰 바위가 저절로 삼십 오 보나 옮겨갔다. 또 월성(月城)에 별이 떨어지자 비담(毗曇) 등이 "떨어진 별 아래에는 반드시 피를 흘릴 일이 있다"라고 말하였다. 김유신이 불을 안은 허수아비를 연에 태워 날려 보내며 "떨어진 별이 다시 하늘로 올라갔다"라고 말을 하고 비담 등을 공격하여 궤멸시켰다.

땅이 타고 바위가 무너짐

地燃巖崩

태종(太宗)[12] 때 동 토함산(吐含山)[13]의 땅에 불이 나서 삼 년 만에 꺼졌다. 북쪽 바위가 부서져 쌀이 되었는데 먹어보니 곳간에서 묵은 쌀과 같았다.

---

10) 선덕여왕(善德女王) : 신라 제27대 왕(?~647). 성은 김(金). 이름은 덕만(德曼). 김춘추에게 당나라의 원군을 청하게 하여 백제를 침공하고, 9년(640)에는 당나라에 유학생을 보내어 그 문화를 받아들였다. 재위 기간은 632~647년.

11) 칠중성(七重城) : 지금의 적성(積城).
*『松南雜識』에는 '四七重城'으로 오기되어 있다.

12) 태종(太宗) : 태종무열왕(太宗武烈王). 신라의 제 29대 왕(602~661). 성은 김(金). 이름은 춘추(春秋). 묘호는 태종(太宗). 율령을 정비하고, 당나라와 연합하여 백제를 멸망시키고 삼국 통일의 기반을 닦았다. 재위 기간은 654~661년.

13) 토함산(吐含山) : 경상북도 경주시 불국동과 양북면 사이에 있는 산. 명승지로 불국사, 석굴암이 있다. 높이는 745미터.

저절로 물결이 치고 북이 움
水擊鼓鳴

효소왕(孝昭王)[14] 때에 동해의 물이 붉어졌는데 5일 만에 바닷물이 저절로 쳐서 그 소리가 서울에까지 들렸고 창고의 북과 피리가 저절로 울었다.

다섯 마리 송아지 · 요성
五犢妖星

경덕왕(景德王)[15] 때 서울에서 소 한 마리가 새끼 다섯 마리를 낳았다. 또 요성(妖星)[16]이 하늘에서 출현하니 크기가 다섯 말들이 용기 만하였는데 열흘 만에 사라졌다. 또 진평왕릉(眞平王陵)과 열 여섯 곳의 사찰에 벼락이 쳤다.

두 개의 해가 함께 뜸
兩日竝出

혜공왕(惠恭王)[17] 2년(766)에 두 개의 해가 뜨고 강주(康州)[18]의 땅이 꺼

14) 효소왕(孝昭王) : 신라의 제32대 왕(643~702). 성은 김(金), 이름은 이홍(理洪) · 이공(理恭). 관제(官制)를 정비하고 당나라 및 일본과 외교 관계를 맺었으며, 처음으로 의학 박사를 두었다. 또 이찬(伊湌) 경영(慶永)의 모반을 평정했다. 재위 기간은 692~702년.

15) 경덕왕(景德王) : 신라 제 35대 왕(?~765). 성은 김(金). 이름은 헌영(憲英). 당나라의 문물을 받아들여 제도와 관직을 당나라식으로 고치고 국내 지명도 한자식으로 고쳤다. 국학 진흥과 불교 중흥에 힘써, 통일 신라 문화의 황금 시대를 이루었다. 재위 기간은 742~765년.

16) 요성(妖星) : 재해(災害)의 징조로 나타난다고 하는 별. 혜성이나 큰 유성을 이른다. ≒ 천구(天狗), 천구성(天狗星).

져 못이 되었는데 물빛이 검푸르렀다.

3년에 별이 궁정에 떨어져서 서로 부딪히니 마치 불이 사방으로 번져나가는 듯하였다.

천구성(天狗星)[19]이 동루(東樓)에 떨어졌는데 머리는 동이만하고 꼬리의 길이는 세 자였다.

6년[20]에는 호랑이가 궁중으로 들어왔다.

김유신묘(金庾信墓)에 바람이 일어서 시조 박혁거세(朴赫居世)의 능(陵)에까지 미쳤는데, 먼지와 안개로 어두웠으며 구슬피 곡하여 우는 소리가 들리는 듯하였다.

빗물이 불어 바꾸어 옹립함
雨漲易立

선덕왕(宣德王)이 죽자 후사가 없기에 족자(族子)[21] 김주원(金周元)을 옹립하려고 하였다. 김주원은 경주 북쪽 이십 리의 거리에 있었다. 마침 큰 비가 내려 냇물이 불어나 건널 수 없었다. 의논하는 사람들은 하늘이 김주원의 옹립을 원하지 않는다고 생각하고 김경신(金敬信)[22]을 옹립

---

17) 혜공왕(惠恭王) : 신라의 제36대 왕(758~780). 성은 김(金). 이름은 건운(乾運). 재위 중 천재지변이 자주 일어나 민심이 흉흉했으나 사치와 방탕을 일삼고 국사를 돌보지 않다가, 780년에 이찬 김지정의 난으로 살해되었다. 재위 기간은 765~780년.

18) 강주(康州) : 통일 신라 시대에, 전국을 나눈 구주(九州) 가운데 지금의 진주(晉州)에 둔 행정 구역. 경덕왕 16년(757)에 청주(菁州)를 고친 것이다.

19) 천구성(天狗星) : 운성(隕星)의 이름이다. 『사기(史記), 천관지(天官志)』에서 "천구는 형상이 대분성(大奔星)과 같은데 소리가 있으며, 그것이 내려와 땅에 떨어지면 개와 같다"라고 했다.

20) 『松南雜識』에는 '四年'으로 오기되어 있다.

21) 족자(族子) : 조카나 조카뻘 되는 사람.

22) 김경신(金敬信) : 신라의 제 38대 왕(?~798). 원성왕(元聖王). 788년에 독서삼품과를 두어 인재를 고루 등용하는 한편 790년에는 벽골제를 증축하여 농사에도 힘썼다. 재위 기간은 785~798년.

하자 비가 그쳤다.

바위가 일어서고 탑이 부딪힘
石立塔擊

애장왕(哀莊王)[23] 때 우두주(牛頭州)[24]에 바위가 일어섰으며 망덕사(望德寺)[25]의 두 탑이 서로 부딪쳤다.[26] 10년에는 서형산성(西兄山城)의 소금 창고에서 소가 우는 듯한 소리가 났다. 또 삽량주(歃良州)[27]와 무진주(武珍州)[28]에서 붉은 까마귀를 진상하였다.[29] 또 6월[30]에는 벽사(碧寺)에서 두꺼비가 뱀을 잡아먹는 일이 있었다. 이 해 7월[31]에 김언승(金彦昇)이 왕을 시해하였다.

남쪽 못의 기이한 새
南池異鳥

헌덕왕(憲德王)[32] 때에 청주도독(菁州都督) 김헌창(金憲昌)[33]이 웅주도

---

23) 애장왕(哀莊王) : 신라 제40대 왕(788~809). 성은 김(金). 이름은 중희(重熙). 태종 무열왕과 문무왕의 묘당을 세우고 해인사를 창건했다. 섭정을 하던 숙부 김언승(金彦昇)에게 왕위를 빼앗기고 시해되었다. 재위 기간은 800~809년.

24) 우두주(牛頭州) : 춘천(春川)의 고지명.

25) 『松南雜識』에는 '望海寺'로 오기되어 있음.

26) 애장왕 5년의 기사.

27) 삽량주(歃良州) : 양산 · 동래 · 기장을 비롯한 낙동강 동남부의 일원.

28) 무진주(武珍州) : 신라 때에 둔 구주(九州)의 하나. 전라남도 광주 지역에 둔 행정 구역으로, 신문왕 6년(686)에 설치했다가 경덕왕 16년(757)에 무주(武州)로 고쳤다.

29) 삽량주에서 붉은 까마귀를 진상한 것은 원성왕 3년의 일이고 무진주는 2년의 일이다.

30) 『松南雜識』에는 '四月'로 오기되어 있음.

31) 『松南雜識』에는 '八月'로 오기되어 있음.

32) 헌덕왕(憲德王) : 신라의 제 41대 왕(?~826). 이름은 언승(彦昇). 조카인 애장왕을 죽이고 즉위해 친당 정책을 폈다. 김헌창과 그 아들 범문(梵文)의 반란을 평정하고, 백영

독(熊州都督)으로 옮겨진 뒤 반란을 일으켰다. 이에 앞서 청주 청사(廳舍) 남쪽 못에 새 한 마리가 있었는데 몸의 길이는 다섯 자이고 색은 검으며 머리는 다섯 살 먹은 아이 만하며 부리의 길이는 한 자 다섯 치이고 눈은 사람 같으며 모래주머니는 닷 되쯤 되었다. 울다가 사흘 만에 죽으니 사람들은 김헌창이 패망할 조짐이라고 하였다.

벌레가 떨어지고 기형아를 출산함
雨蟲産異

헌덕왕(憲德王) 때에 당은현(唐恩縣)의 어떤 바위가 저절로 백여 보를 움직였다. 13년[34]에 패강(浿江)과 남천(南川) 두 강의 돌[35]이 서로 부딪쳤고 서원(西原)에서는 벌레가 하늘에서 떨어졌다. 또 무진주(武珍州)에는 어떤 여자가 머리 둘에 몸이 둘이고[36] 팔이 넷인 아이를 낳았다.

다섯 마리의 호랑이, 세 개의 해
五虎三日

문성왕(文聖王)[37] 때에 호랑이 다섯 마리가 신궁(神宮)의 정원으로 들어왔다. 7년 12월 초하루에는 해 세 개가 함께 떴다.

(白永)에게 명하여 패수에 300리나 되는 장성을 쌓게 했다. 재위 기간은 809~826년.

33) 김헌창(金憲昌) : 김주원(金周元)의 아들.

34) 『松南雜識』에는 '十二年'으로 오기되어 있음.

35) 『松南雜識』에는 '水'로 오기되어 있음. 『三國史記, 卷第十, 新羅本紀 第十, 憲德王, 十三年』 참조.

36) 『松南雜識』에는 '一身'으로 오기되어 있음. 『三國史記, 卷第十, 新羅本紀 第十, 憲德王, 十七年』 참조.

37) 문성왕(文聖王) : 신라 제46대 왕(?~857). 이름은 경응(慶膺). 신무왕의 태자. 재위 연간은 신라의 쇠퇴기로, 846년에 일어난 장보고의 반란을 비롯하여, 양순(良順) · 흥종(興宗) · 김식(金式) · 대흔(大昕) 등의 반란이 계속 일어났다. 재위 기간은 839~857년.

황룡사 탑에 벼락이 침
震皇龍塔

경문왕(景文王)[38] 때에 황룡사(皇龍寺) 탑에 벼락이 쳤다.

환도에 지진이 발생함
丸都地震

고구려의 역사에서 "태조왕 때에 환도에 지진이 발생하였다"[39]라고 말하였다.

대소와 붉은 까마귀
帶素赤烏

고구려의 역사에 말하였다.

부여왕(扶餘王) 대소(帶素)가 머리 하나에 몸이 둘인 붉은 색 까마귀를 잡으니 두 나라를 아우를 조짐이었다. 고구려로 그것을 보내니 고구려왕이 말하였다.

"검은 것은 북방의 색인데 지금 변하여 남방의 색(붉은 색)이 되었습니다. 그대가 잡고도 갖지 않고 나에게 보내니 두 나라의 존망을 알 수 없습니다."

---

38) 경문왕(景文王) : 신라 제48대 왕(?~875). 성은 김(金). 이름은 응렴(膺廉)・의렴(疑廉). 신라의 쇠퇴기에 즉위해 중앙 귀족의 모반과 지방의 반란을 평정하는 데 힘썼고, 황룡사 탑을 세웠다. 재위 기간은 861~875년.

39) **九十年, 秋九月**, 丸都地震.(『三國史記, 卷十五, 高句麗本紀, 第三, 大祖大王, 九十年』) → **太祖王時**, 丸都地震.(『松南雜識』)

대소가 이 말을 듣고 후회하였다.[40]

묏구멍 속의 음악소리
壙內樂聲

연나라 모용외(慕容廆)[41]가 침략해서 고국원(故國原)에 이르러 서천왕(西川王)[42]의 무덤을 도굴하자 일을 하던 자가 급사하였고 묏구멍 속에서 음악 소리가 났다.

사흘 간 해에 빛이 없음
三日無光

영류왕(營留王)[43] 때 사흘 간 해에 빛이 없었다.

---

40) 扶餘王帶素**遣使送**赤烏, **一頭二身**. **初**, **扶餘人得此烏獻之王**, **或曰**, **烏者黑也**, **今變而爲赤**, **又**一頭二身, 并二國之徵**也**, **王其兼高**句麗**乎**. **帶素喜**送**之**, **兼示或者之言**. 王**與群臣議答**曰, 黑者, 北方之色, 今變**而**爲南方之色, **又赤烏瑞物也**, 君得而不有之, **以**送**於**我, 兩國存亡, 未可知**也**. 帶素聞**之**, **驚**悔.(『三國史記, 卷十四, 高句麗本紀二, 大武神王, 三年』)→扶餘王帶素**得**赤烏, 一頭二身, 并二國之徵, 送**于**句麗. **麗**王曰, 黑者, 北方之色, 今變爲南方之色, 君得而不有之, 送**于**我, 兩國存亡, 未可知. 帶素聞**而**悔**之**.(『松南雜識』)

41) 모용외(慕容廆) : 오호 십육국 시대의 선비족(鮮卑族) 족장(269~333). 묘호는 고조(高祖). 전연(前燕)의 초대 황제 모용황의 아버지. 고구려를 침략했다가 패했다. 재위 기간은 285~333년.

42) 서천왕(西川王) : 고구려의 제13대 왕(?~292). 이름은 약로(藥盧)·약우(若友). 280년 숙신국(肅愼國)이 침입하자 아우 달고(達賈)를 보내어 물리쳤다. 재위 기간은 270~292년.

43) 영류왕(榮留王) : 고구려 제27대 왕(?~642). 이름은 건무(建武)·건성(建成). 당나라와 평화적인 관계를 맺어 수나라의 고구려 원정 때 잡혀간 포로를 찾아왔으며, 도교(道敎)를 처음으로 받아들였다. 재위 기간은 618~642년.

발이 여덟, 꼬리가 둘
八足二尾

고국양왕(故國壤王)[44] 때 소가 말을 낳으니 여덟 개의 발에 꼬리가 두 개였다.

상이 울고 하늘에서 쇠가 떨어짐
像泣雨鐵

보장왕(寶藏王)[45]때 동명왕의 어머니 상(像)이 피를 흘렸다. 또 왕도(王都)에는 쇠가 떨어졌다. 또 노루떼가 강을 건너 서쪽으로 달렸으며 이리떼가 사흘간 끊이지 않고 서쪽으로 갔으며, 호랑이 아홉 마리가 성으로 들어왔다.

머리 하나에 몸이 둘
一首二身

백제의 역사에서 말하였다.

시조[46] 때에 왕궁의 우물물이 갑자기 넘치고 한성(漢城) 인가에서는 말이 소를 낳는데 머리 하나에 몸이 둘이었다. 일자(日者)가 말하였다.

---

44) 고국양왕(故國壤王) : 고구려 제18대 왕(?~391). 이름은 이련(伊連)·이속(伊速). 요동(遼東)과 백제를 정벌하여 국토를 넓혔다. 재위 기간은 384~391년.

45) 보장왕(寶藏王) : 고구려의 마지막 제28대 왕(?~682). 이름은 장(藏) 또는 보장(寶藏). 연개소문에 의하여 왕위에 올랐으며, 재위 27년(668) 나당(羅唐) 연합군의 침공으로 고구려는 망하고 왕은 당나라로 압송되었다. 재위 기간은 642~668년.

46) 시조 : 온조왕(溫祚王)을 이름.

"우물이 넘친 것은 대왕께서 발흥할 조짐이고 머리가 하나에 몸이 둘인 소는 두 나라를 아우를 조짐입니다."

왕이 마침내 진한(辰韓)과 마한(馬韓)을 병합할 뜻을 갖게 되었다.[47]

비단 같은 흰 기운
白氣如練

아신왕(阿莘王)[48] 때에 흰 기운이 왕궁 서쪽에서 일어났는데 한 필의 비단과도 같았다.

거북이 등에 '보름달'이라고 써 있음
龜文月輪

의자왕(義慈王)[49] 때 여우떼가 왕궁으로 들어왔다. 또 왕도(王都)의 우물물이 피처럼 붉었고 서해에는 물고기가 떼로 죽었다. 사자하(泗沘河)의 물이 피처럼 붉었고 두꺼비 수만 마리가 나무 위로 올라가니 도성 사람들이 놀라 달아나다가 쓰러져 죽기까지 하였다. 또 들사슴만한 개

---

47) **二十五年**, **春二月**, 王宮井水暴溢. 漢城人家馬生牛, 一首二身. 日者曰, 井**水暴**溢者, 大王勃興之兆**也**, 牛一首二身者, **大王**幷鄰國之應也. 王**聞之喜**, 遂有**井**呑辰馬之**心**.(『三國史記, 卷第二十三, 百濟本紀第一, 始祖 溫祚王, 二十五年』)→**始祖時**, 王宮井水暴溢. 漢城人家馬生牛, 一首二身. 日者曰, 井溢者, 大王勃興之兆, 牛一首二身者, 幷鄰國之應也. 王遂有呑辰馬之**志**.(『松南雜識』)

48) 아신왕(阿莘王) : 백제의 제17대 왕(?~405). 고구려의 남하 정책에 대항하여 예성강 등 국경 지대에서 싸웠으나 모두 패했다. 397년에 태자 전지(腆支)를 일본에 보내어 화친을 맺은 후, 이듬해 쌍현성을 쌓았다. 아방왕(阿芳王)·아화왕(阿花王)이라고도 한다. 재위 기간은 392~405년.

49) 의자왕(義慈王) : 백제의 제31대 마지막 왕(?~660). 642년에 신라를 공격하여 미후성(獼猴城) 등 많은 지역을 점령하고, 고구려와 화친하는 등 기울어져 가는 국위의 선양에 힘썼다. 660년에 나당(羅唐) 연합군에 항복하여 당에 압송되었다가 병사했다. 재위 기간은 641~660년.

가 사자하 언덕 위에 이르러 왕궁을 향하여 짖는 일이 있었다. 왕도(王都)에서는 개떼가 길에 모여서 곡을 하는 놈이 있는가 하면 짖는 놈도 있었다. 또 귀신이 궁중으로 들어가 크게 "백제는 망한다!", "백제는 망한다!"라고 소리치고는 바로 땅 속으로 들어갔다. 왕이 땅을 깊이 파보게 하니 거북이 한 마리가 있었는데, 등에 "백제는 보름달과 같고 신라는 초승달과 같다"라고 쓰여 있었다.

암탉이 장닭으로 변함
雌鷄化雄

『고려사』에서 말하였다.

태조가 "옛날 진(晉)나라에 사악한 신하가 있었는데 그 집의 암탉이 장닭으로 변하였다"라고 말하였다.[50)]

검은 학이 궁전에 모임
玄鶴集殿

광종(光宗)[51)] 때 검은 학이 함덕전(含德殿)에 모여들었다.

---

50) 昔晉有邪臣**潛畜異謀**, 其家雌雞化**爲**雄.(『高麗史, 卷二, 世家二, 太祖, 壬辰十五年』)
→**太祖曰**, 昔晉有邪臣, 其家雌雞化雄 (『松南雜識』)

51) 광종(光宗) : 고려 제4대 왕(925~975). 이름은 소(昭). 자는 일화(日華). 태조의 셋째 아들. 노비안검법을 제정하고, 958년에 후주(後周)에서 귀화한 쌍기의 건의에 따라 과거 제도를 실시했다. 재위 기간은 949~975년.

객성이 왕좌를 침범함
客星犯座

경종(景宗)[52] 때 최지몽(崔知夢)[53]이 "객성(客星)이 황제의 자리를 범하였습니다"라고 주달하였는데 왕승(王承)[54]이 형벌을 받고 죽었다.

바다에서 솟아난 서산
海湧瑞山

목종(穆宗)[55] 때 탐라산(耽羅山)이 터지면서 붉은 물이 용솟음쳐서 기왓돌이 되었다. 또 산이 탐라 바다 속에서 용솟음쳐서 멀리서 바라보면 석유황(石硫黃) 같았으니 그것을 서산(瑞山)이라고 한다.

돌 떨어지는 소리가 우레와 같음
石隕聲雷

문종(文宗)[56] 때 운석이 황주(黃州)[57]에 떨어졌는데 우레와 같은 소리

---

52) 경종(景宗) : 고려 제5대 왕(955~981). 이름은 주(伷). 자는 장민(長民). 즉위 초에 전시과(田柴科)를 제정하는 등 의욕적인 정책을 펼쳤으나, 뒤에 정사를 돌보지 않고 방탕한 생활을 했다. 재위 기간은 976~981년.

53) 최지몽(崔知夢) : 고려 전기의 문신(907~987). 초명은 총진(聰進). 영암 출신. 원보(元甫) 상기(相昕)의 아들이다. 대광(大匡) 현일(玄一)에게서 글을 배워 경사(經史)에 널리 통달했으며, 천문(天文)과 복서(卜筮)에 정통했다.

54) 왕승(王承) : 고려 전기의 인물. 경종 6년(980) 모역(謀逆)을 주도했으나, 최지몽(崔知夢)의 건의에 따라 미리 대비했기에 죽임을 당했다.

55) 목종(穆宗) : 고려 제7대 왕(980~1009). 이름은 송(誦). 자는 효신(孝伸). 경종의 맏아들로 전시과를 개정하고 학문을 장려하는 등의 치적(治績)이 많았으나, 후계자 문제로 강조(康兆)에게 피살되었다. 재위 기간은 998~1009년.

56) 문종(文宗) : 고려 제11대 왕(1019~1083). 이름은 휘(徽). 자는 촉유(燭幽). 시호는 인효(仁孝). 공음전시법, 양전보수법, 삼심제(三審制) 등의 법률을 제정했으며 학문과 서

가 났다. 예관이 "송나라 때 운석이 떨어졌고 진(秦)나라 때 별이 떨어졌으며 진(晉)나라와 당나라 이후로 운석이 떨어지는 일들이 끊이지 않고 있습니다"라고 주달하였다.

화성이 천균을 지킴
火星守囷

선종(宣宗)[58] 때 신흥창(新興倉)[59]에 화재가 발생하였는데 일관(日官) 오상(吳相)이 "지난해 화성(火星)이 천균(天囷[60])을 지켰습니다"라고 말하였다.

혜성이 태양 곁에 있음
日傍有彗

헌종(獻宗)[61] 때 태사(太史)가 "혜성이 태양 곁에 있으니 가까이 있는 신하가 난을 일으키고 제후 중에 반란을 꾀하는 자가 있습니다"라고 말하였다.

도를 좋아했다. 재위 기간은 1046~1083년.

57) 황주(黃州) : 황해도 황주군 가운데에 있는 읍.

58) 선종(宣宗) : 고려의 제13대 왕(1049~1094). 이름은 운(運). 승과(僧科)를 설치하고, 교장도감을 설치하여 도서를 출판하는 등의 불교 발전에 힘썼다. 재위 기간은 1083~1094년.

59) 신흥창(新興倉) : 고려 시대 개경에 있었던 경창(京倉). 곡물은 물론이고 포백(布帛)과 은 등의 다양한 물품을 수납하여 보관했는데, 이곳의 물품은 주로 국용(國用)의 용도로 쓰였다.

60) 천균(天囷) : 창고를 주관한다는 별.

61) 헌종(獻宗) : 고려의 제14대 왕(1084~1097). 이름은 욱(昱). 즉위한 후 이자의(李資義)의 난을 평정하고 다음 해 신병으로 왕위를 숙부 희(熙)에게 물려주었다. 재위 기간은 1094~1095년.

지경이 평양에 나타남
鏡見西京

숙종 때 평양에 지경(地鏡)이 나타났다. 살펴보건대 송나라 역사에서 "문제(文帝) 때 청주(青州)성 남쪽의 멀리 바라보이는 곳에 사람이나 말의 그림자가 물처럼 비치는 곳이 있었다"[62]라고 하였는데, 그것을 '지경(地鏡)'이라고 한다.

한유(韓愈)의 「추우시(秋雨詩)」에서,

지경(地鏡)은 때로 어두웠다 밝고 地鏡時昏曉
지성(池星)은 다투어 떠서 흐른다 池星競漂沛

라고 하였는데, 그 주석에서 "지경(地鏡)은 땅에 고인 물이고, 지성(池星)은 마름풀 등속이다"[63]라고 하였으니 이 거울과는 다르다.

해와 달이 함께 뜸
日月同出

인종(仁宗) 때 4월에 해와 달이 함께 떴다.

---

62) **宋**文帝**元嘉二十五年**, 青州城南**地**, **遠**望**見地**中如水有影, **人馬百物**, **皆見影中**, **積年乃滅**.(『宋書, 卷三十四, 志第二十四, 五行五』) → 文帝**時**, 青州城南望**池**中如水有影.(『松南雜識』)

63) 地鏡時昏曉. 〈**孫曰**, 地鏡**地之**積水.〉 池星競漂沛. 〈**郊孫曰**, 池星**池中**苹藻之屬 **漂沛漂流也**.〉(『五百家注昌黎文集, 卷八, 秋雨聯句』) → 地鏡時昏曉, 池星競漂沛, **註**, 地鏡積水**也**, 池星苹藻之屬**也**.(『松南雜識』)

낭성이 남극에 출현함
狼星見極

의종(毅宗)[64] 때 낭성(狼星)[65]이 남극에 출현하였는데 박순하(朴純嘏)가 노인성(老人星)[66]이라고 여기고 파발을 급히 보내 보고 하니 왕이 직접 악장(樂章)을 지어 노래하였다. 수주(水州)[67]의 백성이 밭을 갈다가 금을 얻으니 그 모양이 거북이 같았기에 하늘이 내려준 금거북이라고 여기고 '만세(萬歲)'를 불렀다. 또 안개가 심하여 대낮에도 어두웠는데, 점을 치니 '파국(破國)'이라고 나왔다.

『백공육첩(白孔六帖)』에서 "천보(天寶) 연간에 안개가 짙어 십 보 안도 보이지 않았기에 사람들이 주혼(晝昏)이라 했다"[68]라고 하였다.

향로의 사자가 움
香爐獅鳴

신종(神宗)[69] 때 장흥고(長興庫)[70]에 있는 향로 발의 사자가 개 짖듯이

64) 의종(毅宗) : 고려의 제18대 왕(1127~1173). 이름은 현(晛). 자는 일승(日升). 인종의 맏아들로, 문학을 좋아하여 문신을 우대하고 무신을 천대하다가 24년(1170)에 정중부(鄭仲夫)의 난이 일어나 폐위되고 명종 3년(1173)에 경주에서 살해되었다. 재위 기간은 1146~1170년.

65) 낭성(狼星) : 시리우스(Sirius). 큰개자리에서 가장 밝은 청백색의 별.

66) 노인성(老人星) : 남극노인성(南極老人星). 천구(天球)의 남극 부근에 있어 2월 무렵에 남쪽 지평선 가까이에 잠시 보이는 별. 고대 천문학에서는 사람의 수명을 맡아보는 별이라 하여 이 별을 보면 오래 산다고 믿었다.

67) 수주(水州) : 경기도 수원과 화성 지역의 옛 지명.

68) 天寶**間**, 霧昏**暗**, 十步**外**不見, 人**是**謂晝昏. **占曰**, **有破國**.(『白孔六帖, 卷三, 霧, 晝昏』) → 天寶**中**, 霧昏十步不見, 人謂晝昏.(『松南雜識』)

69) 신종(神宗) : 고려 제20대 왕(1144~1204). 이름은 탁(晫). 초명은 민(旼). 자는 지화(至華). 최충헌이 옹립했다. 재위 기간은 1197~1204년.

70) 장흥고(長興庫) : 고려・조선 시대에 돗자리・유둔(油芚 : 종이나 목면포에 기름을 먹여 비옷 용구에 쓰이는 것) 등을 관장하던 관서.

울었다.

불서(佛書)에서 말하였다.

설산화상(雪山和尙)의 탑명(塔銘)에서,

나는 진흙 소에게 소리 질러 울게 하리니 我喝泥牛吼
너는 나무 말에게 화답하여 울게 하거라 汝和木馬嘶[71]

라고 하였다.

진짜가 아니라도 괴이한데, 향로의 사자가 짖은 것은 진짜이니 역시 이상하다. 또 남부(南部)의 우물이 붉게 끓어 소울음과 같은 소리가 났다.

독충이 떨어지고 뱀이 말을 함
雨蟲語蛇

고종 때 여름 5월[72]에 독충(毒蟲)이 하늘에서 떨어졌다. 그 몸은 가는 그물로 싸여 있었는데 갈라보니 흰털을 쪼갠 것 같았다. 음식물에 딸려 사람의 뱃속으로 들어가면 사람이 문득 죽는다. 당시 사람들이 '식인충(食人蟲)'이라고 하였다. 파 즙을 바르면 바로 죽는다.

「오행지(五行志)」에서 말하였다.

위도(葦島)에 황사(黃蛇)가 있는데 사람의 말로 나뭇꾼에게 말하였다.

"이 섬의 사람들이 가까운 날에 반드시 난을 일으킬 터이니 감창(監倉)에게 알려서 삼가 조심하게 하라."

---

71) 雪山和尙塔銘云, 我喝**牛泥**吼, 汝和木馬嘶.(『韻府羣玉, 牛泥吼』) → **佛書曰**, 雪山和尙塔銘云, 我喝**泥牛**吼, 汝和木馬嘶**者**.(『松南雜識』)

72) 『조선사략(朝鮮史略)』에는 '蒙古 定宗 元年 冬十月'로 되어 있음.

감창사(監倉使)[73] 이승진(李承璡)이 괴상하게 생각하고 비밀로 해두었는데 그들이 과연 몽고에 투항하였다.[74]

화성 · 흑생
火星黑眚

충렬왕(忠烈王)[75] 때에 화성이 달을 잠식하였다. 또 박연(朴淵)의 물이 마르고 피가 났으며 당(幢)이 서방(西方)에 섰다. 살펴보건대 송나라 역사에서 "흑생(黑眚)이 궁궐에 출현하였는데 어떤 것은 돗자리 같고 어떤 것은 나귀 같았다"라고 하였다.

『한서(漢書), 오행지(五行志)』에서 "말을 따르지 않으면 백생(白眚)[76] · 백상(白祥)[77]이 있고 말에 귀기울이지 않으면 흑생(黑眚)[78] · 흑상(黑祥)[79]이 있다"[80]라고 하였다. 그 '당(幢)'도 생(眚)의 종류인 듯하다.

---

73) 감창사(監倉使) : 고려 시대 양계 지방에 두었던 6품 내지 7품 관직. 춘추외산제고사(春秋外山祭告使)를 겸임했기 때문에 매년 봄 · 가을 두 차례에 걸쳐 정기적으로 파견되었다. 관직의 명칭으로 미루어 볼 때 주로 창고와 조세의 관리 및 감독에 관한 일을 했던 것으로 보인다.

74) **高宗四十五年五月**, **北界**葦島有黃蛇**大如柱穴於假山**, **有二樵童過歸**, **聞有喚聲**, **四顧無人**, **就視之**, **則乃蛇也**. 人語謂曰, 此島之人, 近必亂, **歸**告監倉切須愼之, 監倉使李承璡, **聞而召問**, **童以狀對**, 怪**之**而秘, **至是州人**果**叛**投蒙古.(『高麗史, 卷五十三, 志第七 五行一』)→葦島有黃蛇, **作**人語謂**樵者**曰, 此島之人近必亂, 告監倉切須愼之, 監倉使李承璡, 怪而秘**之**, 果投蒙古.(『松南雜識』)

75) 충렬왕(忠烈王) : 고려 제25대 왕(1236~1308). 이름은 거(昛). 원나라에 굴복하여 세조의 공주를 아내로 맞이했으며, 그 풍습과 문물 제도를 받아들이고 원나라의 간섭을 심하게 받았다. 재위 기간은 1274~1308년.

76) 백생(白眚) : 무단(無端)한 재앙.

77) 백상(白祥) : 백색의 재이(災異). 흔히 볼 수 없는 흰색 동물이 갑자기 출현하는 것을 불길한 조짐으로 생각했음.

78) 흑생(黑眚) : 오행 중의 수기(水氣)로 인해 발생하는 재앙. 오행에서 '수(水)'는 '흑(黑)'에 해당함.

79) 흑상(黑祥) : 오행에서 물 때문에서 생기는 조짐.

80) **傳曰**, 言之不從, **是謂不艾**, **厥咎僭**, **厥罰恒陽**, **厥極憂**, **時則有詩妖**, **時則有介蟲之**

산이 울고 종이 벙어리가 됨
嶽鳴鍾啞

충혜왕(忠惠王)[81] 때 송악산(松嶽山)이 울자 내시가 "숭악산(嵩嶽山)이 세 번 울자 궁전 주위가 푸르다[嵩嶽三鳴繞殿靑]"라는 시를 외웠다. 또 종루(鐘樓)의 종을 쳐도 소리가 나지 않았다.

하늘에서 흰털이 떨어짐
天雨白毛

공민왕(恭愍王) 때 흰털이 하늘에서 떨어졌다.

용이 남자에게 빌미를 만듦
龍祟男

『함창읍지(咸昌邑志)』에서 말하였다.

선산(善山) 남자가 상주(尙州)를 지나가던 길에 미인을 만나 아무 날

孽, **時則有犬𤜣**, **時則有口舌之痾時**, 則有白眚白祥.(『前漢書, 卷二十七, 中之上, 五行志, 第七, 中之上』)

傳曰, 聽之不聰, **是謂不謀**, **厥咎急**, **厥罰恒寒**, **厥極貧**, **時則有鼓妖**, **時則有魚孽**, **時則有豕禍**, **時則有耳痾時**, 則有黑眚黑祥.(『前漢書, 卷二十七, 中之下, 五行志, 第七, 中之下』)

→言之不從, 則有白眚白祥, 聽之不聰, 則有黑眚黑祥, 漢五行志.(『韻府羣玉, 黑眚』)→漢五行志**曰**, 言之不從, 則有白眚白祥, 聽之不聰, 則有黑眚黑祥.(『松南雜識』)

81) 충혜왕(忠惠王): 고려 제28대 왕(1315~1344). 이름은 정(禎). 원나라에서 귀국하여 왕위에 올랐으나 폐위되었다가 부왕의 죽음으로 복위했다. 황음(荒淫)이 심하고 정사를 제대로 돌보지 못하여 원나라로 귀양 가다가 병으로 죽었다. 재위 기간은 1330~1332, 1339~1344년.

*『松南雜識』에는 '忠宣王'으로 오기되어 있음.

찾아가겠노라 약속을 하였다. 그 날이 되어서는 약속을 잊고 병에 걸렸다. 무당은 용이 빌미를 만들었다라고 하였다. 남자가 약속한 사실을 깨닫고 들것에 실려 공검지(恭儉池)[82] 가에 가서 누우니 한 낮에 용이 못 속에서 나와 남자를 감아 들어갔다고 한다.

『기아(箕雅)』[83]의 주석에서 "정지상(鄭知常)의 어머니가 우레 치고 비 내리는 저녁에 평양 밖 다리 어귀의 못 용에게 시집을 가서 임신을 하여 정지상을 낳으니 용무늬가 있었다"라고 하였다.

조씨(曺氏)의 족보에서 "시조 조계룡(曺繼龍)의 어머니가 연못에서 목욕을 하다가 용과 교합(交合)하여 조계룡을 낳았다"라고 하였다.

호랑이가 갓을 움킴
虎攫冠

유차달(柳車達)[84]의 아들 유호금(柳好金)이 구월산(九月山)을 유람하다가 커다란 호랑이 한 마리와 맞닥뜨렸다. 호랑이는 입을 크게 벌리고 눈물을 흘렸는데, 입 속에 흰 물체가 가로로 걸려 있었다. 유호금은 "네가 나를 해치지 않는다면 내가 의당 뽑아 주겠다"라고 하였다. 호랑이가 턱을 끄덕이자 즉시 은비녀를 뽑아 주었다. 꿈에 호랑이가 나타나서 말하였다.

"나는 산의 정령이오. 어제 성당리(聖堂里)에 가서 한 아낙을 잡아먹었는데 웬 물건이 목에 걸려 무척이나 아팠습니다. 공이 저를 구해 주셨

82) 공검지(恭儉池) : 경상북도 상주시 공검면 양정리에 있던 못.
83) 기아(箕雅) : 숙종대의 문신인 문헌공(文憲公) 남용익(南龍翼)이 편찬한 시선집(詩選集). 7권.
84) 유차달(柳車達) : 고려 전기의 공신. 고려 태조 때의 개국이등공신 12인 중의 한 사람으로 고려 태조로부터 이름을 받아 문화 유씨(文化柳氏)의 시조가 되었다고 한다.

으니 공의 자손은 반드시 대대로 경상(卿相)이 될 것입니다."

뒤에 유호금의 벼슬이 좌윤(左尹)에까지 이르렀다.

고기(古記)에서 말하였다.

성골장군(聖骨將軍[85])이 부소산(扶蘇山) 오른쪽 골짜기에 살았는데, 하루는 같은 마을의 아홉 사람과 매를 사냥하러 갔다. 마침 날이 저물어 바위굴에 가서 잠을 자는데, 호랑이가 굴 입구를 막고 크게 포효하였다. 열 사람이 서로 말하였다.

"호랑이가 우리를 잡아먹으려고 하니 시험 삼아 갓을 던져서 호랑이에게 갓을 움켜진 사람을 잡아먹도록 하자."

호랑이가 성골의 갓을 움켜잡았다. 성골이 나가서 호랑이와 싸우려고 하는데 호랑이는 홀연히 보이지 않고 굴이 무너져서 아홉 사람이 모두 나올 수가 없었다. 이에 앞서 아홉 사람과 먼저 산신에게 제사를 지냈는데 산신이 나타나 말하였다.

"나는 과부로 이 산에 사니 그대와 부부가 되어 같이 신정(神政)으로 다스리고 싶소. 이 산의 대왕으로 봉하기를 청하오."

말을 마치자 보이지 않았다. 군(郡)의 사람들이 그때문에 성골(聖骨)을 봉하여 대왕으로 삼고 사당을 세워 제사지냈다. 아홉 사람이 같이 죽었기 때문에 성거산(聖居山)을 구룡산(九龍山)이라고 이름을 고쳤다. 성골의 손자 보육(寶育)이 출가하여 지리산으로 들어가 수도하다가 이 산의 북쪽 산허리에 살았다.[86] 보육은 바로 작제건(作帝建[87])의 외

85) 성골장군(聖骨將軍) : 고려 태조(太祖) 왕건(王建)의 5대조라고 전하는 인물. 호경(虎景). 성골장군(聖骨將軍)이라 자칭하며 백두산(白頭山) 등지를 유랑하다가 개성(開城) 부소산(扶蘇山)에 정착해 살았다. 그의 아들이 강충(康忠)이며, 강충은 영안촌(永安村) 부자의 딸 구치의(具置義)와 혼인하여 보육(寶育 : 元德大王에 追尊)을 낳았다고 전한다.

86) 김관의(金寬毅)의 『편년통록(編年通錄)』에 보이는 내용임.

87) 작제건(作帝建) : 태조 왕건의 할아버지.

가이다. 살펴보건대 바위가 무너진 것은 한나라 두광국(竇廣國)의 일과 유사하다.[88]

용의 아들인 왕
龍種王

김관의(金寬毅[89])의 『편년통록(編年通錄)』[90]에서 말하였다.

작제건(作帝建)은 당나라 선종(宣宗)의 아들로 아버지를 뵈려고 장삿배를 타고 바다에 이르렀는데 배가 가지 않았다. 뱃사람이 점을 치고 말하였다.

"의당 고려인을 없애야 한다."

작제건은 아버지가 남겨준 활을 잡고 바다에 뛰어들어 바위에 올라갔는데, 그 위에서 한 늙은이가 절을 하고 말하였다.

"나는 서해의 용왕인데 매일 신시(申時[91])에 어떤 늙은 여우가 하늘에서부터 이 바위로 내려오면 나는 머리가 아프니 원컨대 이 해독을 없애주게나."

그 시간이 되자 과연 무엇인가 서북쪽에서부터 내려오기에, 기다리고 있다가 활을 쏘아 맞추니 바로 여우였다. 노인이 기뻐하며 그를 용궁으로 맞아들이고 맏딸 저민의(翥旻義)를 아래로 삼아 주었다. 이

88) 한나라 두황후(竇皇后)의 동생 두광국(竇廣國)은 어렸을 때 집이 가난했다. 남에게 팔려가서 숯을 구울 때 추워서 여러 사람들과 언덕 아래에 누워 있었는데 언덕이 무너져 모두 압사하고 그만이 살아남았다.

89) 김관의(金寬毅) : 고려 시대의 학자. 검교군기감(檢校軍器監)을 지냈다.

90) 편년통록(編年通錄) : 고려 의종 때 김관의(金寬毅)가 편찬한 역사책. 고려 초에 쓰인 『편년통재(編年通載)』와 이것을 개찬한 『편년통재속편(編年通載續篇)』을 다시 재편한 편년체 역사책이라고 한다. 현재 전해지지 않고, 다만 고려 시조에 관한 설화가 『고려사(高麗史), 세가편(世家編)』에 인용되어 귀중한 자료가 되고 있다.

91) 신시(申時) : 오후 세 시부터 네 시 사이.

여자가 용녀(龍女)이다.

『택리지(擇里志)』에서 말하였다.

선종(宣宗)이 소시에 십육원(十六院[92])을 떠나 장삿배를 따라 보육(寶育)의 집에 이르러 막내딸 진의(辰義)와 동침하여 임신시키고 붉은 활 하나를 주며 말하였다.

"만약 아들을 낳으면 이름을 작제건(作帝建)으로 짓고 이 활을 가지고 중국으로 들어오게 하시오."

작제건이 장성하여 당나라로 들어가려고 하자 배가 갑자기 멈칫거리며 나가지 않았다. 갓을 던져 점을 치니 작제건의 갓만 가라앉았다. 마침내 그를 섬에 내려두니 한 동자가 물 속에서부터 솟아 나와 용왕이 보기를 청한다고 말하였다. 작제건이 그를 따라 용궁에 이르니 노옹이 맞아들이며 청하였다.

"늙은이가 오랫동안 이곳에서 살았는데 요즘 백룡(白龍)과 나의 굴에서 다투다가 내일 싸우기로 약속하였소. 그대가 활을 잘 쏘는 것을 알고 있으니 나를 도울 수 있을 것이요."

작제건이 말하였다.

"어떻게 식별할 수 있습니까?"

"내일 정오의 풍랑 이는 때가 싸우는 때입니다."

"각각 굽은 등이 물 밖으로 나올 터인데 파란 것이 나이고 흰 것이 그놈이요."

작제건이 섬에서 나와 흰 용을 쏘았다. 노옹은 작제건을 다시 맞아들여 막내딸을 아내로 삼게 하고 말하였다.

"그대는 고귀한 태생이니 고향으로 돌아가면 절로 큰 복이 있을

92) 십육원(十六院) : 수(隋) 양제(煬帝)가 서원(西苑)에 지은 열 여섯 궁전.

것이요."

송악에 살면서 아들 하나 융(隆)을 낳았다. 뒤에 용녀(龍女)는 자녀들과 용의 모습으로 변하여 방 안에서 장난치며 놀았는데, 이 모습을 작제건이 엿보았다. 그래서 용녀는 신뢰를 잃었다하여 딸을 데리고 우물로 들어가 서해로 돌아갔다고 한다.[93]

이는 김관의(金寬毅)의 『편년통록(編年通錄)』과 대체로 동일하다. 그러나 태조 소생의 자녀는 양쪽 겨드랑이에 용의 비늘이 있기 때문에 딸을 낳아서, 비늘이 없는 자는 하가(下嫁) 시키고 비늘이 있는 자는 후궁(後宮)으로 삼으니 송사(宋史)에서 이 일을 기롱하였다.

신우(辛禑)가 처형될 때 겨드랑이를 들어 올려 비늘을 보여주니 역시 기이하다.

살펴보건대, 소식(蘇軾)이 지은 비문(碑文)에서 말하였다.

---

93) **按唐**宣宗少時, 離十六院, **久勞於外**, 隨商船**渡海**, ……**自此**至**五冠山下**寶育家. **寶育知唐貴人**, 以少女辰義薦枕, **臨別知**有娠, 遺一彤弓曰, 若生男, **則可持此尋中國來**, **子**名作帝建. **及壯**, 持**父所遺彤弓**, **習射精妙**, **從商船泛海**入唐, **至海中**, **舟**邅徊**不去**. **舟中人大懼**, **約**投笠**卜吉凶**, 惟**作帝**建笠, 沉**水中**, 遂**具粮**, 下**帝建於小**島. **使待舟回**, **建獨在島中**, 一童**子**自水中湧出, 謂曰, 龍王見請, **但瞑目自至**, 建從**之**, 至水府, **見**一老翁, **謂之**曰, 老夫居此**已**久, **而**近有一白龍, 爭窟**宅**, 約**來**日**會**戰. 知君善射, 可助吾**射彼**. 建曰, 何以**知**之. **翁**曰, 明**日**午, 風**雨波**浪, 是戰時**也**. **戰酣**, 各出背曲, **背**青者, 我**也**. **背**白者, 彼**也**. 建**諾**. 出島**伺之**, **翌日**, **果如其言**, **建在島上**, 射**中**白**者**. **少頃天晴波平**, **童子出而**復邀建, **至水府**, **出**少女妻**之**曰, 君貴種**也**, 還鄉自有大福, **久留而并妻送之**, **出島上則商船至矣**. **遂與龍女**, **歸泊昌陵**, **塩白太守**, **聞作帝建娶龍女至**, **并捐貲出力**, **築室以居之**, **自昌陵**, **移**居**於**松岳**下**, 生一子**名**隆, 後龍女, 以失信**責帝**建, 率**少**女入井, **化龍**歸西海.(『擇里志, 京畿』)→宣宗少時, 離十六院, 隨商舶, 至寶育家. 以少女辰義薦枕有娠, 遺一彤弓曰, 若生男, 名**以**作帝建, 持**此入中國**. **及建長**, 入唐, **船忽儃佪**. 投笠**筮之**, 惟建笠沉, 遂下**之**島. **有**一童自水中湧出, 謂曰, 龍王請見, 建從至水府, 老翁**迎請**曰, 老夫居此久**矣**. 近有白龍爭**我**窟, 約**以明**日戰. 知君善射, 可助吾. 建曰, 何以**識**之. 曰, 明午風浪, 是戰時, 各出背曲青者我. 白者彼. 建出島射白. 復邀建, 妻**以**少女曰, 君貴種, 還鄉自有大福, 居松岳, 生一子隆, 後龍女以建窺**其與子女爲龍形戲遊房內爲**失信, 率女入井, 歸西海**云**.(『松南雜識』)

선성령(宣城令) 장로사(張路斯)는 석(石)씨의 딸을 아내로 맞아들여 아들 아홉을 낳았다. 날마다 초씨대(焦氏臺)에서 낚시하고 돌아오면 몸이 젖고 차가웠다. 석씨가 그 연고를 묻자 대답하였다.

"나는 용이요. 요인(蓼人) 정상원(鄭祥遠)도 용인데, 나와 보전(寶殿)을 다투었소. 내일 의당 싸울 터이니 씩씩한 아홉 아들로 하여금 돕게 하시오. 나는 목에 붉은 비단을, 정상원은 목에 푸른 비단을 감고 있을 것이오."

과연 푸른 비단을 감은 용을 적중시켰는데, 아홉 아들은 모두 용으로 변하였다.[94]

호랑이가 젖먹인 아이
虎乳兒

『동사(東史)』에서 "견훤(甄萱)의 아버지 아자개(阿慈介)가 들에서 밭을 갈고 있을 때 어머니가 그에게 밥을 갖다주려고 견훤을 숲 아래에 내려두자 호랑이가 와서 젖을 먹였다"[95]라고 하니, 투곡오도(鬪穀於菟)와 서로 비슷하다.[96] 안록산(安祿山)이 태어나자 새와 짐승이 떨며 놀랐고 오손곤막(烏孫昆莫)이 버려지자 새가 고기를 먹이고 이리가 와서 젖을 먹

94) 「소령후묘비(昭靈侯廟碑)」의 내용을 압축 생략하여 인용했음.

95) 甄萱, **尙州加恩縣人也**. **本姓李**, **後以甄爲氏**. 父阿慈介, **以農自活**, **後起家爲將軍**. **初萱生孺褓時**, **父**耕**于**野, 母餉之, **以兒**置**于**林下, 虎來乳之.(『三國史記, 卷五十, 列傳十, 甄萱』) → 甄萱, 父阿慈介, 耕**於**野, 母餉之, 置林下, 虎來乳之.(『松南雜識』)

96) 『春秋左傳, 宣公四年』에 다음과 같은 기사가 있다.

약오(若敖)가 운(䢵)에 있으면서 장가를 가서 투백비(鬪伯比)를 낳았다. 약오가 죽은 뒤에 투백비는 그의 어머니와 운으로 가서 자랐는데 운자(䢵子)의 딸과 사통하여 자문(子文)을 낳았다. 운부인(䢵夫人)은 자문을 운몽택(雲夢澤)에 내다 버리게 했는데 호랑이가 그에게 젖을 먹였다. 운자가 사냥을 나갔다가 그 광경을 보고 놀라 자총지종을 묻고는 거두어들이니 이가 바로 투곡오도(鬪穀於菟)이다. 초나라 말로 젖을 '투곡(鬪穀)', 호랑이를 '오도(於菟)'라고 한다.

였다.

조서동혈
鳥鼠同穴

『이아(爾雅)』에서 "도(鵌)라는 이름의 새와 돌(鼵)이라는 이름의 쥐"[97)] 라고 하였는데, 서로 암수가 되어 함께 살기 때문에 『서경(書經), 우공(禹貢)』에서 조서산(鳥鼠山)이라는 산의 이름으로 삼았다. 또 청작산(靑雀山)이라고 하는 것은 새의 색이 다르기 때문이다.

『산해경(山海經)』에서 "삼위산(三危山)에 파랑새가 있으니 왕모(王母)를 위하여 음식을 취한다"[98)]라고 하였으니, 혹시 이것인가?

『후위사(後魏史)』에서 "북원(北苑)에서 흰 쥐를 잡아 갈라보니 뱃속에 든 새끼 세 마리가 모두 흰 색이었다"[99)]라고 하니 역시 기이하다.

두 마리가 눈과 날개를 나란히 함
比目兼翼

『이아』에서 "동해에 '접(鰈)'이라는 물고기가 있다. 두 마리가 눈을 나란히 하지 않으면 갈 수가 없다"[100)]라고 하니, 지금의 개좌어(魪佐魚)가 이것이다. 남해에 '겸(鶼)'이라는 새가 있다. 겸은 두 마리가 날개를 나란

---

97) **其**鳥**爲**鵌, **其**鼠**爲**鼵.(『爾雅注疏, 卷十, 釋鳥第十七, 鳥鼠同穴』)→鳥**名**鵌, 鼠**名**鼵.(『松南雜識』)

98) **又**三危山有青鳥, **居之**, 爲王母取食**者**. 山海經.(『韻府羣玉, 三危』)→山海經**云**, 三危山有青鳥, 爲王母取食.(『松南雜識』)

99) **三年春**, **於**北苑, 獲白鼠**一**, **尋死**割之, 腹中**有**三子, 盡白.(『魏書, 卷一百一十二上, 志, 第十七, 靈徵, 八上』)→北苑, 獲白鼠, **剖**之, 腹中三子, 盡白.(『松南雜識』)

100) 『이아』에는 없는 내용으로 『한시외전(韓詩外傳)』의 착오인 듯하다.

히 하지 않으면 날 수 없다. 서방에 비견국(比肩國)이라는 나라의 사람들이 있으니 두 사람이 어깨를 나란히 하지 않으면 걸을 수 없다. 북방에 '공(蛩)'이라는 짐승이 있다. 공은 거허(駏驉)[101]이다. 또 '궐(蟨)'이라는 짐승이 있으니 감초(甘草)를 얻으면 반드시 씹어서 두 짐승에게 준다. 두 짐승은 사람이 오는 것을 보면 궐을 업고 달리는데 궐은 업히지 않으면 가지 못한다. 중국에 기사(歧蛇)가 있으니, 대개 손숙오(孫叔敖)가 죽인 머리 둘 달린 뱀인듯하다.[102] 또 '만(蠻)'은 운서(韻書)에서 '겸(鶼)'이라고 하였다. 오리같이 생겼는데 날개가 하나에 눈이 하나이기에 두 마리가 만나야 날 수 있다. 불경에 공명조(共命鳥)가 있으니 머리가 둘에 몸이 하나다.

두보의 시에서,

연꽃에서 공명조 같이 울고	蓮花交響共命鳥
금방으로 삼족오 쌍쌍이 돌아온다.[103]	金榜雙廻三足烏[104]

라고 하였다.

---

101) 거허(駏驉) : 노새와 같은 짐승. 짐을 실을 수 있다.

102) 손숙오(孫叔敖)는 춘추 시대 초(楚)나라의 명망 높은 관리이다. 손숙오가 어릴 적에 밖에 나가 놀다가 한번 본 사람은 틀림없이 죽는다는 머리가 두 개인 양두사(兩頭蛇)를 보고, 자기는 이미 보았으므로 어쩔 수 없이 죽더라도 또 다른 사람이 보지 않게 하자는 생각에서 양두사를 죽여서 땅에 파묻었다고 함. 장성한 뒤에 어진 관리가 되었음.(『世說新語, 德行』)

103) 사액(寺額) 금방(金榜)의 큰 글자가 마치 삼족오가 쌍쌍이 날아 돌아오는 듯한 기세라는 의미.

104) 「악록산도림이사행(岳麓山道林二寺行)」.

벌레가 새로 변함
虫化鳥

『장자』에서 “호랑나비는 순식간에 벌레가 되어 부뚜막 아래에서 사는데 그 모양은 허물을 벗은 것 같으니 구철(鴝掇)이라고 한다. 구철은 천일이 지나면 새가 된다”[105]라고 하였으니 물화(物化)의 무상함을 말한 것이다.

『시경(詩經)』에서,

처음에 저 도충(桃蟲 : 뱁새)으로 믿었더니	肇允彼桃蟲
훨훨 날아가니 큰 새로다	拚飛維鳥[106]

라고 하였고, 『박물지(博物志)』에서 “흰개미가 죽계(竹鷄)[107] 소리를 들으면 변하여 물이 된다”[108]라고 하였다.

말이 사람을 낳다
馬生人

『산해경(山海經)』에서 “황제(黃帝)의 아들 낙명(駱明)이 흰말을 낳으니 이가 곤(鯤)이다”[109]라고 하였다. 곤이 또 우연(羽淵)에 들어가 세 발 자라가 되었다.

『풍속통(風俗通)』에서 “한나라 영제(靈帝) 때, 말을 기르는 오랑캐 종이

---

105) **胡蝶胥也化而爲**蟲, 生於竈下, 其狀若脫, 其名鴝掇, **鴝掇千**日爲鳥.(『莊子, 至樂』) →蟲生於竈下, 其狀若脫, 名爲鴝掇, **十**日爲鳥.(『松南雜識』)

106) 『詩經, 周頌, 小毖』.

107) 죽계(竹鷄) : 새 이름.

108) 白蟻聞竹雞**之**聲, **化**爲水.(『續博物志, 卷二』) → 白蟻聞竹雞聲, 爲水.(『松南雜識』)

109) 黃帝生**駱明**, 駱明生白馬, **白馬**是鯤.(『山海經, 海內經』) → 黃帝**子**駱明生白馬, 是**爲**鯤.(『松南雜識』)

말과 교합(校合)하여 자식을 낳았다"[110]라고 하였다.

당나라 건부(乾符)[111] 2년(875) 하북(河北)에서 말이 사람을 낳았다. 경방(京房)이 "위에 천자(天子)가 없고 제후가 서로 정벌해서 생긴 요망함이다"[112]라고 하였다.

『후한서(後漢書)』에서 "사도장사(司徒長史) 풍순(馮巡)의 말이 사람을 낳았다"[113]라고 하였다. 또 유새(游璽)가 여우의 지아비가 되어 '여의군(如意君)'이라고 불렸으니 역시 괴이하다.

지봉(芝峯) 이수광(李睟光)이 "지난해 듣자하니 달단(韃靼)[114]의 병사가 암나귀와 교합하였다고 한다"[115]라고 말하였다. 세간에서 전하는 말로는 당창(唐瘡)[116]은 사람이 나귀와 교합한 데서 처음 발생하였다고 한다.

벌레가 말비름을 낳다
程生馬

지봉(芝峯) 이수광(李睟光)이 "정(程)이 마(馬)를 낳고 마(馬)가 인(人)을 낳고 인(人)은 또 반대로 기(機)로 들어간다고 하였는데, 임희일(林希逸)의 『장자구의(莊子口義)』에서 '정(程)은 벌레이고 마(馬)는 풀 이름이니 지금의 말비름이다. 인(人)도 풀이름이니 지금의 인삼(人蔘)이다'라고 하였으니, 살펴보건대 소설에서 진(秦)나라 사람들은 표범을 '정(程)'이라고 하였다"[117]라고 하니, 먹는데 한정이 있다는 의미이다.

---

110) 『풍속통』에 없는 내용임.
111) 건부(乾符) : 당나라 희종(僖宗)의 연호. 874~879년.
112) 京房**曰**, 上無天子, 諸侯相伐, **民流, 百姓勞, 厥妖馬生人**.(『唐開元占經, 馬生人』) →京房**云**, 上無天子, 諸侯相伐**之妖**.(『松南雜識』)
113) 『後漢書, 五行志, 第十七, 五行, 五』.
114) 달단(韃靼) : 타타르.
115) 聞頃年㺚兵與牝驢交合.(『芝峯類說, 卷一, 災異部, 災眚』)
116) 당창(唐瘡) : 매독(梅毒).
117) **莊子曰**, 程生馬, 馬生人, 人又反入於機. 口義曰, 程蟲也. 馬草名, **如**今馬齒**莧**, 人

또 전국 시대 송나라 강왕(康王) 때 참새가 뱁새를 낳았고 강희제(康熙帝) 때 소·돼지가 기린을 낳으니, 또한 세상에 드문 일이다.

사람이 개를 낳다
人生犬

『산해경(山海經)』에서 "황제(黃帝)의 후손 백(白)이 개를 낳았는데 사람의 얼굴에 몸은 짐승이다"[118]라고 하였다. 그들이 견융(犬戎)의 조상이다. 또 반호(盤瓠)의 태생이 오랑캐(蠻)가 되었다. 흰 이리의 태생이 돌궐(突厥)이 되었고 푸른 사슴의 태생이 몽고가 되었다. 또 탕창강(宕昌羌)은 원숭이의 후예라고 자칭하였다. 촉(蜀)나라의 양(楊)씨 성을 쓰는 사람들은 모두 원숭이의 자손이다. 민(閩)족은 본래 뱀이 변한 것이다. 그래서 '虫' 자를 따른다.

『북사(北史)』에서 "선우(單于)의 두 딸이 아름답기에 대(臺)에 살게 하였는데 어떤 늙은 이리가 그녀들을 지켰기에 이리의 아내가 되었으니 바로 고차국(高車國)의 시조이다"[119]라고 하였다.

亦草名, **如**今**所謂**人**蔘云**. **余**按小說, **以爲**秦人謂豹曰程.(『芝峯類說, 卷六, 經書部二, 諸子』)→程生馬, 馬生人, 人又反入於機, 口義曰, 程蟲也. 馬草名, 今馬齒**莧**, 人亦草名, 今人**蓰**. 按小說, 秦人謂豹曰程.(『松南雜識』)

118) 『산해경』에 없는 내용임.

119) 單于二女**甚**美, 置**高**臺**上**, 有老狼守**臺**, **遂**爲狼妻**産子**, **後**, **遂爲**高車國. 北史.(『韻府羣玉, 女配狼』)→北史, 單于二女美, 置臺, 有老狼守, 爲狼妻, **卽**高車國**之始**.(『松南雜識』)

시두가 밤에 날아 다님
尸頭夜飛

『신당서(新唐書), 남만전(南蠻傳)』에서 “비두료(飛頭獠)의 머리가 날아가려고 하는데 목 주위에 실 같은 흔적이 있었다. 아내와 자식이 함께 지켰는데 밤에 병을 앓는 것 같더니 머리가 홀연히 사라졌다가 아침에 돌아왔다”[120]라고 하였다.

지봉(芝峯) 이수광(李睟光)이 “임읍(林邑)에 시두만(尸頭蠻)이라는 사람이 있으니 부인이다. 밤에 머리가 남의 집으로 날아 들어가 아기의 오물을 먹고 돌아와서 몸과 합하면 이전처럼 되살아난다. 만약 그 몸을 잃고 합쳐지지 못하면 바로 죽는다”[121]라고 말하였다.

머리를 잘라도 다시 살아남
斬頭更生

지봉 이수광이 말하였다.

해남에 자라같이 생긴 물고기가 있는데 그 머리를 잘라서 말리고 그 이를 쳐서 없애도 다시 살아나니, 또한 악어(鰐魚)이다. 의방(醫方)에서 “물거머리를 불에 건조시켜도 물이 섞이면 또 살아난다”라고 하였으니 대개 기이한 종이다.[122]

---

120) **有**飛頭獠者, 頭欲飛, 周項有痕如縷, 妻子共守之, 及夜, 如病, 頭忽亡, 比**旦**還.(『唐書, 卷二百二十二下, 列傳, 第一百四十七下, 南蠻』)→飛頭獠者, 頭欲飛, 周項有痕如縷, 妻子共守之, 及夜, 如病, 頭忽亡, 比**朝**還.(『松南雜識』)

121) **占城古**林邑, …… 有尸頭蠻者, 婦人也. 夜飛頭入人家, 食小兒穢氣, 頭返合體**如**故, 失其體不得合卽死.(『芝峯類說, 卷二, 諸國部, 外國』)→林邑, 有尸頭蠻者, 婦人也. 夜飛頭入人家, 食小兒穢氣, 頭返合體, 故失其體不得合卽死.(『松南雜識』)

122) **又**海南有魚**如**鼈, 斬其首乾之, 椓去其齒而更生, 亦鰐魚也. **宛委餘編曰**, **風母如猿**, **打殺遇風卽活**. 醫方曰, 水蛭火乾經**年**, **得**水亦活**云**, 蓋異種也.(『芝峯類說, 卷一, 災

머리를 잘라도 피가 나지 않음
斬頭無血

『진서(晉書), 석계룡전(石季龍傳)』에서 “안정(安定) 사람 후자광(侯子光)이 불태자(佛太子)로 칭하면서 대진국(大秦國)에서 왔는데 뒤에 대황제로 자칭하였다. 그의 목을 베었는데도 목에서 피가 나지 않았고 면목이 살았을 때와 다르지 않았다”[123]라고 하였다.

진(晉)나라 중 구마라십(鳩摩羅什)이 제자로 하여금 주문을 외우고 시체를 태우게 하였는데 오직 혀만은 데지도 않았다.

신라의 역사에서 말하였다.

> 법흥왕이 불교를 진흥시키려 하자, 모두 찬성하지 않았지만 이차돈(異次頓)만 홀로 “부처는 믿지 않아서는 안됩니다”라고 말하였다. 왕이 그를 주살하려고 하자 이차돈이 죽음에 임박하여 말하였다.
>
> “나는 불법을 위하여 형벌을 받으니 만약 영혼이 있다면 내가 죽고 나서 기이한 일이 일어날 것이다”
>
> 참살을 하니 목이 잘린 곳에서 우유처럼 흰색의 피가 용솟음쳤다.[124]

조선의 점필재(佔畢齋) 김종직(金宗直)이 죽고 나서 40여 년이 지난 후

異部, 物異』)→海南有魚鼈, 斬其頭乾之, 椓去其齒而更生, 亦鰐魚也. 醫方曰, 水蛭火乾, 經水亦活, 蓋異種也.(『松南雜識』)

123) 『晉書, 卷一百六, 載記, 第六, 石季龍, 上』의 내용을 압축 생략하여 인용했음.

124) 王**亦**欲興佛教, **群臣不信, 喋喋騰口舌, 王難之. 近臣異次頓奏曰 請斬小臣, 以定衆議. 王曰, 本欲興道, 而殺不辜, 非也 答曰 若道之得行, 臣雖死, 無憾. 王於是召群臣問之. 僉曰, 今見僧徒, 童頭異服, 議論奇詭, 而非常道. 今若縱之, 恐有後悔, 臣等雖卽重罪, 不敢奉詔**. 異次頓獨曰, **今群臣之言, 非也. 夫有非常之人, 後有非常之事. 今聞佛教淵奧, 恐**不可不信. 王**曰, 衆人之言, 牢不可破. 汝獨異言, 不能兩從. 遂下吏, 將**誅之. 異次頓臨死曰, 我爲法就刑, **佛**若有**神**, **吾**死必有異**事**. 及斬**之**, 血從斷處湧, 色白如乳.(『三國史記, 新羅本紀四, 法興王, 十五年』)→**法興**王欲興佛教, **咸曰不可**, 異次頓獨曰, **佛**不可不信. 王誅之. 異次頓臨死曰, 我爲法就刑, 若有**靈**, **我**死必有異. 及斬, 血從斷處湧, 色白如乳.(『松南雜識』)

에 부관참시(剖棺斬屍)를 하니 선혈(鮮血)이 있었다.

망상괴물
罔象怪物

『박물지(博物志)』에서 "수석(水石)의 괴물은 '용망상(龍罔象)'이고 나무의 괴물은 '기망량(夔魍魎)'이고 땅의 괴물은 '분양(羵羊)'이고 불의 괴물은 '송무기(宋無忌)'이다"[125]라고 하였다. 살펴보건대 분양(羵羊)은 바로 운(蝹)이니 『국어(國語)』의 주석에서 "암수를 이루지 못함을 이른다"라고 하였다. 기망량(夔魍魎)은 바로 '도깨비(獨脚鬼)'이고 송무기(宋無忌)는 바로 우리나라에서 이른바 불가사리이다.

날짐승으로 변하고 물짐승으로 변함
羽化鱗化

지봉 이수광이 말하였다.

곤충이 날짐승으로 변하지 않음이 없다는 것은 진실이다. 날짐승이 비늘 있는 동물로 변하고 비늘 있는 동물이 고라니·사슴으로 변하는 것은 어떤 이치인가? 두더지가 세가락메추라기로 변하고 개구리가 메추라기나 게로 변하고 잉어나 다랑어가 용으로 변하고 닭이 뱀으로 변하며 참새가 대합으로 변하고 꿩이 대합으로 변하며 두꺼비가 복어로 변하니 괴이하다. 사람도 변화하는 경우가 있어서 호랑이·소·노루·물고기·자라·새가 된다. 또 고사리와 당귀는 식물

125) 水之怪**爲**龍罔象, 木**石之**怪**爲躨魍魎**, 土**之**怪**爲墳**羊, 火**之**怪**爲**宋無忌.(『博物志, 卷九, 雜說上』) → 水**石**之怪龍罔象, 木怪**夔罔兩**, 土怪**羵**羊, 火怪宋無忌.(『松南雜識』)

인데도 뱀이 되니 더욱 알 수 없다.[126]

『신이기(神異記)』에서 "무창(武昌)의 정부(貞婦)가 망부석(望夫石)으로 변하였다"[127]라고 하였고 장시랑(張侍郎)이 호랑이를 회초리질 하자 호랑이가 돌이 되었으며 황초평(黃初平)이 화산(華山)의 바위를 꾸짖자 돌이 양이 되었다.

『화양국지(華陽國志), 촉지(蜀志)』[128]에서 "청령현(蜻蛉縣)에 돌 돼지가 있는데 새끼와 어미가 수천 두이다. 전하는 말로는 오랑캐가 옛날 이곳에서 돼지를 길렀는데 하루아침에 돼지가 돌이 되었다고 한다"[129]라고 하였다.

『백씨공첩(白氏孔帖)』에서 "회흘(回紇)[130]의 강간하(康干河)에 솔가지를 잘라 던져 넣어두면 3년 만에 돌이 된다"[131]라고 하였다. 초선(焦先)은 돌을 구워먹었는데 맛이 토란 같았으니, 동선(童瑄) 시의 주석에서, "중이 돌을 모아두고 불경을 강(講)하니 돌이 모두 고개를 끄덕인다[聚石講經文石頭]"[132]라고 하였다.

---

126) 昆蟲無不羽化, 固也. 羽蟲而化鱗物, 鱗物而化麋鹿, 何理也. 田鼠爲鴽, 蝦蟆爲鶉爲**蟹**, 鯉鮪爲龍, 雞爲蛇, 雀爲蛤, 雉爲蜃, 蛇爲雉, 蟾蜍爲河豚, 怪矣. 人有化爲虎爲牛爲獐爲魚鼈禽鳥, **亦何理耶**. 蕨與當歸, 乃植物而**亦變**爲蛇, **此理之**尤不可知**者**.(『芝峯類說, 卷一, 災異部, 物異』)→昆虫無不羽化, 固也. 羽虫而化鱗物, 鱗物而化麋鹿, 何理也. 田鼠爲鴽, 蝦蟆爲鶉爲**鮮**, 鯉鮪爲龍, 雞爲蛇, 雀爲蛤, 雉爲蜃, 蟾蜍爲河豚, 怪矣. 人有化爲虎爲牛爲獐爲魚鼈禽鳥, **又**蕨與當歸, 乃植物而爲蛇, 尤不可知**也**.(『松南雜識』)

127) 武昌**山北**一貞婦, **送其夫從役**, **至此山**, **立望其夫**, **死**化爲石. 神異.(『韻府羣玉, 望夫石』)→神異**記**, 武昌貞婦, 化爲**望夫**石.(『松南雜識』)

128) 화양국지(華陽國志) : 진(晉)나라 상거(常璩)가 편찬한 책.

129) 蜻蛉縣, **有長谷**, **石時坪中**, **有**石豬子母數千頭, **長老**傳言, 夷昔牧豬**於**此, 一朝豬**化**爲石.(『華陽國志, 卷三, 蜀志』)→蜻蛉縣, 石豬子母數千頭, 傳言夷昔牧豬**于**此, 一朝豬爲石.(『松南雜識』)

130) 회흘(回紇) : 위구르

131) 回紇**拔野古有川**, **曰**康干河, 斷松投之, 三年**輒化**爲石, **色蒼緻然節理猶在世**, **謂康干石者**.(『白孔六帖, 卷一百, 松栢, 化石』)→回紇, 康干河, 斷松**枝**投之, 三年爲石.(『松南雜識』)

『춘추좌전』에 “돌이 진(晉)에서 말을 하였다”[133]라는 기록이 있고, 『오대사(五代史)』에는 “돌이 동쪽으로 가지 말라고 말하였다”[134]라는 기록이 있으니 사물에게 지각이 있다고 말할 수도 없고, 사물에게 지각이 없다고 말할 수도 없다.

뿔로 듣고 쇠로 배를 불림
角聽鐵飽

지봉 이수광이 말하였다.

용은 뿔로 들으니 진짜 귀머거리가 아니다. 이는 뿔로 귀를 삼는 것이다. 소는 코로 들으니 귀가 없는 것이 아니다. 이는 코로 귀를 삼는 것이다. 용은 날개가 없어도 난다. 이는 날개 아닌 것으로 날개를 삼는 것이다. 뱀은 발이 없어도 간다. 이는 발이 없는 것으로 발을 삼는 것이다.[135]

『비아(埤雅)』에서 말하였다.

“말똥구리는 코가 없어도 냄새를 맡는다”라고 하였으니, 이는 코가 없는 것으로 코를 삼는 것이다. “호랑이는 개를 먹으면 취한

---

132) 동선(童瑄)의 「증청빈상인(贈靑貧上人)」에 나오는 구절임.
*『松南雜識』에는 ‘蘇軾’으로 오기되어 있음.

133) 石言于晉.(『春秋左傳注疏, 卷四十四, 昭公八年』)

134) 石**言於陜**, **若**言勿東者.(『晉書, 卷一百三, 載記弟三, 劉曜』)→石言勿東者.(『松南雜識』)

135) 龍聽以角, 非眞聾也, 是以角爲耳者也. 牛聽以鼻, 非無耳也, 是以鼻爲耳者也. 龍不翼而飛, 是以不翼爲翼也. 蛇無足而行, 是以無足爲足也.(『芝峯類說, 卷一, 災異部, 物異』)→龍聽以角, 非眞聾也, 是以角爲耳者也. 牛聽以鼻, 非無耳也, 是以鼻爲耳者也. 龍不翼而飛, 是以不翼爲翼也. 蛇無足而行, 是以無足爲足也.(『松南雜識』)

다"[136]라고 하였으니, 이는 개를 술로 삼는 것이다. "고양이는 박하를 먹으면 취한다"[137]라고 하였으니, 이는 박하로 술을 삼는 것이다. "맥(貘)은 구리와 쇠를 먹으면 배가 부르다"라고 하였으니, 이는 구리와 쇠를 음식으로 삼는 것이다.[138]

또 『유양잡조(酉陽雜俎)』에서 "먹기만 하고 마시지 않는 것은 누에다"[139]라고 하였고, 『대대례기(大戴禮記)』에서 "마시기만 하고 먹지 않는 것은 매미다"[140]라고 하였다. 그러므로 모양은 하나의 형체로 추구할 수 없고 이치는 하나의 예로 추단할 수 없다.[141]

초목의 암과 수
草木雌雄

지봉 이수광이 "초목은 무정물(無情物)이지만 하수오(何首烏)[142]나 석남(石楠)[143]은 암수가 교감을 한다. 짐승은 짝을 짓게 마련이지만 영리

---

136) 虎食狗**則**醉.(『埤雅, 釋獸, 虎』)→虎食狗**而**醉.(『松南雜識』)
137) 貓食薄荷**則**醉.(『埤雅, 釋獸, 虎』)→貓食薄荷**而**醉.(『松南雜識』)
138) 『埤雅, 釋獸, 貘』의 내용을 축약했음.
139) 食而不飮者蠶.(『酉陽雜俎, 卷十六, 廣動植之一』)→食而不飮者, 蠶**也**.(『松南雜識』)
140) 蟬飮而不食.(『大戴禮記, 卷十三一, 易本命』)→飮而不食者, 蟬也.(『松南雜識』)
141) 龍聽以角, 非眞聾也, 是以角爲耳者也, 牛聽以鼻, 非無耳也, 是以鼻爲耳者也, 龍不翼而飛, 是以不翼爲翼也, 蛇無足而行, 是以無足爲足也, 猫食薄荷而醉. 是以薄荷爲酒者也, 貘食銅鐵而飽. 是以銅鐵爲食者也. 故形不可一體而求. 理不可一例而推.(『芝峯類說, 卷一, 災異部, 物異』)→龍聽以角, 非眞聾也, 是以角爲耳者也, 牛聽以鼻, 非無耳也, 是以鼻爲耳者也, 龍不翼而飛, 是以不翼爲翼也, 蛇無足而行, 是以無足爲足也, **埤雅**, **蛣蜣無鼻而聞香**, **是以無鼻爲鼻也**, **虎食狗而醉**, **是以狗爲酒者也**, 貓食薄荷而醉. 貘食銅鐵而飽. 是以銅鐵爲食者也. **又酉陽曰**, **食而不飮者**, **蠶也**, **大戴禮曰**, **飮而不食者**, **蟬也**, 故形不可一體而求. 理不可一例而推**也**.(『松南雜識』)
142) 하수오(何首烏) : 여뀟과의 여러해살이풀. 뿌리줄기는 땅속으로 뻗으며, 잎은 어긋나고 달걀 모양 또는 심장 모양이다. 뿌리는 강장제로 쓰고 잎은 나물로 먹는다.
143) 석남(石南) : 석남과의 상록 관목. 잎은 어긋나고 긴 타원형의 선 모양으로 뒷면에 흰

(靈狸)는 혼자서 암수가 된다. 또 '유(類)'도 혼자서 암수가 되니 대개 이상한 동물이다"[144]라고 말하였다. 살펴보건대 대나무와 모시 중에도 '자죽(雌竹)'이나 '모시(牡枲)'[145]라는 이름이 있다. 또 은행은 서로 마주 보아야 열매가 맺는다는 말이 있다.

육전(陸佃)[146]이 "비둘기는 천성적으로 교합을 좋아한다. 모든 새는 수컷이 암컷을 올라타는데, 비둘기만은 암컷이 수컷을 올라타서 달마다 알을 낳는다"[147]라고 하였다.

『비아(埤雅)』에서 "지렁이는 땅의 정기이다. 심장이 없는 곤충인데, 귀뚜라미와 교합한다"[148]라고 하였으니 역시 이상하다.

세 가지 알지 못할 일
三不知

세상에 다음과 같은 말이 전한다.

문학과 예법(禮法)은 군자가 되는 것인데 심확(沈確)은 그 때문에 주살되었다. 음식과 빈객(賓客)은 잔치를 벌려 즐기는 것인데 이춘제(李春躋)는 잔치를 베풀었다가 많은 사람들을 죽였다.[149] 남녀(男女)에게는 인간

가루가 덮여 있다. 고산 식물로서 관상용으로 재배한다.

144) 草木無情而何首烏石楠有雌雄之感, 禽獸有偶而靈狸自爲牝牡, 蓋物異也.(『芝峯類說, 卷一, 災異部, 物異』)→草木無情而何首烏石楠有雌雄之感, 禽獸有偶而靈狸自爲牝牡, **又類自爲雌雄**, 蓋物異也.(『松南雜識』)

145) '자(雌)'는 암컷이라는 의미이고 '모(牡)'는 수컷이라는 의미이다.

146) 육전(陸佃) : 송나라의 학자. 자는 농사(農師). 월주(越州) 산음(山陰) 출신. 왕안석(王安石)에게 경전을 배웠다. 『비아(埤雅)』를 편찬했음.

147) **今**鴿喜合, 凡鳥皆雄乘雌**鳴**, **此鳥**, 雌乘雄, **又雀四時有子**, **鴿**逐月有子.(『埤雅, 釋鳥, 雀』)→鴿**喜性**喜合, 凡鳥皆雄乘雌, **惟鴿**, 雌乘雄, 逐月有子.(『松南雜識』)

148) **舊說**, 蚯蚓土精, 無心之蟲, 與**蛗**螽交, **有一種白項**, **是其老者也**.(『雅卷, 釋蟲, 蚯蚓』)→蚯蚓土精, 無心之蟲, 與蛗螽交.(『松南雜識』)

149) 이춘제(李春躋)는 아들의 관례(冠禮)에 성대한 잔치를 벌이고 공경대신들을 청했다. 그런데 많은 사람들이 식중독으로 죽거나 병들었다. 이에 이춘제의 처벌을 강력하게

의 커다란 본능이 존재하는데 김치일(金致一)[150]의 아내는 남편과 교합하지 못하니, 이것을 세 가지 알지 못할 일이라고 한다.

개미의 싸움, 새의 싸움
蟻鬪鳥戰

『고려사』에 의하면, 공민왕(恭愍王) 때에 붉은 개미와 검은 개미가 서로 싸우더니[151] 다음 해에 홍건적(紅巾賊)이 침입하였다.

야사에 의하면 만력(萬曆) 신묘년(1591)에 까마귀가 서로 싸우더니 왜구가 침입하였고 동치(同治)[152] 임술년(1862) 10월에 파란 새와 노란 새 두 마리가 새들을 이끌고 기장(機張)과 장기(長鬐) 들판에서 10여 일 싸우니 '조전(鳥戰)'이라고 하였다. 또 소리개가 하회(河回)에서 싸웠다고 한다.

호랑이 무늬에 뱀의 몸
虎文蛇身

『산해경』에서 "교(蟜)는 사람의 몸에 호랑이 무늬가 있으며 종아리에는 장딴지가 있으니 궁기(窮奇) 동쪽에 있다"[153]라고 하였는데, 그 주석에 "膂의 음은 기이니 장딴지이다"라고 하였다. "공공(共工)의 신하의 이

요청한 바 포청(捕廳)에서 도둑을 다스리는 형벌을 혹독하게 시행하여 그를 죽였다. 『조선왕조실록』 영조 52년(1776).

150) 김치일(金致一) : 조선 순조 때의 문신(1757~?). 본관은 시흥(始興). 자는 사정(士精). 장령(掌令)을 역임했다.

151) 恭愍王**八年五月丁酉**, 赤黑**群**蟻相**戰**.(『高麗史, 卷五十五, 志第六, 五行三, 土』)→恭愍王**時**, 赤黑蟻相**鬪**.(『松南雜識』)

152) 동치(同治) : 청나라 목종 때의 연호(1862~1874).

153) 蟜其爲人虎文, 脛有膂在窮奇東.(『山海經, 卷十二, 海內北經』)

름은 상요(相繇)이니 머리가 아홉에 뱀의 몸을 하고 있으며 스스로 똬리를 틀 수 있다. 아홉 개 산의 음식물을 먹어치우며, 이 놈이 게워놓거나 서식하는 곳은 못이 된다"라고 하였는데, 그 주석에서 "오(歍)는 토하는 것이니 분질(噴叱)과 같다. '니(尼)'는 그침이다"[154]라고 하였다.

많이 자는 사람들과 자지 않는 사람들
多眠不眠

『열자(列子)』에서 말하였다.

서쪽 끝에는 고망국(古莽國)이 있는데 그 백성들은 먹지도 않고 입지도 않고 잠을 많이 자서 50일 만에 한번 깨어난다. 동쪽 끝에는 부락국(阜落國)이 있는데 그 백성들이 항상 깨어있고 잠을 자지 않는다.[155]

154) 共工臣名曰相繇, 九首蛇身自環, 食**于**九土, 其所歍所尼, 〈歍嘔, 猶噴**吒**, 尼止也.〉 卽爲源澤.(『山海經, 卷十七, 大荒北經』) → 共工臣名曰相繇, 九首蛇身自環, 食**於**九土, 其所歍所尼, 卽爲源澤. **註**, 歍嘔, 猶噴**叱**, 尼止也.(『松南雜識』)

155) 西極**之南隅有國焉**, **不知境界之所接**, **名**古莽**之**國, **陰陽之氣所不交**, **故寒暑亡辨**, **日月之光所不照**, **故晝夜亡辨**, 其民不食不衣而多眠, 五旬一覺, …… 東極**之北隅有國**, **曰**阜落**之**國, **其土氣常燠**, **日月餘光之照**, **其土不生嘉苗**, 其民**食草根木實**, **不知火食**, **性剛悍**, **彊弱相藉**, **貴勝而不尙義**, **多馳步少休息**, 常覺而不眠.(『列子, 卷三, 周穆王第三』) → 列子**周穆王篇**, 西極古莽國, 其民不食不衣而多眠, 五旬一覺, 東極阜落國, 其民常覺而不眠.(『康熙字典, 眠』) → 列子**曰**, 西極古莽國, 其民不食不衣而多眠, 五旬一覺, 東極阜落國, 其民常覺而不眠.(『松南雜識』)

입이 없고 혀가 없음
無口無舌

『산해경』에서 "환양(䍺羊)은 입이 없다"[156]라고 하였다. 활수(猾獸)는 뼈가 없고 자어(鮓魚)는 눈이 없고 보조(鴇鳥)는 혀가 없으니 또한 괴이한 동물이다.

선학은 새끼를 포태하고 두꺼비는 새끼를 토해 냄
鶴胎蟾吐

지봉 이수광이 말하였다.

> 벌레나 새는 난생(卵生)인데 노자(鸕鷀)는 새끼를 토해내고 선학(仙鶴)은 태생(胎生)이다. 내가 목도한 바로는 두꺼비도 새끼를 토해낸다. 운서에서 물고기는 모두 난생인데 문절망둑 중에 태생이 있고 숭어 중에는 새끼를 배는 것이 있다. 또 토끼는 새끼를 토해 낸다. 사람 중에서도 난생이 있으니 서국(徐國)의 언왕(偃王)이나 신라의 시조와 석탈해(昔脫解)와 수로왕(首露王)이 그렇다.[157]

『전등록(傳燈錄)』에서 "석가모니의 어머니는 두 아들을 낳으니 한 명은 석가모니이고 한 명은 추니(芻尼)이다"라고 하였는데, 그 주석에서 "추니는 들까치이다"[158]라고 하였다.

---

156) **其狀如**羊**而**無口, **不可殺也**, **其名曰**䍺.(『山海經, 南山經』) → 䍺羊無口.(『松南雜識』)
157) 蟲鳥卵生而鸕鷀吐子, 仙鶴**化**胎, 余所目見, 則蟾蜍亦吐子矣. 人亦有卵生者, 徐偃王**與**新羅始祖, 是也.(『芝峯類說, 卷一, 災異部, 物異』) → 虫鳥卵生, 而鸕鷀吐子, 仙鶴**産**胎, 余所目見, 則蟾蜍亦吐子矣. **韻書曰**, **魚皆卵生**, **而鯊有胎生**, **鮒有腹子**, **又兎則吐子**, 人亦有卵生者, 徐偃王新羅始祖**及昔脫解首露王**, 是也.(『松南雜識』)
158) **二十一**祖**婆修盤頭**, **其**母, **初夢**, **呑明暗二珠**, **有孕**, **有一羅漢曰**, **汝當**生二子, 一郎

옆구리나 겨드랑이를 가르고 태어남
剖脇破腋

「초세가(楚世家)」에서 "육종(陸終)이 귀방국(鬼方國)의 임금 누이인 여빈(女嬇)에게 장가들었다. 여빈은 잉태를 하고도 생육을 하지 못했는데, 태아가 3년 만에 어머니의 왼쪽 옆구리를 열고 세 사람이 태어났고 오른쪽 옆구리에서 세 사람이 태어났다"[159]라고 하니 미씨(芈氏)의 시조이다.

우(禹)는 어머니의 등을 가르고 태어났고 팽조(彭祖)는 어머니의 옆구리를 가르고 태어났다. 노자는 어머니의 왼쪽 겨드랑이를 가르고 태어났고 석가는 어머니의 오른쪽 겨드랑이를 뚫고 태어나니 역시 기이하다.

문모조와 문합과
鳥蚊果蛤

지봉 이수광이 말하였다.

만물이 화생(化生)하는 것은 이치이니, 심지어 새 중에도 문모(蚊母)[160]가 있고 풀 중에도 문모(蚊母)·맹모(蝱母)[161]가 있으며, 과일 중에도 문합(蚊蛤)[162]이 있다. 이는 이치 밖의 이치이다. 세상 사람들은 견문에 국

祖**師**, 一**卽**芻尼, ……芻尼野鵲子.(『類說, 卷二十, 傳燈錄, 夢吞二珠』) → **佛**祖母生二子, 一**則佛**祖, 一**則**芻尼, **註**, 芻尼野鵲子.(『松南雜識』)

159) 陸終娶鬼方國君**之**妹, 謂之女嬇, 孕而不育, 三年啓其母左脅, 三人出, 右脅三人出.(『古今事文類聚, 後集, 卷五, 人倫部, 一産六子』) → **楚世家云**, 陸終娶鬼方國君妹, 謂之女嬇, 孕而不育, 三年啓母左脅, 出三人, 右脅出三人.(『松南雜識』)

160) 문모(蚊母): 문모조. 쏙독새. 낮에는 숨어 있고 밤에 활동함. 모기를 잡아먹는데 옛날에는 모기를 토해내는 것으로 잘못 알았기에 이런 이름이 붙었음.

161) 맹모(蝱母): 맹모초. 이 풀의 진액 속의 벌레가 모기로 변한다고 함.

162) 문합(蚊蛤): 이 나무의 과일이 익으면 그 속에서 모기가 나온다는 전설이 있음.

한되어 작은 지혜로 천하의 이치를 궁구하고자 하니 어떻게 가능하겠는가?[163)]

또 소의 뱃속에 벌집(蜂窠)이 있으니 역시 기이하다.

두꺼비는 뱀에게 잡아 먹혀서 번식함
蟾寄蛇生

두꺼비가 뱀에게 잡아먹히거든 뱀도 죽고 그 뼈마디에서 두꺼비가 생긴다. 나나니벌이 명령(螟蛉)의 새끼를 업어 가는데 명령이 자라면 그 모양이 나나니벌을 닮으니 이 이치를 추측할 수 없다. 승려 원택(圓澤)이 임부(妊婦)에게 몸을 의탁한 일[164)]이나 유섬해(劉蟾海)가 남방(藍方)에게 성태(聖胎)[165)]를 물은 일[166)]이나 양호(羊祜)가 금가락지를 찾은 일[167)]과 왕수인(王守仁)이 문을 연 일[168)] 등도 이치로 미루어 알 수 없다.

---

163) 物之化生, 理也. 至如鳥有蚊母, 草有蚊母**虻**母, 果有蚊蛤, 此則理外之理也. 世人局於見聞, 以其小知而欲窮天下之理, 烏可哉.(『芝峯類說, 卷一, 災異部, 物異』)→物之化生, 理也. 至如鳥有蚊母, 草有蚊母**蝱**母, 果有蚊蛤, 此則理外之理也. 世人局於見聞, 以其小知而欲窮天下之理, 烏可哉.(『松南雜識』)

164) 당나라의 승려 원택(圓澤)이 여행 중에 만난 여인의 아이로 환생했다는 전설이 있음.

165) 성태(聖胎) : 도가에서 생명력을 태중(胎中)에서 수양하는 일.

166) 당나라의 이관(李觀)은 길을 가다가 우연히 유섬해(劉蟾海)를 만났는데 그에게 남방(藍方)이 성태(聖胎) 했는지 물어봐달라고 부탁했다. 그런데 유섬해와 남방은 한 번도 만난 일이 없었건만 서로를 잘 알고 있었다. 그래서 남방은 성태를 이루었어도 유섬해가 없으면 자신의 도를 완성할 수 없다고 탄식하고 이 해에 죽었다.

167) 진(晉)나라의 양호(羊祜)는 채옹(蔡邕)의 외손자인데 다섯 살 때 유모를 시켜 옆집 이씨의 정원 뽕나무 아래에서 금가락지를 찾게 했다. 그 물건은 이씨의 죽은 아들이 잃어버린 것이니 이씨 아들이 환생했다고 말했다.

168) 명나라의 왕수인(王守仁)이 사은(思恩)·전주(田州)의 난을 평정하고 돌아오다가 남안(南安)의 한 절에 들어갔다. 그런데 절의 상좌승이 입적하면서 자신의 선방을 굳게 잠그고 문성(文成)이 오면 열게 하라고 유언을 남겼다고 한다. 문성은 왕수인의 시호이기에 그는 자신을 기다린 것임을 알았다. 그래서 선방문을 여니 책상 위에 왕수인이 와서 자신의 선방문을 열 것이라고 예언한 내용의 편지가 있었다. 그 글을 읽은 왕수인은 얼마 뒤에 죽었다.

죽은 자와 결혼하여 아이를 낳음
幽婚生子

『국어(國語)』에서 "주(周)나라 소왕(昭王)의 방후(房后)는 품행이 좋지 못하였기에 단주(丹朱)[169]와 마음이 맞았다. 그래서 단주는 그녀에게 빙의하여 목왕을 낳았다"[170]라고 하였다.

『동국여지승람(東國輿地勝覽)』에서 "신라의 진지왕(眞智王)이 죽었는데, 다음 해에 도화낭(桃華娘)을 찾아가서 아들 비형(鼻荊)을 낳았다"[171]라고 하니 기이하다.

북위(北魏)의 선조 힐분(詰汾)이 산택(山澤)에서 사냥을 할 때의 일이다. 하늘에서 수레가 내려오더니 한 미인이 천녀(天女)라고 자칭하면서 명을 받고 배우자가 되려한다고 말하였다. 또 일 년 뒤 그 자리에서 재회할 것을 요청하였다. 그 날 과연 그의 소생을 건네주니 그가 역미황제(力微皇帝)이다. 이 일도 기이하다.

노충(盧充)이 최소부(崔小府)의 죽은 딸과 혼인하였는데, 죽은 여인이 금 주발을 주었다.[172]

고려 말에 최영(崔瑩)이 시녀(侍女)에게 제사를 지냈는데 그 자신이 "매일 밤 혼령이 내려와서 밤마다 합환을 한다"라고 말을 했으니 또한 괴이하다.

---

169) 단주(丹朱) : 요(堯) 임금의 아들.

170) **昔**昭王, **娶於房曰房后**, **實**有爽德, 協于丹朱, **丹朱**馮身**以**儀之, 生穆王**焉**.(『國語, 一, 周語上』) → **周昭王之房后**, 有爽德, 協于丹朱, 馮身儀之, 生穆王.(『松南雜識』)

171) 『新增東國輿地勝覽, 卷二十一, 慶尙道, 慶州府』의 내용을 압축생략 인용했음.

172) 범양(范陽)의 노충(盧充)이 최 소부(崔少府)의 딸과 유혼(幽婚)을 했는데, 헤어진 뒤 4년째 되는 해 3월 3일에 노충이 물가에서 송아지 두 마리가 끄는 수레를 만났다. 거기에는 최씨의 딸과 세 살 가량된 어린 아이가 타고 있었는데, 최씨의 딸이 어린아이를 안아서 노충에게 주고 또 무덤에 묻었던 금완을 주면서 시를 지어 주었다.(『搜神記』)

사람과 귀신이 서로 합환함
人鬼相合

소설에 다음과 같은 이야기가 있다.

조안(趙顔)이 여자를 그린 병풍을 얻고 '진진(眞眞)'이라고 명명하였다. 그 이름을 백일동안 부르니 응답을 하고는 아내가 되어 딸 하나를 낳았다. 뒤에 딸을 데리고 병풍으로 들어가니 병풍에 여자 그림이 하나 더해졌다.

지금 '인물도(人物圖)에 접사(接邪)한다'라는 말이 이것이다.

장일(張鎰)의 딸 천낭(倩娘)[173]의 혼이 합하여 하나의 몸이 되었다.[174]

송나라 소제(小帝) 때 남서(南徐)의 한 선비가 화산기(華山畿)에 가서 한 여인을 보고는 병에 걸려 어머니에게 사연을 말하였다. 어머니가 그 여인을 찾아서 연유를 말하자 여자가 슬갑(膝甲)을 벗어 주며 몰래 병석 아래에 두라고 하였다. 병에 걸린 선비는 그 사실을 모르고 즉시 병이 나았는데 갑자기 슬갑을 보고는 그것을 삼키고 죽었다. 죽으면서 "제 주검을 싣고 여자의 집 문을 지나가세요"라고 말하였다. 과연 여자네 집 문에 이르자 소가 나가려고 하지 않았다. 여인이 나와 「화산기(華山畿)」를 부르니 바로 「오뇌곡(懊惱曲)」이라고 한다.

님 보내는 아득한 물가에 相送勞勞渚
긴 강은 찰 날 없으리 長江不應滿

---

173) 『松南雜識』에는 '女倩'이 '倩女'로 오기되어 있음.

174) 장일(倩娘)의 딸 천낭과 왕주(王宙)는 서로 사랑을 했지만 헤어지게 되었다. 그런데 천낭의 혼이 왕주를 따라가서 5년간 살면서 두 아이까지 낳았다. 후에 두 남녀가 장일(倩娘)을 찾아가 사죄를 했는데 정작 천낭은 그 동안 병을 앓고 누워 있었다. 즉 장일의 집에는 육체만 남아 있었고 혼이 왕주와 살았던 셈이다. 마침내 천낭의 혼과 육신이 결합하여 하나의 몸이 되었다고 한다.

이는 내 눈물이니 허락하소 是儂淚成許[175)]

하고 노래를 하자 관이 저절로 열렸고, 여인은 마침내 관으로 들어갔다. 그래서 그들을 합장(合葬) 하고 '신녀총(神女塚)'이라고 하였다.

지금 음기가 허한 사람은 한눈을 팔고 싶어하는 여자의 슬갑을 빨아서 마신다는 말이 여기에서 유래하였다.

진(晉)나라 기록에 양산백(梁山伯)[176)]과 축영대(祝英臺)는 동문수학하였는데, 양산백은 축영대가 여자라는 사실을 몰랐다. 양산백은 은(鄞)의 현령이 되어 죽었는데, 축영대가 그의 무덤을 지나다가 절을 하자 무덤이 갈라졌고 축영대도 죽었다. 사안(謝安)[177)]이 이 일을 주달하여 '의부총(義婦塚)'으로 봉하였다.

여자를 사랑하는 뱀과 말
蛇馬相思

『장자(莊子)』에서 "서시(西施)와 모장(毛嬙)은 아름다운 사람이지만 물고기가 그들을 보면 깊이 들어가고 새가 그들을 보면 높이 날아간다"[178)]라고 하였다. 지금 뱀 중에 여자의 몸을 휘감고 밤낮으로 교합하는 것을 '상사사(想思蛇)'라고 한다. 말 중에 여자를 보면 발굽으로 땅을 파면서 교합하려고 하는 것을 '상사마(相思馬)'라고 한다. 말과 뱀도 서시와 모장의 아름다움을 아니 물고기나 새와 다른가 보다.

---

175) 화산기녀(華山畿女)가 불렀다는 노래는 "華山畿君旣爲儂死, 獨活爲誰施, 歡若見憐時, 棺木爲儂開"이며 『松南雜識』에 소개된 노래는 동명의 송사(宋辭) 24수 중 하나이다.

176) 『松南雜識』에는 '梁山泊'으로 오기되어 있음.

177) 사안(謝安) : 동진(東晉)의 재상(320～385). 자는 안석(安石). 효무제(孝武帝) 때 전진(前秦)의 부견(苻堅)이 쳐들어오자 이를 비수강(淝水江)에서 무찔렀다.

178) 毛嬙**麗姬**, 人之**所**美**也**, 魚見之深入, 鳥見之高飛.(『莊子, 齊物論』) → **西施**毛嬙, 人之美**者**, 魚見之深入, 鳥見之高飛.(『松南雜識』)

태를 먹고 새끼를 낳음
食胎生崽

사람은 태를 낳지 않으면 아기를 낳을 수 없고 소와 개는 태를 먹지 않으면 새끼를 낳을 수 없다. 또 호랑이와 표범은 교미한 뒤에는 서로 돌아보지 않으니, 혹여 돌아보면 서로 잡아먹는다고 하니 역시 기이하다.

양기를 들이마시고 영기를 채집함
吸陽採榮

『방기전(方技傳)』에서 말하였다.

한나라 냉수광(冷壽光)이 부인을 대하는 법(御婦人法)은 검은 암소에게서 정(精)을 취하니 그 요체는 곡신(谷神)[179]이 죽지 않는 것이다. 생을 지키고 기를 길러서 굳게 잡고 사정을 하지 않고 정기를 돌려 뇌를 보(補)하면 장수할 수 있다.

『양생서(養生書)』에서 말하였다.

하희(夏姬)[180]가 양기를 들이마셨기 때문에 계피삼소(鷄皮三少)[181]로 아홉 번 과부가 되었고 팽조(彭祖)는 정(精)을 채집하였기 때문에 마흔 아홉 명의 아내를 두고도 장수하였다. 지금 뱀이나 개는 양기를

---

179) 곡신(谷神) : 도가의 용어로 설이 분분하나 다음의 세 가지 정도로 요약할 수 있다. ①공허하고 형체가 없으며 변화막측하고 영원불멸한 도. ②양생의 신. 도(道). ③곡은 穀으로 보양을 의미하며 신은 오장신(五臟神)을 의미함.

180) 하희(夏姬) : 진(陳) 대부(大夫) 징서(徵舒)의 어머니.

181) 계피삼소(鷄皮三少) : 계피(鷄皮)는 노인의 주름진 피부를 비유함. 즉 노파가 세 차례나 다시 젊어짐을 의미함.

들이마시기 때문에 오랫동안 교접을 하면서 떨어지지 않으며, 닭이나 참새는 영기(榮氣)를 채집하기 때문에 잠깐 만에 통정(通精)을 할 수 있다. 또 날 짐승은 생식기가 없지만 거위나 오리는 있다. 돌붙이는 새끼를 밸 수 없는데 조개는 태(胎)가 있다. 오랑캐는 춘약(春藥)[182]을 태우고 성교를 하고 왜(倭)는 밀랍을 생식기에 바르고 성교를 한다.

눈동자로 교미하고 소리를 듣고 임신한다
睛交聽孕

『아희원람(兒戱原覽)』에서 말하였다.

백로는 눈으로 수정을 하고 물고기는 생각만으로 알을 배고 거북이나 자라는 바라보고 정신으로 교미를 하며 황새와 학은 부르는 소리로 교미를 한다. 원앙은 목으로 교미를 하고 해오라기는 눈동자로 교미를 한다. 공작은 번개 치는 소리를 듣고 알을 배고 등사(螣蛇)[183]는 소리를 듣고 새끼를 밴다.[184]

교룡(蛟龍)은 눈썹으로 교미를 하고 가물치는 그림자와 교미를 한다. 『금경(禽經)』[185]에서 "백익(白鷁)은 바라보고 임신을 한다"[186]라고 말하였다.

---

182) 춘약(春藥) : 미약(媚藥). 성욕을 돋구는 약.
183) 등사(螣蛇) : 날 수 있다는 전설상의 뱀.
184) 鷺目而受卵, 魚思而懷卵, 龜鼈望而神交, 鸛鶴唳而聲交, 鴛鴦頸交, 鵁鶄睛交, 孔雀電**孕**, 螣蛇聽孕.(『兒戱原覽, 資性』) → 鷺目而受卵, 魚思而懷卵, 龜鼈望而神交, 鸛鶴唳而聲交, 鴛鴦頸交, 鵁鶄睛交, 孔雀電**交**, 螣蛇聽孕.(『松南雜識』)
185) 금경(禽經) : 춘추 시대 진(晉)나라의 악사인 사광(師曠)이 저술한 책.
186) 白鷁相眂而孕.(『禽經』)

『박물지(博物志)』에서 “누에는 세 번 변화하는데 먼저 임신한 후에 교미하고 교미하지 않은 것도 새끼를 낳는다”[187]라고 하였다.

바람에 감응하고 달을 바라보고 새끼를 뱀
感風望月

잡서(雜書)에서 “동해에 어떤 나라가 있는데 여자들이 바람에 감응하여 임신을 하고, 북방의 어떤 나라는 남자가 없어서 우물에 자신을 비추어보고 임신하여 아이를 낳는다”라고 한다. 지금 암매 중에는 올빼미 그림자를 보고 알을 배는 놈도 있고, 암탉 중에는 하늘을 쪼고 알을 배는 놈도 있다. 또 토끼는 달을 바라보고 새끼를 토한다. 그래서 중추(中秋)에 달이 없으면 토끼가 새끼를 배지 못한다는 이치는 진실로 알기 어렵다.

음문과 양물을 함께 사용함
陰陽竝用

민간에 전하는 이야기에 의하면 원나라 순제(順帝)는 두 개의 생식기가 겹으로 나 있어서 음사(陰事)를 하지 못하니, 같이 발기하기 때문이라고 한다. 고려 때 기자오(奇子敖)[188]의 딸은 두 개의 음문(陰文)이 층으로 뚫려 있었는데 황후(皇后)로 뽑혀서 왕의 사랑을 독차지하여 북원(北元)[189]의 소종(昭宗)[190]을 낳았다고 한다.

---

187) 蠶三化, 先孕而後交, 不交者亦產子.(『博物志, 卷四, 物性』)
188) 기자오(奇子敖) : 고려 후기의 무신. 본관은 행주(幸州). 증조부는 문하시랑평장사(門下侍郎平章事)를 지낸 윤숙(允肅)이며, 원나라 순제(順帝)의 제2황후 기씨(奇氏)의 아버지이다. 처는 전서를 지낸 행검(幸儉)의 딸 이씨이다. 음보(蔭補)로 산원이 된 뒤 총부산랑(摠部散郎)에 이르렀다.

우리나라의 어떤 부인은 음양의 성기가 둘 다 있어서 그의 남편이 살아 있을 때는 부인으로 음문(陰門)을 사용하다가 남편이 죽은 뒤로는 남편의 첩과 잠자리를 같이 하면서 양물(陽物)을 사용하였다고 한다. 보름 전에는 양물을 사용하여 어떤 이의 남편이 되고 보름 후에는 음문을 사용하여 어떤 이의 부인이 되는 사람도 있다고 하니 속칭 '이근(二根)'이라고 한다.

근래에는 남씨의 아들이 음낭(陰囊) 밑에 음경이 있다고 한다.

남자가 여자로 변함
男化爲女

한나라 역사에서 "애제(哀帝)[191] 때 예장(豫章)[192]의 남자가 여자로 변하여 시집가서 아들을 낳았다"[193]라고 하였고, 우리나라에서는 영월(寧越)의 뱃사공 정씨가 여자로 변하였다.

능금나무의 혹에서 아기가 나옴
檎癭兒出

송기(宋祈)[194]가 『계척집(鷄跖集)』[195]에서 "서역(西域)의 능금나무에 능

189) 북원(北元) : 명나라 초에, 몽골 지방으로 물러났던 원나라 때의 잔존 세력이 세운 나라. 명나라 군의 여러 차례에 걸친 공격으로 곧 붕괴되었다.

190) 소종(昭宗) : 북원(北元)의 1대 황제.

191) 애제(哀帝) : 전한의 제12대 황제(B.C. 26~B.C. 1). 관제의 이름을 바꾸고 개혁을 실시했다. 재위 기간은 B.C. 7~B.C. 1년.

192) 예장(豫章) : 한(漢)나라 때에, 현재의 강서성(江西省)에 두었던 군(郡). 중심은 남창시(南昌市)이다.

193) 哀帝**建平中**, 豫章**有**男子, 化爲女**子**, 嫁**爲人婦**, 生**一子**.(『前漢書, 卷二十七, 五行志, 第七』) → 哀帝**時**, 豫章男子, 化爲女, 嫁**而**生**男**.(『松南雜識』)

194) 송기(宋祈) : 송나라의 학자. 자는 자경(子京). 시호는 경문(景文).

금이 열렸는데 그 과일 중에 여자 하나가 있었기에 왕이 거두어서 왕비로 삼고 그 땅을 부처에게 시주하여 내원(柰院)으로 만들었다"[196]라고 하였다.

『유설(類說)』에서 말하였다.

> 여양(黎陽) 왕덕조(王德祖)의 집 능금나무에 혹이 났는데 크기가 말(斗)만 하였다. 그것이 익어 문드러지자 어린아이 하나가 태(胎)를 끌어안고 나왔다. 일곱 살 때 말을 할 줄 알았기에 범천(梵天)이라고 이름을 지었다가 뒤에 범지(梵志)라고 개명을 하니 보살의 화신인 듯하다.[197]

나는 함창(咸昌)[198] 용안사(龍眼寺) 뒤의 절벽 바위가 움푹 들어가서 마치 중이 서 있는 형상 같은 것을 보았다. 전설에 의하면 절의 기층은 본래 우뚝 솟은 통바위인데 밤에 우레가 바위를 쳐서 중간이 쪼개지자 그 속에서 중이 화(化)하여 갔다고 한다. 그 바위의 반은 상(像)으로 남고 반은 떨어져 절의 기층이 되었다고 한다. 연개소문은 자신이 샘에서 나왔다고 말하였으며 경주(慶州)의 이알평(李謁平)[199]은 화(化)하여 돌에서 나왔는데 그 자취가 아직도 남아 있다고 한다.

---

195) 계척집(鷄跖集) : 유서(類書). 총 20권 『문헌통고(文獻通考)』 등에서는 작자 미상이라고 했으나 일부 기록에서는 그 저자를 송기(宋祁), 혹은 그의 형인 송상(宋庠)이라고 했다.

196) **昔**西域**國**有柰樹, **生**果, 果中有一女子, 王收爲妃. **女乃**以**苑**地施佛爲**伽藍**, **故曰**柰苑. 〈跖集〉(『錦繡萬花谷前集, 卷二十九, 浮圖名議, 柰苑』) → **宋景文雞**跖集**曰**, 西域有柰樹, **成**果, 果中有一女子, 王收爲妃. 以地施佛爲柰苑.(『松南雜識』)

197) **王梵志**黎陽**人**, 王德祖家**有**林檎樹, 生瘿大如斗, **瘿**爛, **德祖撤其皮**, **見**一孩**兒掊**胎**而**出, 七歲能語, **問誰人育我**, **具以實告**, 因名梵天, 後改曰**梵**志, 盖菩薩示化也.(『類說, 卷二十七, 逸史, 梵志) → 黎陽王德祖家林檎樹, 生瘿大如斗, 爛**而**一孩**抱**胎出, 七歲能語, 因名梵天, 後改曰志, 盖菩薩示化也.(『松南雜識』)

198) 함창(咸昌) : 경상북도 상주 지역의 옛 지명.

199) 이알평(李謁平) : 신라 건국기의 씨족장. 경주(慶州) 이씨(李氏)의 시조. 초기 사로육촌(斯盧六村) 중의 하나인 알천양산촌(閼川楊山村)의 촌장이었다. 하늘에서 강림하여 표암봉(瓢茅峯)에 내려왔다고 한다.

여자끼리 성교하여 임신함
兩陰胎孕

『개권일소(開卷一笑)』에서 말하였다.

명나라 정덕(正德)[200] 연간에 상원현(上元縣) 평민의 아내 이씨가 다음과 같은 내용의 공초(供招)를 올렸다.

남편 전신(錢臣)이 취하여 아내를 끌어안고 침상에 기댔는데 시누이 전씨가 벽에 구멍을 내고 그 모양을 엿보니 상상만으로 마음이 움직였다. 아침이 되자 시누이가 웃음을 머금고 이씨를 보며 지난 밤의 정경을 말하였다. 이씨는 시누이를 안고 침상으로 가서 속곳을 모두 벗고는 두 다리를 당겨 세우고 성교하는 모양을 흉내냈다. 두 개의 음문을 서로 맞대니 장난이 진짜가 되었다. 이씨는 음란한 정이 일어서 남편의 정액을 시누이의 음문으로 흘려 넣었다. 그 뒤로 시누이의 월경이 끊어지고 배가 불러오더니 마침내 임신을 했다고 한다.

남편 없이 임신함
不夫而孕

『산중일석화(山中一夕話)』에서 말하였다.

은현(鄞縣)의 백성 아무개가 장사를 나갔는데 그의 아내가 동서와 같이 거처했다. 남편이 오래도록 돌아오지 않자 남편의 형을 보고 상사병이 들어 위독해졌다. 집안 사람들이 그녀를 불쌍하게 생각하여 강제로 남편의 형으로 하여금 장막 밖에서 손으로 그녀의 배를 조금

200) 정덕(正德) : 명나라 무종의 연호(1506~1521).

어루만지게 하였더니 마침내 교감되어 임신을 하였다. 아이를 낳아 보니, 손이 하나 뿐이었다.[201]

지봉 이수광이 말하였다.

『박물지(博物志)』에서 "상사병이 걸린 남자는 아내가 없어도 교감을 하고 상사병에 걸린 여인은 남편 없이도 임신을 한다"라고 하였다. 『물류상감지(物類相感志)』에서는 "남자는 아내를 맞이하지 않고도, 또 여자는 남편이 없어도 정기가 서로 교감하면 꼭 교접하지 않아도 자식을 낳는다"라고 하였다.[202]

세상에 전하는 말에 성(成) 아무개의 어머니가 남편을 만나는 꿈을 꾸고 아이를 낳았다고 하니, 아계(鵝溪) 이산해(李山海)[203]의 어머니가 산해관(山海關)[204] 꿈을 꾼 일과 서로 유사하다.

---

201) 鄞縣民某出賈, 妻與其姒同處, 夫久不歸, 見夫兄, 私心慕之, 成疾, 家人憐之, 强伯氏從帷外, 以手少拊其腹, 遂孕, 及産, 惟一掌焉.(『玉芝堂談薈, 卷十四, 古今火災水災』) → 鄞縣民某出賈, 妻與其姒同處, 夫久不歸, 見夫兄, 私心慕之, 成疾**阽危**, 家人憐之, 强伯氏從帷外, 以手少拊其腹, 遂**有感成**孕, 及産, 惟一掌焉.(『松南雜識』)

202) 博物志**曰**, 思士不妻而感, 思女不夫而孕, **又**物類相感志**曰**, 士不妻女不夫, 精氣相感, 不必交接而生子**也**.(『芝峯類說, 卷十七, 人事部, 生産』) → 博物志**云**, 思士不妻而感, 思女不夫而孕, 物類相感志**云**, 士不妻女不夫, 精氣相感, 不必交接而生子.(『芝峯類說, 卷十七, 人事部, 生産』)

203) 이산해(李山海) : 조선 선조 때의 문신(1539~1609). 자는 여수(汝受). 호는 아계(鵝溪)·종남수옹(終南睡翁). 1561년 식년 문과에 급제하여 영의정에 올랐으며, 문장과 서화에 능했는데, 특히 대자(大字)와 산수묵도(山水墨圖)에 뛰어났다. 문집에 『아계집』이 있다.

204) 산해관(山海關) : 현재 중국 하북성(河北省) 북동쪽 끝, 발해만(渤海灣) 연안에 있는 도시. 만리장성의 동쪽 끝에 있는 관문으로, 예로부터 군사 요충지이다.

노인의 자식은 그림자가 없음
老翁子無影

『풍속통(風俗通)』에서 말하였다.

진류(陳留)의 부자는 나이 아흔에 아내를 맞아 한 차례 성교를 하고 죽었다. 그 뒤에 아들이 태어 나자 장남이 "그런 고령에 어떻게 자식이 생기겠는가?"라고 하면서 재산 싸움을 하였다. 병길(丙吉)[205]이 "진인(眞人)은 그림자가 없다. 노인의 자식도 그림자도 없고 또 추위에 견디지 못한다"라고 말하여 시험을 해 보니, 정말 그러하였다.[206]

양나라 역사에서 장원시(張元始)가 나이 아흔에 아이를 낳았는데 그림자가 없었다.[207] 또 주(紂)가 아침에 냇물을 건너가는 사람의 정강이를 갈라 본 것은 노인의 자식에게는 골수가 없는지 알아보려고 했던 것이다.

원나라 때 요수(姚燧)는 나이 여든에 첩의 몸에서 자식을 낳았는데 그의 시에서,

나이 여든에 이런 봄을 만나니	八十年來遇此春
이 봄 만난 뒤로 다시는 봄이 없으리	此春遇後更無春
비록 부지할 힘이 없어도	縱然不得扶持力

---

205) 병길(丙吉) : 전한 선제(宣帝) 때의 재상. 무제(武帝) 때 옥리(獄吏)로 있으면서, 선제가 위 태자(衛太子)의 일로 옥에 갇힌 것을 동정하여 보양(保養)한 공으로 선제가 즉위한 후 박양후(博陽侯)에 봉해졌다가 승상으로 승진되었다.

206) 陳留富人, 年九十, 取**田客女爲**妾, 一交而死, 後生男, 長男曰, 年尊何因有子, 爭財, 丙吉言, 眞人無影, 老翁子亦無影. 又不耐寒, 試之, 果然, **人咸服**. 風俗.(『韻府羣玉, 老翁子無影』) → 風俗**通曰**, 陳留富人, 年九十, 取妾一交而死, 後生男, 長男曰, 年尊何因有子, 爭財, 丙吉言, 眞人無影, 老翁子亦無影. 又不耐寒, 試之, 果然.(『松南雜識』)

207) 張元始, **年一百一十六歲**, **膂力過人**, **進食不異**, **至**年九十**七**, **方**生兒, **兒遂**無影.(『南史, 卷五十二, 列傳第四十二, 梁宗室下』) → 張元始年九十**七**生兒, 無影. **梁蕭映傳**.(『韻府羣玉, 老翁子無影』) → 梁**史**, 張元始年九十生兒, 無影.(『松南雜識』)

무덤 앞에서 절하고 소제할 사람 만들었네 也作墳前拜掃人[208]

라고 하였다.

수염 없는 남자
男子無鬚

방서(方書)에서 말하였다.

독맥(督脈)[209]은 양에 속하니 척추를 따라 올라가서 코에 이르고, 임맥(任脈)[210]은 음에 속하니 흉격을 따라 올라가서 목구멍에 이른다. 여자는 스물에 임맥이 통하면 자식을 낳는데, 젖에 막혀서 수염이 나지 않는다.

지봉 이수광이 말하였다.

『패해(稗海)』에서 "수염이 없는 남자를 '천환(天宦)'이라고 하니 양명(陽明)한 피가 부족하기 때문에 수염이 나지 않는다. 아내를 맞아도 죽을 때까지 후사를 보지 못하니 천혼(天閹)이라고 한다"라고 말하였다. 『반야경(般若經)』에서 이른바 "다섯 종의 황문(黃門)[211]은 모두 진기(眞氣)가 부족한 소치이다"라는 것이다. 한나라 황후(荒侯)[212]는 병이 들어 사람 노릇을 하지 못하니, 대개 사람의 도리를 행할 수 없다

208) 八十年來遇此春, 此春遇後更無春, 縱然不得扶持力, 也作墳前拜掃人.(『草木子, 卷四, 談藪篇』)
209) 독맥(督脈) : 기경팔맥의 하나.
210) 임맥(任脈) : 기경팔맥의 하나.
211) 황문(黃門) : 장가들어도 평생 자식이 없는 사람.
212) 황후(荒侯) : 번쾌(樊噲)의 서자. 이름은 시인(市人).

는 의미이다.[213)]

살펴보건대 당나라 역사에서는 이광필(李光弼)의 어머니가 수염이 났다고 하며 송나라 역사에서는 선화(宣和)[214)] 연간에 어떤 부인에게 수염이 났다고 한다. 남자가 임신을 하는 것은 무슨 연고인가?

여색을 모름
不識女色

양(梁)나라 역사에 소찰(蕭詧)[215)]은 부인 보기를 싫어하여 가까이에서 악취를 맡는 듯이 하였으니[216)] '해상축취부(海上逐臭夫)'[217)]의 종류인 듯하다.

당나라의 원덕수(元德秀)는 환갑이 되도록 여색을 알지 못하고 죽었고 우리나라의 제안대군(齊安大君)[218)]은 일찍이 시첩(侍妾)을 가까이 하지 않

---

213) 稗海**曰**, 男子無鬚者, 謂之天宦, 以陽明之血不足, 故鬚不生也. **又曰**, **男子雖**娶婦, **而**終身無嗣育, 謂之天**宦**, 般若經所謂五種黃門, 皆眞氣不足所致**耳**. **又**漢**書**, 荒侯病不能爲人, **謂不生子也**, 蓋**言其**不能行人道也.(『芝峯類說, 卷十七, 人事部, 生産』) → 稗海**云**, 男子無鬚者, 謂之天宦, 以陽明之血不足, 故鬚不生也. 娶婦, 終身無嗣育, 謂之天**閹**, 般若經所謂五種黃門, 皆眞氣不足所致**耳**. 漢荒侯病不能爲人, 蓋不能行人道也.(『松南雜識』)

214) 선화(宣和) : 송나라 휘종(徽宗)의 연호. 1119~1125.

215) 소찰(蕭詧) : 난릉(蘭陵) 출신. 무제(武帝)의 손자, 소명태자(昭明太子)의 셋째 아들. 자는 이손(理孫).

216) 『주서(周書)』에 "惡見婦人, 雖相去數步, 遇聞其臭."라고 했고, 『북사(北史)』에서는 "惡見婦人, 雖相去數步, 亦云遙聞其臭"라고 한 반면, 『松南雜識』에는 "惡見婦人, 逼聞其臭"라고 했기에 본 역서는 『주서』의 내용에 근거하여 번역했음.

217) 해상축취부(海上逐臭夫) : 어떤 사람이 몸에서 지독한 냄새가 나서 친척·형제·처첩·친구와 같이 거처할 수가 없었다. 그래서 고민 끝에 바닷가에 가서 살았는데 그곳에 그의 냄새를 좋아하는 이가 있어 밤낮으로 그를 따라다녔다는 이야기가 『여씨춘추(呂氏春秋), 우합(偶合)』에 있다. 이후로 괴벽한 기호를 비유하는 말로 쓰인다.

218) 제안대군(齊安大君) : 조선 시대의 왕족(1466~1525). 이름은 현(琄). 자는 국보(國寶). 예종의 둘째 아들이며, 어머니는 안순왕후 한씨(安順王后韓氏)이다. 4세 때 부왕인 예

았다.

나무가 사람의 말을 할 줄 앎
樹能人語

『포박자(抱朴子)』에서 "산 속의 나무 중에 사람의 말을 할 수 있는 것은 나무가 말을 할 수 있는 것이 아니라, 그 정령이 그렇게 하는 것이니, '운양(雲陽)'이라고 한다"[219]라고 하였다.

『열선전(列仙傳)』에서 말하였다.

여동빈(呂洞賓)이 악주(岳州) 백학사(白鶴寺)에서 쉬는데, 절 앞의 소나무 가지에서 어떤 노인이 스르르 내려와서 말하였다.

"저는 소나무의 정령입니다. 선생께서 지나시는 것을 보고 예의상 기다렸다 뵙는 것이 마땅하다고 생각했습니다"

여동빈이 절의 벽에 다음과 같은 시를 써 주었다.

홀로 와서 홀로 앉아 있으니	獨自行來獨自臥[220]
많은 세상사람 중에 나를 아는 이 없건만	無限世人不識我
성 남쪽 늙은 나무의 정령만이	唯有城南老樹精
신선이 지나는 줄 또렷이 아는구나	分明知道神仙過[221]

종이 죽자, 왕위 계승의 제1후보자였으나 세조비인 정희왕후(貞熹王后)가 아직 어리고 총명하지 못하다고 반대하여, 대신 성종이 예종을 이어 왕위에 즉위했다.

219) 山中**有大**樹, **有**能語者, 非樹能語也, 其精名曰雲陽.(『抱朴子, 內篇卷四, 登涉, 第十七』)→山中樹能**人**語者, 非樹能語也, 其精**爲之**, 名曰雲陽.(『松南雜識』)

220) 『시화총구(詩話總龜)』에는 '臥'라고 되어 있으나 『설부(說郛), 악양풍토기(岳陽風土記)』에는 '坐'라고 되어 있음.

221) 呂洞賓憩岳州白鶴寺前, 有老人自松梢冉冉而下曰, 某松之精也. 見先生過, 禮當候見, 呂書壁云, 獨自行來獨自坐, 無限世人不識我, 惟有城南老樹精, 分明知道神仙過.(『韻府群玉, 老樹精』)

다른 생물이 사람을 낳음
異物生人

『동사(東史)』에서 "환웅(桓雄)이 곰과 교접하여 단군을 낳았고 견훤(甄萱)의 어머니가 지렁이와 교접하여 견훤을 낳았다"라고 하였다. 전설에 의하면 최치원의 아버지가 호주군(濠州郡)을 다스리는데 어머니가 금돼지와 교합하여 최치원을 낳았다고 한다. 또 이마두(利瑪竇)는 류(類)가 낳았다고 한다.

산아이형
産兒異形

『아희원람(兒戲原覽)』에서 "신라 헌덕왕(憲德王)[222] 때에 무진주(武珍州)의 여자가 아이를 낳았는데 몸 하나에 머리가 둘, 팔이 넷이었다"[223]라고 하였다.

조선 선조 때에 파주에서 여인이 출산을 하였는데 몸 하나에 머리가 하나, 눈이 넷, 귀가 넷, 입이 둘, 발이 넷, 손이 넷, 음문이 둘이었다. 점을 쳐서 "가면 어렵고 오면 명예가 있으리라[往蹇來譽]"[224]는 효사(爻辭)를 얻었다.

영조 때 소의 등에서 다리가 나왔다. 헌종(憲宗) 때에는 괴산(槐山)의 여자가 출산을 하였는데 머리 둘에 팔이 네 개, 음문이 하나, 양근(陽根)이 하나였다. 또 청안(淸安)[225]에서 태어난 소는 몸 하나에 머리가 둘이

---

222) 헌덕왕(憲德王) : 신라의 제41대 왕(?~826). 이름은 언승(彦昇). 조카인 애장왕을 죽이고 즉위하여 친당 정책을 폈다. 김헌창과 그 아들 범문(梵文)의 반란을 평정하고, 백영(白永)에게 명하여 패수에 300리나 되는 장성을 쌓게 했다. 재위 기간은 809~826.

223) **新**羅憲德王時, 武珍州女産兒, 二頭二身四臂.(『兒戲原覽, 變異』) → 羅憲德王時, 武珍州女産兒, 二頭一身四臂.(『松南雜識』)

224) 건괘(蹇卦) 초륙(初六)의 효사(爻辭).

었다. 청주(淸州)의 여자는 나귀를 낳았으니 더욱 괴이하다.

한나라의 두무(竇武)[226]·진(晉)나라의 두예(杜預)[227]·송나라의 채양(蔡襄)[228]·우리나라의 허견(許堅)[229]은 모두 뱀의 정령인데, 임산부 중에 여름밤에 우물물을 마시다가 뱀의 정액을 잘못 삼키고 뱀을 낳는 사람이 있다. 신돈(辛旽)은 여우의 정령이니 알 수 없는 일이다. 또 배도(裵度)[230]는 동생과 등이 맞붙은 쌍둥이로 태어났다. 의원이 은침으로 분리하니 배도의 등에 살이 더 많이 붙어 있었다. 훗날 강을 건너는데 사공이 옷을 벗고 노를 젓고 있었다. 배도는 그의 등이 움푹 들어간 것을 괴이하게 생각하고 물어보니, 바로 동생이었다. 두 개의 등을 마주 대 보니 한 치의 오차도 없었다고 한다.

---

225) 청안(淸安) : 충청북도 괴산군 소재의 면.

226)두무(竇武) : 한(漢)나라 환제(桓帝)의 국구(國舅). 국가에 충성을 다하여 황제를 보좌하다가 환관의 손에 죽었다.

227) 두예(杜預) : 삼국 시대의 오(吳)나라를 평정한 진(晉)나라의 명장으로, 만년에 경적(經籍)에 침잠하여 『좌씨경전집해(左氏經傳集解)』 등의 저술을 남겼다.

228) 채양(蔡襄) : 송나라 때 사람. 자는 군모(君謨)이다. 천주부(泉州府)의 태수가 되어 천주만을 횡단하는 만안교를 건설했다.

229) 허견(許堅) : 조선 후기의 역신. 본관은 양천(陽川). 숙종대의 대신 허적(許積)의 서자. 숙종 초년에 허적을 비롯한 남인세력이 도체부(都體府)를 복설시켜 병권을 장악하려고 하자 서인들은 이를 반대했다. 때마침 그는 부친의 세력을 믿고 황해도에서 수천 그루의 재목을 도벌하여 집을 짓는다든가, 남의 처를 약탈하는 행위를 하여 비난을 받았는데, 인조의 손자이며 인평대군(麟坪大君)의 아들인 복선군(福善君)과 내왕이 있음을 기화로 그가 역모를 꾀한다고 종척인 김석주(金錫胄) 등으로부터 고변 당했다. 이에 따라 그는 4월 12일 군기시(軍器寺) 앞길에서 능지처참당하고 복선군·복창군(福昌君)·복평군(福平君)과 허적을 비롯한 남인 실권자 등이 죽음을 당했다.

230) 배도(裵度) : 당나라의 재상(765~839). 자는 중립(中立). 시호는 문충(文忠). 산서성(山西省) 출생. 815년에 살해된 재상 무원형(武元衡)을 대신하여 중서시랑·동중서문하평장사가 된 뒤 절도사를 억압하고, 환관(宦官)에 대해서도 강경책을 취하여 헌종(憲宗)·목종(穆宗)·경종(敬宗)·문종(文宗)의 4조(朝)에 걸쳐 활약했다. 백낙천(白樂天)과 자기의 별장인 녹야당(綠野堂)에서 함께 풍류를 즐겼다.

어류가 사람으로 변함
水族化人

지봉 이수광이 말하였다.

차복원(車復元)이 제술관(製述官)으로 통신사(通信使)를 따라 일본에 들어갔다가 책 하나를 얻어 보니 전부 어류가 변해서 사람이 된 일에 대한 기록이었다. 대개 바다의 섬에서 혼돈의 시대에 괴이한 일이 허다했던 듯하다.231)

짐승이 사람 모습으로 변함
獸變人形

『본초강목(本草綱目)』에서 "호랑이·사슴·토끼는 천 년을 사는데 오백 년을 묵으면 털이 하얗게 변한다"라고 하였다.
의학(醫學)에서 말하였다.

이리는 팔백 년을 사는데 삼백 년을 묵으면 사람의 모습으로 변하기를 잘한다. 곰이 오백 년 묵으면 여우나 너구리로 변할 수 있다. 또 미후(獼猴)가 팔백 년 묵으면 원숭이로 변하고 원숭이가 오백 년 묵으면 확(玃)으로 변하고 확(玃)이 천 년 묵으면 두꺼비로 변한다.

『포박자(抱朴子)』에서 "여우는 팔백 년을 사는데 삼백 년 묵으면 변하

---

231) 車復元, 以製述官, 隨通信使**往還日本**, **嘗言在**日本**時**, 得一書見之, 皆記水族變**化**爲人之事, 蓋海島鴻荒之世, 乃有許多怪事也.(『芝峯類說, 卷一, 災異部, 人異) → 車復元, 以製述官, 隨通信使, 入日本, 得一書見之, 皆記水族變**而**爲人之事, 蓋海島鴻荒之世, 乃有許多怪事也.(『松南雜識』)

여 사람이 된다"[232]라고 말하였다.

『본초강목』에서 "박쥐는 종유석(鐘乳石) 동굴 속에 있는데 그 정즙(精汁)을 먹고 흰 색으로 변하며 천 년을 산다"라고 하였다.

『상학경(相鶴經)』에서 "학이 천육백 년 묵으면 하얀 색이 된다"라고 말하였다. 또 거북이나 따오기는 천 년을 산다.

『완위여편(宛委餘編)』[233]에서 "육지(肉芝)는 바로 만년 묵은 두꺼비, 천년 묵은 박쥐, 천년 묵은 영구(靈龜)·풍생수(風生獸)[234]·천년 묵은 제비의 종류이니 그것을 먹으면 사람이 장수한다"[235]라고 말하였다.

대개 거북이·제비·박쥐는 겨울잠을 자면서 기(氣)를 품기 때문에 오래 산다. 두꺼비도 가장 오래 산다.

성인의 기이한 모습
聖人異貌

『광박물지(廣博物志)』에서 "천황씨(天皇氏)는 치켜든 말의 머리에 몸은 비늘로 덮여 있었고, 지황씨(地皇氏)는 용의 이마에 말발굽이었으며 인황씨(人皇氏)는 사람의 얼굴에 용의 몸이었다. 복희씨(伏羲氏)는 뱀의 몸에 사람의 얼굴이었고 신농씨(神農氏)는 사람의 몸에 소의 머리였다"[236]라고 하였다.

고신씨(高辛氏)는 병치(駢齒)[237]였으며 한나라 고조는 용의 얼굴이었고

---

232) **獼猴**壽八百歲**變爲猿**, **猿壽五**百歲變爲**玃**.(『抱朴子內篇, 卷一, 對俗』)→**狐**壽八百歲, 三百歲變爲人.(『松南雜識』)

233) 완위여편(宛委餘編) : 명나라의 왕세정(王世貞)이 지은 책. 19권.

234) 풍생수(風生獸) : 전설상의 신수(神獸).

235) 宛委餘編曰, 肉芝, 卽萬歲蟾蜍·千歲蝙蝠·千歲靈龜·風生獸·千歲燕之類, 服之, 令人長生云.(『芝峯類說, 卷一, 災異部, 物異』)

236) 『廣博物志, 卷二十五, 形體』의 내용을 축약·인용했음.

237) 병치(駢齒) : 두 개의 이가 앞뒤로 겹으로 난 것.

명나라 신종(神宗)은 나귀 귀였다.

『동사(東史)』에서 "석탈해(昔脫解)는 뼈와 이가 하나처럼 엉겼고 뼈마디는 모두 연결되었으며, 금와(金蛙)는 금색의 개구리 모양이었으며, 조선의 태조는 매의 눈이었다"라고 하니 대개 성인은 태어나면서부터 그 모습이 보통 사람과 다른가 보다.

맹교(孟郊)[238]의 시에서,

옛사람은 짐승의 모양이었건만	古人形似獸
모두 위대한 성인의 덕 지녔지	皆有大聖德
요즘 사람들 겉은 사람이지만	今人表似人
짐승의 마음을 헤아릴 수 있나	獸心安可測[239]

라고 한 것이다.

형모이상
形貌異常

「용어하도(龍魚河圖)」에서 "치우(蚩尤)[240]의 형제는 여든 한 명이었는데 모두 짐승의 몸에 사람의 말을 하였고 구리 머리에 쇠 이마였다"[241]

---

238) 맹교(孟郊) : 중당(中唐) 시기의 시인(751~814). 자는 동야(東野). 46세가 되어서야 겨우 진사 시험에 합격하여 각지의 변변찮은 관직들을 맡았다. 또한 가정적으로도 불우하여 빈곤 속에서 죽었다. 한유(韓愈)와 가까이 지냈으며 그의 복고주의에 동조하여 작품도 악부(樂府)나 고체시(古體詩)가 많았다. 『맹동야시집(孟東野詩集)』 10권이 있다. 시호(諡號)는 정요선생(貞曜先生).

239) 「택우(擇友)」.

240) 치우(蚩尤) : 중국에 전하는 전설상의 인물. 신농씨 때에 난리를 일으켜 황제(黃帝)와 탁록(涿鹿)의 들에서 싸우면서 짙은 안개를 일으켜 괴롭혔는데 지남차를 만들어 방위를 알게 된 황제에게 패하여 잡혀 죽었다고 한다. 후세에는 제나라의 군신(軍神)으로서 숭배되었다.

241) 蚩尤兄弟八十人, 並獸身人語, 銅頭鐵額.(『說郛, 卷五下, 龍魚河圖』)

라고 하였다.

『귀장역(歸藏易)』에서 또 "치우는 모두 팔 여덟 개 발 여덟 개다", "공공씨(共工氏)는 몸에 붉은 털이 길게 나 있었다"라고 말하였다.

「남만전(南蠻傳)」에서 "임읍(林邑) 남쪽의 곱슬머리에 피부가 검은 사람을 곤륜(昆侖)이라고 통칭한다"[242]라고 하였다. 대개 해귀(海鬼)이니 지금 흑귀자(黑鬼子)[243]의 종류인데, 진(晉)나라 간문제(簡文帝)의 이후(李后)를 '곤륜(昆侖)'이라고 하니 모습이 비슷했기 때문인가 보다.[244]

옥저(沃沮)에서 어떤 사람이 배의 파편을 타고 왔는데 이마 가운데에 또 얼굴이 있었고 말이 통하지 않았는데 먹지 않고 죽었다.

『습유기(拾遺記)』에서 "서방(西方)의 인소국(因宵國) 사람들은 혀가 두 개라 말이 중첩된다고 한다. 또 혀의 뾰족한 앞이 목구멍 안으로 거꾸로 향해 있고 남자들은 휘파람을 잘 불어 그 소리가 백 리까지 들린다"[245]라고 하였다.

『이물지(異物志)』에서 "담이인(儋耳人)은 뺨의 피부를 파서 귀까지 연결시키고 닭의 창자와 같은 모양으로 몇 가닥으로 만든다"[246]라고 하였다. 또 교지(交趾) 사람들은 그 발꿈치가 엇갈려 있다.

「토번전(吐藩傳)」에서는 "이 나라 사람들이 얼굴에 붉은 색을 칠한다"[247]라고 하였다.

---

242) **卷**髮.(「舊唐書, 卷一百九十七, 列傳, 第一百四十七」) → **拳**髮.(『松南雜識』)

243) 흑귀자(黑鬼子) : 흑인.

244) 진나라의 간문제가 후사가 없었기에 관상쟁이에게 후궁들의 관상을 보게 했으나 모두 왕자를 낳을 상이 아니라고 했다. 그런데 직방(織坊)에 있던 이후를 보고 놀라면서 "바로 이 사람이옵니다."라고 했다. 이후(李后)는 키가 크고 피부가 검었기에 곤륜이라고 불렸다. 이후는 효무제의 어머니이다.

245) 西方**有**因霄**之**國人, **皆善嘯**, **丈夫嘯**聞百里, …… 舌**尖處**倒**向**喉內, **亦曰**兩舌重沓.(『拾遺記, 卷五』) → 西方因霄國人, 兩舌重沓, **又**舌倒喉內, **善笑**, 聞百里.(『松南雜識』)

246) 儋耳**南方夷**, **生則**鏤**其**頰皮, 連耳**匡**, **分爲數枝**, **狀**如**雞**腸.(『韻府羣玉, 儋耳』) → **異物志**, 儋耳**人**, 鏤頰皮連耳, 如**鷄**腸.(『松南雜識』)

247) 以赭塗面**爲好**.(『唐書, 卷二百十六上, 列傳, 第一百四十一上, 吐蕃』) → **人**塗面以赭.(『松南雜識』)

근래 제주에 여자의 시체가 떠밀려 왔는데, 중간 키에 음문(陰門)이 한 자나 되었다고 한다.

대개 바다 밖에는 산발을 하거나 머리를 깎고 이가 검으며 이마와 몸에 문신을 하고 얼굴을 물들이는 것 이외에도 선천적으로 기이한 형체도 많은 듯하다.

「남만전(南蠻傳)」에서 "그 풍속이 남녀가 같은 냇물에서 목욕하는 까닭에 교지(交阯)라고 한다"[248]라고 하였다.

붉은 머리털에 녹색 눈동자
赤髮綠瞳

『거한기(車漢記)』에서 "적(賊)은 키가 열 자이고 눈은 길고도 깊으며 물을 들인 듯 붉은 머리털과 헝클어진 수염이 어깨까지 드리워져 있으니 바로 황두실위(黃頭室韋)[249]이다"라고 하였다.

당나라 역사에서 "'힐알사(黠戛斯)'는 옛날 견곤국(堅昆國)[250]이니 그 나라 사람들은 머리털이 붉고 눈동자가 녹색이다"[251]라고 하였다. 이릉(李陵)[252]이 그곳에 살았으니 태어나면서부터 눈동자가 검은 사람은 반드시 이릉의 후손이라고 한다. 채리견국(采利堅國) 사람들은 본래 낯이 붉은데 서양인들과 결혼하여 낳은 자는 낯에 흰 점이 있다. 코가 높고

---

248) 其俗, 男女同川而浴, 故曰交阯.(『後漢書, 卷一百十六, 南蠻西南夷傳, 第七十六, 南蠻』) → 其俗男女同川而浴, 故曰交阯.(『松南雜識』)

249) 황두실위(黃頭室韋) : 당나라 때 북방의 부족 명칭. 실위(室韋)는 거란의 별류(別類).

250) 견곤국(堅昆國) : 고대에 예니세이 강 상류 지역에서 유목 생활을 하던 민족. 기원전 3세기 말에 흉노에게 정복되었다. 키르기스 인의 전신이다.

251) 『唐書, 卷二百十七下, 列傳, 第一百四十二下, 回鶻』의 내용을 압축 · 생략 · 인용했음.

252) 이릉(李陵) : 전한의 무장(? ~ B.C. 74). 자는 소경(少卿). 무제 때 흉노와 싸우다가 항복한 뒤에 흉노의 선우(單于)의 딸을 아내로 맞아 우교왕(右校王)으로 봉해졌다. 선우의 고문으로 활약하다 병사했다.

수염이 많은 사람은 모두 선비족(鮮卑族)[253]인 듯하다. 우리나라의 김해 허씨(許氏)·김씨 두 성은 수로왕의 후예로 음낭에 반드시 검은 점이 있다고 한다.

백인
白人

사마천 『사기』의 주석에서 "대월지(大月氏)[254]의 백성들은 적백색(赤白色)이고 북해에는 백민국(白民國)이 있다"[255]라고 하였다. 우리나라에도 백인이 있는데 태어나면서부터 모발과 피부가 모두 희다. 침으로 찌르면 피가 나지 않고 오직 흰 진액만 나온다. 민간에서 하는 말에 그것을 술로 만들어 약으로 쓴다고 한다.

어떤 거지가 이런 모양이었기에 물어보니 "태어나자 어머니가 숫구멍을 뚫고 항상 몸엣것을 부어 넣어 피를 만들었기에 약에 들어가지 않는다"라고 하였다.

사람 몸에 소발굽
人身牛蹄

『오대사(五代史)』에서 "돌궐(突厥) 중에는 소발굽인 자가 있다"[256]라고 하였고 "구국(狗國)에는 여자가 있다"[257]라고 하였다.

---

253) 선비(鮮卑): 중국의 이민족인 오호(五胡) 가운데 고대 북아시아에 살던, 몽골 족과 퉁구스 족의 피가 섞인 유목 민족.

254) 대월지(大月氏): 전국 시대에서 한대에 걸쳐 중앙아시아에서 활약하던 터키계의 민족. 또는 그 나라. ≒월지(月氏).

255) 『사기』의 주석에 없는 내용임.

256) **北牛**蹄突厥**人身**牛**足**.(「雜傳, 第三十九」)→突厥**有**牛蹄**焉**.(『松南雜識』)

영결국(永結國)에는 말발굽인 자가 있다.

꼬리 달린 사람, 날개 달린 사람
人尾人翅

『운남지(雲南志)』에서 말하였다.

원나라의 탈탈(脫脫)이 월준(越雋)을 정벌한 후 활에 맞아 죽은 사람을 보니 어떤 사람은 꼬리의 길이가 세 치쯤 되었다. 원주민에게 물어보니 "이런 사람이 간혹 있는데 이따금 늙으면 호랑이로 변한다"라고 하였다.

『회남자(淮南子)』에서 "공우애(公牛哀)가 변하여 호랑이가 되었다"[258] 라고 하였고, 한소(漢邵)는 죽어서 호랑이가 되니 중국에도 이런 일이 있었다.

또 날개가 있는 사람이 있다.

『은운소설(殷芸小說)』에서 말하였다.

능운대(凌雲臺)가 매우 높은데 위탄(韋誕)이 편액에 글씨를 쓰려고 하니 비뚜름했다.[259] 그래서 그것을 바르게 할 사람을 찾자 어떤 하급 군졸이 신을 신고 평지를 걷듯 기어올라가니 아마도 양쪽 겨드랑

---

257) 구국(狗國) 사람들은 개의 머리에 털이 몸에 나 있어서 옷을 입지 않으며 맹수를 손에 끌고 다닌다. 남자는 으르릉거리는 개의 소리를 내지만 그들의 아내는 사람으로 중국말을 한다. 남자로 태어나면 개가 되고 여자로 태어나면 사람이 된다.(『四夷附錄, 第二』)

258) **昔公**牛哀**轉病也**, **七日**化爲虎.(『淮南子, 俶眞』)→牛哀化爲虎.(『松南雜識』)

259) 『說郛, 前代牌額先掛後書碑石先立後刻』에 의하면 옛날에는 편액을 먼저 걸고 글씨를 썼다고 한다.

이에 날개가 있었던 듯하다.[260]

지금 우리나라의 용맹한 사람 중에도 날개 달린 사람이 있다. 「촉도부(蜀都賦)」[261]에서 "무성한 풀 속에서 추인(貙人)을 친다[拍貙氓於葽]"라고 하였는데, 그 주석에서 "강한(江漢)에 추인(貙人)이 있는데 변하여 호랑이가 될 수 있다"[262]라고 하였다.

학의 눈썹으로 사람을 비춰 봄
鶴睫照人

일사(逸史)에 다음과 같은 기록이 있다.

이정(李靖)[263]이 숭산(嵩山)을 유람하다가 신음하는 소리를 들으니 바로 한 마리 병든 학이었다.

"나는 신선이오. 나무꾼에게 다리를 다쳤으니 사람의 피를 얻으면 낫는다오."

라고 하고는 눈썹을 뽑으며 말하였다.

"이것을 가지고 비추어 보면 알 것이오."

이공이 스스로를 비추어 보니 말머리였다. 서울에 오니 만나는 사람들은 모두 완전한 사람이 아니고 어떤 이는 개·돼지·나귀·말 등

---

260) 凌雲臺至高, 榜有未正, **鈐**下卒**著**履登緣, 如**履**平地, **蓋其**兩腋**各**有肉翅**數寸**. 殷芸小說.(『韻府羣玉, 肉翅』)→殷芸小說, 凌雲臺至高, 榜有未正, **鈐**下卒**着**履登緣如平地, **盖**兩腋有肉翅**云**.(『松南雜識』)

261) 촉도부(蜀都賦) : 진(晉)나라 좌사(左思)의 작품.

262) 江漢有貙人, 能化爲.(『文選, 卷四, 南都賦, 蜀都賦』)

263) 이정(李靖) : 당 태종의 장수. 자는 약사(藥師). 육화진(六花陣)으로 유명함. 본래 수나라에서 벼슬하다가 당나라의 장수가 되어 많은 군공을 세우고 위국공(衛國公)에 봉해졌다.

이고 오직 한 노인만이 사람이었다. 공이 사연을 말하자 늙은이는 팔을 걷고 피를 뽑아 주었다. 공이 가서 학의 상처에 피를 적셔 주자, 학이 "공은 재상이 될 것이오"라고 인사하고는 바로 하늘로 올라갔다.

긴 옷, 짧은 옷
人衣長短

『후한서(後漢書)』에서 "동옥저(東沃沮) 바다에서 베옷 한 벌을 얻으니, 그 모양은 보통 사람의 옷 같은데 두 소매의 길이가 세 길이나 되었다"264)라고 하였다.

구도매국(區度寐國)은 동북방에 있는데 그 사람들은 팔이 매우 길고 옷은 짧다고 한다. 또 장비국(長臂國)도 있다.

큰 사람, 작은 사람, 큰 동물, 작은 동물
人物大小

지봉 이수광이 말하였다.

새 중에서 큰 것은 붕(鵬)이고 물고기 중에서 큰 것은 고래이고 뱀 중에서 큰 것은 파(巴)이니 코끼리도 삼킨다. 게 중에서 큰 놈은 산만하고 지렁이 중에서 큰 놈은 인(螾)이니, 『고려사』에서 "길이가 열일

264) 東沃沮, …… **嘗於海中**, 得一布衣, 其形如中人衣, 而兩袖長三丈.(『後漢書, 卷一百十五, 東夷傳, 第七十五, 東夷』) → 東沃沮海, 得一布衣, 其形如中人衣, 而兩袖長三丈.(『松南雜識』)
*『후한서』를 인용한 것이 아니라 『芝峯類說, 卷一, 災異部, 人異』의 "後漢書曰, 東沃沮海中, 得一布衣, 其形如中人衣, 而兩袖長三丈"를 인용한 것으로 보인다. 다음의 「人物大小」에서 인용된 『지봉유설』의 내용과 앞뒤로 이어진다.

곱 자에 이른다"라고 말하였다. 물(物)도 이와 같으니 사람도 의당 그러하다. 방풍씨(防風氏)[265]는 몸 둘레가 아홉 이랑이나 되고 그의 뼈 하나만 해도 수레 한대 분이다. 박보(樸父)[266]는 동남쪽 아득히 먼 곳에 있는데 그 부부가 같이 서면 키가 천 리나 된다. 신라 때 여자의 시체가 바다에서 떠 왔는데 키가 쉰 자였다. 용백국(龍伯國) 사람들은 키가 서른 길이다. 동해에는 대인국(大人國)이 있다. 진시황 때 파군(巴郡)의 대인은 키가 스물다섯 길이었다.[267]

한나라 왕망(王莽) 때 거무패(巨無覇)는 북을 베고 누웠으며 그를 한 대의 수레로 싣지 못하였다.

근래 조 도령이라는 자가 있으니 아무리 팔 척 장신이라도 모두 그의 허리춤에도 못 미친다. 그렇기 때문에 아내가 없었다. 또 그는 "내 여동생은 나보다도 몇 자가 크기에 남편감이 없다"라고 말했다고 한다.

또 새 중에 작은 것은 초명(焦冥)이니 모기 눈썹에 깃들어 산다. 벌레 중에서 작은 것은 초파리(醯鷄)이니 항아리 속에 모여 산다. 사람 중에 작은 것은 동군(東郡)의 난쟁이이니 겨우 일곱 치이다. 동해에 소인국이

---

265) 방풍씨(防風氏) : 고대 전설의 추장 이름.

266) 박부(樸父) : 신화 속의 인물. 『신이경(神異經), 동남황경(東南荒經)』에 의하면 동남쪽 모퉁이에 박부가 있는데 부부의 키가 천 리나 된다고 한다. 하늘이 처음 열렸을 때 그들 부부에게 모든 냇물을 트게 했는데 게으름을 피우고 일을 하지 않았기에 동남쪽으로 귀양을 보내 서있게 했다고 한다.

267) 鳥之大者**曰**鵬, 魚之大者**曰**鯨, 蛇之大者呑象, 蟹之大者如山, 蚯蚓之大者, 長至七十尺, **在高麗史**, 物有如此, 人亦宜然, **如**防風氏身横九畝, **何足疑乎**. **神異記言**東南大荒中, **有樸父焉**, 夫妻竝立, 其高千里, **此說固誕矣**, **按古記云**, **新**羅時, **有**女尸漂**泊于**海**岸**, 長五十尺. **或云**, **長三十六尺**, **然則博物志所謂**龍伯國人, 長三十丈. **又曰**, **日東北極人**, **長九丈**. **又曰**, 東海**之外大荒之中**, 有大人國**者**, **似有徵矣**. **史記註**, 始皇**十八年**, 巴郡**出**大人, 長二十五丈**六尺**.(『芝峯類說, 卷一, 災異部, 人異』) → 鳥之大者鵬, 魚之大者鯨, 蛇之大者**巴**, 呑象, 蟹之大者如山, 蚯蚓之大者**蟥**. **麗史云**, 長至七十尺, 物有如此, 人亦宜然, 防風氏身横九畝, **一骨專車**, **樸父在東南大荒中**, 夫妻竝立, 其高千里, 羅時, 女尸漂海, 長五十尺. 龍伯國人, 長三十丈. 東海有大人國焉. **秦始**皇**時**, 巴郡大人, 長二十五丈.(『松南雜識』)

있으며 곡국(鵠國) 사람들은 바다의 따오기를 만나면 잡아 먹힌다고 한다.

『강희자전(康熙字典)』에서 "고사국(姑射國)에 천 리 크기의 게가 있다"[268]라고 한 것이 이것이다.

땅에 그려 표현함
形語畫地

소식의 「괴석공(怪石供)」에서 "바다 밖에 형어국(形語國)이 있으니 입으로는 말을 하지 못하고 형상으로 표현을 하니 이를 형어(形語)라고 한다"[269]라고 하였다.

한유(韓愈)의 「송구책서(送區冊序)」에서 "바닷가의 새의 말을 하고 오랑캐 낯을 한 관리들은 땅에 획을 그어 세금을 징수하였다"[270]라고 하였다.

우리나라 내포(內浦)[271] 사람들은 풍토병(風土病)에 건강이 손상되어 해소를 앓아서 손님을 접대하지 못하였다. 손님이 무슨 병인지 묻자 땅을 가리키니 '풍토병'이란 의미이다. 또 어찌하여 이사가지 않는지 묻자 땅을 가리키니 땅이 비옥하기 때문이라는 의미이다. 대개 풍토병이 있는 지역의 땅은 비옥하다.

소식이 방안상(龐安常)은 훌륭한 의원인데 귀머거리였기에 손가락으로 글씨를 써서 보여 주었다. 그래서 시에서,

---

268) 姑射國**在海中**, **屬列姑射**, **西南山環之**, **大蟹在海中**. **註**, **蓋**千里**之**蟹**也**.(『康熙字典, 蟹』)→姑射國**有**千里蟹.(『松南雜識』)

269) 海外, 有形語之國, 口不能言, **而**相喩以形, **其以**形語也.(『東坡全集, 卷一百, 雜文一十八首, 怪石供』)→海外, 有形語之國, 口不能言, 相喩以形, **是謂**形語也.(『松南雜識』)

270) **夾江荒茅篁竹之間**, **小吏十餘家**, **皆**鳥言夷面, **始至言語不通**, 畫地**爲字然後**, **可告以出租賦**.(「送區冊序」)→**潮海**鳥言夷面**吏**, 畫地**收稅**.(「松南雜識』)

271) 내포(內浦) : 바다나 호수가 육지 안으로 휘어 들어간 부분.

나는 손이 입이고	余以手爲口
너는 눈이 귀로세	君以眼爲耳[272]

라고 말하였다.

종일 잠을 자지 않음
晝夜不睡

장재(張載)[273]가 "사람의 정신은 낮에는 눈에 깃들어 있다가 밤에는 생식기로 돌아간다. 그래서 지금 밤에 잠을 못 자면 눈동자가 흐리멍텅하고 정신이 불안하며 낮에 성관계를 가질 경우에도 그렇다"라고 말하였다. 옛 사람들이 안부를 물을 때 먼저 '수면'과 '식사'에 대해서 말하였으니 사마광(司馬光)[274]이 이른바 '하늘의 밤낮과 사람의 생사'가 이것이다.

야사에 의하면 서경덕이 고승과 서로 바라보면서 잠을 자지 않았는데, 고승은 7일 만에 기절하였지만 서경덕은 14일 동안 정신이 멀쩡했다고 한다.

삼연(三淵) 김창흡(金昌翕)이 오재공(寤齋公) 조정만(趙正萬)[275]에게 준

---

272) 龐安常, 善醫而聾, **遂往求療**, **安常雖聾而穎悟絶人**, 以指畫字, **不書數字**, **輒深了人意**, **予戲之曰** : **予**以手爲口, 君以眼爲耳.(『東坡志林, 卷九』) → 龐安常, 善醫而聾, 以指畫字, **示之 故詩云**, **余**以手爲口, 君以眼爲耳.(『松南雜識』)

273) 장재(張載) : 북송의 유학자(1020~1077). 자는 자후(子厚). 호는 횡거(橫渠). 유가와 도가의 사상을 조화시켜 우주의 일원적 해석을 설파함으로써 이정(二程)・주자의 학설에 영향을 끼쳤다. 「역설(易說)」・「서명(西銘)」・「동명(東銘)」 등을 저술했다.

274) 사마광(司馬光) : 북송 때의 학자・정치가(1019~1086). 자는 군실(君實). 호는 우부(迂夫)・우수(迂叟). 사마온공(司馬溫公)이라고도 한다. 신종 초에 왕안석의 신법(新法)에 반대하여 은퇴하고 철종 때에 재상이 되자, 신법을 폐하고 구법(舊法)으로 통치했다. 저서에 『자치통감』・『사마문정공집(司馬文正公集)』 등이 있다.

275) 조정만(趙正萬) : 조선 후기의 문신・학자(1656~1739). 본관은 임천(林川). 자는 정이(定而), 호는 오재(寤齋). 송준길(宋浚吉)・송시열(宋時烈)의 문인이다. 경(經)・사(史)

서문에서 말하였다.

공은 생전에 눈을 감지 않고 늙었다. 가령 공의 나이 쉰이라면 세상사람들 나이로는 백 살이고 공의 나이 여든이라면 세상사람들 나이로는 백 육십 살에 해당한다. 그래서 '오재(寤齋)'라고 호를 지었다.[276]

인형이 일어나 춤을 춤
假像起舞

『아희원람(兒戲原覽)』에서 말하였다.

> 고려의 장군 신숭겸(申崇謙)과 김락(金樂)이 전사하자 태조가 신하들에게 연회를 베풀 때 두 사람의 인형을 만들어 반열에 앉히고 술과 음식을 내리니, 문득 건조한 인형이 일어나서 산 사람처럼 춤을 추었다. 뒤에 예종이 평양을 순시할 때 그 인형이 뜰에서 말을 타고 뛰쳐올랐다.[277]

생각하건대, 인형은 한나라 기신(紀信)[278]의 풀인형과 유사한데 일어나 춤을 추거나 뜰에서 뛰쳐 오른 것은 기신이 미치지 못한다.

양(梁)나라 역사에 의하면 왕족 소유(蘇猷)가 오흥(吳興)의 태수가 되어 제사할 때마다 초왕(楚王) 사당의 신[279]에게 잔을 올리니 신의 그림자의

·백가서(百家書)에 두루 통했으며, 시와 서예에도 뛰어났다. 김창협(金昌協)·김창흡(金昌翕)·이희조(李喜朝) 등과 친교가 깊었다. 저서로 『오재집(寤齋集)』이 있다.

276) 김창흡의 「오재공설(寤齋說)」. 조정만은 불면증을 앓았다고 한다.

277) 高麗將金樂戰死, 太祖宴羣臣, 爲假像, 在班賜酒食, 輒焦乾假像起舞如生人, 後睿宗省西都, 其假像騎馬踊躍**周巡**於庭.(『兒戲原覽, 變異』)→高麗將**申崇謙**金樂戰死, 太祖宴羣臣, 爲二假像, 在班賜酒食, 輒焦乾假像起舞如生人, 後睿宗省西都, 其假像騎馬踊躍於庭.(『松南雜識』)

278) 기신(紀信) : 한나라 유방의 장수. 항우가 형양(滎陽)을 포위하자 유방을 탈출시키기 위하여 자신이 유방으로 위장하고 대신 죽었다.

얼굴에도 주기가 올라 있었다. 뒤에 익주(益州) 자사(刺史)가 되어 제구아(齊狗兒)에게 공격을 당하자 신이 수백 기를 거느리고 와서 구원하고 제구아를 격파하였다.[280]

죽은 호랑이의 살이 호랑이로 변함
死肉化虎

『아희원람(兒戲原覽)』에서 말하였다.

한나라 경제(景帝)가 호랑이를 사냥하였으나 잡지 못하였기에 그 호랑이에게 제사를 지냈더니 꿈에 호랑이가 나타나 말하였다.

"네가 나를 얻고 싶어하기에 지금 자살하여 네 소유가 되련다."

다음날 이 호랑이의 주검이 제사 지내는 곳에 있는 것을 보고 가죽을 벗기도록 명하니, 나머지 고기가 다시 호랑이로 변하였다.

상자 속의 가죽이 어가를 침범함
櫝皮犯駕

『명사(明史)』에서 말하였다.

경청(景淸)이 건문제(建文帝)의 복위를 꾀하자, 황제[281]가 그의 가죽

279) 항우(項羽)를 이름.

280) 梁宗室猷, **封汝臨侯**, 爲吳興守, 每祀, 酹楚王**廣**神, **盡歡極醉**, 神影亦有酒色. 後爲益州刺史, 爲**賊**齊狗兒所攻, 神領數百騎來, 救**大**破狗兒史.(『韻府羣玉, 與廟神極醉』) →梁史, 宗室猷爲吳興守, 每祀, 酹楚王**廟**神, 神影亦有酒色. 後爲益州刺史, 爲齊狗兒所攻, 神領數百騎來, 救破狗兒 (『松南雜識』)

281) 명나라 제3대 황제인 영락제(永樂帝)를 이름. 명나라를 세운 태조 홍무제(洪武帝)의

을 벗겨 상자에 넣은 후 장안문(長安門)에 매달았다. 훗날 어가가 그 곳을 지나가는데 시체가 갑자기 줄을 끊고 앞으로 걸어와 어가를 침범하였다. 황제가 조서를 내려 그를 불태웠다.

죽은 이의 피가 바위를 적심
死血漬巖

지봉 이수광이 말하였다.

운봉(雲峰)[282] 팔량현(八良峴)에 혈암(血巖)이 있으니 조선 태조가 왜적의 우두머리 아지발도(阿只拔都)를 섬멸한 곳이다. 바위 위의 피 얼룩은 지금도 새로 젖은 듯 하기에 '혈암'이라고 한다. 임진년에 바위의 피가 흘러가 왜적이 침범해 왔다고 한다.[283]

해일이 위화도를 덮침
海溢威島

나라가 장차 일어나려고 하면 하늘이 반드시 돕는다. 조선의 태조가 회군을 할 때 바다가 위화도(威化島)를 가라앉혔고, 인조가 반정을 할 때는 말을 타고 임진강을 건넜다. 이는 마치 수수(濉水)의 바람 · 호타(滹沱)

넷째 아들이다. 21세에 북경에 연왕(燕王)으로 봉해지면서 두각을 나타냈으며 정난(靖難)의 변으로 태조 뒤를 이은 조카 건문제(建文帝)로부터 왕위를 빼앗아 제위에 오른 뒤 수도를 북경으로 옮겼다.

282) 운봉(雲峰) : 전라북도 남원 지역의 옛 지명.

283) 雲峰八良峴, 有血巖, **乃**我太祖剿殲拔都之地, 石上斑血, 至今若新漬, 壬辰**歲**, **巖**血流而倭**寇**至.(『芝峯類說, 卷二, 地理部, 山』) → 雲峰八良峴, 有血巖, 我太祖剿殲倭**酋阿只**拔都之地, 石上斑血, 至今若新漬, **謂血巖**, 壬辰, 血流而倭至.(『松南雜識』)

의 얼음 · 강왕(康王)의 진흙말[284]이나 시조께서 강을 건넌 일과 같다.

『회남자(淮南子)』에 이른바 "노양(魯陽)이 태양을 향하여 창을 휘두르자 태양이 물러갔다"[285]라는 이야기가 있고 송경선(宋景善)이 말로 형혹성(熒惑星)을 옮겼다는 이야기가 있으니, 그런 일이 간혹 있는가 보다.

만월대에서 구름을 향해 활을 쏨
滿月射雲

다음과 같은 전설이 있다.

조선의 숙종이 개성에 행차하였다가 만월대에 올라갔다. 얼마 뒤 검은 구름이 사방에서 모여들더니 공중에서 군마(軍馬) 소리가 은은히 들리기에 시위(侍衛)에게 명하여 어지럽게 활을 쏘게 하고 즉시 환궁하였다고 한다.

『조야첨재(朝野僉載)』에서 말하였다.

병주(竝州)에 투녀(妬女)[286]의 사당이 있으니 바로 개지추(介之推)[287]의 누이동생이다. 투녀(妬女)의 『백합경(百合經)』을 가지고 이곳을 지나가는 사람이 있으면 반드시 우레 · 번개 · 바람 · 우박을 내려서 놀

---

284) 강왕(康王)은 송 휘종(徽宗)의 아홉째 아들로 금나라에 인질로 갔다가 도망가는 길에 최부군(崔府君) 사당 옆에 말이 있는 것을 보고 올라탔다. 이 말은 하루에 칠백 리를 내달렸다. 강을 건너자 말이 더 이상 앞으로 나가지 않기에 내려다보니 진흙말이었다.

285) 『회남자(淮南子), 남명훈(覽冥訓)』에 나오는 이야기. 노양공이 한(韓)과 한참 싸울 때 해가 지려고 했다. 이에 노양공이 창을 끌어당겨 해를 향하여 휘두르니 해가 삼사(三舍)나 물렀다고 한다[魯陽公與韓構難, 戰酣日暮, 援戈而撝之, 日爲之反三].

286) 『松南雜識』에는 '姑女'로 오기되어 있음.

287) 개치추(介之推) : 개자추(介子推). 춘추 시대의 은인(隱人). 진(晉)나라 문공(文公)이 공자(公子)일 때 19년 동안 함께 망명 생활을 하며 고생했으나, 문공이 귀국하여 왕이 된 후 자신을 멀리하자 면산(緜山)에 들어가 숨어 살았다. 문공이 잘못을 뉘우치고 자추가 나오도록 하기 위하여 그 산에 불을 질렀으나, 나오지 않고 타 죽었다고 한다.

라게 한다.[288]

매미와 나방으로 변함
變蟬化蛾

지봉 이수광이 말하였다.

『고금주(古今注)』에서 "제나라 왕후가 왕을 원망하다가 죽어서 매미로 변하였다"라고 하였고, 『술이기(述異記)』에서는 "초(楚) 장왕(莊王)의 궁인(宮人)이 하루아침에 들나방으로 변하여 날아갔다"라고 하였다. 또 소설에서 "사람 중에는 죽어서 새나 나비로 변하는 사람이 있다"라고 한 것은 무슨 이치인가?[289]

살펴보건대, 망제(望帝)가 두견(杜鵑)[290]이 되고 한붕(韓朋)의 아내가 원앙(鴛鴦)이 되고 대문(戴文)이 이웃집 소[291]가 되고 마원(馬援)이 남만(南蠻) 산골짜기의 뱀이 되고[292] 왕자(王子) 희진(姬晉)[293]은 학(鶴)이 되었다.

---

288) 幷州**石艾艾陽二界, 有妬女泉有神廟, 泉水沈潔澈千丈, 祭者, 投錢及羊骨, 皎然皆見. 俗傳妬**女者, 介之推妹, **與兄競去泉百里, 寒食不許擧火, 至今猶然, 女錦衣紅鮮裝束盛服, 及有人取山丹**百合經**過**者, 必**雷風電雹**以震之.(『朝野僉載, 卷六』) → 幷州, 有**姑**女廟, 卽介之推妹也. 有取**姑**女白合經者, 必**雷電風雹**以震之.(『松南雜識』)

289) 古今註, 齊后怨王而死, 變爲蟬, 述異記, 楚莊王**時**, 宮人一朝化爲野蛾飛去**云**. **此何理也. 豈宮女多怨曠幽思, 故有此異歟**. 又小說**言**, 人或死而**化**爲飛禽與蝶者, 抑何理也.(『芝峯類說, 卷一, 災異部, 人異』) → 古今註**云**, 齊后怨王而死, 變爲蟬, 述異記**曰**, 楚莊王宮人, 一朝化爲野蛾飛去. 又小說, 人或死而爲飛禽與蝶者, 抑何理也.(『松南雜識』)

290) 촉(蜀)의 황제 망제(望帝)가 나라를 빼앗기고 원통하여 두견새가 되었다고 한다.

291) 대문(戴文)은 당나라 정원(貞元) 연간에 해염현(海鹽縣)에서 살았던 부자로 성질이 탐욕스럽고 각박했다. 대문이 죽고 나서 이웃집의 소가 검은 송아지를 낳았는데 그 겨드랑이에 흰 털로 '대문(戴文)'이라고 쓰여 있었다.

292) 마원(馬援)이 무릉(武陵)을 정벌할 때 폭염으로 병사들이 쓰러지자 호두산(壺頭山)에 토굴을 파고 더위를 피하게 했다. 훗날 이 석굴에 거대한 뱀이 사니 마원의 혼령이

또 『춘추좌전』에서 "노나라 천궁(泉宮)의 뱀이 선군(先君)의 수와 같다"[294]라고 하니 더욱 괴이하다.

앵무새를 벙어리로 만들고 구관조가 말을 하도록 만드는 법
鸚瘖鴝言

『아희원람(兒戲原覽)』에서 "앵무새는 등을 문지르면 벙어리가 되고 구관조는 혀를 자르면 말을 한다"[295]라고 말하였으니 진길료(秦吉了)나 낙시료(樂時了)와 유사하다. 또 송처종(宋處宗)[296]의 닭은 사람의 말을 하였는데, 담론에 현묘한 이치가 있었다. 중 혜원(慧遠)의 오리는 불당에 들어와 독경하는 소리를 들으니 마치 다른 일에 대한 말을 듣는 듯 하다가 날아갔다.

『포박자(抱朴子)』에서 "거북이가 천 년을 묵으면 사람과 말을 할 수 있다"[297]라고 하였고 『예기(禮記)』에서는 "성성이가 말을 할 수 있지만 짐승에 불과하다"[298]라고 하였는데 녹단(甪端)[299]과 백택(白澤[300])도 모두 말을 할 수 있다. 또 뱀과 자라는 눈으로 듣고 거북이는 귀로 숨을 쉰다. 매미는 입이 없어 날개로 울고 귀뚜라미는 입이 있는데도 다리로 운다고 한다.

라고 했다.

293) 희진(姬晉) : 주(周) 영왕(靈王)의 태자(太子).

294) **有**蛇**自**泉宮**出入于國**, 如先君之數.(『春秋左傳注疏, 卷二十, 十六年, 十一月』)→**魯**泉宮蛇 如先君之數.(『松南雜識』)

295) 鸚鵡摩背則瘖, 鸜鵒剪舌則言.(『兒戲原覽, 資性』)→鸚鵡摩背則瘖, 鸜鵒剪舌則言.(『松南雜識』)

296) 송처종(宋處宗) : 진(晉)나라 곤주(袞州) 자사(刺史). 패국(沛國) 사람.

297) 『古今事文類聚, 後集, 卷三十五, 介蟲部』에 『포박자』를 출전으로 인용하고 있음.

298) 猩猩能言, 不離**禽**獸.(『禮記, 曲禮上』)→猩猩能言, 不離走獸.(『松南雜識』)

299) 녹단(甪端) : 신수(神獸)의 이름.

300) 백택(白澤) : 신수(神獸)의 이름.

『설문해자』에서 “바다거북은 밥통으로 울고 청개구리는 목으로 운다”라고 말하였다.

용과 물고기는 귀가 없다
龍魚無耳

『아희원람(兒戱原覽)』에서 말하였다.

용과 물고기는 귀가 없고 노루와 말은 쓸개가 없고 게와 두꺼비는 창자가 없고 토끼는 지라가 없고 지렁이는 힘줄이 없고 성성이·비비는 꼬리가 없고 새는 위와 허파가 없다. 소는 세로로 선 눈동자만 있고 가로로 누운 눈동자는 없다.[301]

살펴보건대 짐승 중에는 외발 기(夔), 세 발 개가 있다. 새 중에서 세 다리 준오(踆烏)[302], 외다리 상양(商羊), 외다리 필란(畢鸞)[303]이 있으며 자라 중에도 세 다리 자라가 있다. 짐승 중에는 발 없는 뱀과 굼벵이가 있다. 사람 중에는 서해에 창자가 없는 사람들이 사는 기굉국(奇肱國)이 있고 남해에는 머리가 셋에 팔이 길고 가슴이 뚫린 교경국(交脛國)이 있고 북해에는 팔이 없고 눈이 하나인 삼신국(三身國)이 있고 동해에는 모민국(毛民國)이 있다.

301) 龍魚無耳, 麞馬無膽, 蟹蟆無腸, 猴兎無脾, 豖蚓無筋, 猩狒無尾, 鳥無胃肺, 牛有竪瞳無横瞳.(『兒戱原覽, 資性』)→龍魚無耳, 麞馬無膽, 蟹蟆無腸, 兎無脾, 豖蚓無筋, 猩狒無尾, 鳥無胃肺, 牛有竪瞳無横瞳.(『松南雜識』)

302) 준오(踆烏) : 삼족오(三足烏). 다리가 셋이므로 잘 걸어가지 못하기에 준(踆)이라고 함.

303) 필란(畢鸞) : 외다리 학.

물고기의 눈은 감기지 않는다
魚目不瞑

물고기의 눈은 감기지 않는다. 그렇기 때문에 지금 자물통과 절의 목어에 물고기 형상을 사용하여 만든다. 용은 돌을 보지 못한다. 그래서 지금 용이 승천한 바위는 모두 '凹'자 형태로 파여 있다. 또 물고기는 불을 보지 못한다. 지금 개울을 불로 비춰 그물질하는 것이 이것이다. 호랑이는 종이를 보지 못하고 사람은 먼지를 보지 못한다. 참새는 저녁에 눈이 어둡고 올빼미는 낮에 장님이다.

살펴보건대 진(晉)나라의 왕융(王戎)[304]은 태양을 바로 쳐다보아도 현기증이 없었고 송나라의 채경(蔡京)은 태양을 바로 쳐다보고도 눈을 깜박이지 않았으니 또한 기이한 사람이다.

사향노루의 배꼽과 산붉은꿩의 꼬리
麝臍鷩尾

『아희원람(兒戲原覽)』에서 "사향노루는 배꼽을 아껴서, 죽으면서도 배꼽을 네 발로 끌어안아 보호한다"[305]라고 하였으니, 『춘추좌전(春秋左傳)』에서 이른바 '서제(噬臍)'가 이것이다.[306]

공작은 샘을 잘 내서 수놓은 비단옷 입은 사람을 보면 반드시 달려가서 쪼아댄다. 매양 장소를 가려 꼬리를 갈무리하고 새를 잡는 사람이 오더라도 여전히 돌아보기만 하고 날아가지 않는다. 산붉은꿩은 제 꼬리를 애지중지하여 물에 꼬리를 비추어 보고는 눈이 어지러워 물에 빠

---

304) 왕융(王戎) : 진(晉)나라의 은자. 낭야(琅邪) 임기(臨沂) 출신. 자는 예충(濬沖). 왕융은 완적보다 스무 살이나 적었지만 함께 교유했다. 죽림칠현의 한 사람이다.

305) 麝**性**愛臍, **爲人逐**, **擧瓜剔香**, **就縶**, 死猶拱四足, 保其臍.(『兒戲原覽, 資性』)→麝愛臍, 死猶拱四足, 保其臍.(『松南雜識』)

306) 亡鄧國者, 必此人也. 若不早圖, 後君噬臍.(『春秋左傳, 莊公六年』)

진다.

나비 고기와 지네 포
蝶肉蚣脯

『영남이물지(嶺南異物志)』에서 "어떤 부들 돛 같은 물건이 바다를 지나가길래 바다사람들이 잡았더니 바로 나비였다. 고기가 여든 근이나 되었는데 먹어보니 매우 기름지고 맛이 좋았다. 또 지네가 큰 놈은 길이가 백 보나 된다"라고 말하였다.

『남월지(南越志)』에서 "지네 중에 큰 놈은 가죽으로 북을 만들 수 있고 그 고기로 포를 만들면 소고기보다도 맛있다"[307]라고 하였다.

조선의 토정(土亭) 이지함(李之菡)[308]이 아산(牙山) 현감으로 있을 때 지네 진액을 마시고는 바로 날밤을 먹었다. 어떤 사람이 버드나무를 밤알처럼 깎아서 올리니 씹어 먹고 즉사하였다고 한다.

북도 사람들은 고양이고기를 지져서 안주로 삼으니 또한 맛이 좋다고 한다.

---

307) 南越志云, **南方晉安有山**, **出蜈蚣**, 大者, **長丈餘**, **能啖牛**, **俚人然炬**, **遂得**, **以**皮鞔鼓, 肉**曝**爲脯, 美於牛肉.(『本草綱目, 卷四十二, 蟲之四, 蜈蚣』) → 南越志云, 大者, **其**皮**可以**鞔鼓, **其**肉爲脯, 美於牛肉.(『松南雜識』)

308) 이지함(李之菡) : 조선 선조 때의 학자(1517~1578). 자는 형중(馨仲)·형백(馨佰). 호는 토정(土亭)·수산(水山). 벼슬은 포천(抱川), 아산(牙山)의 현감을 지냈다. 서경덕의 문인으로, 의약·복서(卜筮)·천문·지리·음양에 능통했다. 저서에 『토정비결(土亭秘訣)』 등이 있다.

적육과 해장
赤肉海胖

한(漢)나라 성제(成帝) 때 푸른 사슴 한 마리가 떨어져서 먹어보니 매우 훌륭한 것이 일찍이 먹어보지 못한 맛이었다.

우리나라 안변(安邊) 국도(國島)의 바위 틈에 적육(赤肉)이 자생하니 크기는 쟁반만 한데 물고기도 아니고 벌레도 아닌 것이 비할 때 없는 진미이다. 곽박(郭璞)이 이른바 '토육(土肉) 석화(石華)'[309]인가 보다. 영종도에 해중장(海中胖)이 있으니 모양이 숫양 같을 뿐 아니라 맛도 숫양 같다.

엽기적인 식성
食性之異

『장자(莊子)』에서 "사람은 고기를 먹고 사슴은 풀을 먹고 지네는 작은 뱀을 먹고 올빼미는 쥐를 맛있어 하니 네 가지 중에서 무엇이 바른 맛인지 알겠는가?"[310]라고 하였다.

지봉 이수광이 말하였다.

> 당나라의 주찬(朱粲)·장무소(張茂昭), 오대(五代)의 장종간(張從簡)·설진(薛震)은 사람고기를 좋아하였고 명나라의 신안왕(新安王) 주유희(朱有熺)는 사람의 골과 간 먹기를 좋아하였다. 아! 어찌 도척(盜跖)만이 그런 짓을 했겠는가? 당나라 좌사랑중(左史郎中) 임정소(任正召)와 서천(舒川) 자사(刺史) 장회숙(張懷肅)은 사람의 정액 먹기를 좋아하였고 지복건원(知福建院) 권장유(權長孺)는 사람의 손톱 먹기를 좋아하였

309) 「강부(江賦)」.

310) 民食芻豢, 麋鹿食薦, 蝍且甘帶, 鴟鴉嗜鼠, 四者, 孰知正味.(『莊子, 逍遙遊』)

다. 선조 때 강릉에 김씨 성을 가진 이는 남의 음낭 빨기를 좋아하여 천하에서 가장 좋은 맛이라고 하였다. 산사에서 중의 음낭을 빠니 중들이 고달파하였다. 이와 같은 기이한 식성은 알 수가 없다.[311]

살펴보건대, 치우(蚩尤)의 형제는 모래와 돌을 먹었고, 『진서(晉書)』에서 "공손봉(公孫鳳)이 여름에 음식을 모두 그릇에 담아서 악취가 나게 만들어서 먹었다"[312]라고 말하였다. 『남사(南史)』에서는 "유옹(劉邕)이 사람의 상처 딱지를 좋아하였는데 맛이 전복 같았다"라고 하였다.[313] 또 백월(白粤) 사람들은 두꺼비를 최고의 맛으로 친다. 또 옴이 오른 피부가 가장 맛이 있기에 "절대 벗겨 버리지 말라. 이것이 비단 옷이네"라고 말한다.

변빈(卞彬)이 두꺼비를 두고 부(賦)를 짓기를,

푸른빛 자줏빛 인끈을 차니	紆青拖紫
그 이름은 합어(蛤魚)	名以蛤魚[314]

라고 하니 세상에서는 두꺼비로 영복(令僕)[315]을 비유하였다.

---

311) **昔**唐朱粲·張茂昭·五代張從簡·薛震, 嗜**食**人肉, 皇明新安王有熺, 喜**生食**人腦肝**膽**, 噫, 豈獨盜跖然哉, **尤可怪者**, 唐左史郎中任正名·舒川刺史張懷肅, 好服人精, 知福建**院**權長孺,嗜人爪甲, **近世**江陵, 有姓金者喜吮人腎囊, 爲天下至味, **常**於山寺, **與僧共處**, **日以吮囊爲事**, 僧徒苦之, 此**其**食性之不可知者.(『芝峯類說, 卷一, 災異部, 人異』)→唐朱粲·張茂昭·五代張從簡·薛震, 嗜人肉, 皇明新安王有熺, 喜人腦肝, 噫. 豈獨盜跖然哉, 唐左史郎中任正名·舒川刺史張懷肅, 好服人精, 知福建權長孺, 嗜人爪甲, **宣廟世**江陵, 有姓金者喜吮人腎囊, **以**爲天下至味, **嘗**於山寺, 吮僧囊, 僧徒苦之, 此食性之**異**, 不可知者.(『松南雜識』)

312) 夏則**竝**食于器**停**, 令臭**敗然後**食**之**.(『晉書, 卷九十四, 列傳, 第六十四, 隱逸, 公孫鳳』)→夏則**倂**食于器, 令臭**乃**食.(『松南雜識』)

313) 邕**性**嗜**食**瘡痂, **以爲**味似鰒**魚**.(『南史, 卷十五, 列傳第五, 劉穆之』)→**劉**邕嗜**人**瘡痂, 味似鰒 (『松南雜識』)

314) 卞彬賦**蝦蟆**云, 紆青拖紫, 名**以**蛤魚**也**, **世以**比令僕**也**.(『淵鑑類函, 卷四百四十八, 蟲豸部, 四, 蛙二』)→卞彬賦云, 紆青拖紫, 名**爲**蛤魚, 比令僕**者**.(『松南雜識』)

315) 영복(令僕) : 상서령(尙書令)과 복야(僕射).

지금 중국사람들은 뱀을 떡시루에 매달아 기름이 방울방울 떨어지게 하는데 그 기름을 진미로 치며, 꿀단지에 새끼 쥐를 넣었다가 먹으니 '밀즉(蜜喞)'이라고 한다. 또 그들은 우리나라의 낙지를 못 먹기에 우리나라 사람을 대할 때 계수나무 벌레를 산 채로 빨아먹는 것과 같게 생각하니 바로 위타(尉佗)[316]가 풍질(風疾)[317] 치료를 위하여 진상한 것이다. 왜인(倭人)은 항아리 속에서 삭힌 생선살을 최고의 안주로 생각한다. 우리나라의 귀인들은 음기를 보충하기 위하여 뱀을 즐겨 먹는다. 이철구(李鐵求)는 매의 눈알을 삼켜 용기를 길렀다. 영남사람들은 쌀밥을 날생선의 뱃속에 채워서 삭히니 어혜(魚醯)라고 한다.

『예기(禮記), 내칙(內則)』의 주석에 "익주(益州)에 녹위(鹿矮)가 있으니 사슴을 잡아서 냄새가 날 때까지 땅속에 파묻어 두었다가 파내서 먹으니 '위(矮)'라고 한다"[318]라고 하였다.

『연담(燕談)』에서 "거란국(契丹國)에는 족제비라는 큰 쥐가 있는데 다리가 짧고 매우 살이 쪘으니 그 나라에서는 별미로 친다"[319]라고 말하였고, 『산해경(山海經)』에서[320] "남방(南方)에 불을 먹는 나라가 있으니 그곳 사람들은 불붙은 숯을 먹을 수 있다고 한다"라고 하였다. 대개 식성(食性)도 자연을 따라서 변하는 것이 많은가 보다.

---

316) 위타(尉佗) : 한(漢)나라 때의 남월왕(南越王).

317) 풍질(風疾) : 중추 신경 계통에서 일어나는 현기증, 졸도, 경련 등의 병증을 통틀어 이르는 말.

318) 益州**人**, 取鹿殺而埋**之**地中, 令臭乃出食, **名鹿矮是**.(『禮記, 卷二十八, 內則』)→益州**有鹿矮**, **謂**取鹿殺而埋地中, 令**其**臭乃出**而**食**之**, **謂矮**.(『松南雜識』)

319) **灉水**燕談**載**契丹國, **產大鼠**曰毗狸, **形類**大鼠, 而足短極肥, 其國以爲殊味.(『齊東野語, 卷十六, 北令邦』)→燕談**曰**, 契丹國產毗狸大鼠而足短極肥, 其國以爲殊味.(『松南雜識』)

320) 『산해경(山海經)』에 없는 내용임.

천년 묵은 나무로 둔갑한 살쾡이를 비추어 알다
照木知狸

『속제어(續齊語)』에서 말하였다.

연나라 소왕(昭王)의 무덤 앞에서 얼룩 살쾡이가 서생(書生)으로 둔갑하여 장화(張華)[321]를 만나 문장에 대하여 논하였다. 이윽고 서생이 물러가려고 하자 장화가 사람을 시켜 문을 막고 나가지 못하게 하니 뇌환(雷煥)이 말하였다.

"이 놈은 천 년이나 묵어 늙은 정령이니 오로지 천 년 묵은 고목(枯木)으로 비추어 보아야 본 모습이 드러날 것이오."

소왕 무덤 앞의 화표(華表)가 천 년 묵은 것이기에 잘라다 비추어 보니 과연 얼룩 살쾡이였다.[322]

어떤 나그네가 비 올 줄을 알아맞히자 정현(鄭玄)[323]이 "구멍에 사는 것은 비 올 줄을 알고 둥지에 사는 것은 바람이 불 줄 아는데 그대는 여우나 살쾡이가 아닌가?"라고 하였다. 대개 늙은 짐승 중에는 사람으로 변하는 것도 있는 듯하다.

다음과 같은 전설이 있다.

양파(陽坡) 정태화(鄭太和)[324]가 부친을 과천(果川)의 아무 산에 장사지냈다. 양파가 마침 집에 없을 때 그의 망부(亡父)가 백주에 집으로 와서

---

321) 장화(張華) : 서진(西晉) 시대 문인·정치가(232~300) 자는 무선(茂先). 하북성(河北省) 출신. 위(魏)나라 초에 태상박사(太常博士)가 되었고, 서진을 섬기면서 오(吳)나라 토벌에 공을 세웠다. 벼슬이 사공(司空)에 이르러 장무군공(壯武郡公)에 올랐으나, 조왕(趙王) 사마윤(司馬倫)의 난으로 일족과 함께 살해당했다. 저서로는 천하의 이문(異聞)과 신선에 관한 이야기 및 고대 일화 등을 모은 『박물지(博物志)』가 있다.

322) 『說郛, 卷一百十五下, 續齊諧記, 燕墓斑狸』.

323) 정현(鄭玄) : 후한의 학자(127~200). 자는 강성(康成). 마융(馬融)에게 배웠으며, 일경(一經) 전문(專門)의 학풍을 타파하고 훈고(訓詁)에 힘썼다. 『육예론(六藝論)』을 저술했고, 『시전(詩箋)』·『예기』·『주역』·『논어』·『효경』 등을 주해했다.

324) 정태화(鄭太和) : 조선 인조 때의 문신(1602~1673). 자는 유춘(囿春). 호는 양파(陽坡). 영의정을 지냈으며, 병자호란 후 소현 세자를 따라 심양(瀋陽)에 가서 재주와 문명을 떨쳤다. 저서에 『양파유고(陽坡遺稿)』, 『양파연기(陽坡年記)』가 있다.

양파의 동생을 꾸짖었다.

"네 형이 몹시 효도를 하지 않으니 즉시 나를 다른 산으로 이장하라고 말을 하거라. 아무 날 다시 올테다"

양파의 동생이 그의 형에게 고하였다. 양파는 무사(武士) 몇 사람과 말을 맞추고 함께 밧줄과 송곳을 갖추고 기다렸다. 그날 망부가 과연 왔는데 무사들이 갑자기 뛰쳐나가 그를 사로잡아 밧줄로 결박하고 송곳으로 찌르니 양파를 불효자라고 욕하는 소리가 입에서 끊이지 않았다. 그가 죽은 후에 보니 바로 천 년 묵은 노란 여우였다고 한다.

팔괴
八怪

세상에 전하는 말에 볼 수는 있어도 이치를 생각하기 어려운 것이 있다.

경주(慶州)의 옥피리(玉笛)는 죽령(竹嶺)을 넘어가면 소리가 나지 않는다. 백률사(栢栗寺)[325]의 소나무는 베어내도 순이 생긴다. 나옹(懶翁)[326]의 바리때는 합하면 한 개의 그릇이고 떼 놓으면 별개의 그릇이다. 순흥(順興)[327]의 뜬 돌(浮石)은 경쇠처럼 오래도록 떠있으니 어떤 사람은 그 아래에 자석이 있기 때문이라고 말한다. 강릉의 돌절구공이는 강릉을 지나가면 부러지고 장연(長淵[328])의 명사(鳴沙)[329]는 종이에 옮겨 담

325) 백률사(栢栗寺) : 경상북도 경주시 동천동 금강산(金剛山)에 있는 절. 대한불교조계종 제11교구 본사인 불국사(佛國寺)의 말사이다. 삼국통일을 전후한 시기에 창건된 것으로 추정된다.

326) 나옹(懶翁) : 고려 말기의 중(1320~1376). 혜근(惠勤). 속성은 아(牙). 속명은 원혜(元惠). 호는 나옹(懶翁). 원나라에서 인도의 중 지공(指空)에게 배운 뒤에 귀국하여 왕사가 되었다. 보우(普愚)와 더불어 고려 말 선종의 대가로서 이후의 불교 발전에 큰 영향을 끼쳤다.

327) 순흥(順興) : 경상북도 영주 지역의 옛 지명.

328) 장연(長淵) : 황해도 장연군에 있는 읍.

329) 명사(鳴沙) : 밟거나 진동을 주면 독특한 소리를 내는 모래.

아서 사장을 나가면 없어지고 화령(化嶺)의 뜬 섬(浮島)은 물이 마르면 가라앉고 물이 차면 떠오르니 금릉(金陵)[330]의 땅이 허파인가? 이상의 것들과 상암(上菴)[331]의 육연(陸蓮)이 '팔괴(八怪)'이다.

또 운한각(雲漢閣)[332]의 팔음석(八音石)은 시험삼아 두드려 보면 각각 다른 여덟 가지 소리가 난다.

한성(漢城) 송동(宋洞)[333]에는 우뚝 솟은 절벽이 있는데 그중간이 가늘게 갈라져 있다. 그 빈틈에 작은 개구리가 먹지도 마시지도 않고 춥거나 덥거나 항상 엎드려 있다. 풀줄기로 그 배를 찌르면 화가 나서 부풀어오를 뿐 떠나가지 않으니 역시 기이하다.

『두양편(杜陽編)』에서 말하였다.

일본에 응로대(凝露臺)가 있고 그 위에 수담지(水譚池)가 있다. 못가에는 옥 바둑돌이 있는데 만든 것도 아닌데 흑백이 분명하다. 또 어떤 바둑돌은 여름에는 차갑고 겨울에는 따뜻하다고 한다.[334]

역시 괴이하다.

괴물부
怪物賦

『장자』에서 "달걀에는 털이 있고[335] 닭은 다리가 세 개[336]이며 영(郢)

---

330) 금릉(金陵) : 경상북도 김천 지역에 있었던 지명. 원래는 조선 시대 김산군(金山郡)의 별호(別號)였다.

331) 상암(上菴) : 조령산(鳥嶺山)에 있던 절.

332) 운한각(雲漢閣) : 수원 화령전(華寧殿) 내의 정전으로 정조의 영정을 봉안하고 있음.

333) 송동(宋洞) : 현재 서울 종로구 명륜 1동, 서울 과학고등학교 서쪽. 근처에 송시열의 저택이 있었으므로 송동(宋洞)이라고 함.

334) 日本國, 有凝露臺, 臺上有手譚池, 池上有玉棊子, 不由制度, 黑白分明. 杜陽編.(『韻府羣玉, 手譚池』)→杜陽編曰, 日本國有凝露臺, 上有手譚池, 池上有玉棊子, 不由制度, 黑白分明.(『松南雜識』)

335) 달걀은 털이 난 닭으로 자라날 가능성을 내포하고 있다는 의미.

은 천하를 소유하였으며[337] 개는 양이 될 수 있고[338] 말은 달걀이 될 수 있으며[339] 개구리는 꼬리가 있다"[340]라고 하였는데 그 주석에서 "형체가 의탁하는 대상과 이름이 붙는 대상은 모두 가짜일 따름이다. 개와 양은 정해진 이름이 없고 태(胎)와 알은 정해진 형체가 없다"[341]라고 하였다.

의산(義山) 이상은(李商隱)의 「괴물부(怪物賦)」에서 "활호씨(猾狐氏)는 까마귀를 학으로 만들 수 있으며 쥐를 호랑이로 만들 수 있다. 치우(蚩尤)를 성실한 신하로 만들고 공공(共工)[342]을 어진 선비로 만들 수 있다. 하희(夏姬)[343]를 정숙하게 만들고 축타(祝鮀)[344]를 우직하게 만들 수 있다. 한착(漢浞)[345]에게 의로운 절개를 낭송케 하며 모모(嫫嫫)[346]에게 미색을 칭찬하게 만들 수 있다"라고 하였다.

살펴보건대, 구준(丘濬)[347]이 "범중엄(范仲淹)[348]은 일을 내는 데서 면

---

336) 실제 닭의 다리에 '닭 다리'라는 이름을 합하면 닭의 다리는 세 개라는 의미.

337) 영(郢)은 천하의 일부이고 천하의 전체 공간을 분할할 수 없다면 영은 천하를 소유한 것이 된다는 의미.

338) 개와 말은 모두 네 발 짐승에 속한다는 의미.

339) 말이나 닭 모두 동물에 속한다는 의미.

340) 개구리는 꼬리가 달려 있던 올챙이가 변한 것이라는 의미.

341) 卵有毛, 鷄三足, 郢有天下, 犬可以爲羊, 馬有卵, 丁子有尾, 〈形之所託, 名之所寄, 皆假**耳**, **非眞也**. 故犬羊無定名, 胎卵無定形〉(『莊子, 天下』) → 卵有毛, 鷄三足, 郢有天下, 犬可以爲羊, 馬有卵, 丁子有尾, **註**, 形之所託, 名之所寄, 皆假**爾**. 故犬羊無定名, 胎卵無定形.(『松南雜識』)

342) 공공(共工) : 중국의 전설적 인물. 전욱(顓頊)과 제위(帝位)를 놓고 다투다가 패했는데, 불주(不周)의 산에 머리가 닿아 하늘이 북서로 기울어졌다고 한다.

343) 하희(夏姬) : 진(陳) 대부(大夫) 징서(徵舒)의 어머니. 늙어도 요염하여 당대 수 많은 명사와 염문을 뿌렸음.

344) 축타(祝鮀) : 춘추 시대 위(衛)나라 사람으로 뛰어난 말재간으로 아첨을 잘했다.

345) 한착(寒浞) : 상고의 전설적 인물, 한(寒)나라의 종족(宗族). 하(夏)나라의 왕위를 찬탈한 후예(后羿)를 죽이고 왕위에 올랐다.

346) 모모(嫫嫫) : 황제(黃帝)의 제4비(妃)로 아주 추부(醜婦)였음.

347) 구준(丘濬) : 명나라 때의 학자 · 정치가. 자는 중심(仲深). 광동성(廣東省) 경산(瓊山) 출생. 일찍부터 학문을 좋아했으며, 특히 전례와 고사에 정통하고, 정치가로 경세(經世)의 뜻을 가지고 있었다. 저서로 『대학연의보(大學衍義補)』가 있다.

348) 범중엄(范仲淹) : 북송 때의 정치가 · 학자(989~1052). 자는 희문(希文). 인종 때에 참

하지 못하였고 악비(岳飛)[349]는 꼭 회복(恢復)하지 못하고 진회(秦檜)[350]는 중흥의 공이 있다"라고 말하였다.

또 『홍서(鴻書)』[351]에서 "관숙(管叔)과 채숙(蔡叔)[352]는 은나라 왕실의 충신이고 문왕의 효자"라고 하니 그 논리가 또한 괴상하다. 두목(杜牧)이 이하(李賀)의 시가(詩歌)에 붙인 서(序)[353]에서 "고래가 입을 벌리고, 큰 거북이 솟구쳐 치거나 소귀신 뱀신은 허황하고 환상적인 것이 되기에 부족하다"라고 한 말이 이것이다.

효성이 초목을 감동시킴
孝感草木

오(吳)나라 역사에, 맹종(孟宗)의 어머니가 겨울에 죽순을 먹고 싶어하자 맹종이 숲에 들어가서 우니 죽순이 생겨났다는 기록이 있다. 진(晉)나라 역사에는 유은(劉殷)의 조모가 한 겨울에 바곳을 먹고 싶어하자 유은이 늪에서 통곡을 하니 바곳이 났다는 기록이 있다. 우리나라에는 선조 때 전우(全鍝)의 아버지가 물아욱을 좋아하였는데 본래 그 지역에서 생산되는 것이 아니었다. 전우가 산 계곡에서 찾으니 아욱이 앞의 못에 났다. 또 전렴(全廉)의 어머니가 병이 들어 섣달에 반만 익은 대추를 먹고 싶어하기에 전렴이 정원에서 통곡을 하니 잘 익은 대추 한 알이 나무에 달려 있었으니 '빙조(氷棗)'라고 한다. 아! 효는 진실로 천지를 감동

정(參政) 지사(知事)가 되어 개혁하여야 할 정치상의 10개 조를 상소했으나 반대파 때문에 실패했다. 문집으로 『범문정공집(范文正公集)』이 있다.

349) 악비(岳飛) : 남송의 무장(1103~1141). 자는 붕거(鵬擧). 금나라에 대하여 주전론(主戰論)를 펴다 재상 진회(秦檜)의 참소로 옥사했다.

350) 진회(秦檜) : 남송의 정치가(1090~1155). 자는 회지(會之). 악비(岳飛)를 죽이고 주전파(主戰派)를 탄압하면서 금나라와 굴욕적인 화약을 맺어 뒤에 간신으로 지목되었다.

351) 홍서(鴻書) : 명나라 유중달(劉仲達)의 저서.

352) 문왕의 아들들로 성왕이 즉위하자 난을 일으킴.

353) 「당태상사봉례랑리하가시집서(唐太常寺奉禮郎李賀歌詩集序)」.

시키고 사람과 귀신을 감동시키지만 초목을 감동시키는 이치는 역시 이상하다.

25. 계고류(稽古類)

태극

太極

『주역(周易)』에 ‘태극(太極)’이 있으니, 진(晉)나라의 기첨(紀瞻)[1]이 고영(顧榮)[2]과 그것에 대하여 논하였다.

고영(顧榮)이 말하였다.

“태극은 천지가 혼돈의 시대에 몽매한 상태로 나뉘지 않은 것을 말합니다.”

기첨(紀瞻)이 말하였다.

“그 이치가 극진하여 또 외형이 없습니다.”[3]

---

1) 기첨(紀瞻) : 진(晉)나라의 인물. 자는 사원(思遠). 단양(丹陽) 말능(秣陵) 출신.

2) 고영(顧榮) : 진(晉)나라의 인물. 자는 언선(彥先).

3) 榮同赴洛在塗, 共論易太極, 榮曰, 太極者, 蓋謂混沌之時, 曚昧未分. ……瞻曰

대개 주자(朱子)와 육구연(陸九淵)[4]의 이론은 실로 여기에서 유래한다.

삼황오제

三皇五帝

쌍봉(胡雙) 호일계(胡一桂)[5]가 말하였다.

삼황오제에 대한 기록은 『주례(周禮)』의 "외사(外史)가 삼황오제(三皇五帝)의 책을 관장한다[外史掌三皇五帝之書]"는 말에서 처음 나오는데 그 이름은 적시하지 않았다. 그 다음으로는 진(秦)나라의 박사(博士)가 천황(天皇)·지황(地皇)·인황(人皇)이 '삼황'이라는 견해를 제시한 적이 있었고, 한(漢)나라 공안국(孔安國)[6]이 「상서서(尚書序)」에서 처음으로 복희(伏羲)·신농(神農)·황제(黃帝)를 '삼황(三皇)'이라 하고 소호(少昊)·전욱(顓頊)·제곡(帝嚳)·요(堯)·순(舜)을 오제(五帝)라고 하였다.[7]

…… 其理極無復外形.(『晉書, 卷六十八, 列傳, 第三十八, 紀瞻』) → **晉紀瞻與顧榮**論**之**, 榮**謂天地**混沌之時, 曚昧未分. **紀**瞻**謂**其理極無復外形.(『松南雜識』)

4) 육구연(陸九淵) : 남송의 유학자(1139~1192). 자는 자정(子靜). 호는 상산(象山). 주자의 이기설에 반대하여 우주 안에는 오직 '이(理)'만이 있다고 하는 이일원론(理一元論)을 세웠다. 뒤에 그의 주장은 명나라 왕양명에게 이어졌다. 저서에 『육상산전집』이 있다.

5) 호일계(胡一桂) : 송나라의 학자. 영가(永嘉) 사람. 자는 덕천(德天). 주나라의 관경국제도(官經國制度)를 연구했으며, 학자들이 인재선생(人齋先生)이라 불렀다. 저서로는 『고주례보정(古周禮補正)』 100권을 비롯하여 『사서제강(四書提綱)』·『효경전찬(孝經傳贊)』·『인재존고(人齋存稿)』 등이 있다.

6) 공안국(孔安國) : 전한(前漢)의 학자. 자는 자국(子國). 공자의 제11대 손(孫)으로, 공자가 살던 옛집에서 발견된 『상서』·『예기』·『논어』·『효경』 등의 책을 해독하고 그 책들의 주석을 남겼다. 이때부터 고문학(古文學)이 시작되었다고 한다.

7) **三皇之號, 昉於**周禮外史掌三皇五帝之書, 而不指其名. **其次則見於**秦博士有天皇地皇人皇之議, **秦去古未遠, 意, 三皇之稱, 此或庶幾焉**. 漢孔安國**書序, 乃**始以伏羲神農黃帝爲三皇, 少昊顓頊高辛堯舜爲五帝, **不知果何所**.(『史纂通要, 卷一, 三皇總論』) → 雙湖胡氏曰, 周禮外史掌三皇五帝之書, 而不指其名. 秦博士有天皇地皇人皇之議, 漢孔安國**序書**, 始以伏羲神農黃帝爲三皇, 少昊顓頊高辛堯舜爲五帝.(『松南雜識』)

황보밀(皇甫謐[8])과 주자(朱子)·소철(蘇轍[9])이 그의 견해를 따랐다.

『춘추운두추(春秋運斗樞)』에서는 복희·신농·여와(女媧)를 '삼황(三皇)'이라고 하였으니 사마천(司馬遷)과 정현(鄭玄[10])이 그 견해를 따랐다. 『시기(諡紀)』[11]에서는 축융(祝融)·복희·신농을 '삼황'이라고 하였으니 『풍속통(風俗通)』[12]과 『백호통(白虎通)』[13]이 그 견해를 따랐다. 『서대전(書大傳)』에서는 수인(燧人)·복희·신농을 '삼황'이라고 하니 초주(譙周[14])가 그 견해를 따른다. 양 무제(梁武帝)도 그렇게 말을 하여 황제(皇帝)·소호·제곡·제지(帝摯)를 '오제(五帝)'라고 하였으니 순(舜)은 삼황도 아니고 오제도 아니며 삼왕(三王)과 더불어 사대(四代)가 된다. 『공자가어(孔子家語)』[15]에서는 복희·신농·헌원(軒轅)·전욱·소호를 '오제'라고 하였고, 『황왕대기(皇王大紀)』[16]에서는 복희·신농·헌원·요·순을 '오제'라고 하였다. 또 『백호통(白虎通)』에서는 전욱·제곡·헌원·요·순을

---

8) 황보밀(皇甫謐) : 진(晉)나라의 학자. 호는 현안자(玄晏子). 집이 가난하여 경서를 가지고 다니면서 농사일을 했고, 백가(百家)의 말을 널리 통했으며, 성품이 침정(沈靜)하여 욕심이 적었고 나라에서 여러 번 불러도 모두 응하지 않았다.

9) 소철(蘇轍) : 북송의 문인(1039~1112). 자는 자유(子由). 호는 영빈유로(潁濱遺老)·난성(欒城). 당송 팔대가의 한 사람으로, 고문에 밝았다. 저서에 『시전(詩傳)』·『난성집(欒城集)』·『춘추전(春秋傳)』·『노자해(老子解)』 등이 있다.

10) 정현(鄭玄) : 후한의 학자(127~200). 자는 강성(康成). 마융(馬融)에게 배웠으며, 일경(一經) 전문(專門)의 학풍을 타파하고 훈고(訓詁)에 힘썼다. 『육예론(六藝論)』을 저술했고, 『시전(詩箋)』·『예기』·『주역』·『논어』·『효경』 등을 주해했다.

11) 시기(諡紀) : 명나라 때 곽양한(郭良翰)이 편찬한 책. 21권.

12) 풍속통(風俗通) : 한(漢)나라 때 응소(應劭)가 편찬한 책. 10권, 부록 1권.

13) 백호통(白虎通) : 후한(後漢) 때에 반고(班固)가 편찬한 경서(經書). 후한의 장제(章帝)가 백호관(白虎觀)에 학자들을 모아 놓고, 유학의 경서에 관한 해석이 학자에 따라 다른 점에 대하여 토론하게 한 것을 반고가 정리하여 엮은 것이다. 4권.

14) 초주(譙周) : 촉한(蜀漢)의 학자. 자는 윤남(允南). 어릴 적부터 홀로 독학(篤學)하였다. 천문에 능했으며 제갈량(諸葛亮)의 명으로 권학종사(勸學從事)에 임명되었다. 위(魏)나라 때 양성정후(陽城亭侯)로 봉해졌다. 저서로 『정법훈(定法訓)』·『오경론(五經論)』 등의 책들이 100여 편 된다.

15) 공자가어(孔子家語) : 위(魏)나라의 왕숙(王肅)이 공자에 관한 기록을 모아 주를 붙인 것으로, 처음에는 27권이었으나 실전(失傳)되었다. 10권. ≒가어(家語)

16) 황왕대기(皇王大紀) : 송나라 때 호굉(胡宏)이 편찬한 책. 8권.

'오제'라고 하였다.

헌원 황제 · 사황 창힐
軒轅黃帝史皇蒼頡

나필(羅泌)이 「선통기(禪通紀)」에서 "수레를 만든 헌원씨(軒轅氏)와 헌원구(軒轅丘)를 낳은 황제(黃帝)를 사마천과 반고가 '황제헌원(黃帝軒轅)'이라고 잘못 기록하였다"[17]라고 하였다. 또 "사황씨(史皇氏)의 성은 후강(侯岡)이고 이름은 힐(頡)이며 처음으로 문자를 만들었다"[18]라고 하니, 황제 때의 사관인 창힐(倉頡)과 잘못해서 동일인으로 만들었다.

오패
五覇

『맹자(孟子)』의 주석에서 "제환공(齊桓公) · 진문공(晉文公) · 송양공(宋襄公) · 진목공(秦繆公) · 초장왕(楚莊王)"[19]을 오패(五覇)라고 하였다.

『장자(莊子)』의 주석에서는 '하(夏)나라의 곤오(昆吾), 상(商)나라의 대팽(大彭) · 시위(豕韋), 주나라 제환공 · 진문공'이라고 하였다.[20]

순경(荀卿)은 '환공 · 문공 · 장왕 · 합려(闔廬) · 구천(句踐)'이라고 하였고,[21] 『한서(漢書)』의 주석에는 '환공 · 문공 · 목공 · 양공 · 오나라 부차

17) 나필(羅泌)의 『路史, 卷七, 前紀七, 禪通紀, 軒轅氏』의 내용과 상이함.

18) 『路史, 卷六, 前紀六, 禪通紀, 史皇氏』의 내용과 상이함.

19) **五霸者**, 齊桓晉文秦穆宋襄楚莊, **是也**.(『孟子注疏, 告子章句下』) → 齊桓晉文宋襄秦繆楚莊.(『松南雜識』)

20) 莊子註, **五霸**, 夏昆吾, 商大彭, 豕韋, 周齊桓, 晉文.(『古今韻會擧要, 二十二』) → 莊子註, 夏昆吾, 商大彭, 豕韋, 周齊桓, 晉文.(『松南雜識』)

21) **齊**桓**晉**文**楚**莊**吳**闔**閭越**句踐.(『荀子, 王霸篇』) → 桓文莊闔**廬**句踐.(『松南雜識』)

(夫差)'라고 하였다.[22]

소를 시호로 쓴 세 명의 왕
三宣

위료옹(魏了翁)[23]이 "주나라 · 한나라 · 당나라의 세 선왕(宣王)은 모두 즉위한 처음에는 중흥을 하였다가 제대로 마치지 못하였다"라고 하였다.[24]

나는 주 · 연(燕) · 한 · 당의 네 소왕(昭王) 중, 연과 한나라의 경우는 소(昭)라고 한 것이 의당하지만, 주나라와 당나라의 경우는 아교로 붙인 배를 타고 가다가 초택(楚澤)에서 빠져 죽었고 주온(朱溫)[25]에게 시해를 당하였으니 소(昭)가 될 수 없다고 생각한다.

고밀 · 도전
高密道展

『제왕세기(帝王世紀)』[26]에서 "곤(鯀)의 자는 희(熙)이고 우(禹)의 자는 고밀(高密)이니 밀신(密身)으로 쓰기도 한다. 고요(皐陶)의 자는 정견(庭堅)이니 팔개(八愷)[27]의 일원이다"라고 하였다.

『노사(路史)』에서 "후직(后稷) 기(棄)의 자는 도전(度展)"[28]이라고 하였다.

---

22) **五覇謂齊**桓**宋**襄**晋**文**秦**穆吳夫差**也**.(『前漢書, 卷十四, 考證』)→**漢書註**, 桓文穆襄吳夫差.(『松南雜識』)

23) 위료옹(魏了翁) : 송나라의 학자. 자는 화부(華父), 호는 학산(鶴山).

24) 周漢唐三宣, 皆中興於始, 而不克終.(『鶴山集, 卷一百八, 師友雅言, 上』)

25) 주온(朱溫) : 주전충(朱全忠). 852~912년. 소종(昭宗)을 살해하고, 오대(五代) 후량(後梁)의 초대 황제(907~912)가 되었다.

26) 제왕세기(帝王世紀) : 진(晉)나라 황보밀(皇甫謐)이 지은 책. 1권.

27) 팔개(八愷) : 고양씨(高陽氏)의 훌륭한 인재 여덟 명.

뇌경
儡槑

『제왕세기』에서 말하였다.

진(秦)나라에서는 입성을 거성으로 발음한다. 예를 들면 백익(伯益)의 익(益)을 예(翳)라 하고 계(契)를 설(卨)이라 하고 고(皐)를 구(咎), 군아(君牙)를 군아(君雅)라고 한다. 또 음은 같은데 글자를 다르게 쓰는 것이 있으니 예를 들면 도(陶)를 繇라 하고 수(垂)를 倕라 하고 곤(鯀)을 鮌이라 하고 훼(虺)를 儡, 주(紂)를 受, 경(冏)을 槑이라고 한다.[29]

부열을 꿈꾸다
夢傅說

장재(張載)[30]가 "고종이 부열(傅說) 꿈을 꿀 때 먼저 생김새를 보았으니 이것이 가장 신비롭다"[31]라고 하였다.

삼산(三山) 진공석(陳孔碩)[32]이 말하였다.

---

28) 路史**曰**, 稷字度展.(『資治通鑑綱目, 封棄於部』) → 路史**云**, **后**稷**棄**字度展.(『松南雜識』)

29) 伯益卽伯翳也. 秦聲以入爲去, **故謂益爲翳也**. **字有四聲**, **古多轉用**, 如益之爲翳, 契之爲卨, 皐之**爲**咎, 君牙之**爲**君雅, **是也**. **此古聲之通用也**. **有同音而異文者**, 如陶之爲繇, 垂之爲倕, 鯀之爲鮌, 虺之爲儡, 紂之爲受, 冏之爲槑, 是**也**, **此古字之通用也**.(『說郛, 卷七, 史別, 上』) → 秦聲以入爲去, **如伯**益之爲翳也. 契之爲卨, 皐之咎, 君牙之**謂**君雅也. **又**如陶之爲繇, 垂之爲倕, 鯀之爲鮌, 虺之爲儡, 紂之爲受, 冏之爲槑也.(『松南雜識』)

30) 장재(張載) : 북송의 유학자(1020~1077). 자는 자후(子厚). 호는 횡거(橫渠). 유가와 도가의 사상을 조화시켜 우주의 일원적 해석을 설파함으로써 이정 · 주자의 학설에 영향을 끼쳤다. 저서에 『역설(易說)』 · 『서명(西銘)』, 「동명(東銘)」 등이 있다.

31) 高宗, 夢傅說, 先見容貌, 此事最神.(『張子全書, 卷四, 詩書』) → 張子曰, 夢說先容貌, 最是神.(『松南雜識』)

32) 진공석(陳孔碩) : 송나라의 학자. 자는 부중(膚仲). 『대학강의(大學講義)』 · 『중용강의(中庸講義)』 등의 저술이 있음.

지극히 정성스러운 도는 미리 알 수 있다. 숭산(嵩山)에 동오경(董五經)[33]이 있어서 이천(伊川) 정이(程頤)가 찾아가던 길에 그를 만났다.

"그대는 정 선생이 아니오? 그대 온다는 소식이 대단하더이다."

이천이 말하였다.

"정(靜)하면 저절로 밝아지니, 이를 본다면 고종이 부열의 꿈을 꾼 일이 허황한 것은 아니리다."[34]

그러니 나는 고종이 옛날 외지에서 수고스러운 일을 하면서 틀림없이 그 생김새를 상세히 보았고, 옛날 감반(甘盤)에게 배울 때 틀림없이 그의 어짊을 들었다고 생각한다. 장차 그를 천한 백성 속에서 등용하여 공경의 윗자리에 두려하는데 대중들이 만족하지 못할까 염려하여 먼저 천제(天帝)가 어진 신하를 내려 주는 꿈을 빙자하고, 먼저 공사판의 노역하는 천인들을 살폈다. 은나라의 풍속은 귀신을 숭상하기 때문에 그를 천하에서 등용함에 꿈을 꾸어도 그것이 꿈인 줄 모르고 꿈을 꾸지 않았어도 그것이 꿈이 아닌 줄 모르니 고종이 어진 이를 등용하는 기술이, 주지 않고도 주고 꿈을 꾸지 않아도 꿈을 꾼 것이다. 승암(升庵) 양신(楊愼)의 말이 논리적인 듯하다.

부자

夫子

공자(孔子)를 부자(夫子)라고 이르는 것은 공자가 일찍이 노나라의 대부

---

33) 동오경(董五經) : 송나라 때의 은자. 촉산(蜀山) 출신.

34) 三山陳氏曰, 至誠之道可以前知, 嵩**前**有董五經, **隱者也**, 伊川**聞其名**, **特往**造焉, **至**中途, 遇之曰, 君非程先生**乎**, **先生欲來**, 信息甚大, **君子問於伊川**, 伊川曰, 靜則自明, **此則高宗**夢說之事不誣矣.(『書集傳或問, 卷下』) → 陳氏曰, 至誠之道, 可以前知, 嵩有董五經, 而伊川造焉中途遇之曰, 君非程先生, 信息甚大, 伊川云, 靜則自明, 觀此, 夢說之事, 不誣矣.(『松南雜識』)

를 지내고 덕이 군자답기 때문이니 『맹자』의 "군자가 진(晉)나라와 채(蔡)나라 사이에서 곤액을 당했다"[35]라는 말이 이것이다. 작위와 덕을 아울러야 부자(夫子)라고 호칭한다. 왜(倭)에도 그에 대한 찬(贊)이 있으니,

부자의 이전엔 夫子之前
부자가 없었고 未有夫子
부자의 이후엔 夫子之後
부자가 없다네 未有夫子
오호라 부자는 嗚呼夫子
만고의 부자네 萬古夫子

라고 하였다.

『설부(說郛)』에는 "공자가 경술년 2월 23일 갑신에 태어났으니 바로 노양공(魯襄公) 22년 · 주영왕(周靈王) 21년에 해당한다"[36]라고 하였고, 「공자세가(孔子世家)」에는 "경술년 11월 경자에 태어났다"[37]라고 하였으니 기록이 동일하지 않다. 또 "애공(哀公) 16년 임술 4월 기축에 죽었다"[38]라고 하였는데, 『춘추공양전(春秋公羊傳)』에서는 "공자가 양공(襄公) 21년에 태어났다"[39]라고 하니, 바로 기유년이다. 하력(夏曆)으로는 8월 27일이라고 한다.

맹자가 양혜왕(梁惠王)을 만났을 때가 겨우 서른여덟 살이었는데 '노

---

35) 君子之戹於陳蔡之間, 無上下之交也.(『孟子, 盡心下』)
36) 孔子生庚戌**年**二月二十三**庚子**日甲申, **時考庚戌**, 乃魯襄公二十二年周靈王二十一年.(『說郛, 卷十七下, 孔子生年』) → 孔子生**於**庚戌二月二十二日甲申, 乃魯襄公二十年周靈王二十一年.(『松南雜識』)
37) 魯襄公二十二年而孔子生.(『史記, 卷四十七, 孔子世家, 第十七』) → 庚戌十一月庚子生.(『松南雜識』)
38) 孔子年七十三, 以魯哀公十六年四月己丑卒.(『史記, 卷四十七, 孔子世家, 第十七』) → 卒於哀公十六年壬戌四月己丑.(『松南雜識』)
39) 十有一月庚子, 孔子生.(『春秋公羊傳, 襄公, 二十一年』) → 孔子生於襄公二十一年.(『松南雜識』)

인장[叟]'이라고 호칭한 것은 덕을 높인 것이다. 『사기(史記)』에서 "맹자는 주(周) 열왕(烈王) 4년 기유에 태어났다"[40]라고 하니, 하력(夏曆)으로 4월 2일이다. 일설에는 안왕(安王) 7년에 태어났다고 한다.

『월령수편(月令粹編)』[41]에서는 "정왕(定王) 37년 4월 2일에 태어났다고 하니 바로 지금의 2월 3일이다"[42]라고 하였다. 난왕(赧王) 26년 임신 11월 15일에 죽으니 수명은 84세이다. 맹중자(孟仲子)의 이름은 고(睾)로 맹자의 아들이다.

살펴보건대 주자도 경술생인데 공자보다 2년 빨리 죽었다. 그래서 만시(輓詩)에서 "경술년엔 성현이 나신다[庚戌生賢聖]"라고 하였다.

용대
容臺

『서경(書經)』에서 "상용(商容)의 마을에 예를 표하며[式商容閭]"[43]라고 하였는데, 『사기색은(史記索隱)』에는 "상(商)은 예악관(禮樂官)이니 예용(禮容)을 담당하였기 때문에 예부태상(禮部太臺)을 용대(容臺)라고 한다"[44]라고 하였다.

---

40) 生於烈王四年己酉也.(『孟子雜記, 生卒』)

41) 월령수편(月令粹編) : 청나라 진가모(秦嘉謨)가 편찬한 책. 24권. 별사류(別史類).

42) **孟子**生於**周**定王三十七年四月三日, 卽今之二月二日也.(『月令粹編, 卷五, 二月日次, 初二日』)

孟子以周定王三十七年四月二日生, 卽今之二月二日.(『孟子雜記, 生沒』)

→月令粹編云, 生於定王三十七年四月二日, 卽今之二月三日也.(『松南雜識』)

*『월령수편』에는 맹자의 생년일시가 정왕(定王) 37년 4월 3일로 되어 있고, 『맹자잡기』에는 정왕 37년 4월 2일로 되어 있다. 『松南雜識』에는 정왕 37년 4월 2일로 되어 있다.

43) 『書經, 周書, 武成』.

44) 商**家典**樂**之**官, 知禮容, **所以**禮**署稱**容臺.(『史記索隱, 殷本紀, 第三』)→商禮樂官, 知禮容, **故**禮**部太商**, **謂**容臺.(『松南雜識』)

이녀는 강비
江妃二女

『사기』에서 "상군(湘君)은 요(堯)의 딸이자 순(舜)의 아내"[45]라고 하였고, 「구가(九歌)」의 주석에서는 "상군(湘君)은 요의 장녀이고 상부인(湘夫人)은 요의 차녀"[46]라고 하였다. 『산해경(山海經)』[47]에서는 "동정산(洞庭山)에 황제의 두 딸이 산다"[48]라고 하였는데, 곽박(郭璞)[49]은 강비(江妃)이지 요의 딸이 아니라고 하였다.

송 고종의 신녀부
高宗神女

『몽계필담(夢溪筆談)』[50]에서 "지난 날 신녀(神女)의 꿈을 꾼 사람은 회왕(懷王)이고 그날 밤 신녀의 꿈을 꾼 사람은 송옥(宋玉)으로 양왕(襄王)은

---

45) **問博士曰**, 湘君**何神**. **博士對曰**, **聞之**, 堯女舜**之**妻.(『史記, 卷六, 秦始皇本紀, 第六』) →湘君, 堯女舜妻.(『松南雜識』)

46) 堯之長女娥, 皇舜之后, 故曰君, 其二女女英自宜降, 曰夫人也, 故九歌詞, 謂娥皇爲君, 謂女英爲帝, 子各以其盛者推言之也.(『楚辭 卷二 九歌章句, 第二離騷』) →九歌註, 湘君堯長女, 湘夫人堯次女.(『松南雜識』)

47) 산해경(山海經) : 중국의 지리 책. 작가 · 연대 미상이며, 낙양(洛陽)을 중심으로 한 산맥, 하천과 신화, 전설, 산물 등을 수록하였다. 중국의 자연관과 신화 연구에 중요한 자료이다. 18권.

48) 洞庭之**山** …… 帝之二女**居之**.(『山海經, 中山經』) →洞庭之**中** …… 帝之二女.(『松南雜識』)

49) 곽박(郭璞) : 진(晉)나라의 학자. 문희(聞喜) 출신. 자는 경순(景純). 박식하고 재주가 뛰어났다. 고문(古文)과 기자(奇字)를 좋아했고 사부(詞賦)는 동진에서 으뜸이었다. 음양오행과 역산(曆算)에 뛰어나 점치면 그대로 실현되는 경우가 많았다. 편찬서 『동림(洞林)』 · 『대서험사(大筮驗事)』와 저서 『신림(新林)』 · 『복운(卜韻)』 · 『이아주(爾雅注)』 · 『산해경주(山海經注)』 · 『목천자주(穆天子注)』 등이 있다.

50) 몽계필담(夢溪筆談) : 송나라 심괄(沈括)이 편찬한 책. 천문 · 수학 · 동식물 · 물리 · 약학 · 문학 · 미술 · 음악 · 역사 · 행정 등의 다양한 분야에 걸친 독창적인 연구 논문과 수필을 수록하였다. 26권.

무관하다. 자고로 그 이름을 잘못 받았을 따름이다"[51]라고 하였다.

『후산시화(後山詩話)』[52]에서 "송옥(宋玉)이 「고당부(高唐賦)」를 지어 무산(巫山)의 신녀가 초왕(楚王)을 만난 일을 기재한 것은 대개 풍유(諷諭)하는 바가 있으니, 마치 당나라 사람들이후토(后土)의 일을 빙자하여 무후(武侯)를 기롱한 것과 같을 따름이다"[53]라고 하였는데 송지문(宋之問)[54]의 「명하편(明河篇)」이 이것이다.[55]

진나라의 자영
秦嬰

『자치통감(資治通鑑)』에서 "자영은 이세(二世)의 형의 자식이다"[56]라고 하였는데, 『독사수필(讀史隨筆)』[57]에서 "진시황은 오십 세까지 살았고 장자 부소(扶蘇)와 이세(二世)를 두었다. 또 부소가 죽은 뒤에는 결코 혈육이 남지 않았을 것인데, 자영(子嬰)이 두 아들과 함께 조고(趙高)를 죽일 것을 모의했다고 하였으니 의심할 만하다"라고 하였다.

「이사전(李斯傳)」에는 "조고가 시황제의 동생을 불러들여 옥새를 주니 자영이 이에 즉위하였다"[58]라고 하였는데, 그 주석에서 "어떤 본에는

---

51) 前日, 夢神女者, 懷王也. 其夜夢神女者, 宋玉也. 襄王無與焉, 從來枉受其名耳. 沈存中筆談.(『事文類聚, 神女賦, 註』) → 沈存中筆談**曰**, 前日, 夢神女者, 懷王也. 其夜夢神女者, 宋玉也. 襄王無與焉, 從來枉受其名耳.(『松南雜識』)

52) 후산시화(後山詩話) : 진사도(陳師道)의 시화집.

53) **宋玉爲高唐賦, 載**巫山神遇楚**襄**王, 蓋有**所**諷也, 唐人記后土事, 以譏武后爾.(『後山詩話』) → 巫山神**女**遇楚王, 蓋有諷也, **如**唐人**託**后土事, 以譏武后爾.(『松南雜識』)

54) 송지문(宋之問) : 당나라의 시인. 자는 연청(延淸). 오언시에 뛰어났고, 심전기와 함께 율체를 창시하였다.

55) 송지문이 북문학사(北門學士)가 되기를 원하였으나 뜻대로 되지 않자 「명하편(明河篇)」을 지어 자신의 생각을 드러냈다.

56) 二世兄子子嬰.(『資治通鑑, 卷第七, 秦紀二, 始皇帝下』) → 子嬰二世兄子.(『松南雜識』)

57) 독사수필(讀史隨筆) : 청나라 진침(陳忱)이 편찬한 책. 6권.

시황제의 동생 자영을 불러 그에게 옥새를 주었다"[59]라고 하였다.

범저
范雎

『운부군옥(韻府群玉)』에서 "범저(范雎)의 '저(雎)'는 바로 관저(關雎)[60]의 '저(雎)'이니 자휴(恣睢)[61]의 '휴(睢)'가 아니다"라고 하였다. 이는 마치 진(晉)나라 가아(賈疋)는 바로 아송(雅頌)[62]의 아(疋)인데 포필(布疋)[63]의 필(疋)로 잘못 읽는 것과 같다. 아(疋)는 아(雅)의 고자다.

진목공이 백리해를 죽이다
秦殺百里

응소(應劭)의 『풍속통의(風俗通義)』[64]에서 "목공(穆公)이 백리해(百里奚)를 죽였다"[65]라고 하였으니 마치 급총고서(汲冢古書)에서 "요 임금이 순을 가두어 굶겨 죽였다"[66]라고 한 내용과 유사하다.

---

58) 趙高 …… **乃召**始皇弟, 授之璽, 子嬰卽位.(『史記, 卷八十七, 李斯傳』) → 趙高, 招始皇弟, 授之璽, 子嬰**乃**卽位.(『松南雜識』)

59) 一本**曰**, **召**始皇弟子嬰, 授之璽.(『史記, 卷八十七, 李斯傳』의 주석』) → 一本, **招**始皇弟子嬰, 授之璽.(『松南雜識』)

60) 관저(關雎) : 『시경, 국풍』의 편명(篇名).

61) 자휴(恣睢) : 방자하게 남을 함부로 흘겨봄.

62) 아송(雅頌) : 『시경』의 체제인 아(雅)와 송(頌)을 아울러 이르는 말.

63) 포필(布疋) : 무명의 필(疋).

64) 풍속통의(風俗通義) : 한나라 응소(應劭)가 편찬한 책. 10권. 부록 1권.

65) 繆公 …… 殺**賢臣**百里奚.(『風俗通義, 五伯』) → 穆公殺百里奚.(『松南雜識』)

66) 堯幽囚舜**野**死.(『皇王大紀, 卷二十八, 三王紀』) → 堯幽囚舜**餓**死.(『松南雜識』)

약덕
若德

「항우본기(項羽本紀)」에서 “내가 약덕(若德)을 위하리라[吾爲若德]”[67]라고 하였는데, 퇴계 이황의 『통감해(通鑑解)』에서 “여마동(呂馬童)의 자가 약덕(若德)이다”라고 하였다.

양웅
揚雄

『홍서(鴻書)』[68]에서 말하였다.

한나라 성제(成帝) 때 양웅(揚雄)이 황문랑(黃門郎)이 되어 동현(董賢)[69]과 반열을 같이 하여 『태현경(太玄經)』[70]을 짓고 대부 왕망(王莽)[71]을 위하여 「극진미신론(劇秦美新論)」을 지었다고 하니 그의 수명을 계산해 보면 백여 세가 된다. 사람이 어떻게 백여 세에 정력이 쇠하지 않아서 천록각(天祿閣)에서 교서(校書)를 할 수 있단 말인가? 그러므로 『태현경』을 지은 양웅과 「극진미신론」을 지은 양웅은 서로 다른 두 사람이다.

이는 또한 동한(東漢) 초의 왕광(王匡)이 왕광(王匡)[72]을 참수한 것과 같다.

---

67) 『史記, 卷七, 項羽本紀, 第七』.
68) 홍서(鴻書) : 명나라 유중달(劉仲達)이 편찬한 책. 유씨홍서(劉氏鴻書). 108권.
69) 동현(董賢) : 한 애제(漢哀帝) 때의 행신(幸臣)으로 극진한 총애를 받았는데, 애제가 죽은 뒤에 왕망(王莽)에게 탄핵을 받아 자살하였다.
70) 태현경(太玄經) : 한나라 양웅(揚雄)이 편찬한 책. 『역경(易經)』을 모방하였음.
71) 왕망(王莽) : 중국 전한의 정치가(B.C. 45～A.D. 23). 자는 거군(巨君). 자신이 옹립한 평제(平帝)를 독살하고 제위를 빼앗아 국호를 신(新)으로 명명하였다. 한(漢)나라 유수(劉秀)에게 피살되었다. 재위 기간은 8～23년.

신찬

臣瓚

『한서(漢書)』의 주석에 '신찬(臣瓚)'이라는 말이 있는데 성이 없다. 『산해경(山海經)』에서 "성은 '설(薛)'인데 임금의 명령을 받들어 편찬하였다"라고 하니, 마치 『자치통감』의 "신(臣) 광(光)"[73]과 같은 듯하다. 『소미통감(少微通鑑)』[74]은 송나라[75] 사람 강지(江贄)의 저술이니 소미(少微)는 그의 호이다.

반영(潘榮)[76]의 「통감총론서(通鑑總論序)」에서 말하였다.

> 광미(廣微)는 원보(袁甫)의 자(字)니 바로 청전선생(青田先生)이다. 그는 경중(敬仲)에게 학업을 전해 받으니 경중은 양간(楊簡)의 자(字)다. 희완(希完)은 진덕수(眞德秀)[77]의 자(字)이니 바로 건안선생(建安先生)이다. 화숙(和叔)은 원섭(袁燮)[78]의 자(字)다.

---

72) 왕광(王匡) : 왕망(王莽) 때의 도둑.

73) 사마광(司馬光)을 이름.

74) 소미통감(少微通鑑) : 소미가숙 통감절요(小微家熟通鑑節要). 송나라 때에 소미선생 강지(江贄)가 『자치통감(資治通鑑)』을 요약한 책. 편년체로 되어 있으며, 우리나라에서는 조선 초기부터 『통감』이라는 이름으로, 초학 교재로 널리 쓰였다.

75) 『松南雜識』에는 '元'으로 되어 있음.

76) 반영(潘榮) : 원나라 때 학자. 양절 반씨(陽節潘氏)라고 칭함. 저서로 『통감총론(通鑑總論)』이 있음.

77) 진덕수(眞德秀) : 남송(南宋)의 학자(1178~1235). 자는 경원(景元) · 경희(景希). 서산선생(西山先生)이라고 불렸다. 『대학연의(大學衍義)』 43권 · 『서산선생문집(西山先生文集)』 55권 · 『서산독서기(西山讀書記)』 61권 등이 있다.

78) 원섭(袁燮) : 송나라의 학자. 혈재선생(絜齋先生)이라 칭하였다.

준영
雋永

『전한서(前漢書)』에서 "괴통(蒯通)이 전국 시대 유세가의 권변(權變)에 대해 논하는 글을 짓고 이것의 이름을 '준영(雋永)'이라 하였다"[79]라고 하였는데, 그 주석에서 "雋(준)은 살진 고기이다. 그 논하는 바가 감미(甘美)롭고 의미가 심장(深長)하다는 뜻이다"라고 하였다.[80]

『회남자(淮南子)』에서 "배우기를 잘하는 자는 마치 제나라 왕이 닭을 먹을 때 반드시 그 발바닥 수십 개를 먹은 뒤라야 만족한 것과 같이 해야 한다"[81]라고 하였다. 송경문(宋景文[82])이 그의 문집을 '계척(鷄跖)'으로 명명한 것은 여기에서 유래한다.

지중어
池仲魚

『광운(廣韻)』에서 말하였다.

> 지중어(池仲魚)란 사람이 성문에서 숙직하다가 실화(失火)로 타죽으니, 속담에 이르길 "성문에 난 불이 연못 속 물고기에 화를 미치네[城門失火殃及池魚]"라고 하였다.[83]

---

79) **通**論**戰國時說士權變**, **亦自序**其說**凡八十一首**, 號曰雋永.(『前漢書, 卷四十五, 蒯伍江息夫傳, 第十五, 蒯通』) → **蒯**通論其說, **自**號雋永.(『松南雜識』)

80) 雋肥肉也, 永長也, 言**其**所論甘美而**義**深長也.(『前漢書, 卷四十五, 蒯伍江息夫傳, 第十五, 蒯通』) → 雋肥肉也, 言所論甘美而味永.(『松南雜識』)

81) 善學者, 若齊王之食鷄, 必食其蹠數**十**而後足 (『淮南子, 說山訓』) → 善學者, 若齊王之食鷄, 必食其蹠數**千**而後足(『松南雜識』)

82) 송경문(宋景文) : 송나라 사람. 공부상서(工部尙書) 한림학사 승지(翰林學士承旨) 등을 지냈으며, 구양수(歐陽脩)와 함께 『당서(唐書)』를 찬수(撰修)하였다.

83) 有池仲魚, 城門失火, 仲魚燒死, **故**諺**曰**, 城門失火殃及池魚.(『廣韻, 池』) → 有池仲魚**者**, **宿**城門失火, 仲魚燒死, 諺**云**, 城門失火殃及池魚.(『松南雜識』)

동위(東魏)[84]의 두필(杜弼)[85]이 후경(侯景)[86]에게 보낸 격서에서 "초나라가 원숭이를 없애니 숲의 나무에 화가 미친다[楚國亡猿禍延林木]"라고 대를 맞추었다.[87]

소평

邵平

고시(古詩)에서,

진나라 시절 동릉 천호후는	秦時東陵千戶侯
꿩이 수놓인 옷에 푸른 구슬 찼었지	華蟲被體腰蒼璆
한나라 초패읍의 하급관리는	漢初沛邑刀筆吏
경쇠처럼 허리 조아리니 머리가 땅을 닿을 듯	折腰如磬頭搶地
소하가 초창기에 소평을 알현할 땐	蕭相厥初謁邵平[88]
뜰에서 백 번 절해도 번번이 못본척했지	中庭百拜百不膺
소평이 훗날 소하에게 알현을 하니	邵平後來謁蕭相[89]
옛제후 한 번 절할 때마다 한 번씩 서글프다	故侯一拜一惆悵[90]

고 하니, 대개 귀천은 무상하여 세상에서 엎치락뒤치락한다.

84) 동위(東魏) : 중국 남북조 시대에 북조의 북위가 동서로 나뉘었을 때, 동쪽 나라를 이르던 말.

85) 두필(杜弼) : 북제(北齊) 양곡(陽曲) 출신. 자는 보현(輔玄).

86) 후경(侯景) : 남조 시대 양(梁)나라의 장군. 자는 만경(萬景).

87) **東魏**杜弼檄**梁文曰**, 楚國亡猿, 禍延林木, 城門失火, 殃及池魚.(『日知錄, 卷二十五, 池魚』) → **又**杜弼檄**梁文**, 楚國亡猿, 禍延林木, **城門失火**, **殃及池魚**, **按**廣韻, **古**有池仲魚者, 城門失火, 仲魚燒死, **故**諺云, 城門失火, 殃及池魚.(『佩文韻府, 池魚』) → 廣韻**曰**, 有池仲魚者, **宿**城門失火, 仲魚燒死, 諺云, 城門失火, 殃及池魚, **梁**杜弼檄**侯景**, **以**楚國亡猿, 禍延林木, **爲對**.(『松南雜識』)

88) 『松南雜識』에는 '蕭何厥初謁邵平'로 되어 있음.

89) 『松南雜識』에는 '邵平後來謁蕭何'로 되어 있음.

90) 양만리(楊萬里)의 「행로난(行路難)」.

나부
羅紂

지봉(芝峯) 이수광(李睟光)이 말하였다.

창읍왕(昌邑王) 유하(劉賀)[91]의 아내 열여섯 사람 중 한 사람은 엄나부(嚴羅紂)〈음은 부(敷)이다〉로 엄연년(嚴延年)[92]의 딸이다. 살펴보건대 엄연년은 창읍왕 부인의 아버지로서 유독 대장군 곽광(霍光)[93]에게 사사로운 정으로 혐의를 두지 않고 오로지 공변된 의논으로 탄핵하였다. 곽광 역시 공변된 의논이 있었기 때문에 사사로운 정으로 죄를 삼지 않았다고 여겼다. 이것이 전한(前漢)이 융성한 이유이다.[94]

골계
滑稽

초사(楚辭)에서 "아부하여 시속을 따른다[突梯滑稽]"[95]라고 하였는데, 그 주석에서 "滑의 음은 골이고 稽의 음은 계이다"[96]라고 하였다. 말재간 좋은 사람이 시비를 혼동케 하는 것이니 마치 단단한 것과 흰 것이

91) 유하(劉賀) : 한나라 무제의 손자. 연회를 즐기고 음란하여 등극한지 27일만에 폐위되었다.

92) 엄연년(嚴延年) : 한나라 하비(下邳)사람. 자는 차경(次卿).

93) 곽광(霍光) : 전한(前漢)의 장군(?~B.C. 68) 무제를 섬기다가 무제가 죽자 실권을 장악하였다. 어린 소제를 보좌하여 대사마 대장군(大司馬大將軍)이 되었으며, 소제가 죽은 뒤 선제를 즉위시켜 20여 년 동안 권력을 누렸다.

94) 昌邑王賀妻十六人, 其妻中一人嚴羅紂, 乃執金吾嚴延年之女, 按紂音敷, 蓋古字通用, 嚴延年以昌邑王舅, 劾霍光擅廢立, 而當時敬憚, 不加之罪, 用爲大官, 可謂近古矣.(『芝峯類說, 卷六, 經書部二, 諸史』) → 昌邑王賀妻十六人中, 一人嚴羅紂, 註, 音敷, 延年女, 按延年以昌邑妻父, 獨於大將軍光, 不以私情爲嫌, 惟公議是劾, 光亦以公議所在, 不以私情爲罪, 此先漢所以興隆也.(『松南雜識』)

95) 굴원(屈原)의 「복거(卜居)」.

96) 滑音骨, 稽音雞.(『楚辭集注, 卷五, 卜居, 第六』)

같기도 하고 다르기도 하다는 주장[97]과 같다.

양웅(揚雄)의 「주잠(酒箴)」에, "치이골계(鴟夷滑稽)"에 대한 주석에서 "술통으로 술을 끊임없이 토해내니 마치 양수준(陽燧樽)과 같다"[98]라고 하였으니, 대개 방언인 듯하다.[99] 사마천의 『사기(史記)』는 우스개라는 의미에 따라 열전의 이름으로 만들었다.[100]

치이
鴟夷

「추양전(鄒陽傳)」[101]의 주석에서 "치이(鴟夷)는 술통모양이니, 지금의 술 담는 용기이다. 오왕(吳王)이 말가죽으로 만든 치이에 자서(子胥)를 넣어 물에 빠뜨렸다"라고 하였다.[102] 범려(范蠡)가 월(越)나라에서 떠난 후

---

97) 춘추 시대 공손룡(公孫龍)의 이론. 여남(汝南)의 서쪽 평현(平縣)에 용연수(龍淵水)가 있는데 이 물로 칼을 단근질하면 칼날이 견고하고 예리해진다고 한다. 황색은 단단하게 된 것이고 백색은 예리하게 된 것이라고 하니 어떤 사람이 황색은 예리하지 않고 백색은 단단하지 않다고 논박하였다고 한다.

98) 鴟夷滑稽, 揚雄酒箴, **注**, **圓轉兒**, 酒器**轉注**吐酒**終日**不已, 若**今**陽燧樽.(『韻府羣玉, 滑稽』) → 揚雄酒箴, 鴟夷滑稽, **註**, 酒器吐酒不已, 若陽燧樽.(『松南雜識』)
*『양자운집(揚子雲集)』에 없는 내용임.

99) 索隱, 滑謂亂也. 稽同也. 以言辯捷之人, 言非若是, 說是若非, 能亂同異也. 楚辭云, 將突梯滑稽如脂如韋. 崔浩云, 滑音骨, 稽流酒器也. 轉注吐酒終日不已, 言出口成章, 詞不窮竭, 若滑稽之吐酒, 故揚雄酒賦云, 鴟夷滑稽腹大如壺, 盡日盛酒, 人復籍沽, 是也.(『史記, 卷一百二十六, 滑稽列傳, 第六十六』) → 楚辭, 突梯滑稽, 註, 滑音骨, 稽音鷄, 辯捷之人, 滑亂稽同, 若堅白同異也. 揚雄酒箴鴟夷滑稽, 註, 酒器吐酒不已, 若陽燧樽, 盖方語也.(『松南雜識』)

100) 『사기(史記)』의 「골계열전(滑稽列傳)」을 두고 이르는 말.

101) 추양전(鄒陽傳) : 한(漢)나라 경제(景帝) 때의 유세객(遊說客)인 추양(鄒陽)의 전기. 추양은 문변(文辨)에 뛰어났다.
*『松南雜識』에는 '酉陽傳'으로 오기되어 있음.

102) **應劭曰**, 吳王取馬革爲鴟夷, 受子胥, 沈之**江**. 鴟夷榼形. **師古曰**, 鴟夷**卽**今**之**盛酒鴟夷**幐**.(『前漢書, 卷五十一, 賈鄒枚路傳, 第二十一, 鄒陽』) → 鴟夷榼形, 今盛酒者. **鄒**陽傳注, 吳王取馬革爲鴟夷, 受子胥, 沈之.(『韻府羣玉, 鴟夷』) → **酉**陽傳註, 鴟夷榼形, 今盛酒者, 吳王取馬革爲鴟夷, 受子胥, 沈之.(『松南雜識』)

에 치이자(鴟夷子)라고 자호(自號)하니 실제로 치이에 들어가 죽은 오자서의 일을 경계로 삼은 것이다.

강호
康瓠

가의(賈誼)[103]의 부(賦)에서 "도리어 주나라의 솥을 버리고 질항아리 바닥을 보배로 여기네[斡棄周鼎寶康瓠]"[104]라고 하였는데 그 주석에서 "강호(康瓠)는 질 항아리의 바닥이다"[105]라고 하였고, 『이아(爾雅)』에서는 "강호(康瓠)는 계(甈 : 항아리)'를 이른다"[106]라고 하였으며, 『운부군옥(韻府群玉)』에서는 "강호(甈 瓠)는 질항아리 바닥이다"[107]라고 하였으니, 세 가지 주석이 각각 다르다.[108]

금경
禽慶

한나라 왕망(王莽) 시절에 금(禽)이 사직하고 고향으로 돌아갔다고 하니, 도연명(陶淵明)의 시에 '상금(尙禽)'이라는 것은 바로 상장(尙長)[109]과

---

103) 가의(賈誼) : 전한(前漢) 문제(文帝) 때의 학자 · 정치가(B.C. 200~B.C. 168). 문제를 섬기며 유학과 오행설에 기초를 한 새로운 제도의 시행을 주장하였다. 저서에 『좌씨전훈고(左氏傳訓詁)』 · 『신서(新書)』 등이 있다.

104) 「조굴원부(弔屈原賦)」.

105) **鄭氏曰**, 康瓠, **瓦盆**底也.(『前漢書, 卷四十八, 賈誼傳, 第十八』) → **註**, 康瓠底也.(『松南雜識』)

106) 康瓠謂之甈.(『爾雅注疏, 卷四, 釋器, 第六』) → 康空瓠.(『松南雜識』)

107) 甈瓠, 瓦盆底.(『韻府群玉, 甈』) → 甈瓠, 瓦盆底**也**.(『松南雜識』)

108) 『松南雜識』에서는 『賈誼傳』의 주석을 '康瓠底也'으로 잘못 인용하고 『爾雅』의 주석을 '康空瓠'으로 잘못 인용한 결과 세 가지 설이 되었으나, 실은 한 가지 설에 불과하다.

금경(禽慶)[110]이다.

「한거부(閑居賦)」에서 "오히려 속으로는 영거(甯蘧)에게 부끄럽다[猶內愧於甯蘧]"[111]라고 하였는데 그 주석에 "영유(甯兪)[112]와 거원(蘧爰)[113]이다"라 하였다. 또 『국사보(國史補)』[114]에는 '하란당(賀蘭唐)'을 '하지장(賀知章)'[115]이라고 주석하였다.

고도
皐陶

『주례(周禮)』에서 "운인(韗人)이 고도(皐陶)를 만든다[韗人爲皐陶]"[116]라고 하였는데, 그 주석에서 말하였다.

> '韗'을 '鞠'로 쓰기도 한다. '고도(皐陶)'는 북의 나무틀이다. 정현(鄭玄)이 "鞠은 고요(皐陶)로 관직의 이름이니, 鞠는 곧 陶자이다"라고 하였다.[117]

---

109) 상장(尙長) : 동한 시대의 은자(隱者). 자는 자평(子平).

110) 금경(禽慶) : 동한 시대의 은자(隱者). 자는 자하(子夏). 상장과 절친하였음.

111) 반안인(潘安仁)의 작품.

112) 영유(甯兪) : 춘추 시대 위(衛)나라의 대부. 시호는 무자(武子).

113) 거원(蘧瑗) : 춘추 시대 위(衛)나라의 대부. 자는 백옥(伯玉).
*『松南雜識』에는 '蘧爰'으로 오기되어 있음.

114) 국사보(國史補) : 당나라 이조(李肇)가 편찬한 책. 3권.

115) 하지장(賀知章) : 당나라의 시인(659~744). 자는 계진(季眞)·유마(維摩). 호는 사명광객(四明狂客).

116) 『周禮注疏, 卷四十』.

117) 注, **鄭司農云**, 韗**書**或爲鞠, 皐陶鼓木也, **玄**謂鞠者, 以皐陶名官也, 鞠**則**陶字.(『周禮注疏, 卷四十』) → 註, 韗或爲鞠, 皐陶鼓木也, **康成**謂鞠者, 以皐陶名官也, 鞠**卽**陶字.(『松南雜識』)

기자
箕子

곽박(郭璞)의 「조선찬(朝鮮贊)」에서,

기자가 상나라를 피하여	箕子避商
스스로 조선에 숨어들었네	自竄朝鮮
선한 자들이 장하게 여기니	善者所壯
어찌 숨고 드러남이 있으랴	豈有隱顯

라고 하였다.

주아부
周惡夫

『어림(語林)』[118]에서 말하였다.

송나라 사람들이 옥도장을 얻었는데 '周惡夫'라고 새겨져 있었다. 유창(劉敞)[119]이 말하기를 "한나라 조후(條侯)[120]의 도장이다. 옛날에는 '亞'자와 '惡'자를 통용하였다"라고 하였다.[121]

---

118) 어림(語林) : 하씨어림(何氏語林). 명나라 하량준(何良俊)이 지은 책. 총 30권.
119) 유창(劉敞) : 송나라의 학자. 호는 공시(公是).
120) 조후(條侯) : 한나라 주아부의 봉호(封號).
121) 人有獲玉印, **遺原甫**, **其**文曰, 周惡夫印, 原**甫**曰, 漢條侯印, **尙存於今耶**, **或疑而問之**, **曰**, 古亞惡二字通用.(『語林, 卷二十一, 博識, 第十四』)→語林, 宋人有獲玉印, 文曰, 周惡夫印, 劉原父曰, 漢條侯印, 古亞惡二字通用.(『康熙字典, 亞』)→語林**曰**, 宋人有獲玉印, 文曰, 周惡夫印, 劉原父曰, 漢條侯印, 古亞惡二字通用.(『松南雜識』)

제민왕

齊湣王

『사기(史記)』에 '睯王'으로 쓴 곳도 있다.

갱힐후

羹頡侯

『사기』에 "고조(高祖)의 큰 형수가 시동생의 친구에게 음식 대접하는 것이 싫어서 국이 다 떨어진 양 주걱으로 국솥을 긁어 소리를 냈기에 훗날 그녀의 아들 유신(劉信)을 갱힐후(羹頡侯)로 봉하였다"[122]라는 기록이 있다.

『사기색은(史記索隱)』[123]에서 "갱힐(羹頡)은 작호(爵號)이지 현(縣)의 이름이 아니다"[124]라고 하였고, 『괄지지(括地志)』[125]에서는 "갱힐산(羹頡山)이 규주(嬀州) 회융현(懷戎縣)에 있는데, 그 이름을 취하여 제후의 봉호로 만든 것은 형수를 원망하였기 때문이다"[126]라고 하였다.[127]

---

122) **始**高祖**微時, 嘗辟事, 時時與賓客過**巨嫂**食. 嫂厭叔, 叔與客來, 嫂**詳爲羹盡櫟釜, **賓客以故去. 已而, 視釜中, 尙有羹, 高祖由此怨其嫂. 及高祖爲帝, 封昆弟而伯子獨不得封. 太上皇以爲言, 高祖曰, 某非忘封之也, 爲其母不長者耳. 於是**, 乃封其子信爲羹頡侯.(『史記, 卷五十, 楚元王世家, 第二十』) → 高祖**以**巨嫂, 詳爲羹盡櫟釜, 乃封其子信, 爲羹頡侯.(『松南雜識』)

123) 사기색은(史記索隱) : 당나라 사마정(司馬貞)이 편찬한 『사기』의 주석서. 총 30권.

124) 羹頡**侯**. 〈爵號**耳**, 非縣**邑**名, **以其櫟釜故也**.〉(『史記索隱, 卷十四, 楚元王系家, 第二十』) → 羹頡, 爵號, 非縣名.(『松南雜識』)

125) 괄지지(括地志) : 당 태종(唐太宗)의 명으로 만든 지리서.

126) 括地志云, 羹頡山, 在嬀州懷戎縣, **東南十五里, 按, 高祖**取其**山**名, 爲侯號者, 怨故也.(『史記, 卷五十, 楚元王世家, 第二十』) → 括地志云, 羹頡山, 在嬀州懷戎縣, 取其名, 爲侯號者, 怨故也.(『松南雜識』)

127) 史記, **楚元王世家**, 高祖**微時**, **與賓客**, **過**巨嫂**食**, **嫂**詳爲羹盡櫟釜, 乃封其子信, 爲羹頡侯. **註**, 索隱曰, 羹頡, 爵號, 非縣名. **正義曰**, 括地志云, 羹頡山, 在嬀州懷戎縣, **東南十五里**, **高祖**, 取其**山**名, 爲侯號者, 怨故也.(『康熙字典, 頡』) → 史記, 高祖, **以**巨嫂詳爲羹盡櫟釜, 乃封其子信, 爲羹頡侯. 索隱曰, 羹頡, 爵號, 非縣名, 括地志云,

환
鵃

『자휘보(字彙補)』에서 "환두(鵃兜)는 驩頭와 같다"라고 하였다. 살펴보건대 『고문상서(古文尙書)』에서 환두(驩頭)를 '鵃吺'라고 하였으니 아마도 환(鵃)의 오자인 듯하다. 『관자(管子)』[128]에서 "여름 구름이 사람의 몸에 미쳐서는 화순하여 마치 들렌 사람이 조용하게 되는 듯하니"[129]라고 하였는데, 그 주석에서 "鵃은 화순(和順)한 모양"[130]이라고 하였다. 옛날에는 실제로 이 글자가 있었던 듯하다.

당 현종을 괴롭히는 안씨
明皇惱安

『산중일석화(山中一夕話)』[131]에서 말하였다.

여대림(呂大臨)[132]이 "장안의 안씨(安氏)가 당나라 현종(玄宗)[133]의 해골을 간직하고 있었는데 자금색(紫金色) 빛이 났다. 그 집에서는 그

羹頡山, 在嬀州懷戎縣, 取其名, 爲侯號者, 怨故也.(『松南雜識』)

128) 관자(管子) : 춘추 시대의 제나라 재상인 관중(管仲)이 지은 책. 부민(富民)·치국(治國)·경신(敬神)·포교(布敎)를 서술하고 패도 정치를 역설하였다. 원본은 86편이었다고 하나 원나라 이후 76편이 남아 오늘날까지 전한다.

129) 乃及**人之**體, 鵃然若謞之靜.(『管子, 卷十二, 侈靡, 第三十五』) → 乃及體**之**鵃然若謞之靜.(『松南雜識』)

130) 鵃然, 和順貌.(『管子, 卷十二, 侈靡, 第三十五』)

131) 산중일석화(山中一夕話) : 명나라의 이지(李贄)가 편찬한 책. 14권

132) 여대림(呂大臨) : 송나라의 학자(1040~1092). 자는 여숙(與叔). 여대균(呂大鈞)의 동생. 처음에는 장재(張載)에게서 수학하다가 정이(程頤)의 문하에서 수학하였음. 사량좌(謝良佐)·유초(游酢)·양시(楊時)와 함께 '정문사선생(程門四先生)'으로 불린다. 『옥계집(玉溪集)』 등의 저작이 있다.

133) 현종(玄宗) : 당나라 제6대 황제(685~762). 재위 기간은 712~756년. 본명은 이융기(李隆基). 명황(明皇)이라고도 한다.

해골을 신실히 받들었다. 그래서인지 그 집은 부귀해져 마침내 명문거족이 되었다. 뒤에 분가하게 되어서는 서로 해골을 가져가겠다고 다투다가 도끼로 몇 조각을 내었다"라고 하였다.

장뢰(張耒)[134]가 이 말을 듣고 농담하기를 "현종은 살아서나 죽어서나 안씨에게 몹시도 시달리는구나"[135]라고 하였다.[136]

세성

歲星

지봉 이수광이 말하였다.

세정(歲精)[137]이 한나라에 벼슬하고	歲精仕漢
풍백(風伯)이 주나라에 조회한다	風伯朝周

라고 하였는데, 그 주석에서 말하였다.

정(精)은 동방삭(東方朔)이다. 『패사(稗史)』에서 "기성(箕星)이 바람을 좋아하니 기자(箕子)를 비유하였다"라고 하였다.[138]

---

134) 장뢰(張耒) : 송나라 때의 시인(1054~1114). 자는 문잠(文潛), 호는 가산(柯山). 회음(淮陰) 출신. 소식(蘇軾)에게 인정받아 소문사학사(蘇門四學士)의 한 사람이 되었다. 저서에 『가산집(柯山集』 50권이 있다.

135) 당 명황이 안록산(安祿山)의 난에 시련을 겪은 것을 이름.

136) 呂與**權**, 言長安, 有安氏家, 藏唐明皇髑髏, 作紫金色, 其家事之甚謹, 因爾家富達, 遂爲盛族, 後其家析居, 爭髑髏, 斧爲數片, 張文潛**聞之**, 戲語曰, 明皇生死, 爲**姓安**人極惱, **合坐大笑**.(『山中一夕話, 卷十一, 髑髏受虧』) → 呂與叔, 言長安, 有安氏家, 藏唐明皇髑髏, 作紫金色, 其家事之甚謹, 因爾家富達, 遂爲盛族, 後其家析居, 爭髑髏, 斧爲數片, 張文潛, 戲語曰, 明皇生死, 爲**安姓**人極惱.(『松南雜識』)

137) 『松南雜識』에는 '歲星'으로 오기되어 있음.

138) **顏之推賦**, 歲**精**仕漢, 風伯朝周, **歲精**, 東方朔**也**. **風伯**, 稗史言箕星好風, **故以**箕子**爲風伯云**.(『芝峯類說, 卷八, 文章部一, 辭賦』) → 歲**星**仕漢, 風伯朝周, **星是**東方朔. 稗史, 箕星好風, **比**箕子**也**.(『松南雜識』)

『장자(莊子)』에서 “부열(傅說)이 기미성(箕尾星)를 타고 여러 별들과 나란히 하였다”[139]라고 하였는데 그 주석에서 “부열의 죽자 그의 정신이 기미성에 의탁하였다”[140]라고 하였다.

동방삭이 태어나서 세정(歲精)이 되고 부열이 죽어서 기성이 되었으니, 기자를 바람이라고 한 것은 기성(箕星)을 차용하고 또 바람을 차용한 것이다.

급총죽서
汲冢竹書

『진서(晉書)』에서 말하였다.

무제(武帝) 때 급군(汲郡) 사람 부준(不準)이 위(魏) 양왕(襄王)의 묘를 도굴하였다고 하는데, 어떤 사람은 안리왕(安釐王)의 무덤이라고도 한다. 그곳에서 수십 대 분의 죽서(竹書)를 얻었다.

그 기년(紀年) 십삼 편 중에 경전(經典)과 크게 다른 것은 다음과 같다.

“하나라의 역년(歷年)은 은나라보다 많다. 익(益)이 계(啓)에게 왕위를 요구하니 계가 그를 죽였고, 태갑(太甲)이 이윤(伊尹)을 죽였으며, 문왕(文王)이 계력(季歷)을 죽였다. 주(周)나라가 개국한 이래로 목왕(穆王)[141]에 이르기까지가 100년이니, 목왕(穆王)의 수명은 백 세가 아니다. 유왕(幽王)[142]이 죽고 나서 공백(共伯) 화(和)가 천자(天子)의 일을

---

139) 傅說**得之**, **以相武丁**, **奄有天下**, **乘東維**, 騎箕尾, **而**比**於**列星.(『莊子, 大宗師』)→傅說騎箕尾, 而比列星.(『松南雜識』)

140) **莊大宗師言**, 說死精神托箕尾也.(『韻府群玉, 傳說星』)→傳說死精神托箕尾.(『松南雜識』)

141) 목왕(穆王) : 주(周)나라의 제5대 왕. 이름 희만(姬滿). 소왕(昭王)의 아들. 견융(犬戎)을 토벌하려다가 실패하여 제후(諸侯)의 이반(離反)을 초래하였으므로 형벌을 정하고, 이때부터 주나라가 쇠퇴하였다고 한다.

섭행한 것이지, 두 명의 재상이 함께 다스린 것이 아니다." 그 책은 대쪽이 타다 남은 것이기에 무제(武帝)가 속석(束晳)[143]으로 하여금 나누어 풀이하게 하였다.[144]

힘은 갈고리를 펼 수 있음
力能伸鉤

『사략(史略)』에서 "하나라 걸(桀)의 힘은 꼬인 쇠갈고리를 펼 수 있다[夏桀力能伸鐵鉤索]"라는 말을 하나의 구(句)로 만들었는데, "힘은 쇠갈고리를 펼 수 있으며 또 유소씨(有蘇氏)를 색출하여 정벌하였다[力能伸鐵鉤, 而又索伐有蘇氏]"라고 한 것도 있다. 운서(韻書)에서 "索은 '찾아냄[求]'이다"라고 하였다.

계력
季歷

『사략』에서 "태강(太姜)이 막내 계력(季歷)을 두었다"라고 하였는데, 어떤 사람은 "태백(泰伯) · 중옹(仲雍)을 놔두고 오직 계력만을 태강에게 연결시키니, 태백과 중옹은 전비(前妣)의 소생이다"라고 하였다.

---

142) 유왕(幽王) : 주(周)나라의 제12대 왕. 본명은 희열(姬涅). 제11대 선왕(宣王)의 아들로, 서주(西周)를 멸망으로 이끌었다. 포사를 총애하여 신황후(申皇后)와 태자 의구(宜臼; 平王)를 폐하고, 포사의 아들 백복(伯服)을 태자로 봉했다. 이 일로 제후들과 사이가 나빠졌고, 여산(驪山)에서 신후(申侯)와 견융(犬戎)의 군대에게 피살되었다.

143) 속석(束晳) : 진(晉)나라의 학자. 자는 광미(廣微). 『오경통기(五經通記)』와 『발몽기(發蒙記)』를 저술하였음.

144) 『晉書, 卷五十一, 列傳, 第二十一, 束晳』을 축약 · 인용하였음.

벽상관초전

壁上觀楚戰[145]

간이(簡易) 최립(崔岦)[146]이 "벽 위에서 보니[壁上觀]"에 구두를 찍고 "초나라 전사는 누구나 일당백이었다[楚戰士無不壹當百]"에 구두를 찍었다.

부자

負兹

『사기』에서 "주(周) 무왕(武王)이 주(紂)를 정벌한 후에 모숙정(毛叔鄭)[147]이 명수(明水)[148]를 받들고 위강숙봉(衛康叔封)[149]이 요를 폈다[布兹]"[150]라고 하였는데, 그 주석에서 "'兹'는 요이니 깔개의 이름이다"[151]라고 하였다. 『공양전(公羊傳)』에서 "병을 핑계 댄다[屬負兹]"[152]라고 하였는데 그 주석에서 "兹는 깔개이다. 제후가 병이 나면 '부자(負兹)'라고 하니 칭병(稱病)을 이른다"[153]라고 하였다.

145) 壁上觀楚戰士無不一以當十.(『史記, 卷七, 項羽本紀, 第七』)
146) 최립(崔岦) : 조선 중기의 문신 · 문인.(1539~1612) 본관은 통천(通川). 자는 입지(立之), 호는 간이(簡易) · 동고(東皐). 그는 당대 일류의 문장가로 인정을 받아 중국과의 외교문서를 많이 작성하였다.
147) 모숙정(毛叔鄭) : 문왕의 아들. 이름은 숙정(叔鄭). 모(毛)에 봉하여 졌음.
148) 명수(明水) : 달밤에 받은 이슬, 깨끗하기 때문에 제사에 사용함.
149) 위강숙봉(衛康叔封) : 무왕(武王)의 동생. 이름은 봉(封).
150)『史記, 周本紀, 第四』를 축약 인용하였음.
151) 兹**者**, 籍席之名.(『史記, 周本紀, 第四』) → 兹**蓐**, 籍席之名.(『松南雜識』)
152)『春秋公羊傳, 桓公, 十六年』.
153) 諸侯有疾稱負兹. **言朔託有**疾.(『春秋公羊傳, 桓公, 十六年』) → **蓐席也**. 諸侯有疾稱負兹, **謂托**疾.(『松南雜識』)

내자

來兹

『여씨춘추(呂氏春秋)』에서 “올해에는 벼가 잘되고 내년에는 보리가 잘되리라[今兹美禾, 來兹美麥]”[154]라고 하였는데, 그 주석에서 “兹는 年이다”[155]라고 하였다.

서왕모

西王母

지봉 이수광이 다음과 같이 말하였다.

사마상여(司馬相如)의 「대인부(大人賦)」에서 “내가 오늘 서왕모(西王母)를 보니 머리칼이 새하얗다”[156]라고 하였다. 『산해경(山海經)』에서는 “서왕모가 옥승(玉勝)[157]을 머리에 썼으며 범의 이에 휘파람을 잘 분다”[158]라고 하였다. 왕세정(王世貞)[159]은 “이는 아마도 왕모(王母)가 부리는 서방(西方)의 백호신(白虎神)이리라”[160]고 하였다. 소설에서

---

154) 『呂氏春秋, 卷二十六, 士容論, 第六, 任地』.

155) 兹, 年也.(『呂氏春秋, 卷二十六, 士容論, 第六, 任地』)

156) 吾乃今**目**睹西王母, 皬然白首.(『史記, 卷一百十七, 司馬相如列傳, 第五十七』) → 吾乃今**日**睹西王母, 皬然白首.(『松南雜識』)

157) 옥승(玉勝) : 옥으로 만든 부인의 머리꾸미개.

158) **西**王母, **其狀如人**, **豹尾**虎齒**而**善嘯, **蓬髮**戴勝.(『山海經, 卷二, 西山經』) → 王母戴勝, 虎齒善嘯.(『松南雜識』)

159) 왕세정(王世貞) : 명나라의 학자. 문학가. 태창(太倉) 출신. 자는 원미(元美). 호는 봉주(鳳洲) · 엄주산인(弇州山人). 문학에 있어서 “산문은 반드시 서한을 따르고 시는 반드시 성당을 따라야 한다”고 주장하였으며 화려한 문장 수식에 힘쓰다가 만년에야 비로소 점차 평담(平淡)해졌다. 저서에 『엄산당별집(弇山堂別集)』 · 『고불고록(觚不觚錄)』 · 『엄주산인사부고(弇州山人四部稿)』 · 『왕씨서원(王氏書苑)』 등이 있다.

160) **山海經云**, **王母**, **鬔髮戴勝**, **虎齒善嘯**. 盖母**之**使金方白虎神**也**.(『弇州續稿, 金母紀』) → **王世貞以爲此**盖王母**所**使金方白虎神.(『松南雜識』)

"왕모는 부인이 아니니, 바로 완왕(宛王) 모과(母寡)와 같은 종류이다" 라고 하였다.

살펴보건대 순임금 때 옥가락지를 바쳤다는 서왕모나 『목천자전(穆天子傳)』에 언급된 서왕모, 도가에서 일컫는 왕모(王母)는 동일인이 아닌 듯하다.[161]

귀장
歸藏

『예기(禮記)』에서 "건곤의 뜻[乾坤之義]"[162]이라고 하였는데, 그 주석에서 "귀장(歸藏)은 모든 만물이 돌아가 가운데 갈무리된다. 이는 『역경』이 순곤(純坤)을 첫머리로 삼는 까닭에 '귀장(歸藏)'이라고 명명하였다"[163]라고 하였다.

『노사(路史)』[164]에서 "유웅씨(有熊氏 : 黃帝) 때 하수(河水)에서 용도(龍圖)가 나왔다. 이에 건(乾)·곤(坤)을 바르게 하고 리(離)·감(坎)을 분리하였다. 토(土)를 상서롭게 여기기에 중곤(重坤)을 첫머리로 삼으니 이것을 은역(殷易)이라 한다"[165]라고 하였다.

---

161) **司馬相如**, 大人賦**曰**, 吾乃今日覩西王母, 皬然白首. 山海經曰, 王母戴勝, 虎齒善嘯, 王世貞以爲此蓋王母所使金方白虎神**也**. **又**小說云, **西**王母非婦人, 乃宛王母寡之類, **而後人附會而爲之說耳**. **余意此說頗有理**. 按舜時西王母獻玉環, 及穆天子傳云云. 與道家所稱王母, 似非一人.(『芝峯類說, 卷八, 文章部一, 辭賦』) → **長卿**, 大人賦**云**, 吾乃今日覩西王母, 皬然白首. 山海經曰, 王母戴勝, 虎齒善嘯, 王世貞以爲此蓋王母所使金方白虎神. 小說云, 王母非婦人, 乃宛王母寡之類, 按舜時西王母獻玉環, 及穆天子傳云云, 與道家所稱王母, 似非一人.(『松南雜識』)

162) 『禮記, 禮運』

163) 歸藏者, 萬物, 莫不歸而藏**於其**中**者**, 此**歸藏**, 易以純坤爲首, **坤爲地**.(『周禮注疏, 卷二十四』) → 歸藏者, 萬物, 莫不歸而藏**之于**中, 此易以純坤爲首, **故名**.(『松南雜識』)

164) 『松南雜識』에는 '荒史'로 되어 있음.

165) 河龍圖**發洛龜書威**, **于**是, 正坤乾, 分離坎, **倚象衍數**, **以成一代之宜**, **謂**土爲祥, 乃

'연산(連山)'은 『주례(周禮)』의 주석에서 "순간(純艮)을 첫머리로 삼으니 산상(山上 : ☶) 산하(山下 : ☶)이기에 연산(連山)이라고 명명하였다. 산이 안의 기운을 내는 것 같다"166)라고 하였다.

용을 타고 하늘을 날다
乘龍御天

『역경(易經)』의 계사(繫辭)에는 모두 협운(協韻)이 있는데 "때로 육룡(六龍)을 타고 하늘을 나니[時乘六龍, 以御天也]"167)에서 '天'의 음은 '청'이니 바로 협운이다.

손익
損益

지봉 이수광이 "남녀의 성교(性交)가 손괘(損卦)에 나타나 있다. 옛사람들은 깊은 뜻이 있다고 하니 대개 나에게서 덜어내 저 사람에게 더해준다는 의미이다"168)라고 하였다.

重坤以爲首, **所**謂**歸藏**易也.(『路史, 黃帝紀上』) → **荒史曰**, 有熊氏時, 河出龍圖, **於**是, 正乾坤, 分離坎. 爲土爲祥, 乃重坤以爲首, 是謂**殷**易也.(『松南雜識』)

166) 連山, 似山出內氣也**者**, **此連山**, **易其卦**以純艮爲首, **艮爲山**, 山上山下, 是名連山.(『周禮注疏, 卷二十四』) → 連山, **周禮駐**, 以純艮爲首, 山上山下, 是名連山, 似山之出內氣也.(『松南雜識』)

167) 『周易, 乾卦』.

168) 男女構精, 見于損卦, 古人謂有深意, 蓋損我益彼之義也.(『芝峯類說, 卷五, 經書部一, 易』)

믿음이 돼지와 물고기에까지 미침
信及豚魚

『역경』의 본전(本傳)에서 “돼지는 조급하고 물고기는 어두우니[豚躁魚冥]”라고 하였으니, 돈어(豚魚)는 두 종류의 동물이다. 『본초몽전(本草蒙筌)』[169]에서 “하돈(河豚)은 어류로 동지 뒤에 나오니 중부괘(中孚卦)는 이 물고기와 조응이 된다”라고 하였다. 어떤 이는 “강돈(江豚)이 못에서 나서 바람이 일어날지 알기에 자연의 신의가 있다”라고 한다. 본전(本傳)에서 “못 위에 바람이 있으니, 바람이 못 위로 불어 물 속을 감동시킴은 중부(中孚)의 상(象)이 되니[澤上有風, 風行澤上而感于水中, 爲中孚之象]”라고 하였다.[170] 바로 못의 물고기가 바람을 미리 앎이 이것이다.

부익
裒益

「겸괘(謙卦)」에서 “많은 데서 덜어 적은 데 보내준다[裒多益寡]”라고 하였는데, 그 주석에서 “부(裒)는 덜어냄이다”라고 하였으니, 지금 가감(加減)을 ‘부익(裒益)’이라고 하는 말은 여기에서 나왔다.

---

169) 본초몽전(本草蒙筌): 명나라 진가유(陳嘉猷)가 찬집한 책으로, 12권이다. 권수(卷首)에 역대 명의도설(名醫圖說)과 약물총론(藥物總論)을 수록하였고, 1권에서 12권까지는 742종의 약물을 나누어서 기술하였다.

170) 本草蒙筌曰, 河豚魚率, **以**冬至後出, 中孚卦**象**, 此魚應之. 或謂**豚魚爲**江豚, 生**大**澤中, **每作**知風之至, **是物之**有自然之信. **按**本傳**曰**, 風行澤上而感于水**中**, 爲中孚之象.(『芝峯類說卷五, 經書部一, 易』) → 本草蒙筌曰, 河豚魚率, 冬至後出, 中孚卦, 此魚應之. 或謂江豚, 生澤中, 知風之至, 有自然之信. 本傳云, 風行澤上而感于水, 爲中孚之象.(『松南雜識』)

천연스러운 여인이로다
俔天之妹[171]

『시경』의 주석과 『한시외전(韓詩外傳)』, 『설문해자(說文解字)』에서 모두 '현(俔)'은 '경(罄)'의 의미라고 하였다. 공영달(孔穎達)[172]이 "마치 지금 속어에서 사물을 '경작연(罄作然)'이라고 비유하는 것과 같다"라고 말하였으니, 대개 경쇠는 천연적인 것이고 사람이 만든 것이 아니니 또한 천연적이라는 말이다.

펴지고 느리게 산흰쑥을 캠이여
采蘩祁祁[173]

『시집전(詩集傳)』에서 "번(蘩)은 누에를 치는 것이다"[174]라고 하였고 『정자통(正字通)』에서는 "누에가 나오지 않을 경우에 번(蘩)을 볶아서 부어주면 쉽게 나온다"[175]라고 하였다.

---

171) 『詩經, 大雅, 大明』.
* 주자는 『시집전』에는 "하늘에 비길 만한 여인이로다"라고 풀이하였다.

172) 공영달(孔穎達) : 당나라의 학자(574~648). 자는 중달(仲達). 태종 때 국자감의 좨주가 되고, 위징과 함께 『수서』를 편찬하였다. 또 『오경정의』를 편찬하여 오경 해석의 통일을 시도하였다.

173) 『詩經, 國風, 召南, 采蘩』.

174) 蘩所以生蠶.(『詩傳大全, 國風, 鵲巢』)

175) **徐光啓曰**, 蠶未出, **煮**蘩以沃之, 則易出.(『正字通, 蘩』) → 蠶未出**者**, 蘩以沃之, 則易出.(『松南雜識』)

꽃과 꽃받침이 아름답도다

鄂不韡韡[176)]

정현(鄭玄)의 전(箋)에서 "꽃을 받치는 것이 '악(鄂)'이다"[177)]라고 하였다. 정초(鄭樵)[178)]가 "불(不)은 꽃받침의 모양을 형상하였으니 부(敷)와 통한다"라고 하였다. 운서에서 "악(蕚)은 악(鄂)과 통용한다"[179)]라고 하였으니 바로 꽃받침이다. 당 현종(玄宗)의 "花蕚相輝之樓"[180)]와 당시(唐詩)에 "산앵두나무꽃 받침과 이어져 빛나도다[棠棣輝輝聯跗蕚]"라고 한 것이 그 예로 모두 꽃받침이 있는 꽃의 의미인데 '부(不)'자를 '부(跗 : 꽃받침)'의 오자라고 하는 사람도 있다.

꾀꼬리들이 관목에 모이도다

黃鳥集于灌木[181)]

『금경(禽經)』[182)]에서 말하였다.

뭍새는 '깃들인다[棲]'고 하고 물새는 '잠잔다[宿]'고 한다. 한 마리일 경우는 '멈추다[止]'라고 하고 여러 마리일 경우에는 '모이다[集]'라고 한다.[183)]

---

176) 『詩經, 小雅, 常棣』
 * 주자는 『시집전』에서 "악연(鄂然)히 아름답지 않겠는가?"라고 풀이하였다.
177) 箋云, 承華者**曰**鄂.(『毛詩注疏, 皇皇者華』) → **鄭**箋曰, 承華者鄂**也**.(『松南雜識』)
178) 정초(鄭樵) : 송나라의 학자. 자는 어중(漁仲), 호는 협제(夾漈) · 계서일민(溪西逸民).
179) 蕚, 通作鄂.(『韻府羣玉, 蕚』)
180) 홍경궁(興慶宮) 서남쪽에 누각을 짓고 그 남쪽에 쓴 제액(題額).
181) 黃鳥**于飛**, 集于灌木.(『詩經, 國風, 周南, 葛覃』) → 黃鳥集于灌木.(『松南雜識』)
182) 금경(禽經) : 춘추 시대 진(晉)나라의 악사인 사광(師曠)이 저술한 책.
183) 陸鳥曰棲, 水鳥曰宿, 獨鳥曰止, 衆鳥曰集.(『禽經, 提要』)

면만황조

緜蠻黃鳥

『강희자전(康熙字典)』에 ‘면만황조(䳱䴚鸝鳥)’[184]라고 되어 있으니,[185] 이황(鸝鶊)은 새의 이름이다. 또 진로(振鷺)[186]의 진(振)은 鷏(진 : 백로)이다.[187]

삭월신묘

朔月辛卯[188]

삭일신묘(朔日辛卯)[189]는 일식(日食)인데 『운부군옥(韻府群玉)』에는 ‘삭월(朔月)’로 되어 있다.

개풍자남

凱風自南[190]

도잠(陶潛)은 외조부인 맹가(孟嘉)의 「유사(遺事)」[191]를 지으면서 “개풍(凱風)의 회포가 있다”[192]라고 하였는데, 주자는 전주(箋註)에서 ‘음탕한 시’라고 하였으니, 대개 고금의 시경 해석이 다르다.

---

184)『詩經, 小雅, 綿蠻』

185) 주자는『시집전』에서 ‘綿蠻’을 새울음 소리[鳥聲]로 풀이하였다.

186)『詩經, 周頌, 振鷺』

187) 주자는『시집전』에서 “떼지어 나는 모양[群飛貌]”으로 풀이하였다.

188)『詩經, 小雅, 十月之交』

189) 주자는『시집전』에서 “초하루 신묘”로 풀이하였다.

190) “남풍이 남쪽으로부터 부니.”(『詩經, 國風, 邶, 凱風』)

191) 원제목은「진고서정대장군장사맹부군전(晉故西征大將軍長史孟府君傳)」.

192) 凱風**寒泉之思, 寔鍾厥心**.(『箋注陶淵明集, 晉故西征大將軍長史孟府君傳』)→**陶淵明, 作外祖孟嘉遺事曰, 有**凱風**之懷**.(『松南雜識』)

척피저의
陟彼砠矣[193]

『운회(韻會)』에서 "저(砠)는 돌을 인 흙산이니 길을 가는 자가 고되게 여긴다. 그렇기 때문에 말이 병들고 마부가 병이 든다"라고 하였는데, 『모시전(毛詩傳)』에는 '흙을 인 돌산'이라고 하였으니 틀리다.[194]

일거월저
日居月諸[195]

『유편(類編)』에서 "저(徂 : 세월이 가다)는 저(諸)와 통용하니, '달이 간다'는 의미이다"라고 하였다.

나에게 붉은 붓을 주네
彤管貽我[196]

주석에서 "동관(彤管)은 대롱이 붉은 붓이니 여사(女史)가 일과 규칙을 기록할 때 잡는 것이다"[197]라고 하였다. 소(疏)에서는 "반드시 붉은 색

---

193) "저 돌산에 오르려 하나."(『詩經, 國風, 周南, 卷耳』)

194) **詩詁曰**, **竊詳**土山戴石, 行者以爲苦, 故云, 馬瘏僕痡**矣**. 毛**云**, 石山戴土, 誤.(『古今韻會擧要, 砠』)→**韻會云**, 土山戴石, 行者以爲苦, 故云, 馬瘏僕痡. 毛**傳**, 石山戴土, 誤**矣**.(『松南雜識』)

195) 『詩經, 國風, 邶, 日月』.
 * 주자는 『시집전』에서 '諸'를 어조사로 풀이하였다.

196) 貽我彤管.(『詩經, 國風, 邶, 靜女』)→彤管貽我.(『松南雜識』)
 * 주자는 『시집전』에서 "동관(彤管)은 무슨 물건인지 상세하지 않으니, 서로 선물하여 은근한 뜻을 맺은 것이다[彤管, 未詳何物, 蓋相贈以結慇懃之意耳]"라고 풀이하였다.

197) **彤管**赤管筆, 女史記事規誨之所執.(『春秋左傳注疏, 經九年春王正月』)→赤管筆, 女史記事規誨之所執.(『松南雜識』)

을 사용하는 이유는 붉은 마음으로 사람을 바로잡음을 나타내는 것이다"[198]라고 하였다.

까치 둥지에 한 쌍이 산다
鵲巢鳩居[199]

『설문해자(說文解字)』에서 "사람의 짝은 '구(仇)'라고 하고 새의 짝은 '구(鳩)'라고 한다"라고 하였다. 어떤 사람은 군자호구(君子好仇)는 사람을 새의 짝에 비유한 것이라고 한다.

험을 싣고 교를 쉬게 한다
載獫歇驕[200]

남창(南窓) 김현성(金玄成)[201]이 "일찍이 잡서(雜書)를 보니 그 험(獫)을 싣고 그 교(驕)를 쉬게 한다"라고 하였는데, 여섯 자짜리 말을 '교(驕)'라고 한다.

---

198) 必用赤者, 示其以赤心正人也.(『春秋左傳注疏, 經九年春王正月』)

199) **維**鵲**有**巢, **維**鳩居**之**.(『詩經, 國風, 召南, 鵲巢』) → 鵲巢鳩居(『松南雜識』)
* 주자는 『시집전』에서 "까치가 둥지를 둠에 비둘기가 살도다"라고 풀이하였다.

200) 『詩經, 國風, 秦, 駟驖』.
* 주자는 『시집전』에서 "험(獫)과 갈교(歇驕)를 싣고 가도다"라고 풀이하였으며, 그 주석에서 "갈교(歇驕)는 모두 사냥개의 이름이니 주둥이가 긴 것을 험(獫)이라 하고, 주둥이가 짧은 것을 갈교(歇驕)라 한다[獫歇驕, 皆田犬名, 長喙曰獫, 短喙曰歇驕]"라고 하였다.

201) 김현성(金玄成) : 조선 중기의 선비. 서화가(1542~1621). 본관은 김해. 자는 여경(餘慶), 호는 남창(南窓). 저술로는 『남창잡고(南窓雜稿)』가 있다.

쥐를 보건대 사지가 있으니
相鼠有體

『본초강목(本草綱目)』에서 "다람쥐[鼲鼠]를 예서(禮鼠)라고 하니, 날씨가 따뜻하면 굴 입구에 나와 앉았다가 사람을 보면 읍을 하는 모양으로 목에 앞다리를 교차시켜 마주잡고 섰다가는 굴로 달아난다"[202]라고 하였다. 『회남자(淮南子)』에서 "공서(拱鼠)[203]를 본떠서 예를 만들었다"[204]라고 하는 말이 이것이다.[205] 한유(韓愈)의 시에서 "예서(禮鼠)가 앞다리를 마주잡고 섰다[禮鼠拱而立]"[206]라고 하니 "쥐를 보건대 사지가 있으니 사람으로서 예(禮)가 없단 말인가?[相鼠有體, 人而無禮]"[207]라고 한 말이 이것이다.

아! 추우로다
吁嗟騶虞[208]

가의(賈誼)의 『설부(說郛)』에서 "모두 관직명이고 짐승의 이름이 아니다"라고 하였다.[209]

---

202) **釋名**, 禮鼠**拱鼠**鼲鼠**貔貍**. 〈**時珍曰**, **黃鼠**, **晴**暖則出坐穴口, 見人則交其前足, 拱而如揖, 乃竄入穴, **卽詩所謂**, **相鼠有體**, **人而無禮**.〉(『本草綱目, 黃鼠』) → 鼲鼠**卽**禮鼠, **時**暖則出坐穴口, 見人則交其前足**於頸**, 拱**立**如揖, 乃竄入穴.(『松南雜識』)

203) 공서(拱鼠) : 다람쥐의 별명.

204) 『관윤자(關尹子), 삼극편(三極篇)』에 나오는 말이나, 『흠정속통지(定續通志)』 등에는 『회남자』를 출전으로 기록하였음.

205) 本草, 鼲鼠卽黃鼠. **時煖則出坐穴口**, 見人則交前兩足於頸, 拱立如揖, 乃竄入穴. 淮南子謂聖人師拱鼠制禮, 是也.(『康熙字典, 鼲』) → 本草**曰**, 鼲鼠卽黃鼠, 見人則交前兩足於頸, 拱立如揖, 乃竄入穴. 淮南子謂聖人師拱鼠制禮, 是也.(『松南雜識』)

206) 「성남련구(城南聯句)」.

207) 『詩經, 國風, 鄘, 相鼠』.

208) **于**嗟**乎**騶虞.(『詩經, 國風, 召南, 騶虞』) → 吁嗟騶虞.(『松南雜識』)

209) 주자는 『시집전』에서 추우(騶虞)는 검은 무늬가 있는 흰 범의 이름이라고 하였다.

저 유자차

彼留子嗟[210]

모씨(毛氏)의 전(傳)에서 "류(留)는 대부의 씨(氏)이고 자차(子嗟)는 자(字)이다"[211]라고 하였다.[212]

정성스레 큰 식기로 대접하더니

夏屋渠渠[213]

고주(古註)에서 "하옥(夏屋)은 큰 도마로 식기(食器)이다"[214]라고 하였으니 큰집을 만들어 쓴다는 것은 틀리다.

의상이 선명하도다

衣裳楚楚[215]

『설문해자』에서 䶥(초)는 "오색을 합한 선명한 색"이라고 하였다. 『시경』에서 "의상초초(衣裳䶥䶥)"라고 하였으니, 䶥의 음은 '초'인데, 그 주석에서 "초초(楚楚)는 䶥䶥의 가차이다"라고 하였다.

또 『서경』의 "조화분미(藻火粉米 : 마름과 불과 분미)"[216]를 『설문해자』에

---

210) 『詩經, 國風, 王, 丘中有麻』.

211) 傳, 留大夫氏, 子嗟字也.(『毛詩注疏, 大車』) → 傳曰, 留大夫氏, 子嗟字也.(『松南雜識』)

212) 주자는 『시집전』에서 '留'를 '만류하다'로 풀이하였다.

213) 『詩經, 國風, 秦, 權輿』.

* 주자는 『시집전』에서 "큰 집이 넓고 넓더니"라고 풀이하였다.

214) **詩**古註, 大俎食具也. 作巨室用非.(『韻府羣玉, 夏屋』) → 古註, **夏屋**, 大俎食具也. 作巨室用非.(『松南雜識』)

215) 『詩經, 國風, 曹, 蜉蝣』.

216) 『書經, 虞書, 益稷』.

* 채침(蔡沈)은 『서집전』에서 粉米를 백미(白米)로 풀이하였다.

서 粉米 대신 '분미(黺糂)'라고 썼다.217)

들의 개구리밥을 먹도다
食野之萍218)

주석에 "모씨전(毛氏傳)에서는 '평(苹)은 평(蓱 : 개구리밥)'이라고 하였고, 정현(鄭玄)의 전(箋)에서는 '평(苹)은 뇌소(藾蕭 : 맑은 대쑥)'라고 하였다"219) 고 하였으니, 萍은 물속의 식물로 사슴이 먹는 것이 아니다.

대립치촬
臺笠緇撮220)

모씨전(毛氏傳)에서 "대(臺)는 더위를 막는 것이고, 립(笠)은 비를 막는 것"221)이라고 하였다.

---

217) 『설문해자』에서는 黺糂를 "쌀알을 모아 놓은 듯 놓은 수"라고 풀이하였다.

218) 『詩經, 小雅, 鹿鳴』.

219) 箋云, 苹, 藾蕭也.(『毛詩注疏, 小雅』)
* 주자의 『시집전』에서도 "평(苹)은 대쑥[藾蕭]이니, 청색(靑色)이고 줄기가 희다"라고 풀이하였다.

220) 『詩經, 小雅, 都人士』.
* 주자는 『시집전』에서 "띠풀로 만든 갓에 치포관(緇布冠)"이라고 풀이하였다.

221) 傳, 臺所以禦暑, 笠所以禦雨**也**.(『毛詩注疏, 小雅, 都人士』) → 傳**曰**, 臺, 所以禦暑, 笠, 所以禦雨.(『松南雜識』)

생각하면 재채기가 나온다
願言則嚏[222]

옛말에 이르기를 "누가 나를 생각하면 재채기가 난다"라고 하였다. 소식의 시에,

백발의 창백한 얼굴을 누가 기억하나	白髮蒼顔誰肯記
새벽녘 잦은 재채기는 누구 때문일까	曉來頻嚏爲何人[223]

라고 하였다.

남산에서 연을 캠이여
采苓南山[224]

『강희자전(康熙字典)』에서 "苓(령)자는 蓮(련)의 옛글자다"[225]라고 하였다. "마치 부용을 나무 끝에서 채취한다[搴芙蓉兮木求]"[226]와 "시호(柴胡)[227]와 도라지를 늪에서 찾는다[柴胡桔梗於沮澤]"[228]라고 하였으니, 습한 곳에 령(苓)이 있다.

---

222) 『詩經, 國風, 邶, 終風』

223) 「원일과단양명일립춘기로원한(元日過丹陽明日立春寄魯元翰)」.

224) 采苓采苓 首陽之巓.(『詩經, 國風, 唐, 采苓』)→采苓南山.(『松南雜識』)
* 주자는 『시집전』에서 "감초를 캐고 감초를 캐기를 수산(首山) 남쪽의 산마루에서 하려는가"라고 풀이하였다.

225) 苓, **註**, 古蓮字.(『康熙字典, 苓』)→苓, 古**文**蓮字.(『松南雜識』)

226) 굴원(屈原)의 「구가(九歌), 운중거(雲中居)」
* **搴**芙蓉兮木求.(「九歌, 雲中居)」)→**褰**芙蓉兮木求.(『松南雜識』)

227) 시호(柴胡) : 다년생 초본식물로 산에서 남.

228) 『戰國策, 卷四, 齊, 宣王』.

학이 구고에서 울거든

鶴鳴于九皐[229)]

주석에서 "학은 꼬리와 목이 모두 검다"라고 하였는데 모기령(毛奇齡)은 "선생은 서있는 학만 보고 날아가는 학은 보지 못하구나"라고 하였다.

곤충

昆虫[230)]

안사고(顏師古)[231)]는 "곤(昆)은 다수[衆]이다"[232)]라고 말하였고, 정현(鄭玄)은 "명충(明蟲)이다. 양(陽)을 얻으면 나고 음(陰)을 얻으면 숨는다"라고 하였다. 또 『예기(禮記)』의 "곤충의 특이한 맛[昆蟲之異]"[233)]에 대한 주석에서 "따뜻하면 생기고 추우면 죽는 벌레"라고 하였다. 『집운(集韻)』[234)]에서는 '곤(蜫)'이라고 하였다.[235)]

---

229) 『詩經, 小雅, 鶴鳴』.

230) 靈臺, 民始附也. 文王受命, 而民樂其有靈德, 以及鳥獸**昆蟲**焉.(『詩經, 大雅, 靈臺』)

231) 안사고(顏師古) : 당나라의 문인(581~645). 이름은 주(籀). 사고(師古)는 그의 자. 섬서성(陝西省) 만년현(萬年縣) 출생. 오경의 주석(註釋)인 『오경정의(五經正義)』 편찬에 참여하였고, 『한서(漢書)』에 주석을 가하여 전대의 여러 주석을 집대성하였다.

232) 師古曰, 昆衆也.(前漢書, 卷十, 成帝紀, 第十』)

233) 『禮記, 第二十五, 祭統』

234) 집운(集韻) : 중국의 음운서. 송나라 인종 때에 정도(丁度), 계숙(季淑) 등이 황제의 명에 따라 편찬하였으며, 정도의 사후에 사마광(司馬光)이 계승하여 1066년에 완성하였다. 절운계(切韻系) 운서의 체재를 따랐으며 206운으로 나누었다. 자수(字數)는 5만 3525자이다. 10권.

235) 師古曰, 衆也, **又**鄭玄曰, **昆蟲**, 明蟲也, **明蟲**, 得陽則生, 得陰則藏, 禮**祭統**, 昆蟲之異, 註, 溫生寒死之蟲也, 集韻, **亦**作蜫.(『康熙字典, 蚰』) → 師古曰, **昆**, 衆也. 鄭**玄**曰, 明蟲也, 得陽則生, 得陰則藏. **又禮云**, 昆蟲之異. 註, 溫生寒死之蟲也. 集韻, 作蜫.(『松南雜識』)

순을 들여 정사를 크게 기록하게 하다

納于大麓[236]

공영달(孔穎達)의 전(傳)[237]에서 "麓은 기록[錄]이다. 요 임금이 순 임금을 받아들여 왕의 여러 가지 정사를 크게 기록하게 하였다"[238]라고 하였다.

도위

圖緯

『후한서(後漢書)』에서 "유자(儒者)들이 다투어 도위(圖緯)를 배운다"[239]라고 하였다. 살펴보건대 '圖'는 도참(圖讖)이고 '緯'는 칠위(七緯)이다. 서한(西漢) 말기에 하하량(夏賀良)의 무리가 그것을 하였는데 "경(經)이 있으면 반드시 위(緯)가 있는 법"이라고 하였다. 칠위(七緯)는 역위(易緯)·서위(書緯)·시위(詩緯)·예위(禮緯)·악위(樂緯)·효경위(孝經緯)·춘추위(春秋緯)이니, 예를 들면 『역경』의 『계람도(稽覽圖)』·『건착도(乾鑿度)』·『곤령도(坤靈圖)』, 『효경(孝經)』의 『원신계(援神契)』·『구명결(鉤命決)』, 『춘추(春秋緯)』의 『연공도(演孔圖)』·『원명포(元命包)』·『운두추(運斗樞)』·『감정부(感精符)』가 모두 위서(緯書)다.

---

236) 『書經, 虞書, 舜典』.
  * 채침(蔡沈)은 "큰 산기슭에 들어가게 하니"로 풀이하였다.

237) 전(傳): 주석의 일종.

238) 傳, 麓錄也, 納舜, 使大錄萬幾之政.(『尙書注疏, 舜典』)

239) 儒者爭學圖緯.(『後漢書, 卷八十九, 張衡列傳, 第四十九』)

『주례』의 기이한 글자
周禮奇字

지봉 이수광이 말하였다.

『주례(周禮)』의 기이한 글자로 예를 든다. 法(법)은 灋으로 썼고 柄(병)은 枋으로 썼고 邪(사)는 衺로 썼고 美(미)는 媺로 썼다. 呼(호)는 嘑로 썼고 拜(배)는 攀로 썼고 韶(소)는 磬으로 썼고 怪(괴)는 傀로 썼다. 暴(포)는 虣로 썼고 鮮(선)은 鱻으로 썼고 槁(고)는 薧로 썼다. 螺(나)는 蠃로 썼고 魚(어)는 獻로 썼다. 吹(취)는 龡로 썼고 埋(매)는 貍로 썼고 陔(해)는 祴로 썼다. 摘(적)은 硩으로 썼고 駭(해)는 駴로 썼고 掬(국)은 鞠으로 썼고 艱(간)은 囏으로 썼고 魅(매)는 鬽로 썼으니, 모두 옛날 문자이다.[240)]

담정
甔井

『주례』에서 '정수(井樹)'[241)]라고 하였다. 그 주석에서 "병과 두레박으로 물을 길으니 '丼'으로 쓰는데, 생략해서 '井'으로 쓴다. 甔의 음은 담이니 우물 속에 물건을 던져 나는 소리다"라고 하였다.[242)]

---

240) 周禮中奇字, 如法爲灋, 柄爲枋, 邪爲衺, 美爲媺, 呼爲嘑, 拜爲攀 韶. 韶爲磬, 怪爲傀, 暴爲虣, 鮮爲鱻, 槁爲薧, 螺爲蠃, 魚爲獻, 吹爲龡, 埋爲貍, 陔爲祴, 摘爲硩, 駭爲駴, 掬爲鞠, 艱爲囏, 魅爲鬽, 蓋古文也.(『芝峯類說, 卷七, 文字部, 字音』)

241) 정수(井樹) : 우물과 나무 그늘. 음식을 먹고 휴식하는 곳을 가리킴.(『周禮, 春官, 野廬氏』)

242) 周禮, **謂之**井樹, **古者**, 以甁甔汲, **本**作丼, **省作井**. **又姓**. **又集韻**, 都感切, **音默**, 投物井中聲.(『康熙字典, 丼』) → 周禮**曰**, 井樹, **註**, 以甁甔汲**水**, 作丼, 甔**音**都感切, 投物井中聲.(『松南雜識』)

토양의 특성을 백성들에게 가르킴
土宜敎氓

『주례』에서 “밭과 집으로 백성을 편안하게 하고 토양의 특성을 가르친다[以田里安氓, 以土宜敎氓]”[243]라고 하였다. 양신(楊愼)[244]이 “氓자는 亡과 民으로 구성되었으니 유망민(流亡民)이다”[245]라고 하였다.[246]

이주잔대
彝舟琖臺

지봉 이수광이 말하였다.

육이(六彝)[247]는 모두 舟(주 : 잔대)가 있다. 정현이 말하기를 舟는 하대(下臺)이니 지금의 승반(承盤)과 같다. 이 물건으로 술에 탐닉하는 것을 경계하니 우리말로는 잔대이다. 소식의 시에,

내일 두 아들을 벌주어야지	明當罰二子
잔대 두 개를 씻어두었으니	已洗兩玉舟[248]

243) **凡治野**, **以下劑致甿**, 以田里安甿, **以樂昏擾甿**, 以土宜**敎甿**.(『周禮, 地官, 遂人』) →以田里安**氓**, **敎**以土宜.(『松南雜識』)

244) 양신(楊愼) : 명나라의 문학가. 자는 용수(用修). 호는 승암(升菴). 경학(經學)과 시문이 탁월하였으며 박학으로 이름 높았다. 저서에 『단연총록(丹鉛總錄)』, 『승암집(升菴集)』 등이 있다.

245) 氓**之爲**字, 從亡從民, 流亡之民也.(『升菴集, 卷四十五, 氓字訓』) →氓字, 從亡從民, 流亡之民.(『松南雜識』)

246) 周禮, 以田里安氓, **以土宜敎氓**. 楊愼曰, 氓**之爲**字, 從亡從民, 流亡之民**也**.(『芝峯類說, 卷五, 經書部一, 周禮』) →周禮, 以田里安氓, **敎以土宜**. 楊愼曰, 氓字, 從亡從民, 流亡之民.(『松南雜識』)

247) 육이(六彝) : 제사에 사용되는 여섯 가지 주기(酒器). 계이(鷄彝)·조이(鳥彝)·가이(斝彝)·황이(黃彝)·호이(虎彝)·유이(蜼彝).

248) 「차운조경량독량구양시파진주계(次韻趙景兩督兩歐陽詩破陳酒戒)」.

라고 하였다.[249]

살펴보건대, 『옥편(玉篇)』에서 '㭷'의 주석에서 "주기(酒器)를 받치는 도구"라고 하였다.

옥식
玉食

『주례(周禮), 옥부(玉府)』에서 "왕이 제사를 앞두고 재계(齋戒)할 때는 음식으로 옥(玉)을 드린다[王齊則共食玉]"라고 하였다. 「한기(漢紀)」에서는 "무제(武帝)가 옥가루를 이슬에 타서 마시면 수명을 연장시킬 수 있다"라고 하였다. 후위(後魏)의 이예(李預)는 옛사람들의 옥 먹는 법을 부러워하여 남전(藍田)[250]을 탐문해서 옥반지를 발굴한 후 가루로 만들어 먹었다. 『서경(書經)』에서 "오직 임금이라야 옥식을 한다[惟辟玉食]"[251]라고 한 말이 이것이니 쌀밥을 먹는다는 의미가 아니다. 만약 쌀을 옥이라고 한다면, 형주(荊州)・양주(揚州)의 백성들은 모두 옥을 먹을 것이다.

과렵
果獵

『이아(爾雅)』에서 말하였다.

---

249) **周禮**六彝皆有舟, 鄭玄曰, 舟下臺也, 若今承盤也, 以戒沈湎也, 蓋俗所謂琖臺也. 坡詩**云**, 明當罰二子, 已洗兩玉舟**是已**.(『芝峯類說, 卷五, 經書部一, 周禮』)→六彝皆有舟, 鄭玄曰, 舟下臺也, 若今承盤也, 以戒沈湎也, 蓋俗所謂琖臺也. 坡詩**云**, 明當罰二子, 已洗兩玉舟.(『松南雜識』)

250) 남전(藍田) : 옥의 산지로 유명한 곳.

251) 『書經, 周書, 洪範』.

거북의 등딱지가 앞이 길어 몸을 덮은 놈을 '과귀(果龜)'라 하고, 등딱지의 뒤가 길어 몸을 덮은 놈을 '엽귀(獵龜)'라 하고 머리가 왼쪽으로 향하여 보는 놈을 '불류(不類)'라 하고, 머리가 오른쪽으로 향하여 보는 놈을 '불약(不若)'이라고 한다.[252]

그 주석에서 말하였다.

諸는 어조사이다. 거북이의 등딱지가 앞이 길어 몸을 덮는 것을 '과(果)'라고 한다. 『주례』에서 "동귀(東龜)를 '과(果)'라고 한다[東龜曰果]"라고 한 말이 이것이다.[253] 등딱지의 뒤가 길어 몸을 덮는 놈을 엽(獵)이라고 하니 『주례(周禮)』에서 "남귀(南龜)를 엽(獵)이라고 한다[南龜曰獵]"[254]라고 한 말이 이것이다.[255]

두두

豐斗

운서(韻書)에서 "예기(禮器)이니, 가(斝 : 옥술잔)의 등속이다"라고 하였다. 『석경모시(石經毛詩)』에서는 "큰말로 떠서[酌以大斗]"[256]라고 하였는데, 『금문시경(今文詩經)』에 '豐를 斗로 썼으며 본음도 두이다'라고 하였다. 『주례』에는 '豆'라고 썼으니 모두 이 자의 오자이다. 대개 옛날의 술그릇인데 두승

252) 龜**俯者靈**, **仰者謝**, 前弇諸果, 後弇諸獵, 左倪不類, 右倪不若.(『爾雅注疏, 卷十, 釋魚, 第十六』)→龜前弇諸果, 後弇諸獵, 左倪不類, 右倪不若.(『松南雜識』)

253) 『周禮, 春官, 龜人』.

254) 『周禮, 春官, 龜人』.

255) **云前弇諸果者**, 諸辭也, 謂甲前長弇覆者, 名果, 周禮, 東龜曰果**屬**, 是也. **云後弇諸獵者**, **諸亦辭也**, **謂**甲後長弇覆者, 名獵, 周禮, 南龜曰獵**屬**, 是也.(『爾雅注疏, 卷十, 釋魚, 第十六』)→**註**, 諸辭也. 謂**龜**甲前長弇覆者, 名果, 周禮, 東龜曰果, 是也. 甲後長弇覆者, 名獵, 周禮, 南龜曰獵, 是也.(『松南雜識』)

256) 『詩經, 大雅, 行葦』.

(斗升 : 말과 되)의 두(斗)로 잘못 썼다.

또 『주례(周禮)』에 "계인(鷄人)은 밤에 아침이라고 소리쳐 백관을 부르는 일을 담당한다"[257]라고 하였다. 그 주석에서 "謼(호)는 號자이고 嘂(규)는 叫자이다"라고 하였으니, 吹(취)는 龡로 쓰고 漁(어)는 𩵮로 쓰고 和(화)는 龢로 쓰고 戾(려)는 盭로 쓴다. 拜(배)는 㨜로 쓰고 草(초)는 艸로 쓰고 槁(고)는 藁로 쓰고 弼(필)은 弻로 쓰고 栗(률)은 㮚로 쓰고 法(법)은 灋으로 쓰는 따위가 많다.

옥배상저
玉杯象著

「명당위(明堂位)」에서 "산뢰(山罍)는 하나라의 술동이이고, 저(著)는 은나라의 술동이이다[山罍夏后氏之尊也, 著殷尊也]"[258]라고 하였는데, 그 주석에서 "저(著)는 바닥이 땅에 붙고 발이 없는 것"[259]이라고 하였다. 『사략(史略)』에서 "주(紂)가 상아 저(著)를 만드니 틀림없이 옥술잔도 만들 것이다"[260]라고 하였으니 아마도 著자는 箸자의 오자인 듯하다.

율계
栗階

『의례(儀禮)』[261]에서 "무릇 임금이 말하거든 주인은 계단을 빨리 올라

257) 鷄人掌 …… 夜號旦以嘂百官.(『周禮, 卷二十, 鷄人』) → 鷄人掌, 夜號旦嘂百官.(『松南雜識』)

258) 『禮記注疏, 卷三十一, 明堂位』

259) 著著地無足.(『禮記注疏, 卷三十一, 明堂位』) → 著地無足.(『松南雜識』)

260) 紂爲象箸而箕子唏. 〈箕子云, 爲象箸, 必爲玉杯, 則箸者是樽也.〉(『史記, 卷十四, 十二諸侯年表, 第二』) → 紂爲象箸必爲玉盃.(『松南雜識』)

간다[凡公所辭, 皆栗階]"[262]라고 하였는데, 그 주석에 "栗은 넘어감이다. 임금의 명령에 계단을 넘어 급히 달려 가는 것이다"[263]라고 하였으니 『춘추좌전』의 '조돈(趙盾)이 계단을 넘어간 것'[264]과는 같으면서도 다르다.

벽옹
辟雍

「왕제(王制)」에서 "천자의 학교는 벽옹(辟雍)이다[天子曰辟雍]"[265]라고 하였는데, 정현(鄭玄)은 "벽(辟)은 밝게 함이고 옹(廱)은 화락이니 천하를 밝고 화락하게 만든다는 의미이다"[266]라고 하였다. 육전(陸佃)[267]은 "주나라는 벽옹이 중앙에 있어서 천자가 학교에 들어가면 사학(四學)의 사람들이 둘러싼 물 밖에서 보니 이것을 벽옹이라 한다"[268]라고 하였다. 나벽(羅璧)[269]은 "벽옹(辟廱)은 학교가 아니다. 벽(辟)은 임금이고 옹(廱)은 화합이다. 『시경, 영대(靈臺)』에서 '벽옹에서 질서정연하게 종을 친다[於論鼓鍾, 於樂辟雍]'라고 한 것은 학교에서 할 일이 아니다. '호경(鎬京)의 벽옹(辟雍)'[270]에서의 일도 학교와는 무관하다"라고 하였다.[271]

---

261) 『松南雜識』에는 『禮記』로 오기되어 있음.

262) 『儀禮, 卷六, 燕禮, 第六』.

263) 栗, 蹙也, 謂越等急趨君命也.(『儀禮, 卷六, 燕禮, 第六』) → 栗, 越也, 謂越等急趨君命也.(『松南雜識』)

264) 진(晉)나라의 영공(靈公)이 조순을 죽이려 하자 조순이 계단을 건너뛰어 달아났다.

265) 『禮記, 王制』.

266) 鄭氏康成曰, 辟明, 雍和也, 所以明和天下.(『禮記義疏, 卷十六, 王制, 第五之二』)

267) 육전(陸佃) : 송나라의 학자. 자는 농사(農師). 월주(越州) 산음(山陰) 출신. 왕안석(王安石)에게 경전을 배웠다.

268) **山陰**陸**氏**曰, …… 周人**辟雍**, **則**辟雍**最**居中, …… **當**天子入**大**學, 則四學之人, 環水而觀之**矣**, 是**之**謂辟雍.(『禮記集說, 卷一百十三, 祭義, 第二十四』) → 陸**佃**曰, 周人, 辟雍居中, 天子入學, 則四學之人, 環水而觀之, 是謂辟雍.(『松南雜識』)

269) 나벽(羅璧) : 송나라의 학자. 자는 자창(子蒼) 호는 묵경(默耕) 신안(新安) 출신. 저서로 『지유(識遺)』 10권이 있다.

270) 『詩經, 大雅, 文王有聲』.

매가 빨리 날아감
征鳥厲疾

「월령(月令)」의 주석에서 “매는 공격을 잘하기 때문에 ‘정(征)’이라고 한다”[272]라고 하였다. 운서(韻書)에서 “鴡은 새의 이름인데, 제(齊)·노(魯)나라에서는 ‘제견(題肩)’이라 한다”[273]라고 하였으니, 바로 요(鷂)·농탈(籠脫)이다.

돼지고기로 술의 재앙을 대비함
豕酒備禍

『예기(禮記)』에서 ‘환시위주(豢豕爲酒)’[274]라고 한 말은 돼지로 술을 만드는 것이 아니다. 아마도 돼지고기가 술을 잘 받기 때문에 안주로 만들면 취하더라도 심한 주정은 하지 않는다. 그래서 술로 인한 재앙에

鎬京辟雍, 自西自東, 自南自北, 無思不服, 皇王烝哉[호경의 벽옹에 서쪽에서 동쪽에서 하며 남쪽에서 북쪽에서 하여 생각하여 복종하지 않는 이가 없으니 황왕이 훌륭한 군주이시도다].

* 주희는 「영대(靈臺)」와 「문왕유성(文王有聲)」의 ‘辟雍’을 천자의 학궁(學宮)으로 풀이하였음.

271) 王制, 天子曰辟雍, 鄭玄曰, 辟明**雍**和也, 所以明和天下. 陸佃**云**, …… 周人**辟雍**, **則**辟雍**最**居中, …… **當**天子入**太**學, 則四學之人, 環水而觀之, 是之謂辟雍. …… 羅璧**識遺**曰, **竊謂**辟廱, 非學也. 辟君廱和也. **詩**靈臺篇, 言辟廱**而**其中, **其所簴鼓鐘鏞**, **莫不均調**, **皆**非學校中事. **文王有聲言**, 鎬京辟廱, **其序曰**, **武王卒文王之伐功**, **詩中述文王築城作**豐事, 亦於學, 無預.(『資治通鑑綱目, 卷七』) → 王制**曰**, 天子曰辟雍, 鄭玄曰, 辟明**廱**和也, 所以明和天下. 陸佃**曰**, 周人, 辟雍居中, 天子入學, 則四學之人, 環水而觀之, 是謂辟雍. 羅璧曰, 辟廱, 非學也. 辟君廱和也. 靈臺篇, 辟廱其中, 非學校中事. 鎬京辟廱, **其**事, 亦於學, 無預.(『松南雜識』)

272) 鷹隼善擊, **必待秋焉**, **以感疫厲之氣**.(『禮記大全, 卷六, 令第六』) → 鷹隼善擊, 故征.(『松南雜識』)

273) 鴡. 鳥名, **方言**, 齊魯**間**, 謂題肩**爲鴡**.(『集韻, 鴡』) → 鴡, 鳥名, 齊魯謂題肩.(『松南雜識』)

274) 『禮記, 卷三十八, 樂記』.

* ‘돼지를 기르고 술을 만든다’는 의미.

대비한다는 것이니, 이에 힘쓰지 않겠는가?

남녀부동석
男女不同席

『운부군옥(韻府群玉)』에서 “남자는 생후 팔 개월에 이가 나고 여덟 살에 이갈이[齔]를 한다. 여자는 생후 칠 개월에 이가 나고 일곱 살 때 이갈이[齔]를 한다”[275]라고 하였는데, 齔은 이갈이를 하는 것이다. 대개 일곱 살에 자리를 같이 하지 않는 것은 천관(天關)을 먼저 막는 것이니, 그 뜻이 은미하다.

『황정경(黃庭經)』에서 “입이 천관(天關)이고 손이 인관(人關)이고 다리가 지관(地關)이다”[276]라 하였고, 불경에서 “활촉 하나로 삼관(三關)[277]을 깰 수 있다”[278]라고 하였다. 소식(蘇軾)의 시에 “천관을 뒤흔들어 경장[279]을 뿜어낸다[動搖天關, 出瓊漿]”[280]라고 한 말이 이것이다.

『정자통(正字通)』에서 “남자는 스물네 살, 여자는 스물한 살에 사랑니[齻]가 난다”고 하였는데, 그 주석에서 “어금니 양쪽 가의 제일 긴 이”[281]라고 하였다.

---

275) 男八月齒生八歲齔, 女七月齒生七歲齔.(『韻府群玉, 齔』)
276) 口爲天關, 手爲人關, 脚爲地關.(『類說, 卷三十七, 內經, 三關章』)
277) 삼관(三關) : 천관(天關) · 인관(人關) · 지관(地關)
278) 『歸宗禪師語錄』.
279) 경장(瓊漿) : 신선의 음료. 맛난 술을 비유함.
280) 「진일주가(眞一酒歌)」.
281) 男子二十四歲, 女子二十一歲, **眞**牙生. …… **類篇曰**, 牙兩畔長者.(『正字通, 齻』) → 男子二十四歲, 女子二十一歲, **齻**牙生. **註**, **謂**牙兩畔**最**長者**也**.(『松南雜識』)

남녀부동거
男女不同居

『공자가어(孔子家語)』에서 "남자와 여자는 예순 살 이전에는 함께 살지 않는다"[282]라고 하였다. 한나라의 곡영(谷永)[283]이 말하기를 "남자는 쉰 살까지 끊임없이 여색을 좋아하지만 여자는 서른 살부터 용모가 바뀐다"[284]라고 하였다. 근자에는 그렇지만도 않은 사람이 있는데 『예기』에 '인난(人煖)'이라는 글이 있으니 무엇 때문일까?

남녀유별
男女有別

고령선생(古靈先生) 진양(陳襄)[285]이 "남자에게 아내가 있고 아내에게 남편이 있는데 분별하여 어지럽지 않아야 한다"라고 하였으니 고시(古詩)에서,

사또에게는 본래 아내가 있고	使君自有婦
나부(羅敷)에게는 본래 남편이 있네[286]	羅敷自有夫

라고 하였다.

---

282) 『공자가어』에 없는 내용임.
283) 곡영(谷永): 한 성제(漢成帝) 때 사람. 자는 자운(子雲), 본명은 병(並). 글씨에 능했고, 『주역(周易)』에 정통했다. 벼슬이 대사농(大司農)에 이름.
284) 男子五十, 好色未**衰**, **婦人四十**, 容**貌**改**前**, **以改前之容**, **侍於未衰之年**.(『前漢書, 卷六十, 杜周傳, 第三十』)→**漢谷永曰**, 男子五十, 好色未**已**, **女子三十**, 容**色已**改**云**.(『松南雜識』)
285) 진양(陳襄): 송나라의 관료·문인. 왕안석의 개혁정책에 반대했다가 좌천당하기도 했다. 백성이 지켜야할 도리를 조별별로 정리한 「선거권유문(仙居勸誘文)」이 저명하다.
286) 진(秦)나라 여자 나부(羅敷)가 들에서 뽕을 따는데 관원이 지나다가 황금 선물 주겠다고 유혹하자 거절하며 지은 시라고 한다.

천계
天癸

『황제내경소문(黃帝內經素問)』[287]에서 "여자는 스물일곱에 천계(天癸)[288]가 이른다"[289]라고 하였다. 방서(方書)에서 "남자의 정액과 여자의 피는 선천적으로 얻어서 형성되고 후천적으로 얻어서 산생된다. 그러므로 천계이다. 천계란 천을(天乙)이 산생한 계수(癸水)[290]이다"라고 하였다.[291]

증신
曾臣

『춘추좌전(春秋左傳)』에서 "증신(曾臣) 표(彪)가 장차 제후들을 거느리고 토벌하겠습니다[曾臣彪將率諸侯以討焉]"[292]라고 하였는데, 그 주석에서 "증신(曾臣)은 말신(末臣)과 같다[曾臣猶末臣]"[293]라고 하였고, 소(疏)에서 "증조(曾祖)·증손(曾孫)의 曾은 '중(重)'의 의미이다. 제후가 천자에게 중첩할 수 있는 위치가 아니다. 말신(末臣)은 겸손히 낮추는 의미일 따름이다"[294]라고 하였다.

「곡례(曲禮)」에서 "열국(列國)의 대부가 천자의 나라에 들아가면 모사

287) 황제내경소문(黃帝內經素問) : 황제(黃帝)와 명의(名醫) 기백(岐伯)의 문답을 기록한 글이다. 당나라 왕빙(王氷)의 주석본이 가장 좋다. 전체 24권.

288) 천계(天癸) : 원음(元陰), 신정(腎精). 생식기능을 촉진시키는 일종의 물질.

289) 女子 …… 二七而天癸至.(『黃帝內經素問, 卷一, 上古天眞論篇, 第一』) → 女子二七而天癸至.(『松南雜識』)

290) 계수(癸水) : 여자의 월경(月經).

291) 天癸, 天乙所生之癸水, **黃帝**素問, 女子, 二七而天癸至, 方書, 男之精, 女之血, 先天得之, 以成形, 後天得之, 以有生, 故**曰**天癸.(『康熙字典, 癸』) → 素問**曰**, 女子, 二七而天癸至, 方書, 男之精, 女之血, 先天得之, 以成形, 後天得之, 以有生, 故天癸, 天癸**者**, 天乙, 所生之癸水**也**.(『松南雜識』)

292) 『春秋左傳, 襄公十八年, 冬十月』.

293) 『春秋左傳, 襄公十八年, 冬十月』.

294) 曾爲重義, 諸侯之於天子, 無所可重者.(『春秋左傳, 襄公, 十八年, 冬十月』)

(某士)라고 하고 자칭할 때는 배신(陪臣)이라고 한다"[295]라고 하였다.

하직
下稷

『춘추곡량전(春秋穀梁傳)』에서 "무오일(戊午日) 하직(下稷)에야 장사를 지낼 수 있었다[戊午日下稷, 乃克葬]"[296]라고 하였는데, 그 주석에서 "직(稷)은 해가 기움[昃]이니 하직은 포시(晡時 : 오후 3시부터 4시 사이)이다"[297]라고 하였다.

고식
姑息

「단궁(檀弓)」에서 "소인(小人)은 고식(姑息)으로 사람을 사랑한다[細人之愛人也, 以姑息]"[298]라고 하였는데, 그 주석에서 "고(姑)는 잠깐[且]의 의미이고 식(息)은 휴식이다"라고 하였다. 『시자(尸子)』에서 "주(紂)가 여노(黎老)[299]의 말을 버리고 고식(姑息)의 말을 채택하였다[紂棄黎老之言而用姑息之語]"라고 하였는데, 그 주석에 "고(姑)는 부인이고 식(息)은 어린아이이다"라고 하였다.[300] 양신(楊愼)은 이 설을 옳게 여겼다.

---

295) 列國之大夫, 入天子之國曰某士, 自稱曰陪臣.(『禮記, 曲禮』)
296) 「春秋左傳, 桓公十八年, 秋七月」.
297) 稷昃也, 下昃謂晡時.(「春秋左傳, 桓公十八年, 秋七月」)
298) 『禮記, 檀弓上』.
299) 여노(黎老) : 노인을 의미함.
300) 檀弓曰, 細人之愛人也, 以姑息. 注, 姑且也, 息休也, 其義殊晦. **按**尸子**云**, 紂棄黎老之言, 而用姑息之語. 注, 姑 婦**女也**, 息小兒**也**.(『升庵集, 四十四, 姑息』)→檀弓曰, 細人之愛人也, 以姑息. 註, 姑且也, 息休也. 尸子**曰**, 紂棄黎老之言, 而用姑息之語. 註, 姑 婦**女也**, 息小兒.(『松南雜識』)

한
鶾

『강희자전(康熙字典)』에는 '鶾(한 : 錦鷄)'이라고 하였고, 『이아(爾雅)』에서는 '천계(天鷄)'라고 하였으니 『주역』의 '翰音(한음)'[301]의 '翰'과는 다르다.

호련
瑚璉

『예기(禮記), 명당위(明堂位)』에서 "하후씨(夏后氏)는 네 개의 연(璉)"[302] 이라고 하였다. 일설에는 나무로 만들었지만 그대로 중요한 기물이 되었기에 '玉'자가 붙었다고 한다.[303] 『강희자전(康熙字典)』에는 '槤(련)'이라고 하였다.

재여주침
宰予晝寢[304]

『한창려어해(韓昌黎語解)』에서 "晝寢은 의당 화침(畫寢)의 오자로 보아야 한다"라고 하였다.

---

301) 한음(翰音) : 중부괘(中孚卦) 상구(上九)의 효사(爻辭)로 그 전(傳)에 "한음은 소리만 날고 실제로는 따르지 않는 것[翰音者, 音飛而實不從]"이라고 풀이하였다.

302) 夏后氏**之**四璉.(『禮記, 明堂位』) → 夏后氏四璉.(『松南雜識』)

303) 禮明堂位, 夏后氏四璉, **殷六瑚**, 一說, 以木爲之, 因以爲重器故. **又**從玉.(『康熙字典, 槤』) → 禮明堂位, 夏后氏四璉. 一說, 以木爲之, 因以爲重器, 故從玉.(『松南雜識』)

304) 宰予晝寢, 子曰, 朽木, 不可雕也, 糞土之墻, 不可也, 於予與, 何誅.(『論語, 公冶長』)
* 주자의 해석. 재여가 낮잠을 자자, 공자께서 말씀하셨다. "썩은 나무는 조각할 수 없고, 썩은 흙으로 쌓은 담장은 흙손질 할 수 없다. 내가 재여를 꾸짖을 수 있겠는가?"

상인문마

傷人問馬[305]

서계(西溪) 박세당(朴世堂)[306]은 "이미 사람이 다쳤는지 묻고 또 말이 다쳤는지 물으니 마구간이기 때문이다"[307]라고 하였다.

무개부지도

無改父之道[308]

한나라 역사에 의하면 장제(章帝)[309]가 모융(牟融)[310] · 포욱(鮑昱)[311]의

305) 廐焚, 子退朝曰, 傷人乎, 不問馬.(『論語, 鄕黨』)
* 주자의 해석. 마굿간에 불이 났는데, 공자께서 퇴조하여 "사람이 다쳤느냐?"고 하시고 말에 대해서는 묻지 않으셨다.

306) 박세당(朴世堂) : 조선 후기의 학자(1629~1703). 자는 계긍(季肯). 호는 서계(西溪) · 잠수(潛叟). 시호는 문정(文貞). 공조 · 이조 · 형조 판서 등을 지냈다. 『사변록(思辨錄)』을 저술하여 사문난적으로 몰려 옥과(玉果)에서 죽었다. 이중환(李重煥) 등 보다 앞선 실학파로 박물학(博物學)을 선도하였다. 저서로 『색경(穡經)』 · 『서계집』 등이 있다.

307) 廏焚, 子退朝, 曰傷人乎不, 問馬. 先儒皆以爲恐傷人之意多故未暇問馬, 是得貴人賤畜之理, 或人又謂傷人乎, 不當爲一句, 蓋先問人而後問馬也, 今以理求之, 恐或說爲得, 蓋廏焚而問馬, 人情之常而理亦當然, 聖人先問人而後問馬, 此可見恐傷人之意多而人畜貴賤各當其理矣, 若曰遂不問馬則殆非人之常情, 其於理亦未爲盡, 馬雖賤畜, 君子固不忘弊帷之施, 況於廏焚而不問其死生, 可乎.(『思辨錄, 論語, 第十, 鄕黨』) → 朴西溪, 以爲旣問人, 又問馬, 馬廐故也.(『松南雜識』)

308) 子曰, 父在, 觀其志, 父沒, 觀其行, 三年, 無改於父之道, 可謂孝矣.(『論語, 學而』)
* 주자의 해석. 공자께서 말씀하셨다. "아버지가 살아 계실 때에는 그[자식]의 뜻을 관찰하고 아버지가 돌아가셨을 때에는 그[자식]의 행동을 관찰하는 것이니, 3년 동안 아버지의 도를 고치지 말아야 효라 이를 수 있는 것이다"

309) 장제(章帝) : 후한의 제3대 황제(57~88). 이름은 유달(劉炟). 묘호는 숙종(肅宗). 학자들을 백호관(白虎觀)에 모아 오경(五經)의 이동(異同)을 토론하게 하였고, 도량이 넓은 정치를 폈으며, 서역경략(西域經略)을 시도하였다. 재위 기간은 75~88년이다.

310) 모융(牟融) : 후한의 학자. 안구(安丘) 출신. 자는 자우(子優). 젊었을 때 박학하여 대하후상서교수(大夏侯尙書敎授)로써 문하에 많은 학생들이 있었다. 한 명제(明帝) 때 뛰어난 재능으로 조정에 천거되어 영평중배사공(永平中拜司空)을 지냈다. 행동거지가 중후하고 신절(臣節)이 매우 강했다.

311) 포욱(鮑昱) : 후한 때 사람. 당둔(党屯) 유인(留人). 자는 문천(文泉).

건의를 듣지 않고, '명제(明帝)[312]의 흉노를 정벌하고 국경에 주둔하여 방어하는 정책'을 고쳐서 한나라의 길이 완성되고 융성하였다고 하였다.

송나라 역사에서 철종(哲宗)[313]이 장채(章蔡)[314]의 "선대의 위업을 계승하여야 한다"는 상주(上奏)를 따라 신종(神宗)의 신법(新法)인 청묘법(靑苗法)을 고치지 않아서 송나라의 국운이 끝을 잘 맺었다고 하였다.

대개 단주(丹朱)와 균(均)은 의당 요(堯)·순(舜)의 도를 고치지 않아야 하지만 선왕(宣王)과 평왕(平王)은 여왕(厲王)과 유왕(幽王)이 한 일을 고쳐야 효(孝)라고 할 수 있다. 사마광(司馬光)[315]의 '모개자지설(母改子之說)'[316]과 유초(游酢)[317]의 '재소당개지론(在所當改之論)'[318]은 모두 거문고의 기러기발을 아교로 고정시킨 격이니 후세에 다시 거문고를 타지 못할 것이다.

---

312) 명제(明帝) : 후한의 제2대 황제(57~75). 광무제의 넷째 아들로, 아버지의 뒤를 이어 한나라 회복의 기업을 공고히 했다.

313) 철종(哲宗) : 송나라 제7대황제.

314) 장채(章蔡) : 송나라 장돈(章惇)과 채경(蔡京)의 병칭. 왕안석(王安石)의 신법(新法)을 반대하는 사마광(司馬光), 문언박(文彦博), 소식(蘇軾), 정이(程頤) 등 이른바 원우당인(元祐黨人)들을 조정에서 축출하였다.

315) 사마광(司馬光) : 북송 때의 학자·정치가(1019~1086). 자는 군실(君實). 호는 우부(迂夫)·우수(迂叟). 사마온공(司馬溫公)이라고도 한다. 신종 초에 왕안석의 신법(新法)에 반대하여 은퇴하고 철종 때에 재상이 되자, 신법을 폐하고 구법(舊法)으로 통치하였다. 저서에 『자치통감』·『사마문정공집(司馬文正公集)』 등이 있다.

316) 모개자지설(母改子之說) : 어머니는 아들의 정책을 사후 3년까지 기다리지 않고 변경할 수 있다는 설.

317) 유초(游酢) : 송나라의 유학자. 자는 정부(定夫). 건안(建安) 출신. 정자(程子)의 고제(高弟).
*『松南雜識』에는 王氏로 오기되어 있음.

318) 재소당개지론(在所當改之論) : 유씨가 말하기를 "3년 동안 고치지 말라는 것은 또한 마땅히 고쳐야 할 입장에 있으나 아직 고치지 않아도 될 수 있는 것을 말한다"라고 하였다[游氏曰, 三年無改, 亦謂在所當改而可以未改者耳].(『論語, 學而』의 주석)

미오미조

媚奧媚竈[319]

어떤 사람은 "오(奧)는 주부이고 조(竈)는 여자 조리사[竈婢]이다"라고 하였고, 속담에는 "차라리 상전에게 미움을 받을지언정 반아(伴娥)에게 미움 받아서는 안 된다"라고 하였으며, 『예기』에는 "오(奧)는 노부(老婦)의 제사[奧者, 老婦之祭也]"[320]라고 하였다.

정유인

井有人[321]

주자의 주석에서는 "人자는 仁의 오자"라고 하였는데, 서계(西溪) 박세당(朴世堂)은 본문의 '人'자가 옳다라고 하였다.

---

319) 王孫賈問曰, 與其媚於奧, 寧媚於竈, 何謂也.(『論語, 八佾』)
* 주자의 해석. 왕손가가 물었다. "아랫목 신에게 잘 보이기보다는 차라리 부엌 신에게 잘 보이라 하니, 무슨 말입니까?"

320) 『禮記, 禮器』.

321) 宰我問曰, 仁者, 雖告之曰, 井有仁[人]焉, 其從之也. 子曰, 何爲其然也, 君子, 可逝也, 不可陷也, 可欺也, 不可罔也.(『論語, 雍也』)
* 주자의 해석. 재아가 물었다. "인자는 비록 우물에 사람이 빠졌다고 말해 주더라도 따라 우물에 들어가겠습니까?" 공자께서 말씀하셨다. "어찌 그렇게 하겠는가. 군자는 우물까지 가게 할 수는 있으나 빠지게 할 수는 없으며, 이치에 있는 말로 속일 수는 있으나 터무니없는 말로 속일 수는 없는 것이다."

식부판자
式負版者[322]

『논어』의 주석에서 "호구판적(戶口板籍 = 戶籍)"[323]이라고 하였는데, 어떤 사람은 "상복에 널을 진 사람[喪服負板]"이라고 하였다.

공호이단
攻乎異端[324]

횡거(橫渠) 장재(張載)[325]는 "괴물(怪物)은 분변할 필요가 없고 이단은 공격할 필요가 없다[物怪不須辨, 異端不必攻]"[326]라고 하였으며, 명 태조(太祖)는 "공(攻)은 성을 공격[攻城]한다고 할 때의 공(攻)이다"[327]라고 하였다.

불철강식
不撤薑食[328]

양생서(養生書)에서 "생강은 많이 먹어서는 안 되니 많이 먹으면 기를 손상시킨다"[329]라고 하였다.

---

322) 凶服者, 式之, 式負版者.(『論語, 鄕黨』)
* 주자의 해석. 상복 입은 사람을 만나시면 예를 표하시고 지도와 호적을 짊어진 자에게 예를 표하셨다.

323) **語**, 戶口板籍, (『韻府群玉, 負板』) → **魯論注**, 戶口板籍, (『松南雜識』)

324) 子曰, 攻乎異端, 斯害也已.(『論語, 爲政』)
* 주자의 해석. 공자께서 말씀하셨다. "이단을 전공하면 해가 될 뿐이다."

325) 장재(張載) : 북송의 유학자(1020~1077). 자는 자후(子厚). 호는 횡거(橫渠). 유가와 도가의 사상을 조화시켜 우주의 일원적 해석을 설파함으로써 이정・주자의 학설에 영향을 끼쳤다. 저서에 『역설(易說)』・「서명(西銘)」・「동명(東銘)」 등이 있다

326) 『張子全書, 卷十三, 文集, 答范巽之書, 第一』.

327) 攻**如**攻城之攻.(『明太祖文集, 解攻乎異端章說』) → 攻**是**攻城之攻.(『松南雜識』)

328) 不撤薑食[생강을 거르지 않고 드셨다].(『論語, 鄕黨』)

위장자절지
爲長者折枝330)

『맹자』의 소(疏)에서 "손마디를 주무르고 꺾어서 피로한 사지를 풀어 주는 것"331)이라고 하였다. 「광절교론(廣絶交論)」332)에서는 "관절을 꺾어주고 치질을 빨아준다[折枝舐痔]"333)라고 하였는데, 그 주석에 "折枝는 손발을 안마해 주는 것"334)이라고 하였다.335)

구체식부지검
狗彘食不知檢336)

어떤 사람이 "'狗彘食人食而不知檢(구체식인식이불지검)'은 개와 돼지가 사람의 양식을 먹어도 단속할 줄 모르는 것이니 바로 흉년의 진상이다"라고 하였다.

---

329) 養生書曰, 薑不可多食.(『芝峯類說, 卷六, 經書部二, 論語』)→養生書曰, 薑不可多食, **損氣**.(『松南雜識』)

330) 『孟子, 梁惠王上』.
 * 주자의 해석. 어른을 위해 나뭇가지를 꺾는 것.

331) 摩折手節, 解罷枝也.(『孟子注疏, 卷一下, 梁惠王章句上』)

332) 광절교론(廣絶交論) : 양(梁)나라 유준(劉峻)의 작품.

333) 折枝舐痔.(『文選, 卷五十五, 廣絶交論』)

334) **折枝**按摩手足**也**.(『文選, 卷五十五, 廣絶交論』)→按摩手足.(『松南雜識』)

335) 疏曰, 摩折手節, 解罷枝也. **又文選**, **廣**絶交論, 折枝舐痔, **註**, **折枝**, 按摩手足也.(『芝峯類說, 卷六, 經書部二, 孟子』)→疏曰, 摩折手節, 解罷枝也. 絶交論**云**, 折枝舐痔, 按摩手足也.(『松南雜識』)

336) 『孟子, 梁惠王上』.
 * 주자의 해석. 개와 돼지가 사람이 먹을 양식을 먹어도 단속할 줄 모르며.

닭 · 돼지 · 개 · 큰 돼지

鷄豚狗彘[337)]

지봉 이수광이 말하였다.

'豚'과 '彘'는 동일한 동물인데 나란히 말하였다. 또 염소와 양을 언급하지 않았으니 아마도 오류가 있는 듯하다.[338)]

분기전이부족

糞其田而不足[339)]

『맹자』의 주석에서 "분(糞)은 흙[壤]이다"[340)]라고 하였다. 어떤 사람이 "'선생을 위해 소제한다[先生糞]'고 할 때의 '糞'이니 비록 그 밭을 잘 소제하더라도 부족하다는 의미이다"라고 하였다.

337) 鷄豚狗彘之畜, 無失其時, 七十者可以食肉矣.(『孟子, 梁惠王上』)
 * 주자의 해석. 닭 · 돼지 · 개 · 큰 돼지를 기름에 새끼칠 때를 잃지 않게 한다면 70세 된 자가 고기를 먹을 수 있으며.

338) 豚與彘, 是一物, **不當**竝言, **而**又不及羔羊, 疑有誤也.(『芝峯類說, 卷六, 經書部二, 孟子』)→豚與彘, 是一物, 竝言, 又不及羔羊, 疑有誤也.(『松南雜識』)

339) 『孟子, 滕文公上』.
 * 주자의 해석. 그 밭을 북돋기도 부족하거늘.

340) 糞, **壅**也.(『孟子, 滕文公章句上』의 주석)→糞, **壤**也.(『松南雜識』)

이청혜화

夷淸惠和[341)]

왕세정(王世貞)이 "백이(伯夷)는 성인의 청(淸)을 얻었고 유하혜(柳下惠)는 성인의 화(和)를 얻었다"[342)]라고 하였다.

퇴려

追蠡[343)]

조희곡(趙希鵠)[344)]이 말하였다.

추(追)는 조탁(彫琢)이니, 『시경』에서 "잘 다듬어진 문장[追琢其章]"[345)]이라고 하였다. 지금 화가(畫家)들은 물감에 물방울을 떨구어서 볼록하게 일어나게 하는 것을 아직도 '퇴분(追粉)'이라고 한다.

'蠡'는 갉아먹는다는 의미이다. 지금 사람들은 기물(器物)을 오래 써서 갉아 먹힌 것을 '蠡'라고 하니 우왕(禹王)의 종(鍾)에 도드라지게 새겨진 글자가 마멸되었다는 의미이다.[346)]

---

341) 孟子曰, 伯夷, 聖之淸者也, 伊尹, 聖之任者也, 柳下惠, 聖之和者也, 孔子, 聖之時者也.(『孟子, 萬章下』)
맹자께서 말씀하였다. "백이는 성인의 청(淸)한 자요, 이윤은 성인의 자임한 자요, 유하혜는 성인의 화(和)한 자요, 공자는 성인의 시중(時中)인 자이시다."

342) 伯夷淸之聖者也, 柳下惠和之聖者也.(『弇州四部稿, 卷一百三十九, 說部』) → 伯夷得聖人之淸, 柳下惠得聖人之和.(『松南雜識』)

343) 孟子曰, 何以言之. 曰追.(『孟子, 萬章下』)
맹자께서 말씀하였다. "무엇을 가지고 그렇게 말하는가?" "퇴려 때문입니다."
* 주자의 해석. 追 : 종을 매다는 끈, 蠡 : 좀벌레가 갉아먹은 듯 끊어지려는 것.

344) 조희곡(趙希鵠) : 송나라의 문인. 저서로 『통천청록(洞天淸錄)』이 있다.

345) 『詩經, 大雅, 棫樸』.

346) 追者, 琢也. 詩云, 追琢其章, 今畫家, 滴粉令**凸**起, 猶謂之追粉, **所謂追蠡**, **盖古銅器款文追起處漫滅也**. **趙氏釋蠡爲絶**, **亦非絶**, **盖剝蝕也**. 今人**亦**以器物用久而剝**蝕者爲**蠡.(『洞天淸錄, 追蠡』) → 追者, 琢也. 詩云, 追琢其章, 今畫家, 滴粉令**亞**起, 猶

왕세정은 조희곡의 설을 옳다라고 하였다.

정심성의
正心誠意

송나라 순희(淳熙)[347] 연간에 주자가 황제의 명을 받고 입궐하는데 어떤 사람이 길을 막고 말하였다.

"정심성의(正心誠意)는 황제께서 듣기 싫어하시는 말이니 삼가 말하지 마시오."

선생이 말하였다.

"내 평생 얻은 것은 오로지 이 네 자뿐이요."[348]

다음과 같은 전설이 있다.

> 병자호란 때 오랑캐의 기마병이 가득 쳐들어오자 임금이 오랑캐를 피하여 남대문으로 나가려고 하면서 남산의 학자들을 급히 불러 적을 물리칠 대책을 물었다. 그런데 "오로지 정심성의일 뿐입니다"라고 대답할 따름이었다.

지금은 조롱하는 말로 사용된다. 그러나 당시에 정심성의하여 김류(金瑬)[349]를 퇴출하고 임경업(林慶業)[350]을 등용하였다.

謂之追粉, **蠡**, **剝食也**. 今人以器用久而剝**食曰**蠡, **禹之鍾款文追起剝食也**.(『松南雜識』)

347) 순희(淳熙) : 송나라 효종(孝宗)의 연호. 1174~1189.

348) 有要**之**於路, **以爲**正心誠意**之論**, 上所厭聞, 戒勿**以爲**言, **熹**曰, 吾平生所**學**惟此四字.(『宋史, 卷四百二十九, 列傳, 第一百八十八, 道學三』) → **宋淳熙中**, **朱子應命**, 有要於路, **言**正心誠意, 上所厭聞, 戒勿言**者**, **先生**曰, 吾平生所**得**惟此四字.(『松南雜識』)

349) 김류(金瑬) : 조선 후기의 문신. 본관은 순천. 자는 관옥(冠玉). 호는 북저(北渚). 시호

후주(後周)의 소작(蘇綽)[351]이 태수가 되어 『대학』의 육조목(六條目)으로 마음을 안정시키고 교화를 돈독히 하였다.[352] 또 땅의 이로움을 극도로 하고 어질고 선량한 사람을 발탁하였으며, 옥사를 긍휼히 하고 부역(賦役)을 공평히 하였으니, 대개 『대학』이 지어진 뒤로 마음이 치국의 근본이 됨을 안 사람은 오직 소작뿐이다.

격물치지
格物致知

사마광(司馬光)은 "외물에 저촉되어 내가 앎의 경지에 이름"이라고 하였고, 어떤 사람은 "만물과 부딪쳐 나의 지식을 지극히 하여 궁구함"이라고 하였다.

는 문충(文忠). 광해군 때는 정인홍(鄭仁弘)·이이첨(李爾瞻) 등의 북인들과 관계가 좋지 않아, 이렇다 할 중앙관직을 맡지 못한 채 주로 지방관으로 전전하였다. 광해군 말년 폐모론(廢母論)이 일어난 이후로는 조정에서의 출세보다 시사에 통분을 느껴, 광해군 12년(1620)경부터 이귀(李貴) 등과 반정을 도모하였다. 문집으로 『북저집(北渚集)』이 있다.

350) 임경업(林慶業): 조선 인조 때의 명장(1594~1646). 자는 영백(英伯). 호는 고송(孤松). 이괄의 난에 공을 세우고, 병자호란 때 명나라와 합세하여 청나라를 치고자 했으나 뜻을 이루지 못하고 김자점의 모함으로 죽었다.

351) 소작(蘇綽): 북주(北周) 때 학자. 무공(武功) 출신. 자는 영작(令綽). 박학하고 문장에 능했으며 특히 산술(算術)에 밝았는데, 문제(文帝)에게 등용되어 대행대좌승(大行臺左丞)으로 있으면서 기밀(機密)에 참여하여 문안(文案)의 정식(程式) 및 계장(計帳)과 호적(戶籍) 등의 법을 제정하였다.

352) 소작(蘇綽)이 북주(北周)의 태조 문황제(太祖文皇帝)로 추존된 우문태(宇文泰)에게 선수심(先修心)·돈교화(敦教化)·진지리(盡地利)·탁현량(擢賢良)·휼옥송(恤獄訟)·균부역(均賦役) 등 6개 조목으로 된 주본(奏本)을 올렸다.(『北史』)

보망장

補亡章[353]

회재(晦齋) 이언적(李彦迪[354])이 말하였다.

"이것을 일러 지식이 극진하다고 하는 것이다[此之謂知之至也]"를 두 번 쓴 것은 연문(衍文)이 아니고 결론이다.[355] 별도로 보망장(補亡章)을 지은 것은 그 뜻이 편벽되고 주밀(周密)하지 못하다.

천명지위성

天命之謂性[356]

어떤 사람이 말하기를 '天命(천명)'부터 '萬物育焉(만물육언)'까지가[357] 바로 『중용(中庸)』의 편제(篇題)라고 하였다. 군자는 "『중용』은 원문(元文)이다"라고 하였다.

---

353) 보망장(補亡章) : 주희가 『고본대학(古本大學)』에 없던 장을 마련하고 '格物致知'에 대하여 서술한 것.

354) 이언적(李彦迪) : 조선 중종 때의 성리학자(1491~1553). 자는 복고(復古), 호는 회재(晦齋)·자계옹(紫溪翁). 김안로의 등용을 반대하다가 쫓겨나 경주 자옥산(紫玉山)에 들어가 성리학을 연구하였다. 후에 다시 등용되어 좌찬성 겸 원상(院相)까지 지냈으나 윤원형 일당의 모함으로 강계(江界)에 유배되어 그곳에서 죽었다. 저서에 『회재집』이 있다.

355) 정이(程頤)는 『大學, 四章』 끝의 '此爲知本'을 연문(衍文)이라고 하였다. 그러나 이언적은 『大學, 五章, 釋格物致知』의 서두에 나오는 '此謂知之至也'를 두 번 쓴 것이라고 하였다.

356) 천명지위성(天命之謂性) : 하늘이 명(命)하신 것을 성(性)이라 이르고.(『中庸, 一章』)

357) 天命之謂性, 率性之謂道, 修道之謂教. 道也者, 不可須臾離也, 可離, 非道也. 是故, 君子, 戒愼乎其所不睹, 恐懼乎其所不聞. 莫見乎隱, 莫顯乎微, 故君子, 愼其獨也. 喜怒哀樂之未發, 謂之中, 發而皆中節, 謂之和, 中也者, 天下之大本也, 和也者, 天下之達道也. 致中和, 天地位焉, 萬物育焉.(『中庸』)

정야포로

政也蒲蘆[358]

지봉 이수광이 말하였다.

『시경』의 소(疏)에서 "포로(蒲蘆)가 명령(螟蛉)의 새끼를 잡아다 키워서 변화시킨다"라고 하였으며, 『이아(爾雅)』에서는 "과라(蜾蠃)를 일명 포로(蒲蘆)라고 한다"[359]라고 하였다.[360]

치일

致一

불경(佛經)에 "도가에서는 정일(貞一)이라고 하고 유가에서는 치일(致一)[361]이라고 하고 불가에서는 삼매(三昧)라고 한다"라고 하였다.

범망(范望)[362]은 "곽삭(郭索)이 비록 다리가 많은 게이지만 발 없는 지렁이보다 못한 것은 그 마음 씀이 전일하지 못하기 때문이다"[363]라고 하

---

358) 夫政也者, 蒲蘆也.(『中庸, 二十章』)
 * 주자의 해석. 정사의 신속한 효험은 갈대와 같다.

359) 果蠃, 一名蒲盧.(『爾雅注疏, 釋蟲, 第十五』)

360) 『芝峯類說, 卷十一, 文章部四, 唐詩』에 '蒲蘆'에 대한 기록이 있으나, 『松南雜識』의 내용과는 상이함.

361) 天地絪縕, 萬物化醇, 男女構精, 萬物化生, 易曰, 三人行, 則損一人, 一人行, 則得其友, 言**致**一也.(『周易, 繫辭下傳, 第五章』)
 천지의 기운이 얽히고 설킴에 만물이 화하여 엉기고, 남녀가 정(精)을 맺음에 만물이 화생한다. 역에 이르기를 '세 사람이 가면 한 사람을 덜고, 한 사람이 가면 그 벗을 얻는다' 하였으니, 하나에 지극히 함을 말한 것이다.

362) 범망(范望) : 진(晉)나라의 문인. 자는 숙명(叔明). 『태현경(太玄經)』을 주석하였음.
 * 『松南雜識』에는 '范明叔'으로 오기되어 있음.

363) 雖**有**郭索多足之蟹, **不及**無足之蚓**也**.(『太玄經, 卷二, 從鋭至事, 第二』) → **范明叔言**, 雖**有**郭索多足之蟹, 不如無足之蚓者, **以**其用心**之**一也.(『御定淵鑑類函, 卷四百四十四, 鱗介部八, 蟹一』) → **范明叔云**, 雖郭索多足之蟹, 不如無足之蚓者, 其用心一也.(『松南雜識』)

였다. 그래서 게는 두렁허리가 파 놓은 굴이 아니면 집을 만들 수 없다.

삼불혹
三不惑

『후한서(後漢書)』에서 양병(楊秉)[364]이 말하기를 "나에게 '삼불혹(三不惑)'이 있으니 술·여색·재물을 이른다"[365]라고 하였는데, 군자의 경계가 될 만하기에 드러낸다.

중흥반정
中興反正

『진서(晉書), 혜기(惠紀)』의 '병여반정(秉輿反正)'의 주석에서 "내가 잃은 것을 다른 사람 덕으로 얻는 것을 반정(反正)이라고 하고, 다른 사람 때문에 잃은 것을 내가 회복하는 것을 중흥(中興)이라고 한다"[366]라고 하였다.

머리 하나가 일 급
一首一級

노중련(魯仲連)[367]이 "진(秦)나라는 예의를 버리는 것을 최상의 공[上首

364) 양병(楊秉) : 후한의 인물. 자는 숙절(叔節).
365) 我有三不惑, 酒色財也.(『後漢書, 卷八十四, 楊震列傳, 第四十四, 楊秉』)
366) 『진서(晉書)』에 없는 내용임.
367) 노중련(魯仲連) : 전국 시대 제(齊)나라의 고사(高士). 진(秦)나라를 황제의 나라로 섬길 바에는 차라리 동해에 빠져 죽겠다고 한 말로 유명하다.

功]368)으로 치는 나라이다"369)라고 하였다.

『전한서(前漢書)』370)에서 "진(秦)나라 법에 적의 머리 하나를 베면 작위 한 등급을 배수하였기 때문에 머리 하나를 일급(一級)이라고 한다"371)라고 하였다.

안향
顔行

「엄조전(嚴助傳)」에서 "집사의 안항(雁行)을 맞이한다[逆執事之顔行]"라고 하였는데, 그 주석에서 "안항(顔行)은 안항(雁行)과 같으니 앞줄에 있기 때문에 '顔'이라고 한다"372)라고 하였다.

후세의 개원
後世改元

『사기(史記)』에서 "위(魏) 혜왕(惠王) 즉위 35년(B.C. 334)에 1년이라고 고쳐 불렀다"373)라고 하였는데 옛날에는 연호(年號)가 없었다. 한 글자로 기년(紀年)한 것은 한나라 문제(文帝)의 후원(後元 : B.C. 163~B.C. 155)과 경제

368) 아세아문화사 영인본 『松南雜識』에는 '上首切'로 되어 있음.

369) **彼秦者**, 棄禮義**而**上首功之國也.(『史記, 卷八十三, 魯仲連鄒陽列傳, 第二十三, 魯仲連』)→**魯仲連所謂**, 棄禮義, 上首功之國也.(『松南雜識』)

370) 『松南雜識』에는 '史記'로 되어 있음.

371) **師古曰**, **本**以斬敵一首, 拜爵一級, 故謂一首爲一級也.(『前漢書, 卷五十五, 衛青霍去病傳, 第二十五』의 주석)→**秦法**, 以斬敵一首, 拜爵一級, 故**因**謂一首爲一級也.(『松南雜識』)

372) **顔行**猶雁行, 在前行, **故曰顔也**.(『前漢書, 卷六十四上, 嚴朱吾丘主父徐嚴終王賈傳, 第三十四上, 嚴助』)→猶**曰**雁行, 在前列.(『松南雜識』)

373) 魏惠王三十六年改元, 從一年始至十六年.(『史記, 卷四十四, 考證』)→魏惠王卽位三十年, 改謂一年.(『松南雜識』)

(景帝)의 중원(中元 : B.C. 149~B.C. 142)이다. 두 글자로 기년한 것은 한나라 문제의 건원(建元)이다. 세 글자로 기년한 것은 양(梁)나라 무제(武帝)의 중대통(中大通 : B.C. 529~B.C. 532)이다. 네 글자로 기년한 것은 한나라 애제(哀帝)의 태초원장(太初元將 : B.C. 5)이다. 여섯 글자로 기년한 것은 송사(宋史)의 하(夏)나라 혜종(惠宗)의 천사예성국경(天賜禮盛國慶 : 1070~1074)이다. 선왕의 연호를 그대로 쓴 것은 후량(後梁) 말제(末帝)의 건화(乾化 : 911~915)이다. 해의 이름을 기원(紀元)한 것은 장락왕(長樂王) 두건덕(竇建德)[374]의 정축(丁丑)이다.

왕패지변
王伯之辨

고정(考亭) 주희(朱熹)가 「왕금패철지변(王金覇鐵之辨)」[375]을 지었는데 서복(徐福)의 사신난액지설(徙薪爛額之說)[376]은 사안(謝安)[377]의 '유자입정

374) 두건덕(竇建德) : 수나라 말기와 당나라 초기에 활약한 군웅(573~621). 하북성(河北省) 출신. 617년 하(夏)나라를 세우고, 이듬해에는 하북 전역을 장악하여 군웅의 한 사람이 되었다. 처음에 장락왕(長樂王)이라고 칭하다가 뒤에 하왕(夏王)으로 바꾸었다. 그러나 621년에 이세민(李世民)의 당나라 군대에 패하여 장안(長安)에서 죽었다.

375) 왕금패철지변(王金覇鐵之辨) : 패도(伯道)는 철과 같고, 왕도(王道)는 금과 같다는 뜻으로, 왕도와 패도의 고하(高下)의 차이를 말한 것이다.

376) 사신란액지설(徙薪爛額之說) : 한(漢)나라 선제(宣帝)의 곽후(霍后)가 사치하였기에 서복(徐福)이 여러 번 상소하였다. 후에 곽씨(霍氏)가 주멸(誅滅)되자, 고하였던 사람들은 모두 상을 받았으나 서복은 제외되었다. 이에 서복을 위하여 어떤 이가 다음과 같은 고사를 빌어 말하였다.

어떤 이가 굴뚝이 직선으로 되어 있고 그 옆에 장작이 쌓여 있는 집을 보고 화재가 날 우려가 있으므로 굴뚝을 돌려 만들고 장작은 다른 곳으로 옮기라고 하였다. 그러나 집 주인은 들은 척도 하지 않다가 결국 화재를 당하였다. 이웃 사람들이 달려 와서 머리털을 태우고 이마를 불에 데면서까지 불을 꺼주자 집주인 술과 음식으로 보답하였지만, 장작 경고하였던 사람은 부르지 않았다고 한다.

377) 사안(謝安) : 동진(東晉)의 재상(320~385). 자는 안석(安石). 효무제(孝武帝) 때 전진(前秦)의 부견(苻堅)이 쳐들어오자 이를 비수강(淝水江)에서 무찔렀다.

지론(孺子入井之論)'[378]이 오히려 핍진한 것만 못하다.

휘호
徽號

『예기(禮記), 대전(大傳)』에서 "복색을 바꾸고 휘호를 다르게 한다[易服色殊徽號]"라고 하였는데, 그 주석에서 "휘호(徽號)는 깃발의 이름이다"[379] 라고 하였다. 뒤에 존호(尊號)를 올리는 것을 휘호(徽號)라고 하였는데 '徽'를 아름답다는 의미로 풀이하는 것은 대개 차용(借用)일 뿐이다.

정독
亭毒

『장자(莊子)』에서 "亭毒(정독)의 겉에서 운행한다[運乎亭毒之表]"[380]라고 하였고 『열자(列子)』에서 "정지독지(亭之毒之)는 화육(化育)이다"[381]라고 하였다. '亭'은 그 형체를 품부한다는 의미이고 '毒'은 그 참됨을 이룬다는 의미이다. 장열(張說)[382]은 「요숭비(姚崇碑)」에서 "여덟 기둥 하늘을 떠받치니 고명한 자리 줄지어 있고, 사시로 한 해가 이루어지니 정독의 공이 있다[八柱擎天, 高明之位列, 四時成歲, 亭毒之功存]"라고 하였다.

---

378) 맹자가 인간의 본성이 선함을 논증하면서 한 말로, 어린 아이가 우물에 빠지려고 하는 모습을 보면 누구나 놀라서 아무런 조건 없이 구해주려는 본능을 지니고 있다라고 하였다.

379) 徽號, 旌旂之名也.(『禮記注疏, 卷三十四, 大傳』) → 徽, 旌旂之名也.(『松南雜識)

380) 『莊子, 大宗師』의 주석.

381) 『열자』에 없는 내용이며 『노자』에 '亭之毒之'란 말이 있음.

382) 장열(張說) : 당나라 재상·시인(667~730). 자는 열지(說之)·도제(道濟). 낙양(洛陽) 출신. 저서에 『장열지문집(張說之文集)』이 있다. 시호는 문정(文貞).

금귀종대
錦貴鍾大

『설부(說郛)』에서 "똑같이 누에에서 뽑아낸 실이고 똑같이 광석에서 나온 구리이지만, 명주를 만들면 싸고 금(錦)[383]을 만들면 비싸며 방울을 만들면 작고 종을 만들면 크다[絲俱生於蠶, 銅等出於石, 作繒則賤, 作錦則貴, 鑄鈴則小, 鑄鐘則大]"[384]라고 하였다. 그러나 『한시(韓詩)』의 '磬'의 주석에서 '경작연(磬作然)'[385]에 대하여 한 말과는 같지 않다.

마음은 작게 지혜는 원만하게
心小智圓

지봉 이수광이 말하였다.

『회남자(淮南子)』에서 "마음은 작게 하려 하고 뜻은 크게 하려 한다. 지혜는 원만하게 하려 하고 행동은 모나게 하려 한다[心欲小而志欲大, 志欲圓而行欲方]"[386]라고 하였다. 손사막(孫思邈)[387]이 두 구를 인용하면서 "담은 크게 하려 한다[膽欲大]"[388]라고 하였다.[389]

---

383) 금(錦) : 염색된 색사(色絲)로 문양을 넣어 짠 두꺼운 직물로 품질이 좋은 비단. 금사(金絲), 은사(銀絲) 등을 넣어 짜 오래전부터 궁중에서 주로 사용되었음.

384) 『설부』에 없는 내용으로 『意林, 士緯』에 있음.

385) 경작연(磬作然) : 사물을 비유할 때 쓰는 속어.

386) 『淮南子, 主術訓』.

387) 손사막(孫思邈) : 수·당 대의 의술가(581?~682). 섬서성(陝西省) 요현(耀縣) 출신. 손진인(孫眞人)이라고도 한다. 저서로 『비급천금요방(備急千金要方)』·『섭생진록(攝生眞錄)』·『침중소서(枕中素書)』·『복록론(福祿論)』·『천금익방(千金翼方)』 등이 있다.

388) 膽欲大而心欲小, 智欲圓而行欲方.(『舊唐書, 卷一百九十一, 列傳, 第一百四十一, 方伎, 孫思邈』)

389) 淮南子**曰**, 心欲小而志欲大, 智欲圓而行欲方, **能欲多而事欲鮮**, **乃格言也**, 孫思邈引**其**兩句而曰膽欲大.(『芝峯類說, 卷六, 經書部二, 諸子』) → 淮南子**云**, 心欲小而志欲大, 智欲圓而行欲方, 孫思邈引兩句而曰膽欲大.(『松南雜識』)

견백동이
堅白同異

『장자(莊子)』에서 "하늘이 그대에게 부여한 형체로 그대는 견백론(堅白論)을 주창하는구나[天選子之形子以堅白鳴]"[390]라고 하였는데, 주석가들은 견백(堅白), 백마(白馬)의 변론을 하였다. 다만 단단한 것이 꼭 돌은 아니고 흰 것이 꼭 말은 아니다. 또 용천수(龍泉水)로 칼날을 담금질하면 단단하고 예리해지기 때문에 '견백론(堅白論)'이 있다. 어떤 이는 모벌(矛伐)의 이야기를 가설하여 견(堅)이라 하고 백마(白馬)의 이름을 분변하여 백(白)이라고 하였다. 대체로 견백동이(堅白同異)에는 후박(厚薄)이 있으니 살피지 않을 수 없다.

구유
甌臾

『순자』[391]에서 "구르는 구슬은 웅덩이에서 멈추고 유언비어는 지혜로운 자 앞에서 중지된다[流丸止於甌臾, 流言止於智者]"[392]라고 하였는데, 그 주석에서 "구유(甌臾)는 땅이 움푹한 곳"[393]이라고 하였고, 또 "송나라와 초나라 사이에서는 병을 유(臾)라고 한다"[394]라고 하였다.

390) 『莊子, 德充符』.
391) 『松南雜識』에는 '莊子'로 오기되어 있음.
392) 『荀子, 大略』.
393) 甌臾, **謂**地之坳坎.(『荀子, 大略』) → 甌臾, 地之坳坎**處**.(『松南雜識』)
394) **陳魏**楚宋之間, 謂罃爲**臾**.(『荀子, 大略』) → 宋楚之間, 謂罃爲**臾**.(『松南雜識』)

해곡
嶰谷

『한서(漢書), 율력지(律曆志)』에서 "황제(黃帝)가 영륜(伶倫)[395]을 시켜 대나무 중에서 해곡(嶰谷)으로 구멍 안팎의 두께가 균일한 것을 취하여 두 마디 사이를 잘라 불어 황종(黃鐘)의 궁(宮)을 만들게 하였다"라고 하였다.[396]

「삼월삼일곡수시서(三月三日曲水詩序)」[397]에서 '嶰谷'[398]이라고 썼는데, 그 주석에서 "解는 '벗음[脫]'이고 谷은 '잠김[潛]'이니 마디가 없는 대나무를 취하는 것이다"라고 하였다.[399]

의당 아래의 설을 옳게 여겨야 한다.

빈 방에서 밝음이 생긴다
虛室生白

『장자(莊子)』의 주석에서 "마음이 비면 밝음이 생긴다"[400]라고 하였다. 제갈량(諸葛良)이 "담박하지 않으면 뜻을 밝게 할 수 없고 편안하고 안정되지 않으면 먼 곳에 이를 수 없다"[401]라고 하였으니, 장자의 설과

395) 영륜(伶倫) : 황제(黃帝) 때 대피리[竹笛]의 명수.

396) 黃帝使伶**綸**, **自大夏之西昆侖之陰**, 取竹之**解**谷生其竅厚均者, 斷兩節間**而**吹之, **以**爲黃鐘之宮.(『後漢書, 律曆志, 第一上』) → 黃帝使伶**倫**, 取竹之**嶰**谷生其竅厚均者, 斷兩節間吹之, 爲黃鐘之宮.(『松南雜識』)

397) 왕융(王融)의 작품.

398) 『松南雜識』에는 '解谷'으로 되어 있음.

399) 黃帝使伶倫, 取竹之嶰谷生其竅厚均者, 斷兩節間吹之, **以**爲黃鍾之宮 漢律歷志. **又**曲水詩序, 作解谷. 注, 解脫也, 谷潛也, 取竹之無谷節者.(『韻府群玉, 嶰谷』) → 漢律歷志**曰**, 黃帝使伶倫, 取竹之嶰谷生其竅厚均者, 斷兩節間吹之, 爲黃鍾之宮. 曲水詩序, 作解谷. 注, 解脫也, 谷潛也, 取竹之無谷節者.(『松南雜識』)

400) **室比喩**心, 心**能空**虛則**純白獨**生也.(『莊子注, 養生主』) → 心虛則生明也. **莊人間世**. (『韻府羣玉, 虛室生白』) → **莊子註**. 心虛則生明也.(『松南雜識』)

401) 非澹泊, 無以明志, 非寧靜, 無以致遠.(『諸葛忠武書, 卷九』)

비교하면 세상의 일에 대한 책임감이 있다.

언교가 어찌 그리 번쇄하오
言教何碎

『진서(晉書)』에서 말하였다.

이밀(李密)[402]은 본래 촉(蜀)나라 사람이기에 장화(張華)[403]가 물었다.

"제갈량(諸葛良)의 언교(言教)[404]는 어찌 그리 번쇄하오?"

이밀이 말하였다.

"순(舜)·우(禹)·고요(皐陶)는 서로 더불어 말을 하였기 때문에 간략하고 위대한 아(雅)[405]와 고(誥)[406]를 얻었습니다. 그러나 보통 사람들과 말을 하면 번쇄하기 마련입니다. 제갈량은 말을 할 때 자신과 상대할 만한 사람이 없었습니다. 이런 까닭에 번쇄할 뿐입니다."[407]

---

402) 이밀(李密): 진(晉)나라의 때 사람. 자는 영백(令伯).

403) 장화(張華): 진(晉)나라의 문인·정치가(232~300). 자는 무선(茂先). 하북성(河北省) 출신. 위(魏)나라 초에 태상박사(太常博士)가 되었고, 서진을 섬기면서 오(吳)나라 토벌에 공을 세웠다. 벼슬이 사공(司空)에 이르러 장무군공(壯武郡公)에 올랐으나, 조왕(趙王) 사마윤(司馬倫)의 난으로 일족과 함께 살해당했다. 저서로는 천하의 이문(異聞)과 신선에 관한 이야기 및 고대 일화 등을 모은 『박물지(博物志)』가 있다.

404) 언교(言教): 윗사람이 아랫사람에게 하는 말.

405) 아(雅): 『시경』의 형식 중 하나.

406) 고(誥): 『서경』의 형식 중 하나.

407) 張華……**次**問, 孔明言教何碎. 密曰, **昔**舜禹皐陶, 相與語, 故得簡雅大誥, 與凡人言宜碎, 孔明與言**者**, 無已敵, **言教**是以碎**耳**.(『晉書, 卷八十八, 列傳, 第五十八, 李密』) →張華問, 孔明言教何碎. 密曰, 舜禹皐陶, 相與語, 故得簡雅大誥, 與凡人言宜碎, 孔明與言, 無已敵, 是以碎**爾**.(『松南雜識』)

영형
寧馨

『진서(晉書)』에서 "어떤 할망구가 이런 애를 낳았나?[何物老嫗生寧馨兒]"[408]라고 하였다. 유담(劉惔[409])이 "촌집 아이가 이런 말을 만드는군![田舍兒强學人作爾馨語]"[410]이라고 하였고, 또 "사군(使君)께서 이 같은 곳에서 어찌 싸울 수 있겠습니까?[使君如馨地, 寧或鬪戰]"[411]라고 하였으니, 대개 영형(寧馨)·이형(爾馨)·여형(如馨)은 모두 '이 같다[如此]'는 의미이다. 오직 "왕호(王胡)가 눈 내리는 정취에 겨워 왕념(王恬[412])을 찾아가서 그의 팔을 잡자, 뿌리치며 '싸늘하기가 귀신의 손일세. 억지로 와서 남의 팔을 잡다니![王司州乘雪, 訪王恬, 持其手, 撥王胡之手曰, 冷如鬼手, 馨强來捉人臂]"라고 하였을 때의 '형(馨)'자는 어조사이니 당시의 방언인 듯하다.[413]

경정
逕庭

『장자』에서 "너무나 과도하여[大有逕庭]"[414]라고 하였는데, 그 주석에

---

408) 『晉書, 卷四十三, 列傳, 第十三, 王戎』.

409) 유담(劉惔) : 동진(東晉) 시대의 문인. 자는 진장(眞長). 명제(明帝)의 사위이며 사안(謝安)의 처남이다.

410) 田舍兒**强學人**作爾馨語.(『蘆浦筆記, 卷一, 寧馨』) → 田舍兒作爾馨語.(『松南雜識』)

411) 『蘆浦筆記, 卷一, 寧馨』.

412) 왕념(王恬) : 동진(東晉) 낭야(瑯邪) 임기(臨沂) 출신. 자는 중예(仲豫)·경예(敬豫). 자재다능하며 예법에 구애되지 않았다.

413) 晉劉眞長曰, 田舍兒作爾馨語. **又王導曰, 正自爾馨**. 又**劉**眞長曰, 使君如馨地, 寧可戰鬥. **魏書亦作如馨**, **又**寧馨**兒**爾馨如馨**寧馨**, 皆言如此, **又**王司州乘雪訪王恬, 持其**臂**, 恬撥王司州手曰, 冷如鬼l手, 馨强來捉人臂. 此馨字, 助語辭.(『韻府群玉, 爾馨』) → 晉劉眞長曰, 田舍兒作爾馨語. 又眞長曰, 使君如馨地, 寧可戰鬪. **蓋**寧馨爾馨如馨, 皆言如此, **惟**王司州乘雪訪王恬, 持其撥王司州手曰, 冷如鬼l手, 馨强來捉人臂. 此馨字, 助語辭, **似當時方言**.(『松南雜識』)

서 "경정(逕庭)은 멀리 떨어진 모양, 또는 과도하게 부딪침, 또는 인정에 가깝지 않음"[415]이라고 하였다. 「권만기전(權萬紀傳)」에서 "거리낌 없이 논쟁하였다[掉罄自肆]"[416]라고 하였는데 그 주석에서 '도경(掉罄)은 충돌하는 일'이라고 하였다.[417] 또 이발(李渤)[418]의 '충돌을 파는 행동[沽激]'은 바로 세상과 구차하게 영합하지 않는 것이다. 반고(班固)의 과도하게 비난하거나 기리지 않는 것[不詭激]이 바로 그의 서술 태도이다.[419]

분내계곡
分內谿谷

『고금주(古今注)』에서 "근육이 크게 모이는 곳을 '곡(谷)'이라고 하고 근육이 조금 모이는 곳을 '계(谿)'라고 한다. 근육이 나뉜 사이에 계곡이 모여 영위(榮衛)[420]를 운행하고 큰 기운을 모은다"[421]라고 하였으니, 이것을 섭생하는 사람들은 의당 알아야 한다.

---

414) 『莊子, 逍遙遊』.

415) 逕庭**謂**激過也.(『莊子注, 內篇, 逍遙遊』) → 逕庭, 激過也. **一曰**不近人情, **又**隔遠皃. 莊**大有逕庭**.(『韻府羣玉, 庭』) → **註**, 隔遠貌, 又激過也. 又不近人情也.(『松南雜識』)

416) 『新唐書, 卷一百, 列傳, 第二十五, 陳楊封裴宇文鄭權閻蔣韋姜張, 權萬紀』

417) 唐權萬紀**幸得進**, **頗**掉罄自肆, **本傳掉罄謂**激事也.(『韻府群玉, 掉罄』) → 唐權萬紀**傳**, 掉罄自肆, **註**激事.(『松南雜識』)

418) 이발(李渤) : 당나라의 문신. 좌습유(左拾遺)에 임명되자, 벼슬에 나아가지 않고 매양 조정에 부주(附奏)하여 득실을 말하였다.

419) 若固之序事, 不激詭・不抑抗. 〈激揚也, 詭毁也, 抑退也, 抗進也.〉(『後漢書, 卷七十下, 班固列傳, 第三十下, 班固傳』)

420) 영위(營衛) : 영혈(營血 : 섭취된 음식물에서 변화된 영양 물질과 이로부터 생기는 혈액을 이르는 말)과 위기(衛氣 : 몸의 겉면에 흐르는 양기. 땀구멍을 여닫는 기능으로 외부 환경에 잘 적응하게 하면서 몸을 보호하는 기능을 한다)를 아울러 이르는 말.

421) 肉之大會爲谷, 肉之小會爲谿, **肉分**之間谿谷之會以行榮衛以會大氣.(『證治準繩, 卷十八, 準繩 七竅門, 肉』) → 肉之大會爲谷, 肉之小會爲谿, **分肉**之間谿谷之會以行榮衛以會大氣.(『松南雜識』)

불순
不筍

『장자』에서 "양해초(羊奚草)와 불순죽(不筍竹)[422]이 결합하여[羊奚比乎不筍]"[423]라고 하였는데, 그 주석에서 "불순(不筍)은 구죽(久竹)이니 다시 순이 날 수 없다는 의미이다"[424]라고 하였다. 또 왕순반(王筍班)은 당나라 이종민(李宗閔)[425]의 문하생인데 청수(淸秀)한 기질이 많기에 그렇게 일컫는다.

후휵
詡畜

『전한서(前漢書), 장창전(張敞傳)』의 주석에서 "북방에서는 '마음에 들게 하는 것'을 '후축(詡畜)'이라 한다"[426]라고 하였다.

천재
穿裁

한유(韓愈)의 시에서,

숭산 동쪽 이락(伊洛) 언덕에서	嵩山東頭伊洛岸
아름다운 일은 궁리할 필요 없네.	勝事不假須穿裁[427]

---

422) 양해초(羊奚草)와 불순죽(不筍竹)은 모두 풀의 이름이다.

423)『莊子, 至樂』.

424) 不筍, 久竹也. 言不復能生筍.(『古今韻會擧要, 筍』)

425) 이종민(李宗閔) : 당문종(文宗) 때의 권신. 우승유(牛僧孺)와 당을 결성하여 이길보(李吉甫), 이덕유(李德裕) 부자(父子)와 대립하였다.

426) 北方人, 謂媚好爲詡畜.(『前漢書, 卷七十六, 趙尹韓張兩王列傳, 第四十六, 張敞』)

라고 하였는데, 왕안석(王安石)의 시에서,

장석[428]이 애오라지 뚫고 마름질한다 匠石聊穿裁[429]

라고 하였다.

『운부군옥(韻府群玉)』에서 "천재(穿裁)의 의미에 대하여 한유의 시에서 주석은 없지만, 의당 노닐며 구경하고 헤아린다는 의미이다"[430]라고 하였다.

발혜
勃谿

운서의 주석에서 '발혜(勃谿)는 뒤틀어짐'[431]이라고 하였다.

『장자』에서 "며느리와 시어머니가 덤벼들어 말다툼한다[婦姑勃谿]"[432]라고 하였는데, 그 주석에서 "발(勃)은 다툼[爭]이고 혜(谿)는 비다[虛]"라고 하였다.[433]

---

427) 「억작행화장십일(憶昨行和張十一)」.
428) 장석(匠石) : 초(楚)나라의 유명한 목공(木工).
429) 「기왕방원(寄王逢原)」.
430) **韓詩穿裁**, 韓詩無註, 當是游觀裁度之義.(『韻府群玉, 穿裁』)→韓詩無註, 當是游觀裁度之義.(『松南雜識』)
431) 勃谿, 反戾也.(『佩文韻府, 勃谿』)
432) 『莊子, 外物』.
433) 莊子**外物篇**, **室無空虛**, **則**婦姑勃谿. 註, 勃爭也, 谿空也.(『康熙字典, 谿』)→莊子, 婦姑勃谿. 註, 勃爭也, 谿空也.(『松南雜識』)

의려
踦閭

『춘추공양전(春秋公羊傳)』에서 "진(晉)나라의 두 대부가 문을 사이에 두고 한참 동안 이야기하였다[二大夫出相與踦閭而語移日]"434)라고 하였는데 그 주석에서 "閭(여)는 길가의 문이다. 한 쪽 문은 닫고 한 쪽 문은 열고, 한 사람은 안에 있고 한 사람은 밖에 있는 것을 '기려(踦閭)'라고 한다"435)라고 하였다. 또한 "오거(伍擧)가 성자(聲子)와 만나서 가시나무 자리[班荊]436)을 펴고 앉았다"437)라는 것과 같다.

진
犇

『장자』에서 "언덕에 진(犇)이 있다[丘有犇]"438)라고 하였는데, 그 주석에서 "진(犇)은 모양이 개와 같은데 뿔이 있고 몸에는 오색의 무늬가 있다. 진이라고 읽는다"439)라고 하였다.

『자휘(字彙)』와 『집운(集韻)』에는 짐승의 이름이라고 잘못되어 있으니 본래 신의 이름이다.

---

434) 『春秋公羊傳, 成公二年』.

435) 閭當道門, 閉一扇, **開一扇**, 一人在**外**, 一人在**內**曰踦**閭**.(『春秋公羊傳, 成公二年』) → 閭當道門, 閉一扇, 一人在**內**, 一人在**外**曰踦.(『松南雜識』)

436) 반형(班荊) : 친구가 서로 만나 석별의 정을 나누는 것으로 전성됨.

437) 춘추 시대 초(楚)나라 오거(伍擧)가 채(蔡)나라 성자(聲子)와 세교(世交)를 맺고 있었는데, 두 사람이 우연히 정(鄭)나라 교외에서 만나 형초(荊草)를 자리에 깔고 앉아서 옛날이야기를 주고받았다고 한다.

438) 『莊子, 達生』.

439) **音臻**, 狀如狗, 有角, 文身五采.(『莊子, 達生』) → 狀如狗, 有角, 文身五采. **讀若臻**.(『松南雜識』)

진시황을 엿보고 공격함

徂擊始皇

안사고(顔師古)의 주석에서 "조(徂)는 몰래 엿본다는 의미이다. 본래 '처(覷)'로 썼다"[440]라고 하였는데, 뒤에 '저(狙)'로 와전되었다.

마발

馬勃

『정자통(正字通)』에서 말하였다.

풀이름이다. 습지의 썩은 나무 위에서 나니 일명 마비(馬疕)이다. 한유(韓愈)가 이른바 "우수(牛溲)[441]·마발(馬勃)"[442]이라고 한 말이 이것이다.[443]

낭황

狼䐠

「오도부(吳都賦)」[444]에서 "오호(烏滸)[445]·낭황(狼䐠)"이라고 하였는데, 그 주석에서 "낭황(狼䐠)은 남만(南蠻)의 나라의 이름이니 밤에 금(金)의

---

440) 師古**曰**, **狙**謂密伺之, **音千豫反**, **字**本作覷.(『前漢書, 張陳王周傳, 第十』)→師古**註**, **徂**謂密伺之**也**, 本作覷.(『康熙字典, 覷』)→師古註, 徂謂密伺之也, 本作覷.(『松南雜識』)

441) 우수(牛溲) : 풀이름. 차전초(車前草).

442) 「진학해(進學解)」.

443) 馬勃, 草名, 生濕地腐木上, …… 一名馬疕. …… 韓愈所云牛溲馬勃**兼收並蓄**, 是**也**.(『正字通』)→草名, 生濕地腐木上, 一名馬疕. 韓愈所云牛溲馬勃. 是.(『松南雜識』)

444) 오도부(吳都賦) : 좌사(左思)의 작품.

445) 오호(烏滸) : 남이(南夷)의 별명.

냄새를 맡고 순도를 안다"[446]라고 하였다.

지약
池藥

『전한서(前漢書), 선제기(宣帝紀)』에서 "황제의 거둥하지 않는 정원[池籞][447]은 가난한 백성들에게 나누어 주라[池籞未御幸者, 假與貧民]"[448]라고 하였는데, 『자휘보(字彙補)』에서 "藥은 어원(籞苑)의 '籞'와 같다"[449]라고 하였다.

이광문(李匡文)[450]이 말하였다.

정원 정자 속의 약란(藥闌)이다. '闌'이 '藥'이고 '藥'이 '闌'이니 위원(圍援)이라는 말과 같으며 '화약(花藥)의 난간(欄干)'과는 다르다. 『한서』에서 '궁궐로 들어오는 것을 막는다[闌入宮禁]'라고 하였다. 闌자에 艸를 붙이는 경우가 많다.[451]

---

446) 狼䀎**人**, 夜覷金, 知其良否.(『文選, 卷五, 吳都賦』의 주석) → 狼䀎**南蠻國名**, **其人**夜覷金, 知其良否.(『松南雜識』)

447) 지어(池籞) : 황제의 정원.
 *『松南雜識』에는 池藥으로 오기되어 있음.

448) 『前漢書, 卷八, 宣帝紀, 第八』.

449) 字彙補, 與籞苑之籞, 同.(『康熙字典, 藥』)

450) 이광문(李匡文) : 당나라의 문인. 호는 제옹(濟翁). 저서로 『천황원류보(天潢源流譜)』·『양한지당연기(兩漢至唐年紀)』·『자가록(資暇錄)』이 있다.

451) 藥欄, **今**園亭中藥**欄**, **欄**卽藥, 藥卽**欄**, 猶言圍援, 非花藥之**欄也**. 漢書闌入宮禁, **字多作草下**.(『資暇錄』) → 園亭中藥**闌**, **闌**卽藥, 藥卽**闌**, 猶言圍援, 非花藥之**闌**. 漢書闌入宮禁, **闌字多從艸**.(『松南雜識』)

제부

齊斧

『우희지림(虞喜志林)』에서 "군사가 출동할 때는 재계(齋戒)하고 묘당(廟堂)에 들어가 도끼를 받기에 제(齊)라고 한다"라고 하였다. 장안(張晏)[452]은 "부(斧)는 월(鉞 : 도끼)이니 그것으로 천하를 바르게 한다[整齊]"라고 하였다. 응소(應劭)[453]는 "齊는 예리함이다"라고 하였으니[454] 세 가지 설이 같지 않다.

돌제

突梯

초사(楚辭)에서,

매끄럽게 속류를 따르니	突梯滑稽
기름 같고 무두질한 가죽 같다	如脂如韋[455]

라고 하였는데, 그 주석에서 "모서리가 없는 것을 돌제(突梯)라고 하니 모릉(模稜)[456]과 같다"라고 하였다.

---

452) 장안(張晏) : 삼국 시대(三國時代) 위(魏)나라 중산(中山) 출신. 자는 자부(子傅). 저서에 『서한서음석(西漢書音釋)』 40권이 있다.

453) 응소(應劭) : 동한(東漢)의 여남(汝南) 사람. 자는 중원(仲遠)이다. 박학다식하여 영제(靈帝) 때에 태산태수에 제수되었다. 황건적을 제압한 공이 있다. 『한관예의고사(漢官禮儀故事)』를 저술하여 거기에서 조정의 제도를 많이 취하였다. 또, 『풍속통(風俗通)』과 『중한집서(中漢集序)』도 저술하였다.

454) 虞喜志林, **音側階切**, **凡**師出齊戒入廟受斧, 故云**齊也**. …… 張晏**云**, 斧鉞也, 以整齊天下. 應劭**云**, 齊利也.(『說郛, 卷三十三上, 西溪叢語』) → 虞喜志林**曰**, 師出齊戒入廟受斧, 故云. 張晏**曰**, 斧鉞也, 以整齊天下. 應劭**曰**, 齊利也.(『松南雜識』)

455) 굴원(屈原)의 「복거(卜居)」.

456) 모릉(模稜) : 가부를 결정하지 않고 태도가 모호함. ≒ 模稜.

부유

腐儒

「영포전(英布傳)」에서 "왕이 술자리를 마련하고 사람들 앞에서 소하(蕭何)[457]를 '썩은 선비[腐儒]'라고 나무랐다"[458]라고 하였는데, 그 주석에서 "부(腐)는 부패함이니 임무를 감당할 바가 없다는 의미이다"[459]라고 하였다.

화표

華表

서개(徐鍇)[460]가 『설문계전(說文繫傳)』에서 "華의 본음은 和이다. 그래서 요즘 사람들은 화표(華表)를 화표(和表)라고 한다"[461]라고 하였다.

연부

年富

『정자통(正字通)』에서 "나이가 어려서 앞으로 올 나이와 경력이 많이 있다는 의미이다"[462]라고 하였다. 『사기』[463]에서 "도혜왕(悼惠王)[464]의

---

457) 소하(蕭何) : 한(漢) 고조 유방을 도와 천하를 평정하고, 한나라의 법령과 제도를 만든 명재상. 장량(張良)·한신(韓信)과 함께 삼걸(三傑)로 불리기도 한다.

458) 上置酒對衆折隨何曰腐儒.(『前漢書, 卷三十四, 韓彭英盧吳傳, 第四』)

459) 腐者, **爛敗**, 言無所堪任.(『前漢書, 卷三十四, 韓彭英盧吳傳, 第四) → 腐者, **敗爛**, 言無所堪任.(『松南雜識』)

460) 서개(徐鍇) : 남당(南唐)의 문인. 자는 초금(楚金).

461) 徐鍇說文繫傳, 華本音和, 故今人謂華表爲和華.(『康熙字典, 華』)

462) 年幼後來歯歷方久也.(『正字通, 富』)

463) 『松南雜識』에는 '漢書'로 되어 있음.

464) 도혜왕(悼惠王) : 한나라 고조의 아들. 조부인(曹夫人)의 소생. 유비(劉肥). 제(齊)나

나이가 젊다[悼惠王, 富於春秋]"[465]라고 한 말이 이것이다.

단계맹
丹鷄盟

『회남자』에서 "맹세할 때 호인(胡人)은 해골에 술을 담아 마시고 월인(越人)은 팔을 깨물고 중국사람은 피를 입에 바른다. 그 유래는 각각 다르지만 신의에 대한 의식이라는 점은 동일하다"[466]라고 하였다.

다음과 같은 옛 노래가 있다.

월(越)의 풍속은 붉은 닭과 흰 개를 제물로 사용하며 단을 쌓고 처음에 어떤 사람과 사귈 때 이렇게 축을 한다.

그대 수레 타고 나는 삿갓 쓰고	君乘車我戴笠
훗날 만나면 그대는 수레에서 내려 읍하라	他日相逢下車揖
그대는 우산을 매고 나는 말을 타고	君擔簦我跨馬
훗날 만나면 그대 위해 내리리라	他日相逢爲君下[467]

경풍지상
景風之賞

경방(京房)[468]의 역점(易占)에서 "하지(夏至)에 경풍(景風)[469]이 용사(用

라의 왕으로 봉해졌다.

465) 『史記, 卷五十四, 曹參世家, 第二十四』.

466) 胡人彈骨, 越人齧臂, 中國啮血也. 所由各異, 其於信一也.(『淮南子, 齊俗訓』)

467) 「월요가(越謠歌)」.

468) 경방(京房) : 전한(前漢)의 사상가(B.C. 77~B.C. 37). 자는 군명(君明). 역학(易學)에 밝아 원제(元帝)의 총애를 받았다. 저서에 『경씨역전』이 있다.

469) 경풍(景風) : 팔풍(八風)의 하나. 남풍(南風).

事)를 하니 임금은 의당 덕 있는 이에게 작위를 주고 공 있는 사람을 봉해 주어야 한다"[470]라고 하였다.

왕당
往黨

『공양전(公羊傳)』[471]에서 "돌아올 때 위후(衛侯)가 답(沓)에서 공과 회합하였고 돌아올 때 정백(鄭伯)이 비(棐)에서 공과 회합하였다"[472]라고 하였는데, 그 주석에서 '黨(당)'은 때[時]와 같다라고 하였다.

백육지회
百六之會

유곤(劉琨)[473]이 양구(陽九)의 운수에 대한 표문(表文)를 올렸는데, 그 주석에서 다음과 같이 말하였다.

> 『한서』에서 이르기를 "4500년이 일원(一元)이고 일원 가운데 구액(九厄)·양액(陽厄)·오음액(五陰厄)이 있다. 양(陽)이 넷이면 가뭄이 든다. 음은 물이다. 또 원(元)으로 처음 진입하여 106년 만에 양액(陽厄)이 들기에 '백육지회(白六之會)'라고 한다"[474]라고 하였다.

---

470) 夏至**離王**景風用事, 人**君**當爵有德封有功.(『易漢學, 卷五, 京君明易下』)→夏至, 景風用事, 人當爵有德封有功.(『松南雜識』)

471)『松南雜識』에는 '左傳'으로 오기되어 있음.

472) **反**黨, 衛侯會公于沓, **至得與晉侯盟**, 反黨, 鄭伯會公于棐.(『公羊傳, 文公, 十三年, 十二月)』→**往**黨, 衛侯會公于沓, 反黨, 鄭伯會公于棐.(『松南雜識』)

473) 유곤(劉琨) : 진(晉)나라 혜제(惠帝) 때의 문신·문학가. 좌사(左思)·곽박(郭璞)과 함께 동진(東晉)의 3대 시걸(詩傑)로 꼽힌다.

474) 四千五百歲, 爲一元, 一元之中, 有九**戹**陽戹五陰戹, 四陽爲旱, 陰爲水, 初入元, 百

삼족

三足

『당서(唐書)』에 "노경량(盧景亮)[475]이 '임금이 먹을 것이 풍족하고 병력이 풍족한데다가 선비까지 얻는다면 천하를 다스릴 수 있다"[476]는 기록이 있다. 그의 저서에 『삼족기(三足記)』가 있다. 우리나라의 김대유(金大有)[477]도 호가 삼족당(三足堂)이다.

어우

於于

『장자』에서 "허풍으로 대중을 뛰어 넘어[於于以蓋衆]"[478]라고 하였는데, 「천지(天地)」의 주석에서 "어우(於于)는 허풍[夸誕]"[479]이라고 하였다. 우리나라의 유몽인(柳夢寅)[480]은 어우(於于)를 호로 삼았다.

六歲, 有陽戹, 故曰百六之會.(『後漢書, 卷一百二, 董卓列傳第六十二, 董卓傳』의 주석) → 劉琨, 表陽九之會. 註, 漢書**曰**, **陽九之厄**, 四千五百歲, 爲一元, 一元之中, 九陽厄五陰厄, 四陽爲旱, 陰爲水, 又**云**初入元, 百六歲有厄, **故曰**, 百六**之會**.(『韻府羣玉, 陽九』) → 四千五百歲, 爲一元, 元之中, 九陽厄五陰厄, 四陽爲旱, 陰爲水, **又**初入元, 百六歲, 有厄, **謂**百六.(『松南雜識』)

475) 노경량(盧景亮) : 당나라의 문인 관료. 자는 장회(長晦). 유주(幽州) 범양(范陽) 출신.

476) 人君足食足兵而又得士天下可爲也.(『唐書, 卷一百六十四, 列傳第八十九, 歸崔盧二薛衛胡丁二王殷』)

477) 김대유(金大有) : 조선 중기 문신(1479~1551). 자는 천우(天佑), 호는 삼족당(三足堂), 본관은 김해(金海). 정여창(鄭汝昌)의 문인으로, 1498년 무오사화(戊午士禍)로 숙부 김일손(金馹孫)이 처형되자, 아버지와 함께 호남에 유배되었다가 1506년에 풀려났다. 저서로 『탁영연보(濯纓年譜)』가 있다.

478) 『莊子, 天地』.

479) 於于 …… 夸誕貌.(『莊子, 天地』) → 夸誕**也**.(『松南雜識』)

480) 유몽인(柳夢寅) : 조선 중기의 문장가(1559~1623). 자는 응문(應文). 호는 어우당(於于堂)·간재(艮齋)·묵호자(默好子). 설화 문학의 대가였으며, 글씨에도 뛰어났다. 인조반정으로 벼슬을 내놓고 전전하다가 역모로 몰려 사형당하였다. 저서로는 『어우야담』·『어우집』 등이 있다.

초당

草堂

제갈량(諸葛良)의 시에 "초당에서 봄 잠 푹 자고[草堂春睡足]"[481]라고 하였고 「북산이문(北山移文)」[482]에서 "종산(鍾山)의 아름다움과 초당의 신령함[鍾山之英, 草堂之靈]"이라고 하였다. 두보(杜甫)와 위야(魏野)[483]가 그것을 따라 호를 삼으니 마침내 은자가 사는 집의 이름이 되었다. 우리나라는 허엽(許曄)[484]이 초당(草堂)을 호로 삼았다. 나도 「초당기(草堂記)」를 지었다. 또 초려(草廬)[485]는 원나라 사람 오징(吳澄)[486]의 호다. 이유태(李惟泰)[487]도 그것을 호로 절취(竊取)하였다. 이는 마치 한나라의 장후(蔣詡)[488]가 대나무 아래에 세 갈래 길[三徑]을 만들고, 진(晉)나라 도잠(陶潛)의 삼경(三徑)도 은자의 길이 되어, 마침내 양만리(楊萬里)[489]의 삼삼경(三三徑)[490]이 된 것과 같다.

---

481) 『三國演義, 定三分亮出茅廬』.

482) 북산이문(北山移文) : 남조(南朝) 제(齊)나라 공치규(孔稚珪)의 작품.

483) 위야(魏野) : 송나라의 은자. 자는 중선(仲先). 동교(東郊)의 초당(草堂)에서 살았기에 초당거사(草堂居士)라고 불렀다.

484) 허엽(許曄) : 조선 중기의 문신(1517~1580). 자는 태휘(太輝), 호는 초당(草堂), 본관은 양천(陽川). 선조 8년(1575) 동인・서인의 붕당정치가 시작될 때, 김효원(金孝元)과 함께 동인의 영수가 되었다. 저서로 『초당집(草堂集)』・『전언왕행록(前言往行錄)』 등이 있다.

485) 『松南雜識』에는 '三顧草廬'로 되어 있다.

486) 오징(吳澄) : 원나라의 학자(1249~1333). 무주(撫州) 숭인(崇仁) 출신. 자는 유청(幼淸)・백청(伯淸). 경전에 밝았다. 초옥(草屋)에서 살았기에, 초려선생(草廬先生)으로 불렸다.

487) 이유태(李惟泰) : 조선 중기의 문신(1607~1684). 자는 태지(泰之). 호는 초려(草廬). 본관은 경주(慶州). 예학에 조예가 깊었고 송시열과 의견을 같이했으나 뒤에 학문상 의견 대립으로 절교했다. 저서로 『초려집(草廬集)』이 있다. 시호는 문경(文敬).

488) 장후(蔣詡) : 한나라 두릉(杜陵) 출신. 성품이 청렴하고 강직하였다. 곤주자사(袞州刺史)로 있을 때 왕망이 왕위를 찬탈하자 귀향하여 은거하였다.

489) 양만리(楊萬里) : 송나라 시인(1127~1206). 자는 정수(廷秀), 호는 성재(誠齋). 길주(吉州) 길수(吉水 : 江西省 吉水縣) 출신. 남송사대가(南宋四大家)의 한 사람. 금(金)나라에 대한 항전파로 강직한 성격과 시정(時政)에 대한 직언 때문에 중앙에서는 출세하지 못하고 지방관으로 전전하였다. 저서에 『성재집』 132권이 있다.

세채
世綵

노래자(老萊子)[491]는 일흔에 때때옷을 입고 어린아이 짓을 하며 부모 앞에서 기었다. 요강(廖剛)[492]은 증조모의 나이가 아흔 셋, 증조부의 나이가 여든 여덟이었다. 그래서 세채당(世綵堂)이 있다.

충은
充隱

『진서(晉書)』에서 말하였다.

환현(桓玄)[493]이 자신에게만 은사(隱士)가 없는 것을 수치로 여겨 서호(西湖)의 은사 황보밀(皇甫謐)의 육대손인 황보희지(皇甫希之)를 찾아서 산림에 의거하도록 하고 정려의 예를 내리니, 당시에 이를 '충은(充隱)'이라고 하였다.[494]

---

490) 삼삼경(三三徑) : 양만리가 9개의 오솔길을 만들고 그 곳에 강매(江梅)・해당(海棠)・복숭아나무[桃]・오얏나무[李]・귤나무[橘]・살구나무[杏]・홍매(紅梅)・벽도(碧桃)・부용(芙蓉)을 각각 심었다.

491) 노래자(老萊子) : 초나라의 은자(隱者). 효행으로 이름이 났다.

492) 요강(廖剛) : 송나라의 문신. 자는 용중(用中). 소흥(紹興) 연간에 어사중승(御史中丞)이 되었다. 언로(言路)에 있을 때 엄정함으로써 이름이 났다.

493) 환현(桓玄) : 진(晉)나라 사람. 자는 경도(敬道)・영보(靈寶). 왕세자 원현(元顯)이 그를 토벌하려 하자, 병사를 일으켜 반란하여 서울에 들어가 원현을 죽이고 황제의 지위를 찬탈하였다. 그러나 사치하고 교만하여 천하의 비난을 받았고 유유(劉裕)에게 토벌되어 죽었다.

494) 玄**以歷代咸有肥遯之士**, **而**已**世**獨無, **乃徵**皇甫謐六世孫希之, **爲著作**, **幷給其資用**, **皆令讓而不受**, **號曰高士**, 時**人名爲**充隱.(『晉書, 卷九十九, 列傳, 第六十九, 桓玄』) → 桓玄**恥**已獨無**隱士**, **求西湖隱士**皇甫謐六世孫希之, **使隱居山林而旌禮**, 時**謂**充隱.(『松南雜識』)

『남사(南史)』[495]에 하상(何尚)이 「퇴거부(退居賦)」를 지었는데[496] 얼마 뒤에 벼슬살이를 하자 원숙(袁淑)이 「진은전(眞隱傳)」을 지어 그를 비웃었다는 기록이 있다.[497]

백거이(白居易)의 시에서,

대단한 은거는 시정에서 살고	大隱住朝市
잗다란 은거는 시골로 드는 것	小隱入邱樊
시골은 너무도 적적하고	邱樊太冷落
시정은 너무도 시끄러워	朝市太囂諠
중간의 은거가 좋겠으니	不如作中隱
벼슬살이 속의 은거라네	隱在[498]留司官[499]

라고 하였으니, 손작(孫綽)[500]이 산도(山濤)[501]를 비루하게 여겨 "벼슬아치로되 벼슬아치가 아니고 은자로되 은자가 아니다[吏非吏, 隱非隱]"라고 한 말과 같다.

495) 『松南雜識』에는 '宋史'로 되어 있음.

496) 하상(何尚)이 상서령(尚書令)이 되자 사임하고 방산(方山)에서 「퇴거부(退居賦)」를 지어 자신의 소신을 밝혔다.

497) 袁淑, **乃錄古來隱士有迹無名者**, **爲**眞隱傳, 以嗤焉.(『南史, 卷三十, 列傳, 第二十』) →**宋**史, 何尚之, 著退居賦, 未幾攝職, 袁淑**著**眞隱傳, 以嗤焉.(『松南雜識』)

498) 『松南雜識』에는 '作'으로 되어 있음.

499) 「중은(中隱)」.

500) 손작(孫綽) : 동진(東晉) 때 학자. 태원(太原) 출신. 자는 흥공(興公)이다. 박학(博學)하고 글을 잘 지었다. 젊었을 때 고상한 뜻을 품고 회계산(會稽山)에서 살았다. 「송초부(送初賦)」와 「천태산부(天台山賦)」를 지었다.

501) 산도(山濤) : 진(晉)나라의 은자. 하내회인(河內懷人). 자는 거원(巨源). 성품이 청렴하고 사욕이 없었다. 노장사상에 심취하여 은거하였다. 죽림칠현의 한 사람이다.

사제
𢘿題

『한서』에서 “사제현(𢘿題縣)은 청하(淸河)의 지경에 있다”라고 하였는데, 안사고는 “𢘿는 莎의 고자이다”[502]라고 하였다. 『당서(唐書)』에서 “치평인(茌平人) 마주(馬周)”[503]라고 하였는데, 치(茌)가 임(荏)으로 와전되었다. 또 지리지(地理志)에서 교지현(交趾縣) ‘麊泠’의 음을 ‘미령’이라고 하였다.[504] 또 한(韓)나라 상당현(上黨縣) 䔾人의 ‘䔾’는 음이 ‘사’라고 하였다. 『집운(集韻)』에서 “岣의 음은 구이니, 율양(溧陽)의 산 이름이다”라고 하였다.

옹노
雍奴

『수경주(水經注)』[505]에서 “사면에 물이 있는 것을 옹(雍)이라고 하고 옹수(雍水)가 흐리지 않는 것을 노(奴)라고 한다”[506]라고 하였다. 지금 우리나라에서는 누읍(漏泣)이라고 하니 바로 ‘奴’의 와음이다. 한(漢)나라의 구순(寇恂)[507]이 옹노후(雍奴侯)로 봉해졌으니, 옹노(雍奴)는 지명으로 어양(漁陽) 우북평(右北平)에 있다.

---

502) 師古曰, 𢘿, 古莎字.(『前漢書, 卷二十八上, 地理志, 第八上, 𢘿題』)

503) 馬周, 字賓王, 淸河茌平人也.(『舊唐書, 卷七十四, 列傳, 第二十四, 馬周』)→荏平人馬周.(『松南雜識』)

504) 麊泠, 交趾縣**名**, 地理志, 音迷零.(『韻府羣玉, 麊泠』)→地理志, 交趾縣, 麊泠, 音迷零.(『松南雜識』)

505) 『수경주』에 없는 내용이나 『통아(通雅)』 등에서 출전을 『수경주』로 기록하고 있음.

506) 水經曰, 四方有水曰雍, 不流曰奴.(『通雅, 卷十六, 地輿』)

507) 구순(寇恂) : 후한의 문신. 자는 자익(子翼). 상곡(上谷) 창평(昌平) 출신.

검수
黔首

「제의(祭儀)」에서 "서민이 숭배하는 규범으로 만들어[以爲黔首]"[508]라고 하였는데 그 주석에서 "검수(黔首)는 백성이다"라고 하였다. 진(秦)나라 역사에서 백성을 검수(黔首)라고 하였으니 다만 그 이름만을 취한 것이지 시초는 아니다.

장군
將軍

『좌전(左傳)』에 위(魏) 헌자(獻子)가 휘하의 염몰(閻沒)과 여관(女寬)에게 말하기를 "어찌 장군이 먹이기를 부족하게 한 적이 있는가?"[509]라고 하였는데, 그 주석에서 "헌자(獻子)가 당시에 중군(中軍)을 통솔하였기 때문에 '장군(將軍)'이라고 한다"[510]라고 하였다. '將'의 음은 평성(平聲)이니 장군(將軍)이라는 칭호는 여기에서 유래하였다.

본조
本朝

「소망지전(蕭望之傳)」[511]에서 "평소의 뜻이 본조(本朝)에 있었으니 대

---

508) 『禮記, 祭義』.

509) 豈將軍食之而有不足.(『左傳, 昭公, 二十八年, 冬』)

510) **魏**子**中軍帥, 故謂之將軍**.(『左傳, 昭公, 二十八年, 冬』)→**獻**子時將中軍故也.(『松南雜識』)

511) 소망지전(蕭望之傳) : 전한(前漢) 때의 학자 · 관리(B.C. 106~B.C. 47) 소망지(蕭望之)의 전기. 소망지의 자는 장천(長倩). 동해(東海) 난릉(蘭陵) 출신. 농민 출신이나, 추거(推擧)되어 장안(長安)에서 학업을 닦아 유명해졌다. 곡물 납입에 의한 속죄제(贖罪制)

개 천자께서는 신하를 뽑아서 제후와 재상을 삼지만 저의 뜻은 천조(天朝)에 있습니다"라고 하였다.

송나라 조정(趙鼎)[512]이 자신의 명정(銘旌)에 다음과 같이 썼다.

몸은 기미성을 타고 천상으로 돌아가지만 身騎箕尾歸天上
기운은 산하를 일으키고 본조를 성대하게 했다 氣作山河壯本朝[513]

오성동정
五星東井[514]

『위서(魏書)』에서 말하였다.

고윤(高允)[515]이 최호(崔浩)[516]에게 말하였다.

"한나라 원년(元年) 10월에 오성(五星)이 동정(東井)에 모였다는 것은 오류입니다. 『성전(星傳)』을 살펴보건대, 금(金)·목(木) 두 별이 항상 태양에 붙어 운행하고 겨울 10월에는 태양이 기성(箕星)·미성(尾星)에 있으니 두 별이 어째서 태양을 등지겠습니까?"

를 반대하고 홍공(弘恭)·석현(石顯) 등 환관의 전횡을 막아 제도를 개혁하려 했으나 모함을 받고 자살하였다.

512) 조정(趙鼎): 남송의 학자. 자는 원진(元鎭). 정이천(程伊川)의 제자. 남송 초 재상의 자리에까지 오르는 동안 국력 배양에 진력하다가 진회(秦檜)와의 불화로 파직되어 적소(謫所)에서 단식으로 항거하다 죽음.

513) 『宋史, 卷三百六十, 列傳, 第一百十九, 趙鼎』.

514) 오성동정(五星東井): 오성(五星)은 금·목·수·화·토. 동정(東井)은 28성수의 하나로 옥정(玉井)의 동쪽에 있기에 그런 이름이 붙었다. 오성이 함께 출현하는 드문 현상을 고대인들은 상서로 여겼다.

515) 고윤(高允): 후위(後魏) 세조(世祖) 때 명신. 강직하고 절의가 있었음.

516) 최호(崔浩): 후위(後魏) 세조(世祖) 때 명신. 벼슬이 시중(侍中) 특진무진대장군(特進撫軍大將軍)에 이르렀는데, 지모(智謀)가 많아서 군국대사(軍國大事)가 있을 적마다 반드시 그에게 물었다.

최호(崔浩)가 말하였다.

"고찰해보면 석 달 전에 별이 동정(東井)에 모입니다."[517]

그러나 한 문제(文帝) 때에 태양이 문득 다시 중간에 오니 어떻게 유독 별이 동쪽으로 모이는지 의심하겠는가?

초나라를 위함 · 조나라를 위함
爲楚爲趙

모수(毛遂)가 조(趙)나라를 위하여 초나라에 가서 "조나라를 위함이 아니다"라고 말하니 어떻게 말이 되겠는가?[518] 이충무공(李忠武公)만이 "초나라를 위함이요 단지 조나라를 위하는 것만은 아니다"라고 해석하였다. 대개 촉(蜀)에서 등지(鄧芝)를 파견한 것은 오(吳)를 위한 일이면서 촉(蜀)을 위하는 것이라는 의미이다.[519]

---

517) 允曰, 天文歷數不可空論, 夫善言遠者必先驗於近, 且漢元年冬十月, 五星聚於東井, 此乃歷術之淺, 今譏漢史, 而不覺此謬, 恐後人譏今猶今之譏古. 浩曰, 所謬云何. 允曰, 案星傳, 金水二星常附日而行, 冬十月, 日在尾箕, 昏沒於申南, 而東井方出於寅北. 二星何因背日而行. 是史官欲神其事, 不復推之於理. 浩曰, 欲爲變者何所不可, 君獨不疑三星之聚, 而怪二星之來.(『魏書, 卷四十八, 列傳, 第三十六, 高允』) → **後魏** 高允**曰**, 漢元年十月**五星聚東井**者誤. 按星傳金水二星常附日而行, 冬十月日**旦**在箕尾, 二星何因背日. 崔浩曰, 考究之, 當以前三月, 聚東井, 非十月也. 史.(『韻府群玉』) → **史曰**, 高允**言**, 漢元年十月者誤. 按星傳金木二星常附日而行, 冬十月日在箕尾, 二星何因背日. 崔浩曰, 考究之, 當以前三月, 聚東井**也**.(『松南雜識』)

518) 진(秦)이 조(趙)를 공격하자 조나라는 평원군(平原君)을 초나라로 파견하여 구원병을 요청하게 하였다. 그러나 초나라가 응하려 하지 않자 평원군을 수행한 모수가 칼을 뽑아 들고 뛰어 올라가 "합종(合縱)은 초나라를 위하는 일이지 조나라를 위한 일이 아니다"라고 위협하였다.

519) 유비(劉備)가 죽은 후 촉은 오와 강화를 체결하려 하였으나, 뜻을 이루지 못하였다. 이에 제갈량이 등지를 파견하였지만 손권(孫權)이 계속 의심을 하자 등지가 "오를 위하는 일일뿐만 아니라 촉을 위하는 일이기도 하다"라고 설득하였다.

이화
移和

『사기(史記), 초세가(楚世家)』의 주석에서 "소양공(昭陽公)이 군문(軍門)을 옮겨 제(齊)를 공격하니 "군문(軍門)을 '和(화)'라고 한다"라고 하였다.

월갑명군
越甲鳴君

장편(長篇)에 "월(越)나라 갑병(甲兵)이 우리 임금을 울리게 한 일이 부끄럽다[恥令越甲鳴吾君]"[520]라고 하였다.

지봉 이수광이 말하였다.

『설원(說苑)』[521]에서 말하였다.

월나라의 중무장한 병사가 제(齊)나라에 이르니 옹문적(雍門狄[522])이 죽기를 청하며 "왕이 정원에서 사냥을 하실 때 왼쪽 바퀴통이 울자 차우(車右)[523]가 죽기를 청하며 '저는 그것이 우리 임금을 울리는 것을 보았습니다'라고 하였다. 지금 월나라의 중무장한 병사가 이르러 우리 임금을 울리는 일이 어떻게 왼쪽 수레 바퀴통이 울리는 일보다 못하겠습니까?"[524]라고 하였으니 대체로 이 고사를 사용한 듯

---

520) 왕유(王維)의 「노장행(老將行)」.

521) 설원(說苑) : 한나라 때에, 유향(劉向)이 편찬한 교훈적인 설화집. 군도(君道)·신술(臣術)·건본(建本)·입절(立節)·귀덕(貴德)·부은(復恩) 등 20편으로 고대의 제후·선현들의 행적이나 일화를 수록하였다.

522) 옹문적(雍門狄) : 제나라의 대부.

523) 『松南雜識』에는 『지봉유설』에서 오기된 '軍左'를 그대로 따르고 있음.

524) 越甲至齊, 雍門子狄請死之, 齊王曰, 鼓鐸之聲未聞, 矢石未交, 長兵未接, 子何務死之爲人臣之禮邪. 雍門子狄對曰, 臣聞之, 昔者, 王田於囿, 左轂鳴, 車右請死之, 而王曰, 子何爲死. 車右對曰, 爲其鳴吾君也. 王曰, 左轂鳴者, 工師之罪也. 子何事之有焉. 車右曰, 臣不見工師之乘, 而見其鳴吾君也. 遂刎頸而死. 知有之乎. 齊王曰有之.

하다.[525]

지오
枝梧

『사기(史記), 항우본기(項羽本紀)』[526]에서 "감히 저항할 수 없다[莫敢枝梧]"라고 하였는데, 그 주석에서 "작은 기둥이 '지(枝)'이고 사주(邪柱)가 '오(梧)'이다. 지금 집의 사주(斜柱)가 이것이다"[527]라고 하였다.

『문선(文選)』에서 "왼쪽으로 버티고 오른쪽으로 지탱한다[左枝右梧]"라고 하였으니, 또한 지금 세간에서 쓰는 '지탱(支撐)'이라는 말이다.

목후이관
沐猴而冠

『운부군옥(韻府群玉)』에서 "초(楚)나라 사람들이 호손(胡孫)[528]을 목후(沐猴)라고 한다"[529]라고 하였다.

『사기(史記), 항우본기(項羽本紀)』의 주석에서 "목후(沐猴)는 원숭이의 이름이다. 성격이 가볍고 조급하여 오래 참지 못한다"[530]라고 하였다.

雍門子狄曰, 今越甲至, 其鳴吾君也, 豈左轂之下哉. 車右可以死左轂, 而臣獨不可以死越甲也, 遂刎頸而死.(『說苑, 卷四, 立節』)

525) **按**說苑. 越甲至齊. 雍門狄請死之曰. 昔王田於囿. 左轂鳴, 軍左請死之曰, 吾見**其**鳴吾君也. 今越甲至, 其鳴君, 豈左轂之下哉. 蓋用此也.(『芝峯類說, 卷十, 文章部三, 唐詩』)→說苑**云**. 越甲至齊. 雍門狄請死之曰. 昔王田於囿. 左轂鳴, 軍左請死之曰, 吾見鳴吾君也. 今越甲至, 其鳴君, 豈左轂之下哉. 蓋用此也.(『松南雜識』)

526) 『松南雜識』에는 '項籍傳'으로 되어 있음.

527) 小柱爲枝, 邪柱爲梧, 今屋**梧邪**柱, 是也.(『史記, 卷七, 項羽本紀, 第七』)→小柱爲枝, 邪柱爲梧, 今屋**斜**柱, 是也.(『松南雜識』)

528) 호손(胡孫) : 원숭이의 별칭.

529) 名胡孫. 楚曰沐猴.(『韻府群玉, 猴』)→楚人謂胡孫曰沐猴.(『松南雜識』)

어떤 이는 "목(沐)은 술(沭)의 오자로 동완(東莞)의 지명이다. 이곳의 원숭이는 더더욱 오래 참지 못한다"라고 하였다.

발을 밟고 귀에 대고 말함
躡足附耳

『한서(漢書)』에서 "한신(韓信)[531]의 사자가 한왕(漢王)의 앞에 있는데 장량(張良)과 진평(陳平)이 한왕의 발을 밟고 한왕의 귀에 대고 이야기를 하였다"[532]라고 하였는데, 한신의 사자가 어찌 보고서 알지 못하였겠는가? 어떤 이는 "한왕의 발을 밟아 한왕을 저지하고, 장량과 진평이 서로 귀에 대고 이야기를 하여 한왕이 듣도록 한 것"이라고 해석한다.

옹수
擁樹

「하후영전(夏侯嬰傳)」에서 "한왕이 수레에서 두 아이를 뿌리쳐 버리니 바로 효혜제(孝惠帝)와 노원공주(魯元公主)인데, 하후영이 그들을 거두어 실은 후 품에 안고 달렸다"[533]라고 하였다. 그 주석에서 "남양인(南陽人)

---

530) 張晏曰, 沐猴, 獼猴也. 索隱, 言獼猴, 不任久著冠帶.(『史記, 卷七, 項羽本紀, 第七』) →羽紀, 註, 沐猴, 猴名也, 性輕窕, 不耐久.(『松南雜識』)

531) 한신(韓信) : 중국 전한의 무장. 한(漢) 고조를 도와 조(趙)·위(魏)·연(燕)·제(齊)나라를 멸망시키고 항우를 공격하여 큰 공을 세웠다. 한나라가 통일된 후 초왕에 봉하여졌으나, 여후에게 살해되었다.

532) 使者至, 發書, 漢王大怒罵曰, 吾困於此, 旦暮望而來佐我, 乃欲自立爲王. 張良陳平伏後, 躡漢王足, 因附耳語.(『前漢書, 卷三十四, 韓彭英盧吳傳, 第四, 韓信』) →韓信使在漢王前, 良平躡漢王足附漢王耳語.(『松南雜識』)

533) **漢王敗不利**, **馳去**, **見**孝惠魯元**載之**, 漢王**急**, **馬罷**, **虜在後**, **常蹶**兩兒, **欲**棄之, 嬰常收, **竟**載**之**, **徐**行面雍樹**乃**馳.(『史記, 卷九十五, 樊酈滕灌列傳, 第三十五, 汝陰侯夏侯嬰』) →漢王**撥**兩兒棄之, **卽孝惠魯元也**. 嬰收載行面雍樹馳.(『松南雜識』)

들은 아이를 안는 것을 '옹수(擁樹)'라고 한다. '面(면)은 어른이 얼굴을 아이에게 향하는 것이다. 아이가 어른의 목을 끌어안기에 나무에 매달린 모습과 흡사하다"[534]라고 하였다.

확삭
矍鑠

『후한서(後漢書)』에서 광무제(光武帝)가 마원(馬援[535])에게 "확삭하구나. 이 노인이여[矍鑠哉, 是翁]"[536]라고 하였는데, 그 주석에서 말하였다.

확삭(矍鑠)은 날래고 건장한 모습이다. 『동관기(東觀記)』에서 "정정하도다![矆哉]"라고 하였다.[537]

신릉군(信陵君)이 "진비(晉鄙)는 호탕하게 웃고 크게 호령하는 노장이다"[538]라고 하였으니 모두 방언이다.

호육
浩育

『관자(管子)』에서 말하였다.

---

534) 南陽人, **謂**抱小兒, **爲**擁樹, 面者, 大人以面**首**向**臨**之, 小兒抱大人頸, 似懸樹也.(『史記, 卷九十五, 樊酈滕灌列傳, 第三十五, 汝陰侯夏侯嬰』)→南陽人, 抱小兒, **謂**擁樹, 面者, 大人以面**目**向之, 小兒抱大人頸, 似懸樹也.(『松南雜識』)

535) 마원(馬援) : 중국 후한 때의 무장·정치가(B.C. 14~A.D. 49). 자는 문연(文淵). 광무제 때 강족(羌族)을 평정하였으며, 교지(交趾)의 난을 진압하고 흉노족을 쳐서 공을 세웠다. 후에 남방의 무릉만(武陵蠻) 토벌 중 병사하였다.

536) 『後漢書, 卷五十四, 馬援列傳, 第十四』.

537) **矍鑠**, **勇**貌. 東觀記, **作**矆哉, 是**翁**.(『後漢書, 卷五十四, 馬援列傳, 第十四』)→**輕健**貌. 東觀記**曰**, 矆哉.(『松南雜識』)

538) 晉鄙, **嚄**唶宿將 (『史記, 卷七十七, 信陵君列傳, 第十七』)→晉鄙, **矍**唶宿將 (『松南雜識』)

환공(桓公)[539]이 관자(管子)로 하여금 영척(甯戚)을 초빙하게 하였는데 영척이 말하였다.

"물이 넘실넘실한데, 물고기가 짝지어 노는구나[浩浩乎, 育育乎]."

관중은 그 말의 의미를 알지 못하였는데, 하녀가 말하였다.

"『시경』에 그 말이 있습니다. '넘실넘실한 것은 물이고 짝지어 노는 것은 물고기이니, 배필이 없는데 누가 나를 불러 아내를 주어 살게 할 건가?'라고 하였습니다"[540]

영척이 배필을 얻고 싶은 생각이 있기 때문에 이 시를 읊었으니, 정현(鄭玄)의 하녀가 "어찌하여 진흙탕 속에 있는가?[胡爲乎泥中]"[541], "잠깐 가서 하소연하였다가 저들의 노여움을 만났네[薄言往愬,逢彼之怒]"[542]라고 『시경』의 시를 외운 것[543]보다 낫지 않은가?

임려륙리
琴麗陸離

『동도부(東都賦)』[544]에서,

---

539) 환공(桓公) : 춘추 시대 제(齊)나라의 왕(?~B.C. 643). 성은 강(姜). 이름은 소백(小白). 춘추 오패의 한 사람으로 관중(管仲)을 등용하여 부국강병에 힘썼으며, 제후를 규합하여 맹주가 되고 패업을 완성하였다.

540) 桓公使管**仲**求甯戚, **甯**戚**應之**曰, 浩浩乎, 育育乎. **管**仲不知, …… 婢子曰, 詩有之, 浩浩者水, 育育者魚, 未有室家, **而**安召我居.(『管子, 小問, 第五十一』) → 桓公使管**子**求甯戚, 戚曰, 浩浩乎, 育育乎, 仲不知, 婢子曰, 詩有之, 浩浩者水, 育育者魚, 未有室家, 安召我居.(『松南雜識』)

541) 『詩經, 邶風, 式微』.

542) 『詩經, 邶風, 柏舟』.

543) 한나라 정현의 하녀들은 모두 책을 읽어 문자속이 있었다. 어느 날 하녀 하나가 말을 듣지 않기에 진흙탕 속에 끌어다 놓았다. 그러자 어떤 하녀가 와서 "어쩌다 진흙탕 속에 있게 되었니?"라고 묻자 "잠깐 와서 하소연하다가 노여움을 만났다"라고 답하였다고 한다.

봉황일산 화려하고 鳳盖棽麗
방울소리 영롱하다 和鸞玲瓏

라고 하였는데, 그 주석에서 "임려(棽麗)도 영롱한 모습이다"[545]라고 하였다.

또 「대인부(大人賦)」[546]에서,

끊임없이 이어지거나 흩어져 衍曼流爛
제멋대로 들쭉날쭉하다 痑以陸離

고 하였는데, 그 주석에서 "육리(陸離)는 들쭉날쭉함이다"[547]라고 하였다.

복
復

원결(元結)[548]의 「대당중흥송(大唐中興頌)」에서 "기한에 다시 회복한다[復復指期]"[549]라고 하였는데, 그 주석에서 "'두 서울[兩京]을 복구한다'는 것은 틀리다"[550]라고 하였다.

『한서』에서 "자사(刺史)를 혁파하고 주목(州牧)을 두되, 이후로는 모두 옛날대로 다시 회복시키십시오[復復]"[551]라고 하였는데, 그 주석에서

544) 동도부(東都賦) : 반고(班固)의 작품.
545) 棽麗, 玲瓏貌.(『文選補遺, 卷三十一, 東都賦』)
546) 대인부(大人賦) : 사마상여(司馬相如)의 작품.
547) 陸離參差也.(『前漢書, 卷五十七下, 司馬相如傳, 第二十七下』)
548) 원결(元結) : 중국 당나라의 시인 · 문학자(723~772). 자는 차산(次山). 인격이 고결하고 민중의 고통에 깊은 관심을 보여 백거이(白居易) 등 후세의 사회 시인에게 영향을 주었다. 저서로 『원차산집』 등이 있다.
549) 『次山集, 卷六』.
550) 復兩京故曰復復, 非也.(『古今事文類聚, 大唐中興頌』) → 復兩京者, 非也.(『松南雜識』)

"復復은 옛 것을 그대로 따른다는 의미이다. 아래의 '復'자는 입성(入聲)이고 위의 '復'자는 상성(上聲)이다"[552]라고 하였다.

포포
蒲脯

반악(潘岳)[553]의 「서정부(西征賦)」에서,

들의 창포가 변하여 육포가 되고	野蒲變而成脯
동산의 사슴이 변하여 말이 되었네	苑鹿化以爲馬[554]

라고 하였으니, 모두 조고(趙高)의 고사이다.[555]

부조
鳧藻

『후한서(後漢書), 두시전(杜詩傳)』에서 "장수는 화목하고 사졸은 즐거워한다[將帥和睦士卒鳧藻]"[556]라고 하였는데, 그 주석에서 "오리가 수초에서

---

551) 罷刺史, **更**置州牧, **後**皆復復故.(『前漢書, 卷八十六, 何武王嘉師丹傳, 第五十六, 何武』)→罷刺史, 置州牧, 皆復復故.(『松南雜識』)

552) 依其舊也. 下復**音扶目反**.(『前漢書, 卷八十六, 何武王嘉師丹傳, 第五十六, 何武』)→依其舊也. 下復**入聲**. **上復上聲**.(『松南雜識』)

553) 반악(潘岳) : 서진(西晉)의 문인(247~300). 자는 안인(安仁). 권세가인 가밀(賈謐)의 집에 드나들며 아첨하다가 뒤에 손수(孫秀)의 무고로 주살되었다. 미남이었으므로 미남의 대명사로도 쓴다. 망처(亡妻)를 애도한 「도망시(悼亡詩)」가 유명하며 「서정부(西征賦)」·「금곡집시(金谷集詩)」·「추흥부(秋興賦)」 등이 있다.

554) **苑**鹿化以爲馬.(『文選, 西征賦』)→**原**鹿化以爲馬.(『松南雜識』)

555) 진(秦)나라의 조고(趙高)가 난을 일으키려고 할 때 군신(群臣)이 듣지 않을까 염려하여, 먼저 그들의 의중을 파악하기 위하여 한 실험으로, 이세(二世) 앞에서 들 창포를 묶어 육포라고 우기고 사슴을 말이라고 우겼다. 지록위마(指鹿爲馬).

노는 것처럼 즐겁다"[557]라고 하였다. 주자(朱子)가 「수모시(壽母詩)」[558]에서 부조(鳧藻)는 온 집안이 즐거워함을 비유하였다.[559]

위청천행
衛青天幸

「위곽전(衛霍傳)」[560]에서 "곽거병(霍去病)은 천행(天幸)이 있어서 일찍이 곤란을 당하지 않았는데 노장(老將)들은 뒤쳐져 좋은 기회를 만나지 못하였다"[561]라고 하였다.

당시(唐詩)에서,

위청은 천행으로 패하지 않았다　　衛青不敗由天幸[562]

라고 한 것은 잘못이다.

흉노의 호칭
匈奴號

「의석(義釋)」에서 "흉노를 요순 이전에는 '산융(山戎)', 또는 '훈육(薰鬻)'이라고 하였다. 하(夏)나라 때에는 '순유(淳維)'라고 하였고 은(殷)나라

---

556) 『後漢書, 卷六十一, 郭杜孔張廉王蘇羊賈陸列傳, 第二十一, 杜詩傳』.

557) **言其和睦歡**悅如鳧**之**戲**於**水藻也.(『後漢書, 卷六十一, 郭杜孔張廉王蘇羊賈陸列傳, 第二十一, 杜詩傳』) → **懽**悅如鳧戲水藻也.(『松南雜識』)

558) 원제목은 「수모생조(壽母生朝)」.

559) 永令鳧藻一家肥.(『晦庵集, 卷二, 壽母生朝』)

560) 원제목은 「위청곽거병전(衛青霍去病傳)」.

561) **軍亦**有天幸, 未嘗困絶**也**, **然**而諸宿將, **常留**落不**遇**.(『前漢書, 卷五十五, 衛青霍去病傳, 第二十五』) → **去病**有天幸, 未嘗困絶而諸宿將, **流**落不**偶**.(『松南雜識』)

562) 왕유(王維)의 「노장행(老將行)」.

때에는 '귀방(鬼方)'이라고 하였고 주(周)나라 때에는 '엄윤(玁狁)'이라고 하였다. 진한(秦漢) 때에는 '흉노(匈奴)'라고 하였고 북위(北魏) 때에는 '유연(柔然)'·'토곡혼(吐谷渾)'이라고 하였고 수당(隋唐) 때에는 '돌궐(突厥)'이라고 하였고 오대(五大)와 북송(北宋) 때에는 '거란(契丹)'이라고 하였다. 남송 때에는 '여진(女眞)', '몽고(蒙古)'라고 하였고 명나라 때에는 '달단(韃靼)'이라고 하였다"라고 하였다.

생각하건대 '흉노(匈奴)'는 틀림없이 호국(胡國)을 미화(美化)한 호칭이다. 선우(單于)는 '광대(廣大)하다'는 의미의 미화한 호칭이다. 그래서 한나라의 왕망(王莽)은 폄하하여 항노복우(降奴服于)라고 하였다.

훈윤
葷允

「곽거병전(霍去病傳)」[563]에서 "사로 잡은 훈윤의 사졸[所獲葷允之士]"이라고 하였는데, 그 주석에서 "윤(允)은 본래 윤(狁)이니, 흉노의 사졸을 사로잡았다는 의미이다. 훈윤은 바로 훈육(薰鬻)·험윤(獫狁)이다"라고 하였다.

소무
蘇武

『동파지림(東坡志林)』에서 말하였다.

소무(蘇武)가 눈[雪]을 씹고 등이 쭈그러들어도 한 마디 굽히는 소

563) 원제목은 『위청곽거병전(衛靑霍去病傳)』.

리를 하지 않았으니 삶과 죽음의 경계를 초탈하였다고 할 만하다. 그런데 오랑캐 아내를 맞아들여 아이를 낳는 일은 면할 수 없으니 본능을 제거하는 일이 어렵다.[564]

이런 까닭에 색계(色界) 위에 영웅(英雄) 열사(烈士)가 없다.

백제
白題

『남사(南史)』에서 "북쪽의 먼 변경에 백제호(白題胡)가 있는데 조공을 바쳤다. 한나라의 영음후(穎陰侯)[565]가 백제(白題)의 장수 한 사람을 참살하였다"[566]라고 하였다. 또 "호무(胡舞) 추느라 백제(白題)가 삐뚜름[胡舞白題斜]"[567]의 주석에 "백제(白題)는 오랑캐의 삿갓"이라고 하였다.[568]

석획
石畫

「흉노전(匈奴傳)」에서 '석획지신(石畫之臣)'[569]이라고 하였으니, 도모(圖

564) **余云, 皆不足道難在去慾. 張云, 蘇子卿, 齧**雪**啖氈**縮背**出血**, 無一語少屈, 可謂了死生之際矣, 然不免爲胡婦生子.(『東坡志林, 卷一』) → **武嚙**縮背, 無一語少屈, 可謂了死生之際矣, 然不免爲胡婦生子, **則難在去慾**.(『松南雜識』)

565) 『松南雜識』에는 '淮陰候'로 되어 있다.

566) 西北遠邊, 有白題**及滑國, 遣使由岍岻道**入貢, **此二國, 歷代弗賓莫知所出, 子野曰**, 漢**穎**陰侯斬**胡**白題將一人.(『南史, 卷三十三, 列傳, 第二十三, 子野』) → 西北遠邊, 有白題**胡**入貢, 漢**淮**陰侯斬白題將一人.(『松南雜識』)

567) 두보(杜甫)의 「진주잡시 이십수(秦州雜詩二十首)」.

568) 西北遠邊, 有白題胡入貢. 南史. 漢淮陰侯**朝胡**白題將一人. **服虔曰, 白題胡也. 人服博識**. 又胡舞白題斜, 胡笠也.(『韻府群玉, 白題』) → 南史, 西北遠邊, 有白題胡入貢, 漢淮陰侯**斬**白題將一人. 又胡舞白題斜. **註**, 胡笠也.(『松南雜識』)

謀)와 획책(劃策)의 견고함이 돌과 같다는 의미이다.

난기
蘭錡

『백공육첩(白孔六帖)』에서 "구진(句陳)[570]의 호위병을 통솔하고 난기(蘭錡)[571]의 병기 무게를 잰다"[572]라고 하였다. 장작(張鷟)[573]이 "난기(欄錡)로 무기고를 나누어 관리하니, 병기를 보관하는 곳이다[欄錡, 分司武庫, 是藏兵之處]"라고 하였는데, 그 주석에서 "병기와 갑옷을 정돈하는 시렁이다"라고 하였다.

온논
溫黁

「도화부(桃花賦)」[574]에서 "따사로운 향기 향긋하네[溫馨黁可薰]"라고 하였는데, 그 주석에서 "향(香)이다. 黁의 음은 논(論)이다"라고 하였다.

---

569) 『前漢書, 卷九十四下, 匈奴傳, 第六十四下』.

570) 구진(句陳) : 후궁(後宮)의 별명.

571) 난기(蘭錡) : 병기를 보관하는 시렁. 蘭은 闌과 통함.

572) 統勾陳之衛, **權**蘭錡之兵.(『白孔六帖, 卷七十五, 金吾衛』) → 統勾陳之衛, **擢**蘭錡之兵.(『松南雜識』)

573) 장작(張鷟) : 당나라 의 문학가. 육택(陸澤) 출신. 자는 문성(文成), 호는 부휴자(浮休子). 고공원외랑(考工員外郎)에 발탁되어 학사(學士)에 이르렀다. 성품이 조급하고 행실이 경망한 반면 그가 글을 지으면 짓는 대로 선발된 까닭에 당시 사람들이 그의 글을 청동전(青銅錢)과 같다고 평하였고 그를 청전학사(青錢學士)로 불렀다. 신라와 일본에서 온 사신들도 반드시 그에게 글을 구해 갈 정도로 명성을 떨쳤다. 저서에는 『용근봉수판(龍筋鳳髓判)』·『조야첨재(朝野僉載)』 등이 있다. 후세에는 짓는 대로 모두 시험에서 선발되는 글을 '청전만선(青錢萬選)'이라고 불렀다.

574) 도화부(桃花賦) : 피일휴(皮日休)의 작품.

제주
題柱

이기(李頎)[575]의 시에서 "한나라 궁의 제주(題柱)는 신선을 기억하고 있고[漢宮題柱憶仙郎]"[576]라고 하였다. 생각하건대 이 시는 상서랑(尙書郎)이 된 전봉(田鳳)의 용모가 단정하였기에 영제(靈帝)가 눈으로 그를 전송하면서, 제주(題柱)하며 말하기를 "당당하구나. 자장(子張)이여. 경조(京兆)의 전랑(田郎)이로다"[577]라고 하였으니, 사마상여(司馬相如)[578]의 승선교(昇仙橋)[579]의 고사를 사용한 것이 아니다.

금차
錦車

「서역전(西域傳)」에서 한(漢)나라의 궁녀인 풍부인(馮夫人)의 이름은 요(嫽)인데 오손공주(烏孫公主)의 시녀[580]로 금차(錦車)[581]를 타고 한나라의 부절(符節)을 지니고 융(戎)과의 화친을 주도하였다라고 하였다. 이교(李嶠)[582]의 시에서 "천자께서 금차(錦車)를 타도록 하명하셨다[綵言命錦輪

575) 이기(李頎) : 당나라의 시인. 왕유(王維)·왕창령(王昌齡) 등과 교유하는 등 천보·개원 연간의 주요 시인.

576) 「기사훈려원외(寄司勳盧員外)」.

577) 『논어(論語), 자장(子張)』의 "당당하구나, 자장이여! 함께 인을 하기는 어렵다[堂堂乎張也, 難與爲仁矣]"라는 말을 영제가 원용한 것임.

578) 사마상여(司馬相如) : 전한(前漢)의 문인. 자는 장경(長卿). 그의 사부(辭賦)는 한위육조(漢魏六朝) 문인의 모범이 되었다. 작품에 「자허지부(子虛之賦)」 등이 있다.

579) 승선교(昇仙橋) : 촉군(蜀郡) 성(城) 북쪽 십리에 있는 다리. 이 다리의 기둥에는 사마상여가 처음으로 장안에 들어와서 "대장부가 출세를 하지 못하면 다시는 이 다리를 지나지 않으리[大丈夫不乘駟馬車不復過此橋]"라고 쓴 맹세가 있다.

580) 『후한서(後漢書)』에는 오손(烏孫)의 우장군(右將軍)의 아내가 되었다고 기록되어 있음.

581) 금차(錦車) : 비단으로 감싼 수레.

582) 이교(李嶠) : 당나라의 시인. 자는 거산(巨山). 당나라 초기의 근체시의 창시자이며, 『삼교주영(三教珠英)』 1,300권의 편찬을 주관하였다. 시집으로 『이교잡영(李嶠雜詠)』이 있다.

]”[583]라고 하였다.

계비
鷄碑

『지전록(芝田錄)』에서 “학문은 서옥(鼠獄)에 부끄럽고 지혜는 계비(鷄碑)에 부족하다[學慚鼠獄, 智乏雞碑]”라고 하였는데, 그 주석에서 “서옥(鼠獄)은 장탕(張湯)의 고사[584]이고 계비(鷄碑)는 채(蔡)를 평정한 고사이다. 기유일에 평정한다는 계시인 ‘닭이 살찌지 않다[鷄未肥]’라는 노래[585]와 같다”라고 하였다.[586]

583) 「봉화성제송금성공주적서번응제(奉和聖製送金城公主適西蕃應制)」.

584) 『사기』에 다음과 같은 기록이 있다.

장탕(張湯)이 집을 지킬 때 쥐가 고기를 훔쳐가자 그의 아버지가 노하여 그를 매질하였다. 그러자 장탕은 쥐구멍을 파서 쥐를 잡고 먹다 남은 고기를 주워다 쥐를 심판하고 재판기록을 만든 후 쥐를 찢어서 처형하였다. 그 모습을 지켜 본 그의 아버지가 그를 기특하게 여겼다.

585) 당나라 원화(元和) 연간에 배도(裵度)가 회서(淮西)의 오원제(吳元濟)를 평정하려고 참호를 파다가 글이 새겨진 돌 하나를 얻었다. 이 돌에는 다음과 같은 내용이 적혀 있었다.

“井底一竿竹竹, 色深綠綠, 鷄未肥酒未熟, 障車兒郎且須縮”

아무도 그 내용을 아는 사람이 없었는데 어느 병졸이 말하였다.

“닭이 살찌지 않는다는 것은 ‘肥’자에서 살을 의미하는 ‘月’이 없으므로 ‘己’이고 술이 익지 않는다는 것은 술을 의미라는 ‘酒’자에서 ‘水’가 없으므로 ‘酉’입니다. 따라서 우리는 ‘己酉日’에 이길 것입니다.”

과연 그 날이 되자 승리하였다.

586) 『松南雜識』에는 ‘鷄碑’와 ‘鷄未肥之謠’를 유사한 고사로 기록하였으나 실은 하나의 내용임.

남산죽

南山竹

『전한서(前漢書), 공손하전(公孫賀傳)』에서 "남산의 대나무도 나의 말을 다 받아내기에 부족하다[南山之竹, 不足受我辭]"587)라고 하였다. 그래서 두필(杜弼) 이후경(侯景)588)에 대한 격문(檄文)에서 "남산의 대나무를 다 하여도 죄악을 이루다 쓸 수 없고 동해 물결을 틔워도 흐르는 악행을 다 없애기 어렵다[罄南山之竹, 書罪無窮, 決東海之波, 流惡難盡]"589)라고 하였다. 조군언(祖君彦590)이 상동왕(湘東王)을 성토한 격문에서 "항우(項羽)는 눈동자가 네 개인데도 오강(烏江)에서 패전하였거늘 상동(湘東)의 외눈박이가 어떻게 적현(赤縣)으로 귀환하겠는가?"라고 하니 오로지 애꾸눈을 놀린 것이다.591) 대개 천하에 군림하는 것은 덕(德)에 달려있지 눈에 달린 것이 아니다. 그러나 얼굴의 반만 화장한 왕비를 죽이고592) 황

---

587)『前漢書, 卷六十六, 公孫劉車王楊蔡陳鄭傳, 第三十六, 公孫賀』.

588) 후경(侯景) : 북위(北魏)의 수비병으로 점차 출세하기 시작하여 동위(東魏)의 고환(高歡) 휘하에서 대장이 되었다. 고환이 죽자 소관 주군(州軍)을 이끌고 양(梁)나라 무제(武帝)에게 투항하였다. 그러나 양과 동위의 국교가 호전되자 양나라를 배반하고 건강(建康 : 南京)을 함락시키고 무제를 유폐하여 분사하게 하였다. 양나라는 이 난으로 멸망하였다.

589)『松南雜識』에서는 중국 동위(東魏)의 두필(杜弼)이 양(梁) 무제(武帝)에게 보낸 격문이라고 하였으나, 두필의 「東魏檄梁朝納侯景」에는 없는 내용으로, 이밀(李密)이 수(隋) 양제(煬帝)의 죄를 성토하는 격문의 일부임.

590) 조군언(祖君彦) : 수(隋)나라 사람. 이밀(李密)에게 사로잡혔는데 이밀이 그를 예우하였기에, 모든 격문이 그의 손에서 나왔다. 이밀이 패하자 왕세충(王世充)에게 살해되었다.

591)『松南雜識』의 착오로, 조군언(祖君彦)의 격문 내용이 아니다. 상동왕(湘東王)이후경(侯景)의 모사가인 왕위(王偉)의 시재(詩才)를 아껴서 그를 사면하려라고 하였다. 그러자 왕위를 시기하는 사람이 상동왕에게 왕위의 격문이 매우 아름다우므로 한 번 읽어보라고 권하였다. 그 글은 상동왕이 애꾸눈임을 놀리는 내용이었다. 격분한 상동왕은 기둥에 왕위의 혀를 못으로 박고 배를 가르고 살을 저며서 무참히 살해하였다.

592) 상동왕(湘東王) 소역(蕭繹)의 왕비 서비(徐妃)는 몹시 추한 용모에 투기도 대단한데다 실수를 많이 하였다. 그래서 상동왕은 이삼년에 한번 남짓 그녀와 동침했다. 서비는 상동왕이 온다는 기별을 들으면 얼굴의 반만 화장을 하였으니 그가 애꾸눈이기 때문이었다. 이러한 행동은 상동왕을 격노케 하였다. 이후 서비는 상동왕의 총애를 받던

제의 아들, 강저(降渚)의 신하를 죽인 일이라면 잔인하고 부덕한 죄일 것이다. 그 눈동자를 보면 사람이 어떻게 본마음을 숨길 수 있겠는가?

급취장
急就章

『급취장(急就章)』[593]은 한(漢)나라 원제(元帝) 때에 사유(史游)가 지었으니 내용은 한나라의 공덕에 대한 칭송이다. 북제(北齊)의 이회(李繪)는 여섯 살 때 『급취편(急就篇)』에 통달하였다.

상서
祥瑞

당 태종(太宗)이 말하였다.

집이 풍족하며 사람이 넉넉한데도 상서(祥瑞)로움이 없으면 요순(堯舜)이 되는데 해될 것이 없고, 백성이 수심하고 원망하는데도 상서로움이 많으면 걸주(桀紂)가 되는데 해로울 것이 없다."[594]

현종(玄宗)[595]은 "『춘추(春秋)』에 상서를 기록하지 않았다"[596]라고 하

왕씨(王氏)를 독살하였다는 혐의를 입고 죽게 된다.

593) 급취장(急就章) : 중국 한(漢)나라 사유(史游)의 저서. 자서(字書)의 일종으로 아동이나 학문을 처음 배우는 사람에게 문자 및 당시 장초(章草)라고 불렸던 초서체(草書體)를 가르치기 위한 것. '장(章)'은 장초라는 의미이다. 총 2144자. 급취편(急就篇)이라고도 함.

594) 夫家給人足而無瑞, 不害爲堯舜, 百姓愁怨而多瑞, 不害爲桀紂.(『資治通鑑, 卷一百九十三, 唐紀九, 太宗文武大聖大廣孝皇帝上之中』)

595) 『松南雜識』에는 '憲宗'으로 되어 있음.

였다. 또 『춘추』에 일식(日食)이 서른 여섯 번, 지진이 다섯 번 기록되어 있다.

치얼
茬櫱

『전한서(前漢書), 화식전(貨殖傳)』의 '山不茬櫱'의 주석에서 "茬은 槎(사)의 고자이다. 槎는 어린 가지에 움이 튼다는 뜻이다"라고 하였으니 민둥산이 되지 않는다는 의미이다.

동요
童謠

주(周)나라 역사에 선왕(宣王)이 「산뽕나무 노래[檿弧謠]」597)를 듣고 백양보(伯陽父)에게 그것에 대하여 물었다.

백양보가 말하였다.

"무릇 동요는 하늘이 왕을 경계하려고 형혹성(熒惑星)에게 어린아이로 변해서 동요를 짓게 한 것입니다. 이는 반드시 왕비가 정치에 간섭한다는 뜻입니다."

생각하건대 형혹성(熒惑星)은 하늘의 마음이고 어린아이는 사람 중에 천진(天眞)한 존재이다.

---

596) **九月丙戌**, **上謂宰臣曰**, 春秋不書祥瑞.(『資治通鑑, 卷二百十二, 唐紀二十八, 玄宗至道大聖大明孝皇帝上之下』) → **唐憲宗曰**, 春秋不書祥瑞.(『松南雜識』)

597) 노래의 내용은 다음과 같다.
달이 떠오르니 해는 지려하네. 산뽕나무 활과 쑥대 화살통이여, 주나라가 거의 망하는구나[月將升, 日將沒, 檿弧箕箙, 幾亡周國].

도규
刀圭

『본초강목(本草綱目)』에서 “도규(刀圭)는 사방 방촌비(方寸匕)[598]의 십분의 일로, 오동나무의 씨만 하다”[599]라고 하였다.

소식의 시에서,

무릎 맞대고 도의 요체를 물어	促膝問道要
마침내 도규를 나누어 받았네	遂蒙分刀圭[600]

라고 하였다.

서박
鼠璞

『전국책(戰國策)』에서 말하였다.

정(鄭)나라 사람은 가공하지 않은 옥 원석을 ‘박(璞)’이라고 하고 주(周)나라 사람은 육포로 만들지 않은 쥐를 ‘박(璞)’이라고 한다. 주나라 사람이 박(璞)을 품고 정나라 장사꾼을 만나서 “박(璞) 사실라우?”라고 묻고는 제 물건을 꺼내 보이니 바로 쥐였다. 마침내 낄낄 웃었다.[601]

---

598) 방촌비(方寸匕) : 사방 한 치 짜리 숟가락.

599) 刀圭**者**, 十分方寸匕之一, **准**如梧桐子**大也**.(『本草綱目, 卷一上, 序例上, 陶隱居名醫別錄合藥分劑法則』) → 刀圭, 十分方寸匕之一, 如梧桐子.(『松南雜識』)

600) 「증왕중소사승(贈王仲素寺丞)」.

601) 鄭人謂玉未理者璞, 周人謂鼠未腊者璞, 周人懷璞**過**鄭賈曰, 欲買璞乎. **鄭賈曰, 欲之**. 出**其璞視**之, 乃鼠也. **因謝不取**.(『戰國策, 卷五, 秦三』) → 鄭人謂玉未理者璞, 周人謂鼠未腊者璞, 周人懷璞**遇**鄭賈曰, 欲買璞乎. 出**示**之, 乃鼠也. **遂胡盧而笑**.(『松南雜識』)

편벽
鞭辟

정자(程子)가 "자장(子張)이 공자의 말을 띠에 썼다"[602]라는 말에 대해서 "학문은 채찍질[鞭辟]하여 내면에 가깝게 하고, 자기 몸에 붙이기를 요할 뿐이다"[603]라고 풀이하였는데, 주자는 "辟은 구벽(驅辟)[604]과 같다"[605]라고 하였으니, 대개 당시의 방언으로 채찍을 휘둘러 자기의 피부에 단단하게 붙인다는 것과 같다. 마치 일관(一貫)[606]을 '동전을 꿰는 노끈'으로 풀이한 것과 같다.

음장
飮章[607]

「채옹전(蔡邕傳)」의 '음장(飮章)'[608]의 주석에서 "음(飮)은 고발한 사람의 이름을 숨겨, 대면하여 물을 수 없게 한 것"[609]이라고 하였다.

---

602) 子張書**諸**紳.(『論語, 衛靈公) → 子張書紳.(『松南雜識』)
603) 學要鞭辟**近裏**著己**而已**.(『論語集註, 衛靈公』) → 學要鞭裏著己.(『松南雜識』)
604) 구벽(驅辟) : 말을 채찍질하여 앞으로 나가게 함.
605) 辟如**驅**辟一般人.(『論語集註, 衛靈公』) → 辟如**鞭**辟一般人.(『松南雜識』)
606) 『논어(論語), 이인(里仁)』에 "공자께서 '삼(參)아! 우리 도(道)는 한 가지 이치가 만 가지 일을 꿰뚫고 있다'고 하셨다[子曰, 參乎, 吾道, 一以貫之]"라는 말이 있다.
607) 음장(飮章) : 익명의 문건.
608) 『後漢書, 卷九十下, 蔡邕列傳, 第五十下』.
609) **飮猶**隱, 郤告人姓名, 無可對問.(『後漢書, 卷九十下, 蔡邕列傳, 第五十下』) → 隱郄告人姓名, 無可對問.(『松南雜識』)

소경의 길 두드리기
擿埴冥行

양웅(揚雄)의 「수신편(修身篇)」에서 “땅을 두드려 길을 찾으니 소경일 따름이다[擿埴索塗冥行而已矣]”[610]라고 하였는데, 그 주석에서 “소경은 지팡이로 땅을 두르려 길을 찾는다”[611]라고 하였다.

웅경양생
熊經養生

『회남자(淮南子)』에서 “기를 마시고 내쉬어 오래된 것을 토해내고 새로운 것을 들어 마시며 곰처럼 기어오르고 오리처럼 물에 뜨며 원숭이처럼 뛰쳐 오르고 호랑이처럼 고개를 돌리는 것은 육체를 양생하는 사람에 불과하다”[612]라고 하였다.

『장자』의 주석에서 “웅경(熊經)은 곰이 나무에 기어오르면서 기(氣)를 끌어당기는 것과 같고, 조신(鳥申)은 새가 하품하는 것과 같다”[613]라고 하였으니 대개 오금희(五禽戲)[614]는 여기에서 나왔다.

---

610) 『法言, 脩身篇』.

611) 盲**人**以**杖**擿地而求**道**.(『法言, 脩身篇』)→盲**者**以擿地求**塗也**.(『松南雜識』)

612) **若**吹呴呼吸, **吐故內新**, 熊經鳥伸, 鳧浴**蝯**躩, 鴟視虎顧, 是養形之人**也**.(『淮南子, 精神訓』)→吹**煦**呼吸, 熊經鳥申, 鳧浴猿躩, 鴟視虎顧, 是養形之人.(『松南雜識』)

613) **熊經**若熊之攀樹**而**引氣**也**, **鳥申若**鳥之嚬呻也.(『莊子注, 刻意』)→若熊之攀樹引氣, 鳥之嚬呻也.(『松南雜識』)

614) 오금희(五禽戲) : 화타(華佗)가 다섯 종류의 짐승의 동작을 본떠 만들었다고 하는 일종의 양생체조.

용호교
龍虎交

『동파지림(東坡志林)』에서 말하였다.

감(坎 : ☵)과 리(離 : ☲)가 합하면 태어나고 나뉘면 죽는다. 리(離)는 심장이고 감(坎)은 신장이다. 용은 수은이고 정(精)이고 피[血]니 신장에서 나온다. 호랑이는 납이고 기(氣)이고 힘이니 심장에서 나온다.

진인(眞人)이 말하였다. 바르게 앉아서 눈을 감고 호흡을 조정하여 오래 있으면 단전이 축축해져 물이 위로 올라온다. 불은 물의 짝이 된다. 형세상 불은 반드시 물을 따르게 되어 있으니 이른바 '용이 불에서 나온다'는 것이다. 열흘 뒤에 뇌는 가득 차고 허리와 발이 가벼워진다. 숨을 쉬지 않을 때는 항상 혀를 말아 올려 목젖을 빤다. 이렇게 오래하면 수은이 입으로 내려간다. 입안에 가득 찬 뒤에 삼켜서 그대로 공기와 단전에 이르게 한다. 이렇게 오래하면 납으로 변하니 이른바 '호랑이가 물 안에서 생겨난다'는 것이다.615)

---

615) 坎離交則生, 分則死, **必然之道也**. 離爲心, 坎爲腎, …… 龍**水**汞也精也血也, 出於腎, …… 虎**火**者鉛也氣也力也, 出於心, 眞人**之言**曰, …… **有隱者教余曰**, **人能**正坐瞑目調息 …… 以久**爲功**, **不過十日**, 則丹田濕而**水**上行, **愈久愈溫**, **幾至如烹**, **上行之水**, **蓊然如雲**, **烝於泥丸**, **蓋離者麗也**, **著物而見火之性也**, **吾目引於色**, **耳引於聲**, **口引於味**, **鼻引於香**, **火輒隨而麗之**, **今吾寂然**, **無所引於外**, 火**無所麗則將安往**, 水者**其所**妃**也**, **勢**必從之, **坎者陷也**, **物至則受**, **水之性也**, **而況其配乎**. **水火合**, **則火不炎而水自上**, **則**所謂龍從火裏出也. **龍出於火**, **則龍不飛**, **而汞不乾**, 旬日**之**外, 腦滿而**腰**足輕, **方閉息時**, 常卷舌**而**上**以**舐懸癰, **雖不能到而意到焉**, 久**則能也**, **如是不已**則, 汞下入口, **方調息時**, **則漱而烹之**, **須滿口而後**嚥, **仍以空氣**送至丹田, **常以意養之**, 久則化而爲鉛, **此**所謂虎向水中生也.(『東坡全集, 龍虎鉛汞論』) → 坎離交則生, 分則死, 離爲心, 坎爲腎, 龍**者**汞也精也血也, 出於腎, 虎者鉛也氣也力也, 出於心, 眞人曰, 正坐瞑目調息以久, 則丹田濕而上行, 火**爲**水妃, **熱**必從之, 所謂龍從火裏出也. 旬日外, 腦滿而**腠**足輕, 常捲舌上舐懸癰, 久則汞下入口嚥送**直**至丹田, 久則化爲鉛, 所謂虎向水中生也.(『松南雜識』)

이것이 바로 도가의 연진법(嚥津法)이다. 또 낮잠을 '용호교(龍虎交)'라고 한다.

문무화
文武火[616)]

당시(唐詩)에,

> 연단(錬丹)의 문무화(文武火) 이루어지지 않았다　　　錬丹文武火未成[617)]

라고 하였는데, 그 주석에서 "정신을 똑바로 차리고 잡념을 제거하는 것이 무화(武火)이다. 오로지 기를 부드럽게 하고 빛을 머금어 조용하고 따뜻하며 끊이지 않고 면면히 있는 듯한 것이 문화(文火)이다"[618)]라고 하였다. 지금은 급한 것을 '무(武)'라고 하고 느린 것을 '문(文)'이라고 한다.

『인화록(因話錄)』[619)]에 "차는 모름지기 약한 불로 끓이다가 활화(活火)[620)]로 달여야 한다"[621)]라는 이약(李約)[622)]의 말이 있다.

---

616) 문무화(文武火) : 등불의 문화(文火)와 무화(武火). 문화(文火)는 불촉이 작고 약하며 무화(武火)는 불꽃이 크고 강렬하다.

617) 왕계우(王季友)의 「수리십륙기(酬李十六岐)」.

618) 奮迅精神, 袪除雜念, 爲武火, 專氣柔, 含光默默, 溫溫不絶, 綿綿若存, 爲文火.(『唐音, 卷三, 唐詩正音二, 王季友, 酬李十六岐』) → 奮迅精神, 袪除雜念, 爲武火, 專氣**致**柔, 含光默默, 溫溫不絶, 綿綿若存, 爲文火.(『松南雜識』)

619) 인화록(因話錄) : 당나라 조린(趙璘)이 편찬한 책. 총 6권. 소설가류(小說家類).

620) 활화(活火) : 타고 있는 숯불.

621) 茶須**緩**炙活火煎.(『因話錄, 卷二, 商部』) → 茶須**慢**炙活火煎.(『松南雜識』)

622) 이약(李約) : 당나라의 시인. 자는 존박(存博). 호는 소재(蕭齋). 당 종실의 후손. 저서로 『동표인보(東杓引譜)』가 있다.

구곡

狗曲

『전한서(前漢書)』에서 말하였다.

왕식(王式)이 말하였다.[623)]

"손님이 「여구(驪駒)」를 부르면 주인은 「무용귀(毋庸歸)」[624)]를 부릅니다. 오늘은 여러분이 주인인데다가 시간도 이르니 노래가 온당치 않소."

강공(江公)이 말하였다.

"경전의 어디에 있는 말이오?"

왕식이 말하였다.

"「곡례(曲禮)」에 있소."

강공(江公)이 말하였다.

"무슨 구곡(狗曲)!"[625)]

대개 '駒'와 '狗'는 음이 같다. 『춘추좌전』의 "발정 난 말이 암내를 풍겨도 소는 아랑곳하지 않는다[風馬牛不相及]"[626)]라는 말과 같은 욕설이다.

---

623) 당시 노시(魯詩)의 종사(宗師)로 일컬어지던 강공(江公)이 왕식(王式)을 시기하였다. 그래서 왕식을 시험하고 망신을 줄 생각으로 제생(諸生)에게 「여구(驪駒)」라는 노래를 부르게 하였다. 「여구(驪駒)」는 일시(逸詩)로 그 내용은 "검은 말이 문에 있고 마부도 같이 있네. 검은 말이 길에 있고 마부는 수레를 정비하네.[驪駒在門, 僕夫具存, 驪駒在路, 僕夫整駕]"이다.

624) 무용귀(毋庸歸) : 주인의 예가 아직 다 끝나지 않았으므로 손님이 돌아 갈 수 없다는 만류의 시.

625) 式曰, **聞之於師**, 客歌驪駒, **主人歌客毋庸歸**, **今日諸君爲主人**, **日尙早**, **未可也**. **江翁曰**, **經何以言之**. 式曰, 在曲禮. 江翁曰, 何狗曲也.(『儒林傳, 第五十八, 王式』)→王式曰, 客歌驪駒, 在曲禮. 江**公**曰, 何狗曲也.(『松南雜識』)

626) 희공(僖公) 4년에 제환공이 제후들을 거느리고 채(蔡)를 궤멸시키고 초나라로 진격하자 초 성왕이 사신을 시켜 제환공에게 "군왕께서는 북방에 계시고 저는 남방에 있으니 발정 난 말이 암내를 풍겨도 소는 아랑곳하지 않습니다. 군왕께서 먼 길을 고려

망어
妄語

하원(何遠)[627]이 매양 "경(卿)들이 내게서 망언(妄言) 한 마디를 들을 때마다 비단 한 필로 사례하겠소"[628]라고 말하였다. 사마광(司馬光)은 "성(誠) 자는 망녕된 말을 않은 것에서 시작한다"라고 말하였다. 『유마경(維摩經)』에서 또 "의미가 없는 말은 의미가 없는 말로 돌아온다[是無義語, 是無義語報]"라고 하였다.

마두견
磨兜堅

『주자어록(朱子語錄)』에서 "시랑(侍郎) 서돈립(徐敦立)[629]이 자리 앞에 '마두견(磨兜堅)' 세 자를 써두니 바로 '삼함구(三緘口)'[630]와 유사하다"[631]라고 하였다.

옛 노래에서 말하였다.

> 곡백(穀伯) 수(綏)의 도성문에 돌사람이 있는데 그 등에 '마두건(摩兜鞬)'이라고 새겨 있다. '摩兜鞬'은 삼가 말을 함부로 하지 말라는 의

하지 않고 우리나라까지 오신 이유는 무엇입니까"라고 말하였다.

627) 하원(何遠) : 양(梁)나라의 양리(良吏). 자는 의방(義方).

628) 每**戲語人**云, **卿能得我**一妄語 **則**謝**卿**以一縑.(『梁書, 卷五十三, 列傳, 第四十七, 良吏, 何遠』)→何遠每云, **我得**一妄語, 謝以一縑.(『松南雜識』)

629) 『주자어류(朱子語類)』에는 '서돈립(徐敦立)'으로 되어 있으나, 그 외의 대부분 전적에는 '이돈립(李敦立)'으로 되어 있음.

630) 삼함구(三緘口) : 공자가 주나라 사당에서 금인(金人)을 보았는데, 입을 세 번 봉하고 등에는 '옛날의 말을 삼갔던 사람[古之愼言人也]'이라고 새겨져 있었다.

631) **嘗見徐**侍郎敦立**書三字**, **帖**於主位前云磨兜堅, **竟不曉所謂**, **後竟得來**, 乃**是**古人**有銘如**三鍼口之類.(『朱子語類, 卷一百三十八, 雜類』)→**李**侍郎敦立於主位前, **書**磨兜堅**三字**, 乃古人三鍼口之類.(『松南雜識』)

미이다[穀伯綏之國城門, 有石人焉, 刊[632]其腹云, 摩兜鞬, 摩兜鞬, 愼莫言].

또 부필(富弼)[633]의 좌병(座屛)에 쓴 "입을 병처럼 지키고 의지를 성처럼 지키라[守口如甁, 防意如城]"는 의미이다.

치치
甀癡

『문견후록(聞見後錄)』[634]에서 말하였다.

속어(俗語)에 "책 빌리는데 술 한 병, 책 돌려주는데 술 한 병.[借書一甀, 還書一甀]"[635]이라고 하였다. '甀(치)'는 '鴟(치)'[636]와 통하고 술병이란 뜻인데 '癡(치)'[637]로 와전되었다.[638]

632) 『松南雜識』에는 '刻'으로 되어 있음.

633) 부필(富弼) : 송나라의 명신(名臣). 하남(河南) 출신. 학문에 독실하였고 대도(大度)가 있었으며 추밀사(樞密使) 등을 지냈다. 청묘법(靑苗法)을 실시하지 않아 왕안석(王安石)과 알력이 있었다.

634) 문견후록(聞見後錄) : 송나라 소박(邵博)이 편찬한 책.

635) 이에 대해서는 두 가지 설이 있다. 하나는 고대에는 문건을 책으로 장정하지 않았기에 분실을 우려해 빌려올 때 단지에 넣어 오고 돌려 줄 때도 단지에 넣어 갔다는 해석이며, 또 하나는 책 주인의 기분을 좋게 한 후 책을 빌리기 위해 책 한 권에 술 한 병을 선물로 주고 돌려 줄 때도 사례로 술 한 병을 준다는 해석이다.

636) 치(鴟) : 치이(鴟夷). 말가죽 부대.

637) 책을 빌려 주는 사람이 바보고 빌린 책을 돌려주는 사람도 바보라는 의미.

638) 俗語, 借與人書, 爲一癡, 還書與人, 爲一癡. 予每疑此語. 近薄借書還書理也何癡云, 後見王樂道與錢穆四書出師頌書函中, 最妙絶古語, 借書一甀, 還書一甀, 欲以酒二尊, 往知卻例外物, 不敢因檢說文, 甀抽遲反, 亦音絺, 注云, 酒器, 古以借書, 盖俗誤以爲癡也.(『聞見後錄, 卷二十七』) → 聞見錄云, 俗語, 借書一甀, 還書一甀, 甀與鴟同, 酒甁也. 訛爲癡.(『松南雜識』)

과조
跨竈

『주역(周易)』에서 "집사람 중에 엄한 군주가 있으니[家人有嚴君焉]"639) 라고 하였으니 '우물과 부뚜막[井竈]'을 말한다. 이런 까닭에 아버지를 '정조(井竈)'에 비유한다. 또 부뚜막[竈]에는 솥이 있다. 그래서 아들이 아버지보다 훌륭한 것을 '과조(跨竈)'라고 한다. 이로 인하여 "안개 속에 솟은 높은 누각도 쳐부술 수 있다[撞破煙樓]"640)는 말로 변하였다. 『자휘보(字彙補)』에서 "竈는 말의 발자국이니 망아지가 갈 때는 매양 늙은 말의 발자국을 넘어가기 때문이다"라고 하였다.

귀신론
鬼薪論

한(漢)나라 법에 "귀신(鬼薪)은 죄인이 땔나무를 종묘에 공급하는 것이다"641)라고 하였다. 또 성단(城旦)은 주석에서 "가벼운 형벌의 이름이니 아침에 선비가 일어나 성을 보수하는 것이다"라고 하였다. 부인의 경우에는 방아를 찧는다[舂]. 그래서 성단(城旦)이라고 하였다. 또 한나라 제도에 머리를 깎는 형벌을 성단용(城旦舂)이라고 한다. 또 경전(磬甸)은 『예기』의 주석에서 "왕족이 죄를 지으면 전인(甸人)으로 하여금 목을 졸라 죽이게 한다"642)라고 하였다. 磬(경)은 주석에 "목을 매달아 죽임[縊]"이라고 하였다.

---

639) 「가인(家人)」.

640) 소식이 진계상(陳季常)에게 답한 편지[與陳季常書]에서 "후생들이 기발한 생각을 발현하게 하는데, 한 번 채찍질만 해주면 연루를 쳐서 깨뜨릴 수 있다[東坡答陳季常書云, 在定日, 作松醪賦一首, 今寫寄擇等, 庶以發後生妙思, 著鞭一躍, 當撞破烟樓也]"라고 하였다.

641) **男子爲鬼薪**, 取薪**以**給宗廟.(『前漢書, 卷三, 章帝紀, 第三』의 주석) → 罪人取薪, 給宗廟.(『松南雜識』)

642) 주석에는 없는 내용이며 『예기(禮記), 문왕세자(文王世子)』에서 "公族其有死罪, 則

금계간
金鷄竿

『북제사(北齊史)』에서 사면하는 날 금계간(金鷄竿)[643]을 세웠다고 한 것은[644] 『해중성점(海中星占)』에서 "천계성(天鷄星)이 움직이면 사면이 있게 된다"라고 하였기 때문이다.

주부염수
主簿髥鬚

촉(蜀)나라의 역사에서 왕건(王建)이 이경(李景)을 주부(注簿)로 삼으면서 "그 정성스러운 마음을 표창하여 '수염의 직책'을 맡긴다[旌其忠藎之心, 委以髥鬚之職]"라고 하였는데 그 주석에서 "양을 염수주부(髥鬚主簿)라고 한다"[645]라고 하였다.

당나라 역사에 노단(盧端)이 의박사(醫博士)에게 내리는 제명(制命)의 초고(草稿)에서 "이미 후박(厚朴)한 재주를 품었으니 마땅히 종용(從容)한 직분을 담당할지어다[懷厚朴之才宜典從容之職]"[646]라고 하였는데, 그 주석에서 '후박(厚朴)[647]'과 '종용(蓯蓉)[648]'은 모두 약(藥)의 이름이다.

磬于甸人"이라고 하였음.

643) 금계간(金鷄竿) : 금계를 매단 높은 장대로 고대에 사면할 때 세운다.

644) 金雞鳴, 孝琬將建金雞而大赦.(『北齊書, 卷十一, 列傳, 第三, 河間王孝琬』)

645) 羊名髥鬚主簿. 蜀**檮杌**, 王建**僭蜀**, 李景爲**眉山**主簿制曰, **旌**其忠藎之心, 委以髥鬚之職.(『佩文韻府, 髥鬚』)→蜀史, 王建以李景爲主簿曰, **旌**其忠藎之心, 委以髥鬚之職, 註, 羊號髥鬚主簿.(『松南雜識』)

646) 盧端, **爲莊宗館記**, **會醫官陳玄補太原府醫學博士**, **端**草制云, 旣懷厚朴之**材**, 宜**稱**從容之職.(『類說, 卷十二, 紀異錄, 懷厚朴之才』)→唐史, 盧端, 草醫博士制云, 旣懷厚朴之**才**, 宜**典**從容之職.(『松南雜識』)

647) 후박(厚朴) : 후박나무의 껍질. 위한(胃寒)·곽란(癨亂)·구토·설사 등의 치료에 약으로 쓴다.

648) 종용(蓯蓉) : 육종용(肉蓯蓉). 오리나무 더부살이. 열당과의 한해살이풀. 높이는 15~30cm이며, 잎은 모여나고 비늘 모양으로 뱀 가죽 같다. 7~8월에 꽃이 피고 열매는 두

양고
良苦

『주례(周禮)』의 "그 나쁘고 좋음을 분별한다"[649]의 주석에서 "그 비단과 베의 거칠고 가늘음을 분별한다"[650]라고 하였다. 「서경부(西京賦)」[651]에서 "좋은 물건과 나쁜 물건을 섞어서 판다[鬻良雜苦]"라고 한 말이 이것이다. 『삼국지』에서 주유(周瑜)[652]가 장간(蔣幹)에게 "그대는 참으로 고달프게도 멀리 강호를 건너와서[子翼良苦遠涉江湖]"[653]라고 한 말과는 다르다.

양구
良久

『한서(漢書)』의 주석에서 "량(良)자는 본래 략(略)으로 약소(略少)의 의미인데 음이 와전되어 良이 되었다"라고 하였다.

척택촌전
尺宅寸田

『황정경(黃廷經)』에서 "한 자의 집과 한 치의 밭에서 생계를 꾸릴 수

개로 갈라지는데 통째로 말리어 강장제로 쓴다. 백두산에 분포하며, 두메오리나무 뿌리에 붙어산다.

649) 辨其**苦良**.(『周禮, 卷八』) → 辨其**良苦**.(『松南雜識』)

650) 分別**其**緌帛**與**布紵之**麤**細.(『周禮』) → 分別緌帛布紵之**粗**細.(『松南雜識』)

651) 서경부(西京賦) : 장형(張衡)의 작품.

652) 주유(周瑜) : 중국 삼국 시대 오나라의 명신(175~210). 자는 공근(公瑾). 문무(文武)에 능하였으며, 유비의 청으로 제갈공명과 함께 조조의 위나라 군사를 적벽(赤壁)에서 크게 무찔렀다.

653) 『삼국지』에 없으며 『資治通鑑, 卷六十六, 漢紀, 五十八, 孝獻皇帝辛』에 있는 내용임.

있다[尺宅寸田, 可治生]"라고 하였는데, 그 주석에서 "'한 자의 집[尺宅]'은 얼굴이고, '한 치의 밭[寸田]'은 양미간으로 상단전(上丹田)이다. 심장이 강궁전(絳宮田)이고 배꼽 아래 세 치가 하단전(下丹田)이다"654)라고 하였다. 지금은 차용하여 생업(生業)을 '전택(田宅)'이라고 한다.

식화형법
食貨刑法

진계아(陳季雅)655)가 말하였다.

태사공(太史公) 사마천(司馬遷)이 상홍양(桑弘羊)656)·공근(孔僅)657)을 열전에 넣지 않았는데 「장탕전(張湯傳)」에 그들이 보이고 「형법지(刑法志)」에 장탕(張湯)658)·두주(杜周)가 변법한 원인을 말하지 않았는데 「식화지(食貨志)」에서는 말을 하였다. 이른바 법을 엄하게 하고 영(令)을 갖추고 이익을 창출하는 신하가 이들에게서 시작되었으니 그 뜻을 알 만하다.

지금 탐욕스러운 관리 중에 가혹한 관리가 많은 것이 그 예이다.

---

654) 黃庭經, 尺宅寸田, 可治生. 註, 尺宅面也, 寸田兩眉間, 爲上丹田, 心爲絳宮田, 臍下三寸, 爲下丹田.(『康熙字典, 田』) → 黃庭經曰, 尺宅寸田, 可治生. 註, 尺宅面也, 寸田兩眉間, 爲上丹田, 心爲絳宮田, 臍下三寸, 爲下丹田.(『松南雜識』)

655) 진계아(陳季雅) : 송나라 때 학자. 자는 언장(彦章). 영가인(永嘉人). 저서로는 『양한박의(兩漢博議)』 등이 있다.

656) 상홍양(桑弘羊) : 한 무제(漢武帝) 때의 어사대부(御史大夫). 천하의 염철(鹽鐵)을 다 관장하여, 경사(京師)에다 평준사(平准司)를 두고 천하의 수운(輸運)을 받아들였다.

657) 공근(孔僅) : 한나라 남양(南陽) 출신. 철야(鐵冶)로 직업을 삼았고 무제 때에 대농승(大農丞)이 되고 동곽함양(東郭咸陽)과 함께 염철사(鹽鐵使)를 거느렸다.

658) 장탕(張湯) : 한(漢)나라 사람. 무제(武帝) 때에 태중대부(太中大夫)가 되어 조우(趙禹)와 함께 모든 법령을 제정하였고, 어사대부(御史大夫)로 옮기자 옥(獄)을 다스리는 것이 너무도 가혹하였다.

삼여
三餘

『위략(魏略)』[659]에서 말하였다.

동우(董遇)[660]가 "학자는 의당 삼여(三餘)를 이용하여야 한다. 겨울은 일 년의 여가이고 밤은 하루의 여가이며 비 오는 날은 한 달의 여가이다[冬者, 歲之餘, 夜者, 日之餘, 陰雨者, 時之餘]"[661]라고 하였다.

오희
嗚戱

『집운(集韻)』에서 "오희(嗚戱)는 감탄사이다"라고 하였다.

『정자통(正字通)』에서 "『시경』의 오희(於戱)는 바로 오호(嗚呼)이니 감탄사이다. 어떤 경우는 찬미이고 어떤 경우는 비탄(悲歎)인데, 말대(末代)의 문사들이 문득 체례(體例)로 삼아서 애뢰(哀誄)[662]와 제문(祭文)에는 '오호(嗚呼)'라고 하고 관작(官爵)을 하사하는 책명(冊命)[663]에는 '오희(於戱)'라고 하였다. '오호(嗚呼)'는 애상(哀傷)의 탄사라고 하고 '오희(於戱)'는 찬미의 탄사라고 하여 망령되게 천착하였다"[664]라고 하니, 그 말이 진실로 옳다.

---

659) 위략(魏畧) : 삼국 시대 위(魏)나라의 역사책. 위나라 어환(魚豢)이 지었음.
660) 동우(董遇) : 삼국 시대 위(魏)나라의 인물.
661) 『通志, 卷一百七十二, 儒林傳, 第一, 魏』.
662) 애뢰(哀誄) : 망자(亡子)를 애도하는 글의 일종.
663) 책명(冊命) : 제왕(帝王)이후계자・후비(后妃)・대신(大臣)을 책봉할 때 내리는 명령문.
664) 詩**於戱**, 於戱卽嗚呼, …… 歎辭也. 或嘉美. 或傷悲. 末代文士. 輒爲體例. 若哀誄祭文. 卽爲嗚呼. 封拜冊命. 卽爲於戱. 謂嗚呼爲哀傷. 於戱爲歎美. 妄爲穿鑿.(『正字通, 戱』) → 詩於戱卽嗚呼, 歎辭也. 或嘉美. 或傷悲. 末代文士. 輒爲體例. 若哀誄祭文. 卽爲嗚呼. 封拜冊命. 卽爲於戱. 謂嗚呼爲哀傷. 於戱爲歎美. 妄爲穿鑿.(『松南雜識』)

오호

烏呼

『설문해자(說文解字)』에서 "공자가 '오(烏)는 기를 펴서 스스로 부른다는 의미이다'라고 하였으니, 오(烏)의 음을 취하여 어기(語氣)를 돕는다. 그래서 오호(嗚呼)라고 할 때 烏자로 쓴다"[665]라고 하였는데 그 주석에서 "요즘 민간에서 '嗚'라고 쓰는데 옳지 않다"[666]라고 하였다. 『비아(埤雅)』에서 "烏는 또 감탄하는 말이다. 까마귀는 이류(異類)를 보면 시끄럽게 지저귄다. 그래서 오곽(烏霍)이라고 하니 다른 것에 대한 감탄이다"[667]라고 하였다. 『옥편(玉篇)』에서는 "어사(語辭)이다"[668]라고 하였다.

전윤

傳允

「군석(君奭)」에서 "너에게 짐의 정성을 고하노라[告汝朕允]"[669]라고 하였다. 살펴보건대 『방언(方言)』에서 "제(齊)와 노(魯) 사이에서 '신(信)'을 '윤(允)'이라고 한다"[670]라고 하였다. 『옥편(玉篇)』에서는 '윤(允)'을 '당(當)'[671]이라고 하였고, 『증운(增韻)』에서는 '긍(肯)'[672]이라고 하였다. 지금은 전하는 것을 '윤(允)'이라고 한다.

---

665) 孔子曰, 烏盱呼也, 取其助气, 故以爲烏呼.(『說文解字, 烏』)

666) **今**俗作嗚, 非是.(『說文解字, 烏』)→俗作嗚, 非是.(『松南雜識』)

667) 烏又爲嘆詞者. **雀見虎則鳴**. 烏見異則噪. 故以爲烏霍. **烏霍**嘆所異也.(『埤雅, 卷六, 釋鳥, 烏』)→烏又爲歎詞者. 烏見異則噪. 故以爲烏霍. 歎所異也.(『松南雜識』)

668) 語辭.(『玉篇, 烏』)

669) 『書經, 君奭』.

670) **齊**魯之間曰允.(『方言』)→**徐**魯之間曰允.(『『松南雜識』)

671) 당(當) : 적당, 적합.

672) 긍(肯) : 윤허(允許).

새로운 왕실은 군더더기
新室贅疣

『주자어록(朱子語錄)』에서 말하였다.

본조(本朝)[673]의 부인(婦人)인 이이안(李易安)의 시에서,

양한(兩漢)은 서로 계승했지만	兩漢本繼紹
새로운 왕실[新室][674]은 군더더기와 같다	新室如贅疣

라고 하였다. 혜강(嵇康)[675]은 죽을 때까지 은(殷)나라와 주(周)나라를 하찮게 여겼다. 혜강이 탕왕(湯王)과 무왕(武王)을 비난한 것을 인용하여 왕망(王莽)[676]을 비유였으니 어찌 여자가 할 수 있는 일이랴?[677]

왕망의 겸손
王莽謙遜

양심(養心) 오씨(吳氏)[678]가 말하였다.

---

673) 본조(本朝) : 송나라를 이름.

674) 신실(新室) : 왕망(王莽)이 세운 신(新)나라를 비유한 말.

675) 혜강(嵇康) : 중국 삼국 시대 위(魏)나라의 문인(223~262). 자는 숙야(叔夜). 죽림칠현의 한 사람. 작품에 「유분시(幽憤詩)」·「금부(琴賦)」 등이 있다.

676) 왕망(王莽) : 전한의 정치가(B.C. 45~A.D. 23). 자는 거군(巨君). 자신이 옹립한 평제(平帝)를 독살하고 제위를 빼앗아 국호를 신(新)으로 명명하였다. 한(漢)나라 유수(劉秀)에게 피살되었다. 재위 기간은 8~23년이다.

677) 本朝婦人**能文**, **只有**李易安**與魏夫人**, **李有**詩**大畧**云, 兩漢本繼紹, 新室如贅疣**云云**, 所以嵇中散至死, 薄殷周, 中散非湯武得國, 引之以比王莽, **如此等語**, 豈女子所能.(『朱子語類, 卷一百四十, 論文下, 詩』)→本朝婦人李易安詩云, 兩漢本繼紹, 新室如贅疣, 所以嵇中散至死, 薄殷周, 中散非湯武得國, 引之以比王莽, 豈女子所能.(『松南雜識』)

678) 오씨(吳氏) : 명나라 양신(楊愼)의 『승암집(升菴集), 보명빈이호록서(補名賓異號錄

왕안석(王安石)의 시에,

주공(周公)도 유언비어[679]가 퍼졌을 때 두려워하였고　周公恐懼流言日
왕망도 삼류 선비일 때는 겸손하였다　王莽謙遜下士時
만약 그때 죽었다면　若使當年身便死
일생의 진위(眞僞)를 누가 알랴　一生眞僞有誰知

라고 하였는데 본래는 백거이(白居易)의 시인데 왕안석이 그것으로 유사하게 만들었다.[680]

바둑은 두지 않는 것이 고수
不着爲高

석병(石屛) 대복고(戴復古)[681]의 시에서,

만사가 바둑과 같으니 두지 않는 것이 고수　萬事如碁不着高[682]

라고 하였으니, 지금 '바둑은 두지 않는 것이 고수[不着爲高]'라는 말이 여기에서 유래하였다. 유속(流俗)의 시에,

인정은 종잇장 같아서 한 장 한 장 얇으며　人情似紙張張薄
세상사는 바둑과 같아서 둘 때마다 새롭다　世事如棋着着新

序)』에 의하면 양심(養心) 오씨(吳氏)의 이름을 도무지 알 길이 없다라고 하였다.

679) 무왕(武王)이 죽자 무왕(武王)의 동생이며 주공(周公)의 형인 관숙(管叔)이 "주공이 장차 성왕을 해롭게 할 것이다"라는 유언비어를 퍼뜨렸다.

680) 백거이(白居易)의 「방언 오수(放言五首)」는 다음과 같다.
周公恐懼流言日, 王莽謙恭未簒時, 向使當時身便死, 一生眞僞復誰知.

681) 대복고(戴復古) : 송나라의 문인. 자는 식지(式之).

682) 「음중달관(飮中達觀)」.

라고 하였다.

꿈은 상상과 인과
夢是因想

진(晉)나라 위개(衛玠)가 꿈에 대해서 악광(樂廣)[683]에게 묻자 악광이 말하였다.

"상상일세."

위개가 말하였다.

"육체와 정신이 접하지 않았는데 꿈을 꾸니 어떻게 상상합니까?"

악광이 말하였다.

"인과(因果)이네."

석병(石屛) 대복고(戴復古)는

궁한 사람은 부귀를 꿈꾸고	窮者夢富貴
현달한 사람은 신선을 꿈꾼다.	達者夢神仙[684]

라고 하였다.

백거이(白居易)는

목마른 사람은 물 마시는 꿈을 많이 꾸고	渴人多夢飮
굶주린 사람은 밥 먹는 꿈을 많이 꾼다	飢人多夢飡[685]

라고 하였다.

---

683) 악광(樂廣) : 진(晉)나라 사람. 자는 언보(彦輔). 위개(衛玠)가 악광(樂廣)의 딸에게 장가들었다.

684) 「몽중역역역(夢中亦役役)」.

685) 「기행간(寄行簡)」.

산곡(山谷) 황정견(黃庭堅)은

병든 사람은 의원 꿈을 많이 꾸고 病人多夢醫
갇힌 사람은 사면되는 꿈을 많이 꾼다 囚人多夢赦[686]

라고 하였으니 이는 모두 상상이다. 그러나 장주(莊周)가 나비가 되는 꿈을 꾼 것은 인과(因果)일까? 상상일까?

성가
聲價

『후한서(後漢書), 정왕전(靖王傳)』에서 "성가가 더욱 광범위해졌다[聲價益廣]"[687]라고 하였고 한유(韓愈)가 이발(李渤)을 조롱하는 시에,

소실산(少室山)의 은자[688] 높은 값을 바래 少室山人索價高
두 번이나 간관(諫官) 초빙을 사양했다네 兩以諫官徵不起[689]

라고 하였다.

사마천(司馬遷)의 『사기(史記)』에서 "진(秦)나라가 장이(張耳)를 천 금에 사고 진여(陳餘)를 오백 금에 샀다"[690]라고 하니 이것이 사람을 성가(聲價)로 논한 예이다.

---

686) 「적거검남 십수(謫居黔南十首)」.
687) 『後漢書, 卷四十四, 宗室四王三侯列傳, 第四, 齊武王縯傳, 北海靖王』.
688) 이발(李渤)을 이름.
689) 「기노동(寄盧仝)」.
 * 이발(李渤)이 소실산(少室山)에 숨어 살면서 헌종(憲宗)이 좌습유(左拾遺)로 불렀는데도 응하지 않으니, 한유(韓愈)가 노동(盧仝)에게 시를 보내 풍자하였다.
690) 購**求有得**張耳千金, 陳餘五百金.(『史記, 第二十九, 張耳陳餘列傳』) → 購張耳千金, 陳餘五百金.(『松南雜識』)

장공이 술을 마셨는데 이공이 취하다
張公飮酒李公醉[691]

다음과 같은 옛 말이 있다.

『전등신화(剪燈新話)』에 "동가(東家)에서 밥을 먹고 서가(西家)에서 잠을 자며 장씨 사내에게는 아내, 이씨 사내에게는 처"[692]라고 하였으니 또한 「단궁(檀弓)」에서 "누에는 실을 짜고 게는 광주리가 있고 벌은 갓이 있으며 매미는 갓끈이 있다"[693]라는 말과 유사하다. 『맹자(孟子)』가 "연못을 위해 물고기를 몰아주는 것은 수달이고 숲을 위해 참새를 몰아주는 것은 소리개이다[爲淵敺魚者獺也, 爲叢敺爵者鸇也]"[694]라고 하니 자신의 수양을 위한 공부를 하는 자들의 경계가 되지 않겠는가?

풍월은 사람을 더럽힘
風月汚人

『외사도올(外史檮杌)』[695]에서 "정혁(鄭奕)이 아들에게 『문선(文選)』[696]

---

691) 장공음주이공취(張公飮酒李公醉) : 장공끽주이공취(張公喫酒李公醉). 당나라 무후(武后) 때 장이지(張易之) 형제가 권력을 천단하여 이씨 왕실의 권위가 실추됨을 비유한 노랫말. 후에 어느 한 쪽이 실익을 취하고 한 쪽은 헛된 이름만 남는 것, 혹은 모임에 잘못 끼었다가 남 대신 허물을 받는 것을 비유함.

692) 東家食**而**西家宿, **久習遺風**, 張郎婦**而**李郎妻.(『剪燈新話, 愛卿傳』) → **以**東家食西家宿, **對**張郎婦李郎妻.(『松南雜識』)

693) 蠶則績而蟹有匡, **范則冠而蟬有緌**.(『禮記, 檀弓』) → 蠶則績而蟹有匡, **蟬有緌而范則冠**.(『松南雜識』)

694) 『孟子, 離婁下』.

695) 외사도올(外史檮杌) : 촉도올(蜀檮杌). 송나라 장당영(張唐英)이 편찬한 책. 2권.

696) 문선(文選) : 양나라의 소명태자 소통(蕭統)이 엮은 시문집. 주나라에서 양나라에 이르는 1,000년 동안 130여 명이 지은 문장(文章)과 시부(詩賦)를 수록하였다. 30권.

을 가르치자 그 형이 '그것을 배우게 하지 말고 깊이 사과하거라. 풍월을 읊으면 사람의 행동거지를 더럽힌다'"[697]라고 하니 "한 번 문인(文人)으로 불리면 족히 볼만한 것이 없다"[698]라고 한 말이 이것이다.

수(隋)나라의 유장(柳莊)이 "강남(江南)의 인사(人士)들이 학업을 함에 세상의 일을 익히지 않고 세상의 일을 익히는 자는 또 학업을 하지 않습니다"[699]라고 하였으니 지금과 같지 않다. 대개 임말(任末)[700]이 이른바 "배우기 좋아하는 사람은 비록 죽어도 살아 있는 것과 같고 배우지 않는 사람은 비록 살아 있어도 '걸어가는 시체, 달리는 고기'일 따름이다[好學雖死若存, 不學者雖存, 謂之行尸走肉耳]"[701]라고 하였다.

산을 유람하고 이름을 씀
遊山題名

소식(蘇軾)이 장돈(章惇)[702]과 선유담(仙遊潭) 가에 이르렀는데 장돈이 못으로 내려가서 붓에 먹을 찍어 '소식과 장돈이 함께 이곳에 오다'[703]

697) 鄭奕教子文選, 其兄曰, 免學它, 沈謝. 嘲風詠月, 汚人行止. 外史檮杌.(『韻府羣玉, 教子文選』)

698) 一號文人**則曰**無足觀.(『翰苑新書續集, 卷三十八, 謝胡總領擧改官, 劉克莊)』)→一號文人無足觀**者**.(『松南雜識』)

699) 江南人士, 學業不習世務, 習世務者, 又無學業. 隋柳莊.(『韻府羣玉, 世務學業』)→隋柳莊**曰**, 江南人士, 學業不習世務, 習世務者, 又無學業.(『松南雜識』)

700) 임말(任末) : 후한 시대의 인물.
* 『松南雜識』에는 '任永'으로 오기되어 있음.

701) 『類說, 卷五, 燕北雜記, 行尸走肉』.

702) 장돈(章惇) : 송나라 사람. 자는 자후(子厚). 박학하였고 문장을 잘하였다. 왕안석(王安石)이 그를 좋아하여 편수삼사 조례관(編修三司條例官)을 삼았다. 철종이 그에게 추밀원사(樞密院事)를 맡도록 하자, 유지(劉摯)와 소철(蘇轍)이 돌아가며 탄핵하였다. 고태후(高太后)가 죽자 장돈은 상서 좌복야 겸문하시랑(尙書左僕射兼門下侍郎)이 되어 자기 당파인 채경(蔡京)·채변(蔡卞) 등을 끌어들여 희풍(熙豐) 때의 정치를 회복하고, 원우(元佑) 때의 당인(黨人)들을 배척하였다.

703) **與蘇軾游南山**, 抵仙游潭, **潭下臨絶壁萬仞**, **橫木其**上, **惇揖軾書壁**, **軾懼不敢書**,

라고 크게 썼다. 이것이 비록 이름을 쓴 최초의 일이지만 해남(海南)의 언덕 석벽에 "서불(徐市)[704]이 이곳을 지나가다"라고 전서(篆書)로 새겨져 있으니 유래가 오래되었다.

월포문답
月浦問答

송나라 구양비(歐陽棐)[705]가 월포(月浦)에서 소옹(邵雍)[706]을 만나는데, 소옹이 평생의 일을 매우 자세하게 말하였다. 그 이유를 알 수 없다가 역사를 편찬하게 되어서야 이때문이라는 사실을 깨달았다. 『당서(唐書)』에 「곽자의전(郭子儀傳)」을 찬수할 때 사실이 많이 빠졌는데 홀연히 곽자의(郭子儀)[707]의 묘 안에서 "나는 분양왕(汾陽王)의 하인이다. 분양왕의 사적을 말할 터이니 빠뜨리지 말고 역사에 취하여 기록하라"는 말이 들렸다.

惇**平步過之**, **垂索挽樹攝衣而**下, **以漆墨**濡筆大書**石**壁曰, 蘇軾章惇來.(『宋史, 卷四百七十一, 列傳, 第二百三十, 姦臣一, 章惇』) → **蘇子瞻與章惇**, 抵仙游潭**之**上, 惇下潭, 濡筆大書壁**上**曰, 蘇軾章惇**俱**來**此**.(『松南雜識』)

704) 서불(徐市) : 서복(徐福). 자는 군방(君房). 진시황제의 불로불사(不老不死)하려는 소원을 풀어주기 위하여, 그는 수천 명의 동남동녀를 데리고 영약(靈藥)을 찾아 바다 끝 신산(神山)으로 배를 타고 떠났으나 다시 돌아오지 않았다고 한다.

705) 구양비(歐陽棐) : 송나라의 인물. 자는 숙필(叔弼). 구양비가 일찍이 낙양(洛陽)을 지나다가 소옹을 뵙자, 소옹은 자신의 평생 이력을 매우 자상하게 얘기해 주고, 작별할 때 다시 부탁하기를 "족하(足下)는 오늘 내가 한 말을 후일에 잊지 말아다오"라고 하였다. 구양비는 그 말의 뜻을 알아듣지 못했다가, 20년 뒤에 구양비가 태상 박사(太常博士)가 되어 소옹의 시의(諡議)를 짓게 되어서야 소옹이 그전에 부탁했던 뜻을 알게 되었다고 한다.

706) 소옹(邵雍) : 북송의 학자(1011～1077). 자는 요부(堯夫). 호는 안락선생(安樂先生). 시호는 강절(康節). 상수(象數)에 의한 신비적 우주관과 자연 철학을 제창하였다. 저서에 『관물편(觀物篇)』·『이천격양집(伊川擊壤集)』·『황극경세서(皇極經世書)』 등이 있다.

707) 곽자의(郭子儀) : 당나라의 무장(697～781). 안녹산의 난을 토벌하여 도읍 장안(長安)을 탈환하였고, 뒤에 토번(吐蕃)을 쳐서 큰 공을 세워 사도(司徒), 중서령(中書令)에 이어 분양왕(汾陽王)으로 봉하여졌다.

강징의 두려운 일 여섯 가지
康澄六畏

『오대사(五大史)』에서 강징(康澄)이 "나라를 다스리는 자가 깊이 두려워할 만한 일이 여섯 가지이니 훌륭한 선비가 세상에 나오지 않고 사민(四民)[708]이 직업을 바꾸며 위 사람과 아래 사람이 서로 붙좇으며 염치와 도가 소멸되고 비방과 칭송의 진실이 없어지고 곧은 말을 듣지 않는 것이다"[709]라고 하였다. 가의(賈誼)의 '여섯 가지 크게 탄식스러운 일[六太息]'과 같이 고금의 문제점을 통절하게 적중시켰지만 다소 지나치다.

사필은 두려워할 만하다
史筆可畏

지봉 이수광이 말하였다.

이기(李芑)[710]가 사림을 죽일 음모를 꾸미자 어떤 사람이 "사필(史筆)은 두려워할 만하다"라고 하니 "우리나라의 역사를 누가 본다고"라고 대꾸하였다.[711]

---

708) 사민(四民) : 네 신분의 백성. 사·농·공·상(士·農·工·商).

709) 爲國**家**者, 有**不足懼者五**, 深可畏者六, 賢士藏匿**深可畏**, 四民遷業**深可畏**, 上下相**徇深可畏**, 廉恥道消**深可畏**, 毁譽**亂**眞**深可畏**, 直言不聞深可畏也.(『五代史, 卷六, 唐本紀, 第六』) → 爲國者, 有深可畏者六, **謂**賢士藏匿, 四民遷業, 上下相**循**, 廉恥道消, 毁譽**喪**眞, 直言不聞.(『松南雜識』)

710) 이기(李芑) : 조선 명종 때의 문신(1476~1552). 자는 문중(文仲). 호는 경재(敬齋). 명종 즉위년(1545)에 우의정에 올라 윤원형 등 소윤 일파와 손을 잡고 을사사화를 일으켰다. 후에 영의정에 이르렀으나, 선조 초에 훈작(勳爵)이 추삭되고 묘비도 제거되었다.

711) 李芑**爲相**, 構殺士林, **人**或諷之曰, 史筆可畏. 答曰, 東國通鑑, 誰人看得乎.(『芝峯類說, 卷四, 官職部, 史官』) → 李芑, 搆殺士林, 或諷史筆可畏. 答曰, 東國通鑑, 誰人看得乎.(『松南雜識』)

또 남곤(南袞)[712]의 호는 지정(止亭)인데 사화(士禍)를 일으키고 난 후에 자신의 원고를 불태우며 말하였다.

"훗날 누가 『지정집(止亭集)』을 읽겠는가?"

아! 우리나라는 오로지 중국의 역사만을 공부하기 때문에 소인배들이 거리낌 없는 짓을 심하게 하는 것이다. 대저 또 의문스러운 일은 사마천(司馬遷)이 「봉선서(封禪書)」를 짓고서 "황제가 즉위하고 더욱 귀신의 일을 밝혔다"라고 말하니 궁형(宮刑)을 당하였기 때문이다. 『삼국지(三國志)』[713]에서 "제갈량(諸葛良)의 용병(用兵)은 그의 장점이 아니었다"[714]라고 하니 진수(陳壽)[715]가 일찍이 제갈량에게 벌을 받은 적이 있기 때문이다.

지봉 이수광이 말하였다.

『명신록(名臣錄)』[716]에서 악비(岳飛)[717]가 칭송되지 않으니, 주자는 위재(韋齋) 주송(朱松)[718]이 악비에게 매질을 당했기 때문이라고 하였다. 세상에 전하는 말에 우암(尤庵) 송시열(宋時烈)[719]이 지천(遲川) 최

712) 남곤(南袞) : 조선 시대의 문신(1471~1527). 자는 사화(士華). 호는 지정(止亭). 대사헌, 대제학을 거쳐 영의정을 지냈다. 기묘사화 때 예조 판서로 있으면서 조광조를 비롯한 여러 선비를 모함하여 죽였다.

713) 삼국지(三國志) : 진(晉)나라 때에, 진수(陳壽)가 지은 위・오・촉 삼국의 정사. 중국 이십오사의 하나.

714) 評曰, 諸葛亮之爲相國也 …… 非其所長歟.(『三國志, 蜀志, 諸葛亮』) → 孔明用兵, 非其所長.(『松南雜識』)

715) 진수(陳壽) : 서진(西晉)의 역사가(233~297). 자는 승조(承祚). 삼국 시대에 촉나라를 섬기었으나, 후에 진(晉)나라에 봉사하였다. 중국 정사(正史)의 하나인 『삼국지』를 편찬하였다.

716) 명신록(名臣錄) : 주자(朱子)가 편찬한 책으로 송조(宋朝)의 명신에 대한 사실을 기록하였음.

717) 악비(岳飛) : 남송(南宋)의 무장(1103~1141). 자는 붕거(鵬擧). 금나라에 대하여 주전론(主戰論)을 펴다 재상 진회(秦檜)의 참소로 옥사하였다. 『악무목집(岳武穆集)』이 있다.

718) 주송(朱松) : 송나라의 학자. 자는 교년(喬年). 주자(朱子)의 아버지.

명길(崔鳴吉)[720]에 대하여 평론을 하지 않았으니 그가 진사과에서 장원으로 뽑아 준 은혜에 보답한 것이라고 한다.

향화
香火

『당서(唐書)』에서 "태종(太宗)이 '돌리(突利)[721]에게 향화(香火)[722]의 정이 없다'고 말하였다"[723]라고 하였는데 그 주석에서 "고대에는 하늘에 맹세할 따름이었는데 후세에 신에게 맹세하는 자가 있으며, 예불(禮佛)하고 맹세하는 자가 있고 나서 향을 피우는 일이 생겼다"[724]라고 하였다.

중국에서 태어나기를 기도함
祈生中國

섭몽득(葉夢得)[725]의 『석림연어(石林燕語)』[726]에서 말하였다.

---

719) 송시열(宋時烈) : 조선 숙종 때의 문신·학자(1607~1689). 아명은 성뢰(聖賚). 자는 영보(英甫). 호는 우암(尤庵). 효종의 장례 때 대왕대비의 복상(服喪) 문제로 남인과 대립하고, 후에는 노론의 영수(領袖)로서 숙종 15년(1689)에 왕세자의 책봉에 반대하다가 사사(賜死)되었다. 저서에 『우암집』·『송자대전(宋子大全)』 등이 있다.

720) 최명길(崔鳴吉) : 조선 중기의 문신(1586~1647). 자는 자겸(子謙), 호는 지천(遲川)·창랑(滄浪). 병자호란 때에 화평(和平)을 주장하고 항서(降書)를 써서 청나라에 항복하였다. 성리학과 문장에 뛰어나고 글씨에도 일가를 이루었다. 저서에 『지천집(遲川集)』·『경서기의(經書記疑)』 등이 있다.

721) 『松南雜識』에는 '頡利'로 오기되어 있음.

722) 향화(香火) : 맹세할 때 피우는 향불.

723) 太宗**又前令騎告突**利**曰, 爾往與我盟急難相救, 爾今將兵來, 何**無香火之情**也**.(『舊唐書, 卷一百九十四上, 列傳, 第一百四十四上, 突厥上』) → 太宗**謂頡**利無香火之情.(『松南雜識』)

724) 古者, 盟誓質諸天**地山川鬼神歃血**而已, 後世有對神**立**誓者, 有禮佛立誓者, 始有香火之事.(『資治通鑑, 卷一百九十一, 唐紀七, 高祖神堯大聖光孝皇帝下之上』) → 古者, 盟誓質諸天而已, 後世有對神**之**誓者, 有禮佛立誓者, 始有香火之事.(『松南雜識』)

고려가 태종(太宗)[727] 때부터 오래도록 사신을 보내지 않다가 원풍(元豊)[728] 연간에 이르러서야 사신을 파견하였다. 신종이 조빙(朝聘)을 재개한 의도를 묻자 이렇게 답하였다.

"나라가 거란과 이웃이 되어 수탈을 견딜 수 없기 때문입니다. 국왕은 문종(文宗)[729] 왕휘(王徽)인데, 언제나 『화엄경(華嚴經)』을 외우며 중국에서 태어나기를 기원하였습니다. 그러다 어느 날 저녁에 문득 중국의 수도에 가는 꿈을 꾸었는데, 깨어나서는 중국을 사모하여 이런 시를 지었습니다.

악연으로 거란의 이웃이 되어	惡業因緣近契丹
한 해에 바친 공물 얼마나 되나	一年朝貢幾多般
이 내 몸 홀연히 중국으로 옮겨왔건만	移身忽到中華裏
안타깝게도 구중 궁궐에 날이 새려하네	可惜深宮滴漏殘[730]

---

725) 섭몽득(葉夢得) : 송나라 사람. 자는 소온(少蘊). 소주(蘇州) 오현(吳縣) 출신. 저서에 『석림연어(石林燕語)』가 있다.

726) 석림연어(石林燕語) : 송나라 섭소온(葉少蘊)이 편찬한 책. 총 10권. 장고(掌故)에 관한 기술이 많고, 관제(官制)와 과목(科目)에 대해 자세하게 기록하여 사전(史傳)에 빠진 부분을 많이 보충하였다.
* 『松南雜識』에는 '石林詩話'로 되어 있음.

727) 태종(太宗) : 북송의 제2대 황제(939~997). 성은 조(趙). 이름은 광의(匡義·光義)·경(炅). 중국을 통일하고 과거 제도를 확립하였으며, 전매(專賣)와 상세(商稅) 제도를 바로잡아 군주의 독재권을 강화하였다. 재위 기간은 976~997년.

728) 원풍(元豊) : 송나라 신종(神宗)의 연호(1078~1084).

729) 문종(文宗) : 고려 제 11대 왕(1019~1083). 이름은 휘(徽). 자는 촉유(燭幽). 시호는 인효(仁孝). 공음전시법, 양전보수법, 삼심제(三審制) 등의 법률을 제정하였으며 학문과 서도를 좋아하였다. 재위 기간은 1046~1083년.

730) 高麗, 自**端拱後**, 不復入**貢**, 王徽**立**, 嘗**誦**華嚴經, **願**生中國, **舊俗以二月望**, **張燈祀天神**, **如中國上元**, **徽**一夕夢至京師, **觀燈若宣召然**, **徧呼國中**, **嘗至京師者**, **問之**, **咨皆夢中所見**, 乃**自**爲詩**識之**曰, **宿**業因緣近契丹, 一年朝貢幾多般, **忽蒙舜日龍輪召**, **便侍堯天佛會觀**, **燈焰似蓮丹闕迥**, **月華如水碧雲寒**, 移身幸入華胥境, 可惜終宵漏滴殘.(『石林燕語, 卷二』)→石林詩話, 葉夢得著 曰, 高麗自太宗朝, 久不入貢, 至元豐**初**, 始遣使**來朝**, 神宗**以張誠一館伴**, 問其復朝之意云, 其國與契丹爲隣, 不堪誅求, 國**主**王徽, 文宗**諱**, 常**誦**華嚴經, 祈生中國, 一夕忽夢至京師, **備見城邑宮室之盛**, 覺而慕之, 乃爲詩曰, **惡**業因緣近契丹, 一年朝貢幾多般, 移身忽到中華裏, 可惜深宮滴

아! 중국 사람들이 고려에 태어나기를 원하니 금강산이 있다는 사실만 알고 거란과 가깝다는 것은 모른다. 고려왕이 중국에서 태어나기를 원하니 거란과 멀리 떨어져 있다는 사실만 알고 여진이 변경(汴京)에 침입하고 몽고가 강남을 함락한 사실은 모른다. 만약 덕을 닦고 훌륭한 인재를 등용하지 않는다면 도처가 거란・여진・몽고일 것이다.

노나라의 은공・주나라의 문왕
魯隱周文

월사(月沙) 이정구(李廷龜)[731]는 『해동일기(海東日記)』의 무고에 대해서 변론하였다.[732] 이에 앞서 어떤 거지가 바가지를 가지고 밥을 구걸하면서 "노(魯)나라 은공(隱公) 원년(B.C. 722)은 주(周)나라 문왕(文王) 49년"이라는 노래를 불렀는데, '평왕(平王)'이라는 것을 숨기기 위하여 '문왕(文王)'이라고 하였다.

박인량(朴寅良)[733]의 「황제의 복위를 축하하는 표문[賀皇帝復位表]」에서 "온 천하에 태양이 중천에 뜬 듯합니다[普天之下, 如日再中]"라고 하였다.

漏殘.(『燕巖集, 卷之十四, 別集, 熱河日記, 避暑錄』) → 葉夢得石林詩話曰, 高麗自太宗朝, 久不入, 至元豐, 始遣使, 神宗問其復朝之意云, 其國王與契丹爲隣, 不堪誅求, 國王**王**郎文宗徽**也**, 常**讀**華嚴經, 祈生中國, 一夕忽夢至京師, 覺而慕之, 乃爲詩曰, 惡業因緣近契丹, 一年朝貢幾多般, 移身忽到中華裏, 可惜深宮滴漏殘.(『松南雜識』)

731) 이정구(李廷龜) : 조선의 문신(1564~1635). 자는 성징(聖徵). 호는 월사(月沙)・보만당(保晩堂). 벼슬은 우의정, 좌의정에 이르렀다. 한문학의 대가로 글씨에도 뛰어났으며, 조선 중기의 4대 문장가 가운데 한 사람이다. 저서에 『월사집(月沙集)』 등이 있다.

732) 임진왜란 때 명나라 조정에서 신숙주의 『해동일기』에 일본 연호가 사용되었다하여 힐문하자 이정구를 보내 해명하였다. 『月沙先生集, 卷之二十一, 呈文, 呈兵部文』이 그것이다.

733) 박인량(朴寅亮) : 고려 초기의 학자(?~1096). 자는 대천(代天). 시문(詩文)에 뛰어났으며 문장이 우아하고 아름다워 중국에 보내는 많은 외교 문서를 도맡아 작성하였다. 우리나라 최초의 설화집인 『수이전(殊異傳)』을 지었고, 『고금록(古今錄)』 10권을 편찬하였다.

모재(慕齋) 김안국(金安國)[734]은 표문에서 "일식(日食)이 일어나도 이지러짐이 없고 하늘의 그물이 성글어도 새지 않습니다[以日食旣而無虧, 天網疎而不漏爲對]"라고 하였다.[735] 대개 「한기(漢紀)」에서 "해가 다시 중천에 뜬다[日却復中]"[736]라고 하고 『세설신어(世說新語)』[737]에서 "일식(日食)의 나머지는 달이 갓 뜰 때와 같다[日食之餘, 如月之初]"[738]라고 하였다.

표문으로 배다리를 부수다
表毁船橋

박인량(朴寅良)이 표문(表文)으로 "온 천하가 이미 왕의 영토·왕의 신하가 아닌 것이 없으니 한 치 땅을 두고 하필 '내 영토는 내가 다스린다'고 하겠습니까? 분쟁지역이었던 옛 땅을 돌려주어 우리나라를 안정시키고 협소한 땅을 반환하여 태성성세를 환희(歡喜)케 하였습니다"라고 하니 요(遼)나라 임금이 마침내 그 일[739]을 중지하고 배다리를 부수었다.[740]

---

734) 김안국(金安國): 조선 전기의 문신·학자(1478~1543). 자는 국경(國卿). 호는 모재(慕齋). 예조 판서, 대제학 등을 지냈다. 박학하고 문장에 능한 성리학자로서 저서에 『모재집(慕齋集)』이 있다.

735) **高麗時**, 朴寅亮, **請**復**還疆界表結句**曰, **歸汶陽之故田**, **撫存褊邑**, **回長沙之拙袖**, **抃舞昌辰**, **又世傳賀皇帝**復位表云普天之下, 如日再中, **嘉靖年中**, **皇帝以宮人謀逆捕誅**, **頒詔天下**, **金**慕齋**安國作賀**表, **以**日食旣而無虧, 天網疎而不漏**爲對**, **亦奇矣**.(『芝峯類說, 卷八, 文章部一, 東文』) → 朴寅亮, 復位表曰, 普天之下, 如日再中, 慕齋表云, 日食旣而無虧, 天網疎而不漏.(『松南雜誌』)

736) 『資治通鑑, 卷十五, 漢紀, 七, 太宗孝文皇帝下』.

737) 세설신어(世說新語): 일명은 세설(世說). 전체 3권. 남조(南朝) 송(宋)나라 유의경(劉義慶)이 편찬했고 유준(劉峻)이 주석을 붙였다.

738) 『世說新語』에 없으며, 『後漢書, 卷九十一, 左周黃列傳, 第五十一, 黃瓊傳』에 있는 내용임.

739) 『고려사』에 의하면 요나라가 압록강 안쪽에 국경을 정하려고 배다리를 가설하고 강 동편 언덕으로 넘어와서 보주성(保州城)을 설치하였기에 현종 때부터 누차 중지를 요청하였으나 듣지 않았다. 그래서 29년에 사신을 파견할 때 박인량이 이에 대한 외교문서를 작성하였다.

740) 寅亮, **修陳情**表曰, 普天之下, 旣莫非王土王臣, 尺地之餘, 何必曰, 我疆我理. **又**

「양춘백설」과 푸른 입술
白雪青脣

고려 박인량(朴寅良)의 시서(詩序)[741]에서 "꽃다운 얼굴로 어여쁘게 불을 부니, 부끄러운 것은 이웃집 여인의 퍼런 입술이 움쩍이고 상간(桑間)[742]의 비루한 음악을 영인(郢人)의 「양춘백설(陽春百雪)」[743]에 이어 붙이는 짓이다[花面艷吹, 愧鄰婦青唇之動, 桑間陋曲續郢人白雪之音]"라고 하였다. 왕이 '이웃 아낙의 푸른 입술[鄰婦青唇]'에 대한 고사를 물으니 어떤 이가, "이 이야기는 『태평광기(太平廣記)』에 있사옵니다. 어떤 사람이 아내가 불을 부는 모습을 보고 시를 지어 주었사옵니다.

불을 부느라 붉은 입술 움직이고	吹火朱唇動
비스듬히 옥 같은 팔로 땔감 얹네	添薪玉腕斜
아스라이 연기 속에 얼굴 보이니	遙看烟裏面
안개 속의 꽃 같다	恰似霧中花

이를 본 옆집 여자가 남편에게 본받으라고 하자 그 남편이 못난 아내가 주제도 모르고 따라 하는 모습을 조롱하여

불을 부느라 퍼런 입술 움직이고	吹火青唇動
비스듬히 검은 팔뚝으로 땔감 얹네	添薪墨腕斜
아스라이 연기 속에 얼굴 보이니	遙看烟裏面

曰, 歸汶陽之舊田, 撫綏弊邑, 回長沙之拙袖, 抃舞昌辰. 遼**帝**, **覽之**, 寢其**議**.(『高麗史節要, 卷之六, 肅宗明孝大王, 丙子元年, 宋紹聖三年, 遼壽隆二年』)→**朴**寅亮表曰, 普天之下, 旣莫非王土王臣, 尺地之餘, 何必曰, 我疆我理. 歸汶陽之舊田, 撫綏弊邑, 回長沙之拙袖, 抃舞昌辰. 遼**遂**寢其**事**, **毁船橋**.(『松南雜識』)

741) 『事實類苑, 顧問奏對, 趙元老』·『宋稗類鈔, 卷十九, 博識, 第三十二』·『芝峯類說, 卷八, 文章部一, 東文』 등에는 박인량이 상산위(象山尉) 장중(張中)의 송시(送詩)에 답한 시의 서(序)로 기록되어 있다. 따라서『松南雜識』에 表로 된 것은 오기임.

742) 상간(桑間) : 중국 하남성에 있는 지명. 이곳의 풍속은 음탕하다고 한다.

743) 양춘백설(陽春百雪) : 중국 영(郢) 지방의 고아(高雅)한 악곡, 시문(詩文).

안개 속의 구반차(鳩盤茶) 같다　　　　　　　　恰似鳩盤茶

라는 시를 지었사옵니다"라고 하였다.[744]

구반차(鳩盤茶)[745]는 항아리 모양을 말한다.

백량대시(柏梁臺詩)[746]의 곽사인(郭舍人)의 "아내의 입술을 깨무니 달기가 엿과 같다[囓妃女脣甘如飴]"라는 말은 "장창(張敞)[747]이 아내의 눈썹을 그려준다[張敞畵妻眉]"라는 대구(對句)보다도 지나치니 '푸른 입술[青脣]'이라는 말과 함께 모두 임금에게 아뢸 말이 아니다.

구석
九錫[748]

왕씨는 『예위(禮緯)』에서 "예(禮)에 구석(九錫)이 있는 이유는 선을 권장하고 잘하지 못하는 사람을 도와주려 함이다"라고 하였다.

---

744) **象山尉張中以詩送之**, 朴寅亮**答序**, **有**曰, 花面艶吹, 愧隣婦青唇之動, 桑間陋曲, 續郢人白雪之音. **有司劾中小官**, **不當私交外彝**, **神宗**問**左右**青唇**何**事, **皆莫能對**, **乃問趙元老**, **元老**對曰, 太平廣記, **有覩隣夫**見婦吹火, 爲詩云, 吹火朱唇動, 添薪玉腕斜, 遙看烟裏面, 恰似霧中花. **其妻告其夫曰**, **君豈不能學耶**, **夫曰**, **君亦吹火**, **我當效之**, **夫乃爲詩云**, 吹火青唇動, 添薪墨腕斜, 遙看烟裏面, 恰似鳩槃茶.(『燕巖集, 卷之十四, 別集, 熱河日記, 避暑錄』)→麗朝朴寅亮**表**曰, 花面艶吹, 愧鄰婦青唇之動, 桑間陋曲續郢人白雪之音. **王**問**鄰婦**青唇**之**事, **有**對曰, **此在**太平廣記, 見婦**人**, 吹火詩云, 吹火朱唇動, 添薪玉腕斜, 遙看烟裏面, 恰似霧中花. **嘲醜婦效嚬**云, 吹火青唇動, 添薪墨腕斜, 遙看烟裏面, 恰似鳩槃茶.(『松南雜誌』)

745) 구반차(鳩盤茶) : 불경에서 사람의 정기를 빨아먹는 귀신. 옹형귀(甕形鬼)・동과귀(冬瓜鬼)로 번역한다. 추한 여자나 추한 사람의 못난 형상을 비유하는 말로 쓰임.

746) 백량대시(柏梁臺詩) : 한(漢)나라 무제(武帝)가 원봉(元封) 3년에 백량대(柏梁臺)를 짓고 신하들을 모아서 칠언시(七言詩)를 잘 짓는 자를 대(臺)에 올라오게 하였다.

747) 장창(張敞) : 한(漢)나라 선제(宣帝) 때 사람. 경조윤(京兆尹)을 지냈기에 장경윤(張京尹)으로 불린다. 평양(平陽) 출신. 자는 자고(子高). 벼슬에 있을 때마다 치적이 많았으며 일찍이 그의 아내를 위해 눈썹을 그린 일이 있었다.

748) 구석(九錫) : 고대에 천자가 제후나 대신에게 하사하던 아홉 가지 기물로 최고의 예우를 상징함.

『백호통(白虎通)』[749]에서 말하였다.

백성을 편하게 할 수 있는 자에게는 수레와 대로(大輅)[750]와 검은 말을 하사하고 백성을 풍족하게 만들 수 있는 사람에게는 의복과 검은 곤룡포를 하사한다. 백성을 화합시킬 수 있는 자는 악칙(樂則)과 헌현(軒懸)[751]을 하사하고 백성의 수를 많게 만드는 자는 주호(朱戶)를 하사하니 그 문을 붉게 칠해 주는 것이다. 선한 이를 등용할 수 있게 하는 자는 납폐(納陛)[752]를 하사하여 가운데 계단으로 올라오게 한다. 악을 물리칠 수 있는 자는 호분(虎賁)[753] 삼백 인을 하사하고 죄 있는 자를 주살하는 사람에게는 도끼를 하사하여 죽이는 일을 도맡게 한다. 이치를 거스르는 자를 정벌하는 사람에게는 활과 화살을 내려주니 동려(彤旅)의 활과 화살이다. 효도를 갖춘 자는 찰기장과 울창주(鬱鬯酒)를 하사하여 제사에 사용케 한다.[754]

---

749) 백호통의(白虎通義) : 후한의 장제(章帝)가 백호관(白虎觀)에 학자들을 모아 놓고, 유학의 경서에 관한 해석이 학자에 따라 다른 점에 대하여 토론하게 한 것을 반고가 정리하여 엮은 것이다. 4권.

750) 대로(大輅) : 천자가 타는 수레.

751) 헌현(軒懸) : 악기를 진열하는 삼면(三面)의 도구.

752) 납폐(納陛) : 존귀한 사람이 비를 맞지 않고 올라오도록 처마 아래에 들여 만든 계단.

753) 호분(虎賁) : 용사(勇士).

754) 能安民者, 賜衣服, 能**使民和樂**者, 賜**以**樂, 民衆多者, 賜**以**朱戶, 能進善者, 賜**以**納陛, 能退惡者, 賜**以**虎賁, **能**誅有罪者, 賜以鈇鉞, 能征不**義**者, 賜**以**弓矢, 孝道備者, 賜**以**鬱鬯.(『白虎通義, 卷下, 德論下, 考黜』)→能安民者, 賜**輿馬大輅玄馬也**, **能富民者**, **賜**衣服**玄衮也**, 能**和民**者, 賜樂**則軒懸也**, **能**民衆多者, 賜朱戶, **朱其戶也**, 能進善者, 賜納陛, **從中陛升也**, 能退惡者, 賜虎賁**三百人也**, 誅有罪者, 賜鈇鉞, 專**殺也**, 能征不**順**者, 賜弓矢, **彤旅之弓矢也**, 孝道備者, 賜**秬**鬯祭祀也.(『松南雜識』)

교서로 대중을 울림
敎諭衆泣

지봉(芝峯) 이수광(李睟光)이 말하였다.

왕이 의주에 피난해 계실 때 오봉(五峯) 이호민(李好閔)[755]은 다음과 같은 교서(敎書)를 만들어 군중을 회유하였다.

어느덧 싸늘한 가을로 변해	凉秋乍動
변경은 벌써부터 춥다	邊地早寒
이 세상 끝에서	地維已盡
나는 어디로 돌아갈까	予將何歸
저 긴 강을 보니	瞻彼長江
역시 동으로 흘러가네	亦流于東
돌아가고픈 일념은	思歸一念
강물처럼 도도하다	如水滔滔

이 시를 듣는 사람들은 눈물을 흘렸다.[756]

자금(子金)의 가르침으로 하늘을 받든 감동인가? 오히려 당나라 봉오(封敖)[757]가 전투에서 부상한 변방의 군사를 위로하는 제문(制文)[758]

---

755) 이호민(李好閔) : 조선 선조 때의 공신(1553~1634). 자는 효언(孝彦). 호는 오봉(五峯). 임진왜란 때 이여송(李如松)에게 원군을 청하여 공을 세우고 연릉 부원군(延陵府院君)에 봉해졌다. 문장과 시에 뛰어났으며, 작품에 「용만시(龍灣詩)」, 문집에 『오봉집(五峯集)』이 있다.

756) **壬辰**, **大**駕**行**在龍灣, 李五峯好閔製敎**書**論**士庶**, 有曰凉秋乍動, 邊地早寒, 地維已盡, 予將何歸, 瞻彼長江, 亦流于東, 思歸一念, 如水滔滔, **辭意懇到**, 聞者**莫不流涕**.(『芝峯類說, 卷八, 文章部一, 東文』) → 駕在龍灣, 李五峯好閔製敎諭**衆**, 有曰凉秋乍動, 邊地早寒, 地維已盡, 予將何歸, 瞻彼長江, 亦流于東, 思歸一念, 如水滔滔, 聞者**涕泣**.(『松南雜識』)

757) 봉오(封敖) : 당나라 사람. 자는 석부(碩夫).

758) 무종(武宗)의 조서를 대신 쓴 것.

에서 "상처는 네 몸에 있지만 아픔은 짐의 몸에 있도다[傷居爾體, 痛在朕躬]"[759]라고 한 것만 못하다.

마름과 연을 잘라 옷을 만드네
製芰荷以爲衣[760]

「이소경(離騷經)」에서,

옷을 입으니 더욱 깨끗하고	被服愈潔
선을 닦으니 더욱 선명하다	修善益明

라고 하였다. 어떤 이는 "『본초강목(本草綱目)』에는 '마름과 연으로 분노를 그치게 하고 욕심을 막는 약을 만든다'라고 기록되어 있다"라고 하였다.

전손
荃蓀

「이소경(離騷經)」에서 "향초가 나의 진심을 헤아리지 못하고[不揆余之中情]"라고 하였는데, 그 주석에서 '전(荃)'과 '손(蓀)'은 같은 향초이다. 당시 사람들이 '荃'과 '蓀'을 서로 뒤섞어 말하고 '荃'으로 통칭하였으며 그것을 빌어다 임금에 우의(寓意)하였다"[761]라고 하였다. 어떤 사람은 "荃이 약의 성질에서 임금이 되기 때문에 임금에 비유한다"라고 말하였다.

---

759) 『舊唐書, 卷一百六十八, 列傳, 第一百一十八, 封敖』.

760) 「이소경(離騷經)」.

761) 荃與蓀同. ⋯⋯ **蓋亦**香草. **故**時人**以爲**彼此相謂之通稱此, **又**借以寓意於君也.(『楚辭集注, 離騷經』) → 荃與蓀, 同香草. 時人, 彼此相謂之通稱此, 借以寓意於君也.(『松南雜識』)

離騷經曰荃不揆余之中情兮註荃與蓀同香草時人彼此相謂之通稱此借以寓意於君也或云荃於藥性爲君故比君也

梅花怨騷

離騷經曰后辛之菹醢兮殷宗用之不長註殺比干醢梅伯而不用梅秪用菹醢恰似西川杜工部海棠雖好不留詩也事類曰杜甫母名海棠

楚些

集韻些音娑挽歌聲楚辭招魂何爲四方些註沈存中筆談夔峽湖湘人凡禁呪語末云娑婆訶三合而爲些也

鶗鴂之將鳴

騷曰恐鵜鴂之先鳴兮使夫百草爲之不芳又騷曰恐鶗鴂之

從中陞升也能退惡者賜虎賁三百人也誅有罪者賜鈇鉞專殺也能征不順者賜弓矢彤旅之弓矢也孝道備者賜秬鬯祭祀也

教諭衆泣

芝峯曰駕在龍灣李五峯好閔製教諭衆有曰凉秋乍動邊地早寒地維已盡予將何歸瞻彼長江亦流于東思歸一念如水滔、聞者涕泣云其子金之教而奉天之感耶尚不如唐封敖慰邊軍戰傷制云傷居爾體痛在朕躬也

製芰荷以爲衣

騷註被服益潔脩善益明或云本草以芰荷爲懲忿窒慾藥

荃蓀

白雪青唇

麗朝朴寅亮表曰花面艷吹愧隣婦青唇之動桑間陋曲續郢人白雪之音王問隣婦青唇之事有對曰此在太平廣記見婦人吹火詩云吹火朱唇動添薪玉腕斜遙看烟裏面恰似霧中花嘲醜婦效嚬云吹火青唇動添薪黑腕斜遙看烟裏面恰似鳩盤茶佛經鳩盤茶醜形也栢梁臺郭舍人詩齧妃女唇甘如飴之語過於張敞畫妻眉之對矣與青唇之辭皆非告君之詞

九錫

王氏曰禮緯云禮有九錫所以勸善扶不能白虎通曰能安民者賜輿馬大輅玄馬也能富民者賜衣服玄衮也能和民者賜樂則軒縣也能民衆多者賜朱戶朱其戶也能進善者賜納陛

知近契丹矣高麗玉祈生中國只知遠契丹而不知女真之入汴崩蒙古之陷江南矣若不修德用賢則到處契丹女真蒙古

魯隱周文

月沙辨海東日記之誣也前此有丐者持瓢乞食以魯隱公之元年即周文王之四十九年為歌而平王為文王慶之也朴寅亮復位表曰普天之下如日再中慕齋表云日食既而無虧天網踈而不漏盖出漢紀日却復中世說日食之餘如月之初

表毀船橋

朴寅亮表曰普天之下既莫非王土王臣尺地之餘何必曰我疆我理歸汶陽之舊田撫綏弊邑回長沙之拙袖抃舞明辰遼主遂寢其事毀船橋

無所褒奬以朱子爲韋齋被武穆答故也世傳尤菴集無遲川評議爲兵報擢進士壯元之德云

香火

唐史太宗謂頡利無香火之情註古者盟誓質諸天而已後世有對神之誓者有禮佛立誓者始有香火之事

祈生中國

葉夢得石林詩話曰高麗自太宗朝久不入至元豐始遣使神宗問其復朝之意云其國王與契丹爲鄰不堪誅求國王即文宗徽也常讀華嚴經祈生中國一夕忽夢至京師覺而慕之乃爲詩曰惡業因緣近契丹一年朝貢幾多般移身忽到中華裏可惜深宮滴漏殘噫中國人願生高麗國只知有金剛山而不

自出曰我汾陽王奴也語汾陽事蹟無遺漏史取為紀焉

康澄六畏

五代史康澄曰為國者有深可畏者六謂賢士藏匿四民遷業上下相循廉耻道消毁譽喪真直言不聞可謂與賈誼六太息同功中古今之病差或過之

史筆可畏

芝峯曰李芑搆殺士林或諷史筆可畏荅曰東國通鑑誰人看得乎又南袞號止亭作士禍後焚其藁曰後世誰讀止亭集耶噫我國專以中國史為業故小人無忌憚甚矣夫又可疑者焉遷作封禪書云上即位尤明鬼神之事以腐刑也三國志孔明用兵非其所長以陳壽嘗被孔明罰也芝峯曰名臣錄云武穆

風月汚人

外史檮杌曰鄭奕敎子文選其兄曰免學它沈謝嘲風詠月汚人行止即一號文人無足觀者是也隋柳莊曰江南人士學業不習世務習世務者又無學業其與今將無同盖任永所云好學者雖死若存不學者雖存行尸走肉耳

、遊山題名

蘇子瞻與章惇抵仙遊潭之上惇下潭濡筆大書壁上曰蘇軾章惇俱來此雖題名之始而海南莞石篆刻徧市過此則古矣

月浦問答

宋歐陽叔弼逢康節於月浦康節話平生事甚悉弼不知其故及撰史乃悟為此也唐史修郭子儀傳多沒實忽子儀墓中有

晉衛玠問樂廣夢廣云是想玠曰形神所不接而夢豈想耶廣曰因也石屛曰窮者夢富貴達者夢神仙樂天云渴人多夢飮飢人多夢食山谷云病人多夢醫囚人多夢赦是皆想也然莊周爲蝴蝶是乃因耶想耶

聲價

漢靖王傳聲價益廣昌黎嘲李渤詩少室山人索價高兩以諫議徵不起馬史秦貽張耳千金陳餘五百金是論人以聲價也

張公飮酒李公醉

古語有之剪燈新話以東家食西家宿對張郎婦李郎妻亦猶檀弓蠶則績而蟹有匡蟬有緌而范有冠之語相似孟子云爲淵敺魚者獺爲叢敺雀者鸇可不爲己學者之戒乎

新室贅疣

朱語錄曰本朝婦人李易安詩云兩漢本繼紹新室如贅疣所以嵇中散至死薄殷周中散非湯武得國引之以比王莽豈女子所能

主莽謙遜

養心吳氏曰王安石詩云周公恐懼流言日王莽謙遜下士時若使當年身便死一生真僞有誰知本香山詩而以安石似也

不着爲高

石屏戴復古詩云萬事如棊不着高今不着爲高之說出此而俗詩人情似紙張〻薄世事如棊着〻新云

夢是因想

集韻歎辭也正字通曰詩於戲卽嗚呼歎辭也或嘉美或悲傷末代文士輒爲體例若哀誄祭文卽爲嗚呼封拜冊命卽爲於戲謂嗚呼爲哀傷於戲爲歎美妄爲穿鑿其說誠是

烏呼

說文孔子曰烏盱呼也取其助气故以爲烏呼註俗作嗚非是埤雅烏又爲歎詞者烏見異則噪故以爲烏雐歎所異也玉篇曰語辭也

傳允

君奭曰告汝朕允按方言云徐魯之間曰允玉篇曰允當也又增韻曰肯也今傳曰允是也

尺宅寸田

黃庭經曰尺宅寸田可治生註尺宅面也寸田兩眉間爲上丹田心爲絳宮田臍下三寸爲下丹田今借用生業田宅也

食貨刑法

陳季雅曰太史公不與桑弘羊孔僅作傳却於張湯傳見之不於刑法志說張湯杜周變法之因却於食貨志言之所謂法嚴令具興利之臣自此而始其意可知矣今貪吏多酷吏是也

三餘

魏畧董遇曰學者當以三餘冬者歲之餘夜者日之餘陰雨月之餘

嗚戲

◦金鷄竿

北齊史赦日樹金鷄竿者以海中星占云天鷄星動為有赦

◦主簿髯鬚

蜀史王建以李景為主簿曰旌其忠蓋之心委以髯鬚之職註羊號髯鬚主簿唐史盧端草醫博士制云既懷厚朴之才宜典從容之職註厚朴蓯蓉皆藥名

◦良苦

禮曰辨其良苦註謂分別縑帛布紵之粗細西京賦鬻良雜苦是也與三國志周瑜謂蔣幹曰子翼良苦遠涉江湖者異矣

◦良久

漢書註良字本略言略小也音轉訛為良

韞慎莫言亦當弼座屏書守口如瓶防意如城之意也

瓶癡

聞見錄云俗語借書一瓶還書一瓶〻與鴟同酒瓶也訛爲癡

跨竈

易家人有嚴君焉井竈之謂也是以父喻井竈又竈有釜故子勝於父爲跨竈因變爲擡破烟樓是也字彙補曰竈馬足跡也駒行每越老馬之跡故云

鬼薪論

漢法罪人取薪給宗廟者又城旦註輕刑之名旦士起治城婦人則舂故城旦又漢制髡爲城旦舂又磬甸禮記註宗室有罪使甸人縊之磬註縊

柔含光黙〻温〻不絶綿〻若存為文火今急為武緩為文因話録云李約曰茶須慢炙活火煎是也

狗曲

漢史王式曰客歌驪駒在曲禮江公曰何狗曲也盖駒狗同音與左傳風馬牛不相及同為辱説也

妄語

何遠每云我得一妄語謝以一縑温公曰誠字是不妄語始也維摩經又曰是無義語是無義語報也

磨兜堅

朱子語録曰李侍郎敦立於主位前書磨兜堅三字乃古人三緘口之類古説云穀伯綏之國城門有石人刻其腹云摩兜〻

淮南子曰吹呴呼吸熊經鳥申鳧浴猿躩鴟視虎顧是養形之人莊子曰若熊之攀樹引氣鳥之嚬呻也盖五禽戲出此

龍虎交

東坡志林曰坎離交則生分則死離為心坎為腎龍者汞也精也血也出於腎虎者鉛也氣也力也出於心真人曰正坐瞑目調息以久則丹田濕而上行火為水妃熱必從之所謂龍從火裡出也旬日外腦滿而膝足輕常捲舌上舐懸癰久則汞下入口嚥送直至丹田久則化為鉛所謂虎向水中生也即道家嚥津法也又以午睡為龍虎交是也

文武火

唐詩鍊丹文武火未成註奮迅精神祛除雜念為武火專氣致

鼠璞

戰國策曰鄭人謂玉未理者璞周人謂鼠未腊者璞周人懷璞遇鄭賈曰欲買璞乎出示之乃鼠也遂胡盧而笑

鞭辟

程子解子張書紳云學要鞭着已朱子云辟如鞭辟一般蓋當時方言如揮鞭條着已膚之緊着也如一貫解錢貫索子也

飲章

蔡邕傳飲章註隱却告人姓名無可對問

擿埴冥行

揚雄修身篇曰擿埴索塗冥行而已註盲者以擿地求塗也

熊經養生

祥瑞

唐太宗曰家給人足而無瑞不害為堯舜百姓愁怨而多瑞不害為桀紂憲宗曰春秋不書祥瑞又春秋日食三十六地震五

茬蘖

前貨殖傳曰山不茬蘖註茬古槎字槎牙出嫩枝即山不童意

童謠

周史宣王聞檿弧謠問伯陽父對曰凡謠言上天戒人君命熒惑星化小兒造謠此必女主干政意熒是天之心童是人之天真

刀圭

本草曰刀圭十分方寸匕之一如梧桐子坡詩促膝問道要遂蒙分刀圭是也

鷄碑

芝田錄曰學術鼠獄智之鷄碑註鼠獄即張湯事也鷄碑是平蔡事似以己酉鷄未肥之説也

南山竹

漢公孫賀傳南山之竹不足以受我辭故杜弼檄侯景云罄南山之竹書罪無窮決東海之波流惡難盡祖君彦之檄湘東王云項羽重瞳尚有烏江之敗湘東一目寧爲赤縣所歸亨識目眇也盖王天下在德不在目然似以殺半面飾妝之妃誅帝子降渚之臣則疑殘忍不德之罪觀其眸子人焉廋哉

急就章

漢元帝時史游作褒揚漢功德也北齊李繪六歲通急就章

蘭錡

白帖曰綂勾陳之衛擢蘭錡之兵唐張鷟云攔錡分司武庫是蔵兵之處註頓兵甲架也

温黁

桃花賦云温黁可薰註香也黁音論

題柱

李頎詩漢宮題柱憶仙郎按田鳳為尚書郎容儀端直靈帝目送之題柱曰堂〻乎張京兆田郎非用相如昇仙橋事

錦車

西域傳漢宮人馮夫人名嫽為烏孫公主侍者秉錦車持節和戎故李嶠詩絲言命錦輪

號也單于註廣大之嘉號故漢莽貶爲降奴服于也

葷允

霍去病傳獲葷允之士註允本狁言得匈奴之卒即薰鬻獫狁

蘇武

東坡志林曰武嚙雪縮背無一語少屈可謂了死生之際矣然不免爲胡婦生子則難在去慾云是以色界上無英雄烈士也

白題

南史西北遠邊有白題胡入貢漢淮陰侯斬白題將一人又胡舞白題斜註胡笠也

石畫

匈奴傳石畫之臣註謀畫堅固如石也

潘岳西征賦云野蒲變而成脯原鹿化以爲馬皆趙高事

鳧藻

漢杜詩傳將帥和睦士卒鳧藻註懽悅如鳧戲水藻也朱子用於壽母詩譬一家懽悅也

衛青天幸

衛霍傳去病有天幸未嘗困絶而諸宿將流落不偶唐詩衛青不敗由天幸誤矣

匈奴號

釋義曰唐虞以上曰山戎亦曰獯鬻夏曰淳維殷曰鬼方周曰玁狁秦漢曰匈奴元魏曰柔然吐谷渾隋唐曰突厥五代北宋曰契丹南宋曰女真蒙古皇明曰韃靼意者匈奴必是胡國之美

管子曰桓公使管子求寗戚、曰浩、乎育〻乎仲不知婢子曰詩有之浩〻者水育〻者魚未有室家安召我居戚有伉儷之思故陳此詩顧不勝於鄭玄婢誦胡爲乎泥中薄言往愬逢彼之怒也

棽麗陸離

東都賦鳳蓋棽麗和鑾玲瓏註棽麗亦玲瓏貌又大人賦衍蔓流爛痑以陸離註陸離參差也

復

元結中興頌復〻指期註以復兩京者非也漢書罷刺史置州牧皆復、故註依其舊也下復入聲上復上聲

蒲脯

躡足附耳

漢史韓信使在漢王前良平躡漢王足附漢王耳則信使豈不見知乎或解躡漢王足也之良平相附耳語使漢王聞之也

擁樹

夏侯嬰傳漢王撥兩兒棄之即孝惠魯元也嬰收載行面擁樹馳註南陽人抱小兒謂擁樹面着大人以面目向之小兒抱大人頸似懸樹也

矍鑠

漢史光武謂馬援曰矍鑠哉是翁註輕健貌東觀記曰矆哉信陵君曰晉鄙矍唶宿將則蓋方言也

浩育

楚世家昭陽移和而攻齊註軍門曰和

越甲鳴君

長篇聯令越甲鳴吾君芝峯曰說苑云越甲至齊雍門狄請死之曰昔王田於囿左轂鳴軍左請死之曰吾見鳴吾君也今越甲至其鳴君豈左轂之下哉蓋用此也

枝梧

項籍傳莫敢枝梧註小柱爲枝邪柱爲梧今屋斜柱是也文選云左枝右吾亦今俗支撑之說也

沐猴而冠

韻玉曰楚人謂胡孫曰沐猴羽紀註沐猴〻名也性輕寵不耐久或云沐即沭之誤東莞地名此地猴尤不耐久〻云

本朝

蕭望之傳雅志在本朝蓋天子擇臣爲諸侯相而望之志在天朝也宋趙昴詩身騎箕尾歸天上氣作山河壯本朝

五星東井

史曰高允言漢元年十月者誤按星傳金木二星常附日而行冬十月日在箕尾二星何因背日崔浩曰考究之當以前三月聚東井也然漢文帝時日却後中何獨疑星之聚東乎

爲楚爲趙

毛遂爲趙至楚言非爲趙豈成說乎李忠武獨解爲楚非但爲趙蓋出蜀鄧芝爲吳亦爲蜀之意也

移和

漢書惣題縣在清河境顏師古註惣古莎字唐史茌平人馬周而茌或訛爲茬又地理志交趾縣麊泠音迷零又韓上黨縣後人之後音沙集韻丕音毆潩陽山名

、雍奴

水經曰四面有水曰雍不流曰奴今俗謂瀦邑即奴之訛也漢冠恂封雍奴侯雍奴地名在漁陽右北平

黔首

祭義曰以爲黔首則註民也秦史民爲黔首特取其名非始也

將軍

左傳魏獻子之屬大夫閻沒女寬曰豈將軍食之而有不足註獻子時將中軍故也將音乎聲將軍之稱始此

三〻遲矣

世綵

老萊子七十衣五綵爲嬰兒匍匐父母前廖剛曾大母九十三曾大父八十八故有世綵堂

充隱

晉史桓玄恥己獨無隱士求西湖隱士皇甫謐六世孫希之使隱居山林而旌禮時謂充隱宋史何尙之著退居賦未幾攝職袁淑著眞隱傳以嗤焉香山詩云大隱住朝市中隱入丘樊丘樊太冷落朝市太囂喧不如作中隱〻作留司官亦山濤吏非吏隱非隱之語也

惣題

厄五陰厄四陽爲旱陰爲水又初入元百六歲有厄謂百六

、三足

唐史盧景亮謂人君足食足兵而又得士天下可爲也著書號三足記我朝金大有亦號三足堂

於于

莊子曰於于以蓋衆天地註夸誕也我國柳夢寅取以爲號焉

草堂

諸葛亮詩云草堂春睡足北山移文曰鍾山之英草堂之靈社甫魏野因爲號遂作隱者居家之名我朝許曄取爲號焉余亦有草堂記又三顧草廬爲元人吳澄之號爲李惟泰亦竊取若漢蔣詡竹下開三逕晉陶潛三逕亦爲隱者之逕遂爲楊誠齋

丹鷄盟

淮南子曰胡人彈骨越人鍥臂中國歃血所由各異其於信一也古謌曰越俗以丹鷄白犬等壇初與人交祝曰君乘車我戴笠他日相逢下車揖君擔簦我跨馬他日相逢爲君下

景風之賞

京房占夏至景風用事人當爵有德封有功

徃黨

左傳曰徃黨衛侯會公於沓反黨鄭伯會公于棐註黨猶時也盖齊人語也

百六之會

劉琨表陽九之會註漢書云四千五百歲爲一元丶之中九陽

漢宣帝紀池藥未幸者假與貧民字彙補與籞苑之籞同李正巳曰園亭中藥闌、即藥、即闌猶言圍援非花藥之闌漢書闌入宮禁闌字多從艸

突梯 (齊斧 盧喜志林曰師出齊太公廟受斧故云張晏曰斧鉞也以整齊天下應劭曰齊利也三說不同)

楚辭突梯滑稽如脂如韋註無隅角者謂之突梯若模棱也

腐儒

英布傳上置酒對衆折隨何曰腐儒註腐者敗爛言無所堪任

華表

徐鍇說文曰華本音和故今人謂華表爲和表

年富

正字通謂年幼後來茲歷方久也漢書悼惠王富於春秋是也

人在內一人在外曰蹢亦與伍舉朝吳班荊同

峷

莊子丘有峷註狀如狗有角文身五采讀若臻字彙與集韻誤以爲獸名也本神名

狙擊始皇

師古註狙謂密伺之也本作覷後譌作狙

馬勃

正字通草名生濕地腐木上一名馬疕韓愈所云牛溲馬勃是

狼𦞦

吳都賦烏滸狼𦞦註狼𦞦南蠻國名其人夜覷金知其良否

池籞

莊子曰弟奚比乎不箰註不箰久竹也言不復能生筍又玉筍班唐李宗閔門生多清秀故稱之

詡畜

漢張敞傳北方謂媚好為詡畜

穿裁

韓詩嵩山東頭伊洛岸勝事不暇須穿裁荊公詩匠石聊穿裁韻玉謂韓詩無註當是游覩裁度之義

勃谿

韻書註反戾莊子婦姑勃谿註勃争也谿空也

踦閭

公羊傳晉二大夫相與踦閭而語移日註閭當道門閉一扇一

曰使君如馨地寧可戰鬪盖寧馨猶馨如馨皆言如此惟王司州乘雪訪王恬持其撥王司州手曰冷如鬼手馨强来促人臂此馨字助語辭似當時方語也

逕庭

莊子曰大有逕庭註隔遠貌又激過也又不近人情也唐權萬紀傳掉磬自肆註激事又李渤之沽激即不苟合班固不詭激乃叙事也

分肉谿谷

古今註曰肉之大會為谷肉之小會為谿分肉之間谿谷之會以行榮衛以會大氣此攝生者所當知者

不筭

漢律曆志曰黃帝使伶倫取竹之嶰谷生其竅厚均者斷兩節間吹之爲黃鍾之宮曲水詩序作解谷註解脫也谷潛也取竹之無谷節者當以下說爲是

虛室生白

莊子註心虛則生明也孔明曰非澹泊無以明志非寧靜無以致遠較莊說有擔世務矣

言敎何碎

晉史李密本蜀人張華問孔明言敎何碎密曰舜禹皐陶相與語故得簡大雅誥與凡人言宜碎孔明與言無己敵是以碎爾

寧馨

晉史何物老嫗生寧馨兒劉眞長曰田舍兒作甯馨語又眞長

芝峯曰淮南子云心欲小而志欲大智欲圓而行欲方孫思邈引丙句而曰膽欲大

、堅白同異

莊子曰天選子之形子以堅白鳴註家有堅石白馬之辨但堅不必石白不必馬又龍泉水淬刀劒堅利故有堅白之論或曰設矛伐之說爲堅辨白馬之名爲白夫堅白同異有厚無厚之察非不察

甌臾

莊子曰流丸止於甌臾流言止於智者註地之坳坎處又宋楚之間謂罃爲臾

、嶰谷

徽號

大傳曰易服色殊徽號註徽旌旗之名也後以上尊號為徽號而徽釋為美者蓋借用耳

亭毒

莊子曰運於亭毒之表列子曰亭之毒之化育也亭謂品其形毒謂成其真張說作姚崇碑云八柱擎天高明之位列四時成歲亭毒之功存

錦貴鐘大

說郛曰緜俱生於蠶銅等出於石作繒則賤作錦則貴鑄鈴則小鑄鐘則大然與韓詩聱作然之說不同

心小智圓

顏行

嚴助傳曰逆執事之顏行誼猶曰鴈行在前列

後世改元

史曰魏惠王即位三十年改謂一年而古無年號以一字紀年者漢文後元景帝中元也二字紀年者漢武建元也三字紀年者梁武帝中大通也四字紀年者漢哀帝太初元將也六字紀年者宋史夏惠宗天賜禮盛國慶也仍稱前號者後梁末帝乾化也以年名紀元者長樂王寶建德丁丑也

王伯之辨

考亭有王金覇鐵之辨而徐福徙薪爛額之說尚不如東山孺子入井之論逼真也

芝峯曰詩疏蒲盧取螟蛉子翼之化成爾雅云螺蠃一名蒲盧

致一

佛書曰道云貞一儒云致一佛云三昧范明叔云雖郭索多足之蟹不如無足之蚓者其用心一也故蟹非鱔穴無以爲家焉

三不惑

漢史楊秉曰我有三不惑謂酒色財也可爲君子戒故表出之

中興反正

晉惠紀秉輿反正註自我失之因人得之謂反正因人失之自我復之謂中興

一首一級 魯仲連謂棄禮義以上首功之國也

史曰秦法以斬敵一首拜爵一級故因謂一首爲一級也

格物物格

辨 啓字問于栗谷曰物格云者是物理到處極耶吾之知極處耶曰物理到極處若吾之知到極處則是知至也物格知至是一事以物理言之謂之物以吾心言之謂之知至也又問物理元在極處豈必待人格後乃到極處乎曰譬如暗室中冊在架衣在桁箱在壁下緣黑暗不能見物不可謂之冊衣箱在某處也及人以燈照見則方見冊衣箱各在其處分明然後可謂之物各在某處矣理本在極處非待格物始到極也理非自解到極處吾之知有明暗故理有至未至也景任曰到者到何處耶請未到言也盖格物而物格如請客而客來云云

註糞壤也或曰糞是先生糞之糞雖糞掃其田而不足

夷清惠和

王世貞曰伯夷得聖人之清柳下惠得聖人之和

追蠡

趙希鵠云追琢也詩云追琢其章今畫家滿粉令亞起猶謂追粉蠡剝食也今人以器用久而剝食曰蠡禹之鐘款文追起剝食也王世貞以此說爲是

正心誠意

宋淳熙中朱子應命有要於路言正心誠意上所厭聞戒勿言者先生曰吾平生所得惟此四字諺傳丙亂虜騎充斥上將避胡御南門急召南山學者問退敵之策對曰惟正心誠意耳今

爲嘲侮之談然當此際正心誠意退金遷進林慶業矣後周蘇綽爲太守六條定心志敦教化盡地利擢賢良恤獄訟均賦役盖大學作後惟綽知心爲治國之本也

格物致知

溫公曰捍格外物致吾之知或曰格支萬物致吾知而窮之

補亡章

晦齋曰此之謂知之至也疊書非衍文乃結辭也別作補亡章其意偏而不周也

天命之謂性

或曰自天命至萬物育爲乃中庸篇題也君子曰中庸是元文

政也蒲盧

註糞壤也或曰糞是先生糞之糞雖糞掃其田而不足

夷清惠和

王世貞曰伯夷得聖人之清柳下惠得聖人之和

追蠡

趙希鵠云追琢也詩云追琢其章今畫家滿粉令凸起猶謂追粉蠡剝食也今人以器用久而剝食曰蠡爲之鍾款文追起剝食也王世貞以此說爲是

正心誠意

宋淳熙中朱子應命有要於路言正心誠意上所厭聞戒勿言者先生曰吾平生所得惟此四字諺傳丙亂虜騎充斥上將避胡御南門急召南山學者問退敵之策對曰惟正心誠意耳今

張橫渠云物怪不須辨異端不必攻明太祖曰攻是攻城之攻

不撤薑食

養生書曰薑不可多食多食損氣

為長者折枝

疏曰摩折手節解罷枝也絕交論云折枝舐痔按摩手足

狗彘食不知檢

或曰狗彘食人食而不知檢謂狗彘之食人食而不知檢者乃儉歲之真情也

雞豚狗彘

芝峯曰豚與彘是一物並言又不及羔羊疑有誤也

糞其田而不足

宋祚遂終蓋朱均當不改堯舜之道宣平即改幽厲之爲可謂孝矣溫公以毋改子之說王氏在所當改之論皆膠柱爲後世不更張之瑟矣

媢奧媢竈

或謂奧主婦也竈、婢也俗語寧見惡於上典不可見惡於伴娍禮記曰奧者老婦之祭也

井有人

朱子註人者仁之誤也西溪以本文人字是也

式負版者

魯論注戶口板籍或曰喪服負板

攻乎異端

字典曰翰爾雅云天鷄與大易翰音之翰異
瑚璉
禮明堂位夏后氏四璉一說以木爲之因以爲重器故从玉字
典曰槤
宰予晝寢
韓昌黎語解云當作畫寢之誤
傷人問馬
朴西溪以爲旣問人又問馬廐故也
無改父之道
漢史章帝不聽牟融鮑昱之議而改明帝征伐屯戍之役漢道
全盛宋史哲宗從章蔡紹述之奏而不改神宗新法靑苗之政

成形後天得之以有生故天癸丶丶者天乙所生之癸水也

曾臣

左傳曾臣彪將率諸侯以討焉註曾臣猶末臣䟽曾祖曾孫者曾爲重義諸侯之於天子無所可重者末臣謙卑之意耳由禮列國之大夫入天子國曰某士自稱曰陪臣

下稷

穀梁傳戊午日下稷乃克葬註稷昃也下稷謂晡時

姑息

檀弓曰細人之愛人也以姑息註姑且也息休也尸子曰紂棄黎老之言而用姑息之語註姑婦人息小兒楊愼以下說爲是

鶾

關脚為地關關佛書云一鏃破三關坡詩動搖天關出瓊漿是也正字通曰男子二十四歲女子二十一歲齻牙生註謂牙兩畔最長者也

男女不同居

家語曰男女不六十不同居漢谷永曰男子五十好色未已女子三十容色已改云近有不然者而禮有人煖之文何哉

男女有别

古靈陳氏曰男有婦女有夫分別不亂即古詩使君自有婦羅敷自有夫也

天癸

素問曰女子二七而天癸至方書男之精女之血先天得之以

周人辟雍居中天子入學則四學之人環水而觀之是謂辟雍羅璧曰辟廱非學也辟君廱和也靈臺篇辟廱其中非學校中事鎬京辟廱其事亦於學無預

征鳥厲疾

月令註鷹隼善擊故征韻書鸇鳥名齊魯謂題肩即鷂籠脫也

家酒備禍

禮云豢豕為酒者非以豕作酒也疑以豬肉善受酒故為按酒則醉不甚醟故備酒禍乃是不德

男女不同席

韻玉曰男八月齒生八歲齔女七月齒生七歲齔齔齒毀也蓋七年不同席先防天閑其意微矣黃庭經曰口為天閑手為人

作豆皆此字之訛盖古酒器而誤爲斗升之斗矣又周禮鷄人掌夜嘑旦嘂百官註嘑號字嘂叫字而吹爲龡漁爲䱷和爲龢戾爲盭拜爲撵草爲屮槁爲藁彌爲彂栗爲㮚法爲灋之類多

玉杯象著

明堂位曰山罍夏后氏之尊著殷尊也註尊著地無足也史畧之紂爲象箸必爲玉盃似著字誤箸也

栗階

禮記曰凡公所辭皆栗階註栗越也越等急趍君命與左傳趙盾躇階同而異矣

辟雍

王制曰天子曰辟雍鄭玄曰辟明廱和所以明和天下陸佃曰

瓊臺坡詩明當罰二子已洗兩玉舟按玉篇椀註承尊具

玉食

周禮玉府曰王齊共食玉漢紀武帝玉屑和露飲之可延長生後魏李預羨古人飡玉法採問藍田掘玉環爲屑飲之書云惟辟玉食是也非食稻也若以稻爲玉則荊揚之民人人食玉耶

果獵

爾雅曰龜前弇諸果後弇諸獵左倪不類右倪不若註諸辭也謂龜甲前長弇覆者名果周禮東龜曰果是也甲後長弇覆者名獵周禮南龜曰獵是也

⿱吅豆斗

韻書禮器罍屬石經毛詩酌以大⿱吅豆今文作斗本音亦斗司禮

芝峯曰周禮中奇字如法為灋柄為枋邪為衺美為媺吁為嘑拜為𢷎韶為磬怪為傀暴為虣鮮為鱻槁為薧螺為蠃魚為𩺰吹為龡埋為貍陔為祴摘為硩駭為駴掬為蘜鞎為鞊魅為鬽蓋古文也

鑿井

周禮曰井樹註以瓶罋汲水作井育作丼罋音都感切投物井中聲

丶土宜教氓

周禮以田里安氓教以土宜楊愼曰氓字從亡從民流亡之民

丶彝舟戔臺

芝峯曰六彝皆有舟鄭玄云舟下臺若今承盤以戒沉湎俗謂

蟲之異註温生寒死之蟲也集韻作蜫

納于大麓

傳麓錄也納舜使大錄萬幾之政

圖緯

後漢書云儒者争學圖緯按圖圖識緯七緯也西漢末夏賀良之徒為之以為有經必有緯也七緯者易緯書緯詩緯禮緯樂緯孝經緯春秋緯如易稽覽圖乾鑿度坤靈圖孝經援神契鉤命決春秋演孔圖元命包運斗樞感精符皆緯書也

周禮奇字

傳曰臺所以禦暑笠所以禦雨

願言則嚏

古語云爲人所思則嚏東坡詩白髮蒼顏誰肯記曉来頻嚏爲何人是也

采苓南山

字典曰苓古文蓮字猶搴芙蓉兮木末求柴胡桔梗於沮澤即隰有苓

鶴鳴于九皐

註鶴尾頸俱黑毛奇齡曰先生但見立鶴不見翥鶴

昆虫

師古曰昆衆也鄭玄曰明蟲也得陽則生得陰則藏又禮云昆

彼留子嗟

傳曰留大夫氏子嗟字也

夏屋渠丶

古註夏屋大俎食具也作巨室用非

衣裳楚

說文䵰合五彩鮮色詩曰衣裳䵰丶音楚註楚丶假借也又書

云藻火粉米說文作黺𪓋

食野之苹

註毛氏傳云苹蓱也鄭氏箋云苹藾蕭也苹水中之物非鹿所

食

臺笠緇撮

註赤管筆女史記事規誨之所執踈必用赤者示其赤心正人也

鵲巢鳩居

說文曰人之耦曰仇鳥之耦曰鳩或曰君子好仇以譬鳥之鳩

載獫歇驕

南窓金玄成曰嘗見雜書有載其獫歇其驕云馬六尺曰驕

相鼠有軆

本草曰鼷鼠即禮鼠時暖則出坐穴口見人則交前两足於頭拱立如揖乃竄入穴淮南子謂聖人師拱鼠制禮是也韓退之詩禮鼠拱而立即相鼠有軆人而無禮是也

吁嗟騶虞

賈誼與說郛俱云官名非獸名也

朔月辛卯

朔日辛卯日有食之韻玉曰朔月

凱風自南

陶淵明作外祖孟嘉遺事曰有凱風之懷朱子箋註凱風淫奔之詩盖古今註解之異也

陟彼砠矣

韻會云土戴石行者以爲苦故云馬瘏僕痡毛傳石山戴土誤矣

日居月諸

類篇云偖通作諸月行也

形管貽我

然也盖磬也天作非人爲矣亦天然之說也

采蘩祈、

傳曰蘩所以生蠶正字通曰蠶未出煮蘩以沃之易出

鄂不韡、

鄭箋曰承華者鄂也鄭樵曰不象萼蒂形與蒂通韻書曰萼通作鄂即花跗也唐玄宗花萼相輝之樓唐詩棠棣輝、聯跗萼是也即並蒂花之意而不字或謂跗字之誤

黄鳥集于灌木

禽經曰陸鳥曰棲水鳥曰宿獨鳥曰止衆鳥曰集

緜蠻黄鳥

字典作[illegible]鸞鷬鳥鸝鷬鳥名也又振鷺之振作[illegible]

易辭皆有韻叶而時乘六龍以御天〻音清乃叶云

、損益

芝峯曰男女構精見于損卦古人謂有深意蓋損我益彼之意

、信及豚魚

易傳曰豚躁魚冥則為二物也本草蒙筌曰河豚魚率冬至後出中孚卦此魚應之或謂江豚生澤中知風之至有自然之信本傳云風行澤上而感于水為中孚之象即澤魚識風是也

、裒益

謙卦裒多益寡註裒減也今加減謂裒益出此

、俔天之妹

詩註韓詩說文俱云俔磬也孔氏曰如今俗語譬喻物曰磬作

呂氏春秋令益美之 宗益美壽註益年也

西王母

笠峯曰馬卿大人賦云吾乃今日覩西王母曤然白首山海經
曰王母戴勝虎齒善嘯王世貞以爲此蓋王母所使金方白虎
神小說云王母非婦人乃宂王母寡之類 按舜時西王母獻玉環及穆天子傳云云與道家所稱王母似非一人

歸藏

禮記曰坤乾之義註歸藏者萬物莫不歸而藏之于中此易以
純坤爲首故名荒史曰有熊氏時河出龍圖於是正乾坤分離
坎謂土爲祥乃重坤以爲首是謂殷易也連山周禮註以純艮
爲首山上山下是名連山似山之出內氣也

乘龍御天

史畧曰夏桀力能伸鐵鉤索爲句而或曰力能伸鐵鉤而又索
伐有蘇氏韻書索求也

季歷
史畧曰太姜有少子季歷或曰捨泰伯仲雍而獨於太姜系季
歷則泰伯仲雍乃前妃所生也

壁上觀楚戰
崔簡易以壁上觀三句以趙戰士無不壹當百爲句

負茲
史記周武王伐紂後毛叔鄭奉明水衛康叔封布茲注茲藉也
藉席之名公羊傳屬負茲注蓐席也諸侯有疾稱負茲謂託疾
來茲

歲星

芝峯曰歲星化漢風伯朝周註星是東方朔稗史箕星好風比
箕子也莊子曰傅說騎箕尾而比列星註說死精神托箕尾則
分朔生而為歲傅說死而為箕而箕子為風是借箕又借風也

汲冢竹書

晉書武帝時汲郡人不準盜發魏襄王墓或言安釐王冢得竹
書數十車其紀年十三篇與經典大異云夏年多殷益干于啓
殺之太甲殺伊尹文王殺季歷自周受命至穆王百年非穆
王壽百歲也幽王旣亡共伯和者攝行天子事非二相共和也
其書燼簡武帝使束晳分釋之
力能伸鈞

史記高祖以巨嫂詳爲羹盡櫟釜乃封其子信爲羹頡侯索隱曰羹頡爵號非縣名括地志云羹頡山在嬀州懷戎縣取其名爲侯號者怨故也

鵑

字彙補鵑兜與驩頭同按古文尚書驩頭作鵑吺疑此鵑字之譌文管子乃及軆之鵑然若謞之靜註鵑然和順貌則古實有此字矣

明皇惱安

山中一夕話曰呂與叔言長安有安氏家藏唐明皇髑髏作祟金色其家事之甚謹因爾家富達遂爲盛族後其家析居爭髑髏斧爲數片張文潛戲語曰明皇生死爲安姓人極惱

皐陶

周禮韗人爲皐陶註韗或爲鞠皐陶鼓木也康成謂鞠者以皐陶名官也鞠卽陶字

箕子

郭璞朝鮮賛曰箕子避商自竄朝鮮善者所壯豈有隱顯

周惡夫

語林曰宋人有獲玉印文曰周惡夫印劉原父曰漢條侯印古亞惡二字通用

齊湣王

史記或作睧王

羹頡侯

同異也揚雄酒箴鴟夷滑稽註酒器吐酒不已若陽燧樽盖方語也馬史因作諸爲列傳名

、鴟夷

酉陽傳註鴟夷榼形今盛酒者吳王取馬革爲鴟夷投子胥沉之范蠡辭越號鴟夷子實戒子胥之鴟夷也

、康瓠

賈誼賦斡棄周鼎寶康瓠註康瓠底也爾雅曰康空瓠韻玉曰甂瓠瓦盆底也三註各異

禽慶

漢莽時禽去官歸鄉陶詩尚禽即尚子平及禽慶也閒居賦猶內愧於寧蘧註寧俞蘧瑗又國史補云賀蘭唐註知章也

及池魚梁杜彌徽侯景以楚國亡猿禍延林木爲對

卯平

古詩云秦時東陵千户侯華蟲被體腰蒼璆漢初沛邑刀筆吏折腰如磬頭搶地蕭何厥初謁卯平中庭百拜百不應卯平後來謁蕭何故侯一拜一怡悵盖貴賤無常世間翻覆也

羅紂

芝峯曰昌邑王賀妻十六人中一人嚴羅紂䪨延年女也按延年以昌邑妻父獨於大將軍光不以私情爲嫌惟公議是効光亦以公議所在不以私情爲罪此先漢所以興隆也

滑稽

楚辭突梯滑稽註滑音骨稽音鷄辯捷之人滑亂稽同若堅白

臣瓚

漢書註有臣瓚而無姓山海經云姓薛疑承君命撰次若資治通鑑國光之類耶少微通鑑元人江贄所著少微其號也陽節潘氏序曰廣微袁甫字即青田先生受業敬仲敬仲楊簡字也希元真德秀字也即建安先生也和叔袁燮字也

雋永

漢史蒯通論其說自號雋永註雋肥肉也言所論甘美而味永淮南子曰善學者若齊王之食鷄必食其跖數千而後足宋景文名其集曰鷄跖本此

池仲魚

廣韻曰有池仲魚者宿城門失火仲魚燒死諺云城門失火殃

韻玉曰范睢之睢乃關睢之睢非恣睢之睢猶晉賈疋即雅頌之疋誤讀布疋之疋也疋古雅字

、秦殺百里

應劭風俗通云穆公殺百里奚若塚書堯幽囚舜餓死相類

、若德

項羽本紀云吾為若德退溪通鑑解云呂馬童字若德

、揚雄

鴻書曰漢成帝時雄為黃門郎與董賢同列作太玄經而為莽大夫作劇秦美新論計其年壽則百餘歲世人豈有百餘歲而精力不衰校書天祿閣乎故作太玄之揚雄與作美新之揚雄別為二人云是亦東漢初王匡斬王匡之類耶

經云洞庭之中帝之二女郭璞註帝二女即江妃非堯女

、高唐神女

沈存中筆談曰前日夢神女者懷王也其夜夢神女者宋玉也襄王無與焉從来枉受其名耳後山詩話曰巫山神女過楚王盖有諷也如唐人託后土事以譏武后耳宋之問明河篇是已

、秦嬰

通鑑云子嬰二世兄子而讀史隨筆曰始皇壽五十有長子扶蘇與二世且扶蘇之死必無完卵而子嬰與二子謀殺趙高則可疑李斯傳趙高招始皇帝弟授之璽子嬰乃即位註云一本招始皇弟子嬰授之璽

、范雎

年壬戌四月己丑公羊傳云孔子生於襄公二十一年則乃己酉歲也夏正之八月二十七日云孟子見梁惠王時只三十八而稱叟者以德尊也史云生於周烈王四年己酉夏之四月二日而一云安王七年生月令粹編云生於定王三十七年四月二日即今之二月三日云卒於赧王二十六年壬申十一月十五日則壽八十四歲孟仲子名睪孟子之子也按朱子庚戌生減孔子二歲故輓詩云庚戌生賢聖

〔容臺

書云式商容之閭索隱云商禮樂官知禮容故禮部太常謂容臺

〔汪妃二女

史記湘君堯女舜妻九歌註湘君堯長女湘夫人堯次女山海

川云靜則自明觀此學說之事不誣矣然余以為高宗舊勞于外必詳其貌舊學于盤必聞其賢將擧之胥靡之中置之公卿之上恐不厭衆心先借帝賚之夢先審版築之象以毆俗尚鬼故擧之天下方其夢也不知其為夢方其非夢也不知其非夢則高宗擧賢之術不賚而賚不夢而夢矣升庵之說恐或有理

夫子

孔子謂夫子者孔子嘗為魯大夫德為君子也孟子謂君子之厄陳蔡是也並爵與德稱之故曰夫子倭亦有贊曰夫子之前未有夫子夫子之後未有夫子嗚乎夫子萬古夫子說郛曰孔子生於庚戌二月二十二日甲申乃魯襄公二十年周靈王二十一年世家云庚戌十一月庚子生此不同又卒於哀公十六

四昭於燕漢則亘昭而同唐則膠舟楚澤罷用納溫爲不昭矣

、高密度辰

世紀云鯀字熙禹字高密或作密身皋陶字庭堅卽八愷之一也路史云后稷棄字度辰

、儡騂

前編曰秦聲以入爲去如伯益之爲翳契之爲卨皋之咎君牙之謂君雅也又如陶之爲繇垂之爲倕鯀之爲鮌虺之爲儡紂之爲受冏之爲騂也

、夢傳說

張子曰夢說先見容貌最是神陳氏曰至誠之道可以前知高

有董五經而伊川造焉中途遇之曰君非程先生信息甚太康

非五帝與三王爲四代家語以羲農軒頊少昊爲五帝皇王大
紀以羲農軒堯舜爲五帝又白虎通以頊嚳軒堯舜爲五帝

、軒轅黃帝史皇蒼頡

羅泌曰禪通紀作車乘之軒轅氏與生軒轅丘之黃帝遷固誤
作黃帝軒轅史皇氏姓侯岡名頡始創文字與黃帝時史官倉
頡亦誤爲一

、五霸

孟子註齊桓晉文宋襄秦繆楚莊、子註夏昆吾商大彭豕韋
周齊桓晉文荀卿曰桓文莊闔廬勾踐漢書註桓文繆襄吳夫差

、三宣

魏鶴山曰周漢唐三宣皆中興於始而不克終余謂周燕漢唐

稽古類

太極

易有太極晉紀瞻與顧榮論之榮謂天地混沌之時矇昧未分瞻謂其理極盡無復外形即朱子象山之辨實出於此

三皇五帝

胡雙峯曰周禮外史掌三皇五帝之書而不指其名秦博士有天皇地皇人皇之議焉漢孔安國序書始以伏羲神農黃帝為三皇少昊顓頊嚳堯舜為五帝皇甫謐朱子蘇轍從之春秋運斗以羲農女媧為三皇史遷鄭玄從之謐紀以祝融羲農為三皇風俗通白虎通之書大傳以燧人羲農為三皇譙周從之說武帝亦云而以黃帝少昊帝嚳帝摯帝堯為五帝舜非三皇亦

義山惟物賦曰獳狐氏能以烏為鶴以鼠為虎以魚尤為誠臣
以共工為賢士以夏姬為廉以祝鮀為魯誦義節於寒浞贊韶
漫於嫫姆云按丘瓊山濬以為范仲淹未免生事岳飛未必恢
復秦檜有中興功又鴻書云管蔡殷室之忠臣文王之孝子其
論亦惟矣杜牧之序李賀之詩歌言鯨呿鰲擲牛鬼蛇神不足
為甚虛荒幻誕者是也

孝感草木

吳史孟宗母冬節思筍宗入林泣筍生晉史劉殷祖母盛冬思
菫殷哭澤中菫生我國宣廟世全鋼父嗜水葵本非土産鋼求
山澗葵生前池又全廉母病臘月思半熟棗廉哭園中有一
棗樹爛熟諸冰棗噫孝固感天地感人神而感草木之理亦異

懶翁之鉢合則一器散則各器楯與浮石長浮如磬或言其下有隧故也江陵石行過江陵則折長淵鳴沙握封紙簡出場外則無有化嶺浮島水竭則沉水滿則浮其金陵之地聽耶上養陵蓮是謂八怪且雲漢閣八音石試扣之八片音各異也漢城宋洞絶壁削立而中細坼有小蛙伏在其竅不食不飮無寒暑常在以草莖刺之腹只怒脹而已不去亦異矣杜陽編曰日本國有凝露臺上有手譚池、上有玉棊子不由制度黑白分明又有棊子夏則冷冬則煖云亦怪矣

怪物賦

莊子曰卵有毛雞三足郢有天下犬可以爲羊馬有卵丁子有尾註形之所托名之所寄皆假爲故犬羊無定名胎卵無定形

照木知狸

續齊諧曰燕昭王墓前斑狸化爲書生見張華論文既退華使人防之不得出雷煥曰千年老精惟千年枯木照之形見昭王墓華表千年矣乃伐照之果斑狸也鄭玄有客知而言穴者知而巢者知風君非狐狸耶蓋老獸或化人而謗傳鄭陽坡葬父於果川某山適陽坡不在家其亡父白晝来責陽坡第曰爾只甚不孝即移我他山爲言而去某日復来云陽坡第告其兄、約武力數人具繩錐待之其日果来武士突出擒之繩以縛之錐以刺之其尋陽坡不孝口不絶聲及死視之乃千年黃狐云

八怪

世傳能見難思者慶州玉笛過竹嶺無聲栢栗寺松軒而筍生

鰒又百粵人以蝦蟆爲上味脐者皮最佳云不可脫去此錦襖子下彬賦云 紆青拖紫名爲蛤魚也此令候者今中國人懸蛇餅甑其湖點滴爲珍珠納鼠雛於蜜缸而食之謂蜜唧又不能食我國絡締而對我人以桂蟲生吃當之即尉陀所進治風疾者倭人腐爛魚仍于缸以爲上肴我國貴人喜食蛇以補陰李鐵求吞麝眼以養身嶺南人以稻飯實生魚腹腐之謂魚醢內則註益州有鹿殘謂取鹿殺而埋地中令其臭乃出而食之謂鑣蘇談曰契丹國産毗貍大鼠足短極肥其國以爲殊味山海經曰南方有食火之國其人能食火炭云蓋食性亦有隨水土而變者多矣

漢成帝時雨一蒼鹿食之甚美固不嘗有之味我國安邊國島石間赤肉自生大如盤非魚非虫珍味無比郭璞所謂土肉石華耶永宗島有海中膟非肉非魚非但形似膟味亦如膟

食性之異

莊子曰民食芻豢麋鹿食薦蝍且甘帶鴟鴉嗜鼠四者孰知正

芝峯曰唐宋璟張茂昭五代張從簡薛震嗜人肉皇明宋安王有癖喜人腦肝噫豈獨盜跖然哉唐左史郎中任正名舒州刺史張懷肅好服人精知福建櫟長孺嗜人爪甲 宣廟世江陵有金姓者喜吃人臂囊以爲天下至味嘗於山寺吃僧囊僧徒苦之此食性之異最可知者按外史魚尤兄宗食沙石晉高云公孫鳳夏則從食于器今臭乃食南安劉邕嗜人瘡痂味似

晉鮑書言按晉王戎視日不眩宋蔡京視日不瞬亦人之異者

、麝臍鷩尾

原覽曰麝愛臍死猶拱四足保其臍左氏所謂噬臍是也孔雀性妬見著錦繡而趨啄然擇處貯尾羅者至猶顧不騫山鷩愛重其尾暎水目眩卽溺

、蝶肉蚣脯

嶺南志曰有物如蒲帆過海、人擊之乃蝴蝶也得肉八十斤啖之極肥美又蜈蚣大者長百步南越志云大者其皮可以鞔鼓其肉爲脯美於牛肉云我國土亭爲牙山倅飮蜈蚣汁卽嚼生栗或剃柳如栗進之嚼而卽死云北道人煎猫肉爲羹亦佳

赤肉海胖

獸而角觽白澤皆能者又曰蛇鼈眼聽龜耳息蟬無口而翼鳴螽斯有口而股鳴說文曰蠕蠕以胃鳴蝟蠹以脰鳴

龍魚無耳

原覽曰龍魚無耳聾馬無膽蟹螾無腸兎無脾豕蚓無筋得濕無尾鳥西胃肺牛有竪臟無橫膣按獸有一足夔三足狗鳥有三足踆烏一足商羊一足畢鸞鱉有三足能鳥虫有無足之蛇與象爲人亦有西海之無腸奇肱國南海之三首長臂貫胸交脛國北海之無臂一目三身國東海之毛民國焉

魚目不瞑

魚目不瞑故今管鑰寺木象焉龍不見石故今岩石龍升處皆凹穿又魚不見火今能灘舉網是也虎不見紙人不見塵蚤夕

之聲命侍衛亂射即還宮云䔧載曰并州有姑女廟即介之推
妹也有取姑女百合經者必雷電風雹以震之

、變蟬化蛾

芝峯曰古今註云齊后忿王而死變爲蟬述異記曰楚莊王宮
人一朝化爲野蛾飛去又小說人或死而爲飛禽與蝶者抑何
理也按望帝爲杜鵑韓朋妻爲鴛鴦戴文爲隣家牛馬樸爲蠶
漢蛇王子晋爲鶴又左傳魯泉宮蛇如先君之數尤怪矣

、鸜瘖鵒言

原覽曰鸜鵒摩背則瘖鸜鵒剪舌則言秦吉了樂時了亦相似
又宋處宗鷄作人語談論有玄致僧慧遠鵝入堂聽經若說它
事輒去抱朴子曰龜千歲能與人言禮記曰猩猩能言不離走

明史曰景清欲爲建文興復上剥皮楦之繫長安門駕過罷忽衝索前行爲犯上狀詔焚夷

瘢血漬岩

芝峯曰雲峯八良峴有血巖 我太祖勦殲倭酋阿只拔都之地石上斑血至今若新清謂血岩壬辰血流而倭至

海溢咸島

國之將興天必助之 我太祖軍回海浸咸化島 仁祖反正馬渡臨津江其猶濉水之風滹沱之氷康王之泥馬元祖之渡河乎淮南子所謂魯陽麾戈日退宋景善言熒徙容或有之

滿月射雲

諺傳 我肅宗幸松京登滿月臺俄黑雲四集隱・空中有軍馬

十卧世人一百六十歲壽矣故號[illegible][illegible]齋

假像起舞

原覽曰高麗將申崇謙金樂戰死太祖宴羣臣爲二假像在班賜酒食輒焦乾假像起舞如生人後睿宗省西都其假像騎馬在班蹁躍於庭按假像與漢紀信草偶相似而起舞蹁躍庭信所未能也梁史宗室歆爲吳興守每祀楚王廟神〻影亦有酒色後爲益州刺史爲齋狗皂所攻神領數百騎來救破狗皂、

死肉化虎

原覽曰漢景帝獵虎不得爲祭其虎傍虎曰汝欲得我令自殺從汝取明日見此虎死在祭所命剝皮餘肉復化爲虎

櫓皮犯駕

東坡恠石供云海外有形語之國口不能言相喻以形是謂形語也韓文遞冊序潮海島語夷面叓畫地收稅我國內浦人傷土疾以咳嗽不能接言、問何病即指土、疾也又問何不移即指土、沃也蓋有疾之土沃也坡以龐安常善醫而聾以指畫字示之故詩云余以手為口君以眼為耳

晝夜不睡

張橫渠曰人之精神晝棲於目夜歸於腎故今或夜突睡則眼精昏耗神氣不平或晝畫用色亦如之古人問訊先以眠食溫公所謂天之晝夜人之死生者是也野史徐花潭與高僧相視不睡而僧則七晝夜乃昏倒花潭十四夜神氣不減云三淵序痗齋公曰公生而不接目至若假令公壽五十則世人百歲壽八

人物大小

芝峯曰鳥之大者鵬魚之大者鯨蛇之大者巴呑象蟹之大者如山蚯蚓之大者蟥麗史云長至七十尺物有如此人亦宜然防風氏身橫九畝一骨專車樸父在東南大荒中夫妻並立其高千里羅時女尸漂海長五十尺龍伯國人長三十丈東海有大人國焉秦始皇時巴郡大人長二十五丈漢莽時巨無霸臥則枕鼓一車不能載近有趙道令者䯨八尺長者皆其腰下故無妻又言其妹過於已數尺故無夫可配云又鳥之小者焦冥棲於蚊睫虫之小者蠛蠓聚於甕裏人之小者東郡短人纔七寸東海有小人國焉鵠國人遇海鵠見呑云（字典曰姑射國有千里蟹矣）

形語畫地

卻死爲虎則中國或有也又人亦有翅般若小說淩雲臺至高
榜有未正鈴下卒着履登緣如平地蓋兩腋有肉翅云今我國
貙者 或有之蜀都賦 拍貙氓於葽草註江漢有貙人能化爲虎

鶴眼照人

逸史李衛公遊嵩山聞呻吟聲乃一病鶴曰我是仙爲樵者傷
脚得人血則愈乃拔眼睫曰持此驗之即知矣李公自照之乃
馬頭也至洛所遇者皆非全人或犬彘驢馬之類惟一老是人
公以告翁指臂出血 公從濡其鶴 鶴謝曰公宰相即冲天去

人衣長短

後漢書東沃沮海得一布衣其形如中人衣而兩袖長三丈區
度[illegible]國在東北方其人甚長而衣短云又有長臂國焉

生者面有白點其高叟多髯者盡鮮卑耶我東金海許金兩姓有露王裔者髯鬚必有黑點云

白人

唐史註大月氏人民赤白色北海有白民國我東或有白人生而毛髮肌膚皆白鍼之無血惟白汁是出俗言爲酒藥用云有此者是據聞之則云生而毋穿胸間常洗月水爲血故不入藥

人身牛蹄

五代史曰突厥有牛蹄焉狗國有女人焉永結國有馬蹄焉

人尾人翅

雲南志曰元脫丶平越蒿泉射死人有尾長三寸許詢之土人謂此等人間或有往丶年老化虎云淮南子云牛哀化爲虎漢

又云并八肱八趾共工氏髭身朱髮南蠻傳林邑以南捲髮黑身通號昆侖蓋海鬼也今黑鬼子類而晉簡文李后謂昆侖以形似也沃沮見一人乘破船頂中復有面與語不通不食而死拾遺記西方因霄國人而舌重沓又舌倒喉內善笑聞百里異物志儋耳人鏤頰皮連耳如雞腸又交趾人其趾交吐蕃傳國人塗面以赭近濟州潭女尸形則中人溺門一尺云蓋海外被髮雞髮黑齒雕題文身涅面外天生異形亦多矣(南蠻傳其俗男女同川而浴故曰交趾)

赤髮綠瞳

東漢記曰賊長十尺目長而深赤髮鬚鬍如朱畫眉即黃頷塗身也唐史黠戛斯古堅昆國其人赤髮綠瞳李陵居其地生而黑瞳者又曰陵苗裔米利堅國人本赤面而與西洋國爲婚而

壽千歲柏鶴經曰鶴千六百年色白又龜鶴壽千歲宛委餘編
曰服芝郎萬歲蟾蜍千歲蝙蝠千歲靈龜風生獸千歲燕之類
服之令人長生云蓋龜燕蝙蝠蟄而服氣故壽蟾蜍又最壽

聖人異貌

廣博物志曰天皇氏驤首鱗身地皇氏龍顙馬蹄人皇氏人面
龍身伏羲氏蛇身人首神農氏人身牛首高辛氏駢齒漢高帝
龍顏明神宗顱耳東史昔脫解髑髏齒凝如一骨節皆連金蛙
之金色蛙形我太祖鷹眼蓋聖人之[illegible]也其貌異於常人孟郊
詩所謂古人形似獸而有大聖德今人表似人獸心安可測

形貌異常

龍魚河圖云蚩尤兄弟八十一人並獸身人語銅頭鐵額歸藏

精水有産蛇者辛胜之狐精所不可知者又裴度之生與同生而已相背醫以銀鈋剖之肉多接度背後渡江舟人脫衣棹舡度惟其背凹間之則同生也兩背相接無毫釐之差云

水族化人

芝峯曰車復元以製述官隨通信使入日本得一書見之皆記水族變而爲人之事蓋海島鴻荒之世乃有許多怪事也

獸變人形

本草曰虎與鹿兔壽千歲五百歲毛變白醫學曰狼壽八百歲三百歲善變人形能壽五百歲能化爲狐狸又彌猴八百歲化爲猿猿五百歲變爲玃玃一千歲變爲蟾蜍抱朴子曰狐壽八百歲三百歲變爲人本草曰蝙蝠在乳石洞中食其精汁色白

某松之精也見先生過禮當候見呂因書壁云獨自行來獨自坐無限世人不識我惟有城南老樹精分明知道神仙過

、異物生人

東史檀雄交熊而生檀君甄萱母交蚓而生萱諺傳崔孤雲父爲滚州郡而母與金豚合生孤雲又利瑪竇爲燕所生云

、産兒異形

原覽曰羅憲德王時武珍州女産兒二頭一身四臂 我宣祖朝坡州女産兒一頭一體西三四耳兩口四足四手二陰並得從蹇來鑿之交 英廟朝牛背出脚 憲宗朝槐山女産兒二頭四臂一陰一陽又清安牛生一身二首清州女産驢尤怪矣漢竇武昔杜預宋禁襄我國許堅皆蛇精而孕婦或暑夜飲井誤呑蛇

樹能人語

抱朴子曰山中樹能人語者非樹能語也其精爲之名曰雲陽

列仙傳曰呂洞賓憩岳州白鶴者前有老人自松梢冉冉而下曰

方書曰督脉屬陽循背而上至鼻任脉屬陰循腹而上至咽女子二十任脉通則有子而爲乳所礙故鬚不生芝峯曰稗海云男子無鬚者謂之天宦以陽明之血不足故鬚不生也娶婦終身無嗣育謂之天閹般若經所謂五種黃門皆眞氣不足所致也漢荒侯病不能爲人盖不能行人道也按唐史李光弼母鬚生宋史宣和中婦生髭男孕子抑何故歟

　不識女色

梁史蕭詧惡見婦人遙聞其臭即海上逐臭夫之類也唐元德秀年六十不識女色而卒我國齊安大君未嘗近侍妾

腹遂有感成孕及產惟一亭焉芝峯曰博物志云思士不妻而感思女不夫而孕物類相感志云士不妻女不夫精氣相感不必交接而生子世傳成宗之母夢遇良人而生云與鵝溪之母夢山海關事相類

老翁子無影

風俗通曰陳留富人年九十取妾一交而死後生男長男曰年尊何因有子爭財兩吉言真人無影老翁子亦無影又不耐寒試之果然梁史張元始年九十生兒無影又紂斮朝涉之脛者欲知老人子無髓云元時姚燧年八十有妾子詩曰八十年來遇此春、、遇後更無春縱然不得扶持力也作墳前拜掃人

男子無鬚

斗五夜雷震岩、中坼有佛子化去其岩半留像半墜爲寺基云蓋蘇文自謂出於泉而慶州有李謁平化出石痕今尚在云

雨陰胎孕

閒卷一笑曰皇明正德中上元縣民婦李氏招云其夫錢臣醉抱倚床有小姑錢氏刺壁窺狀想已動心次早姑含笑對氏稱說則氏抱小姑向床各脫裙褲挽起雙足效交歡之狀以致雨陰相合弄假成真氏淫情興動將夫元精流入小姑陰户以後小姑經閉腹高遂成胎孕云

不夫而孕

山中一夕話曰鄞縣民某出賈妻與其姒同處夫久不歸見夫兄私心慕之成疾阽危家人憐之強伯氏從帷外以手少捫其

諺傳元順帝二陰層生不可作陰以並豫也麗時奇子敖女二陰層穿故選為皇后專房生北元昭宗云我國有婦人陰陽俱有者其夫生時為婦人用陰夫死後與夫妻宿而用陽云近有南氏子藏下有賢云 或有壁前用陽遇人夫謾後用陰遇人婦者俗謂二根

男化為女

漢史哀帝時豫章男子化為女嫁而生一子我東寧越郡沙工化女

檎癭兒出

宋景文雜記集曰西域有柰樹成果六中有一女子王收為妃以地施佛為柰苑類說曰黎陽王德祖家林檎樹生癭大如斗爛而一孩抱胎出七歲能語因名梵天後改曰志蓋菩薩示化也余見咸昌龍眼寺後壁石中凹如僧立形諺傳寺基本一岩

陽故人交不離鷄雀採榮故魑時通精又飛類無牝而攝孳有
卵石類無孕而蚌珠胎焉又胡蜂春蘂而交傳粉塗液而淫
睛交聽孕
原覽曰鷺目而受卵魚思而懷卵龜鼈望而神交鶴鸛嗅而孳
交鴛鴦蹠交鵁鶄睛交孔雀雷交蠭蛇聽孕蛟眉交鼉影交禽
經白鶂相眂而孕博物志蠶蟲三化先孕而後交不交者亦產子
感風望月
維書曰東海有國為女感風而孕北方有國無男照井而生今
此鷹或見鷂影而懷卵牝鷄或聽雷浮天而嘈蛋又兔望月吐子
故中秋無月兔不孕之理誠難知也
陰陽並用

蛇馬相思

莊子曰西施毛嬙人之美者魚見之深入鳥見之高飛今蛇或纏女身而晝宵交者謂相思蛇馬或見女人而跑蹄欲風者謂相思馬莫馬與蛇能知西施毛嬙之美異於魚與鳥乎

食胎生息

人不產胎則不生產矣牛犬不食胎則不生息又虎豹相交不相顧而孕或顧即相食云亦異矣

吸陽採陰

方技傳漢冷壽光御婦人法取精於玄牝其要谷神不死守生養氣握固不泄還精補腦可以長生養生書曰還嫗吸陽故鷄以三少九為寡婦彭祖採精故有四十九妻而長生今蛇犬吸

亡女贈金盌麗末崔瑩祠侍女自言每夜降靈交懽亦怪矣

人鬼相合

小說趙顔得女子障名眞〻呼名百日即應爲婦生一女後携
上障〻添一女兒今人物圖接邪之說是也張鎰之倩女魂合
一體宋少帝時南徐一士往華山畿見一女感疾告母〻具告
之故女脫蔽膝使密置病席下病者不知即差忽見蔽膝呑食
而死且言載尸過女門及門牛不肯前女出歌華山畿即懊惱
曲云相送勞〻渚長江不應滿是儂淚成許棺自開遂入合葬
謂神女冢令陰靈者水洪欲聘女膝飮之出此晉志梁山泊祝
英臺同學而梁未知祝爲女子也梁爲鄞令卒祝氏過墓拜莫
裂而殞謝安奏封義婦冢

蛤此則理外之理也世人局於見聞以其小知而欲窮天下之理烏可哉又牛腹有犢藁亦異矣

蟒寄蛇生

蟒爲蛇所食而蛇亦死其骨節生蛇蟒負蝦之子而蝦之長其形貌類蟒此理不可推也如僧圓澤托身孕婦劉蟾海聖胎方羊祜之探環王守仁之開門等事亦不可理推也

幽婚生子

國語周昭王之房后有爽德協于丹朱馮身儀之生穆王與賢羅真智覺翌年李桃花娘生子曼荊殊異矣元魏之先詰汾田于山澤見輜軿自天而下一美人自稱天女受命相偶且請朞年會此換所生男力微皇帝尤異矣盧充與崔少府亡女幽婚

鶴胎蟾吐

芝峯曰虫鳥卵生而鸛鵒吐子仙鶴産胎余所目見則蟾蜍亦吐子矣韻書曰魚皆卵生而鯊有胎生鮫有腹子又兎則吐子人亦有卵生者徐偃王新羅始祖及昔脫解首露王是也傳燈錄曰佛祖母生二子一則佛祖一則須尼註須尼野鵲子

剖脅破腋

楚世家云陸終娶鬼方國君妹謂之女嬇孕而不育三年啓母左脅出三人右脅出三人芊氏之始也禹剖母背而出彭祖之剖母脅老子之出母左腋釋迦之破母右腋亦異矣

鳥蚊果蛤

芝峯曰物之化生理也至如鳥有蚊母草有蚊母蚕母果有蚊

鳥相鬪而倭至同治壬戌十月青黃兩鳥率羽族戰于樑張長髻之郊十餘日謂之鳥戰又有鵲戰于河洄云

虎文蛇身

山海經曰蟜其爲人虎文脛有膂在窮奇東註膂音起䏿也共工臣名曰相繇九首蛇身自環食於九土其所歍所尼即爲源澤註歍嘔猶噴吒尼止也

多眠不眠

列子曰西極古莽國其民不食不衣而多眠五旬一覺東極阜落國其民常覺而不眠

無口無舌

山海經曰穗羊無口猬獸無骨鯈魚無目鵳鳥無舌亦物異也

芝峯曰草木無情而何首烏石楠有雌雄之感禽獸有偶而靈狸自爲牝牡又類自爲雌雄蓋物異也按竹枲亦有雌竹牡枲之名又銀杏有相望結子之語陸佃曰鴿性喜合凡鳥雄乘雌惟鶴雌乘雄逐月有子埤雅曰虹蜺土精無心之蟲與阜螽交亦異矣

三不知

世傳文學禮法所以君子而沈礭身以誅飲食賓客所以宴樂而李春躋宴人多死男女人之大慾存焉金致一妻不與夫交是謂三不知也

蟻鬪爲戰

麗史恭愍王時赤黑蟻相鬪明年紅頭賊至野史萬曆辛卯有

註異僧聚石講經石皆點頭左傳石言于晉五胡史石言勿東者不可謂以物有知亦不可謂以物不知也

角聽鐵飽

芝峯曰龍聽以角非其聾也是以角爲耳者也牛聽以鼻非無耳也是以鼻爲耳者也龍不翼而飛是以不翼爲翼也蛇無足而行是以無足爲足也蟬雖蛣蜣無鼻而聞香是以無鼻爲鼻也虎食狗而醉是以狗爲酒者也猫食薄荷而醉是以薄荷爲酒者也貘食銅鐵而飽是以銅鐵爲食者也又酉陽曰食而不飲者蠶也大戴禮曰飲而不食者蟬也故形不可一體而求理不可一例而推也

草木雌雄

博物志曰水石之恠龍罔象木恠夔罔兩土恠羵羊火恠宋無忌按羵羊即蝠國語註雌雄未成之謂也夔罔兩即獨脚鬼宋無忌即俗所謂不可殺

羽化鱗化

芝峯曰昆虫無不羽化固也羽虫而化鱗物鱗物而化麋鹿何理也田鼠為鴽蝦蟆為鶉為蟹鯉鮪為龍鷄為蛇雀為蛤雉為蜃蟾蜍為河豚姙矣人有化為虎為牛為犢為魚鼈禽鳥又蕨與腐歸刀植物而為蛇尤不可知也神異記武昌貞婦化為望夫石張侍郎捷虎、為石黃初平叱華山石、為羊劉志蜻蛉縣石豬子母數千頭傳言夷昔牧豬于此一朝豬為石孔惜曰固紀康千河斷松枝投之三年為石焦先煮石食之味如芋及坡

斬頭更生

芝峯曰海南有為蟹斬其頭乾之椓去其齒而更生亦鰐魚也

醫方曰水蛭火乾細水而活蓋異種也

斬頭無血

晉石季龍傳安定人侯子光稱佛太子從大秦國來自稱大黄(黃)

帝斬之頸無血面色無異於生晉僧鳩摩羅什令弟子謂楚

尸惟舌不爛羅史法興王欲興佛教咸曰不可異次頓獨曰佛

不可不信王誅之異次頓臨死曰我為法就刑若有靈死

有異及斬血從斷處湧色白如乳我朝佔畢齋歿後四十餘年

剖棺斬屍亦鮮血

同類洩物

今馬齒莧人亦草名今人蓡按小說秦人謂豹曰程言食有程式也又宋康王時雀生鸇康熙時宋承生麟亦稱世事也

人生犬

山海經曰黃帝後孫白生犬人面獸身又盤弧之生爲蠻白狼之產爲突厥蒼鹿之生爲蒙古又宕昌羌自稱獮猴之種蜀楊姓人皆猳玃之子閩本蛇化故字從虫北史單于二女美置臺有老狼守之爲狼妻即高車國之始

尸頭夜飛

唐南蠻傳飛頭獠者頭欲飛周項有痕如縷妻子共守之及夜如病頭忽亡比朝還芝峯曰林邑有尸頭蠻者婦人也夜飛頭入人家食小兒穢氣頭返合體故失其體不得合即死

虫化鳥

莊子曰虫生竈下其状若脫名爲鴝掇十日爲鳥言物化無常也詩云肇允彼桃虫拚飛維鳥博物志曰白蟻聞竹雞聲爲水

馬生人

山海經曰黃帝子駱明生白馬是爲鯀〻又入羽淵爲三足能風俗通云漢靈帝時養馬胡蒭頭文馬生子云唐乾符二年河北馬生人京房云上無天子諸侯相伐之妖漢書司徒長史馮巡馬生人又游璽爲狐之夫號如意君亦怪矣芝峯曰項年閒犢兵與北驢交合俗傳唐騾始出於人交驢而生云

程生馬

芝峯曰程生馬、生人〻文反入於機〻義曰程虫也馬草名

鳥鼠同穴

爾雅曰鳥名鵌鼠名鼵相爲雌雄同居故禹貢記爲山名而又曰靑雀山則鳥色靑矣山海經云三危山有靑鳥爲王母取食或是耶後魏史北苑獲白鼠剖之腹中三子盡白亦異矣

比目兼翼

爾雅曰東海有魚曰鰈不比目則不行今鰈佐魚是也南海有鳥曰鶼 不比翼則不飛西方有人曰比肩國不比肩則不行北方有獸曰蟨、駏驉又有獸名蟨得甘草必齧以遺二獸二獸見人來負蟨以走蟨不負則不行中州有歧蛇盖孫叔敖所殺兩頭蛇也又鸞韻書曰鶼也如鳧一翼一目相得乃飛釋書有共命鳥二首一身杜詩蓮花交響共命鳥金榜難迴三足烏出背曲青者我白者彼建出島射白復邀建妻以少女曰君貴種還鄉自有大福居松岳生一子隆後龍女以建窺其與子女爲龍形戲遊房內爲失信遂女入井歸西海云與通錄略同然太祖所生子女兩腋有龍鱗故生女無鱗者下嫁有鱗者後宮宋史議之是也辛禑之誅舉腋示鱗亦異矣按坡碑宣城令張路斯取石氏女生九子曰釣於焦氏臺歸則體濕而寒石氏問故曰我龍也蓼人鄭祥遠亦龍也與我爭窟戰明日當戰使九子助之我領絳綃鄭領青綃果射青中之九子皆化龍矣

虎乳兒

東史甄萱父阿慈介耕於野母餉之置林下虎來乳之與鬪穀於菟相類而安祿之生鳥獸震驚烏孫昆莫之棄鳥嗛肉狼往乳

、龍種王

金寬毅通錄云作帝建唐宣宗之子覲父寄商船至海中舟不行舟人卜曰宜去高麗人建執其父所遺弓矢投海下岩其上有一翁拜曰我是西海龍王每日晡有老狐從空而下此岩即我頭痛願除是厲及期果從西北來候而射之乃狐翁喜迎入宮以長女翥旻義妻之是爲龍女擇里志曰宣宗少時離十六院隨商船至寶育家以少女辰義薦枕有娠遺一形弓曰若生男名以作帝建持此入中國及建長入唐船忽儃徊投筮之惟建筮沉遂下之島有一童自水中湧出謂曰龍王請見建從至水府老翁迎請曰老夫居此久矣近有白龍爭我窟約以明日戰知君善射可助吾建曰何以識之曰明午風浪是戰時各

口淵龍而有娠生而有龍文曹氏譜曰始祖繼龍母浴于淵與龍交生繼龍云

虎攬冠 柳東達子孝金莊九月山遇大虎伏道下從白物横其口中孝金言爾不害我我當拔去虎頷首即拔出釵伏地虎告曰我山精也昨夢聖堂里攬鐵一條有物藏喉甚苦公能拔我公之子孫七世立將相後孝金官至左尹

古記云聖骨將軍居扶蘇山右谷一日與同里九人捕鷹會日暮就宿岩竇有虎當竇口大吼十人相謂曰虎欲啗我輩試投冠使見攬者當之虎攬聖骨冠聖骨出將與虎鬪虎忽不見而竇崩九人皆不得出焉崩此與九人先祠山神〻見曰予以寡居此山欲與爲夫婦共理神政請封爲此山大王言訖不見郡人因封聖骨爲大王立祠祭之以九人同亡故改聖居山爲九龍山聖骨之孫寶育出家入智異山修道還居此山之北岬寶育即作帝建外家也按岩崩與漢竇廣國事相類

忠烈王時火星食月又朴淵水涸又血幢竪于西方按宋史黑眚見于禁中或如席如驢云漢五行志曰言之不從則有白眚白祥聽之不聰則有黑眚黑祥其幢亦眚之類耶

嶽鳴鍾啞

忠宣王時松嶽鳴內竪譌言嶽三呼繞殿而又鍾樓鍾撞不鳴

天雨白毛

恭愍王時雨白毛

龍祟男

咸昌邑志曰善山男子過尚州路逢美人約某日往訪及期忘之仍病巫言龍爲祟男子悟乃舁往恭儉池邊卧白日有龍自池中出捲其男入云箕雅註鄭知常毋雷雨之夕嫁平壤外橋

又大霧晝昏占曰破國六帖曰天寶中霧昏十步不見人謂晝昏

香爐獅鳴

神宗時長興庫香爐足獅子鳴如犬吠佛書曰雪山和尚塔銘云我喝泥牛吼汝秘木馬嘶者非真也而既怪矣爐獅之吠者是真也則亦異矣又南部井水赤沸聲如牛鳴

雨蟲語蛇

高宗時夏五月雨毒蟲其身褁細綱剖之如砾白毛隨飲食入人腹中人輒死時號食人蟲塗以蔥汁則便死五行志云葦島有黃蛇作人語謂樵者曰此島之人近不斷告監倉切須慎之監倉使李承璉怪而秘之果投蒙古

丶火星黑眚

日傍有彗
獻宗時太史奏曰日傍有彗近臣亂諸侯有欲叛者
鏡見西京
肅宗時西京地鏡見按宋史文帝時青州城南望海中如水有影謂之地鏡韓愈秋雨詩地鏡時昏曉池星競漂沛註地鏡精水也池星萍藻之屬也與此鏡異
日月同出
仁宗時四月日月同出
狼星見極
毅宗時狼星見于南極朴純嘏以爲老人星馳驛以聞王親製樂章歌之水洲民耕田得金其狀如龜以爲天降金龜呼萬歲

光宗時玄鶴集含德殿
、客星犯座
景宗時崔知夢奏客星犯帝座王承伏誅
、海湧瑞山
穆宗時耽羅山開赤水湧成瓦石又有山湧於耽羅海中望如
石硫黃謂之瑞山
、石隕聲雷
文宗時石隕黃州聲如雷禮司奏曰宋有隕石秦有墜星晉唐
以降比、有之
、火星守囷
宣宗時新興倉災日官吳相曰去年火星守天囷

白氣如練

阿華王時白氣自王宮西起如匹練

龍文月輪

義慈王時衆狐入王宮又王都井水赤如血西海魚死泗沘河水赤如血蝦蟆數萬集樹上都人驚走有僵死者又有犬如野鹿至泗沘河岸向王宮而吠者王都群犬聚於路或哭或吠又鬼入宮中大呼百濟亡、、、即入地中王使掘之深得一龜背有文曰百濟同月輪新羅如月新

雌雞化雄

高麗末太祖曰昔晉有邪臣其家雌雞化雄

玄鶴集殿

〻三日無光
榮留王時日無光者三日
〻八足二尾
故國壤王時牛生馬八足二尾
〻像泣雨鐵
寶藏王時東明王母像泣血又王都雨鐵又羣獐渡河西走羣
狼向西行三日不絶九虎入城
〻一首二身
百濟史始祖時王宮井水暴溢漢城人家馬生牛一首二身日
者曰井溢者大王勃興之兆牛一首二身者並隣國之應也王
遂有呑辰馬之志

文聖王時五虎入神宮園七年十二月朔三日並出

、震皇龍塔

景文王時震皇龍寺塔

九都地震

高句麗史太祖王時九都地震

帶素赤烏

句史扶餘王帶素得赤烏一頭二身並二國之徵送于句麗、王曰黑者北方之色今變爲南方之色君得而不有之送于我兩國存亡未可知帶素聞而悔之

壙內樂聲

燕慕容廆來侵至故國原發西川王塚役者暴死壙有樂聲

、雨漲易立
宣德王薨無嗣欲立族子周元、、在京北二十里會大雨川漲不得渡議者以天其不欲立周元乎立敬信而乃止

、石立塔擊
哀莊王時牛頭州有石起立望海寺二塔相擊十年西兄山塩庫鳴聲如牛又歃良州武珍州進赤烏又四月碧寺有蝦蟆食蛇是年八月彦昇弑王

、雨蟲産異 南池異鳥 憲德王時菁州都督憲昌移領熊川叛先是菁州南池有鳥身長五尺色黑頭如五歲兒喙長一尺五寸目如人嗉如受五升許見三日而死時人云憲昌敗亡之兆
憲德王時唐恩縣有石自移百餘步十二年漢江南川二水相擊西原雨蟲又武珍州女産兒二頭一身四臂

、五雲三日、

地燃巖崩
太宗王時東吐含山地燃三年而滅北岩崩碎為米食之如陳倉米
水聲鼓鳴
孝昭王時東海水赤五日海水有聲聲聞王都庫中鼓角自鳴
五犢妖星
景德王時京都有牛一產五犢又妖星出自中天大如五斗器
浹旬乃滅又震真平王陵及佛寺十六
兩日並出
惠恭王二年兩日出康州地陷成池水色青黑三年星隕宮庭
相擊如火迸散天狗星隕東樓頭如甕尾長三尺四年虎入宮
中金庾信墓風起至始祖陵塵霧晦冥若有悲泣悲歎聲

有石自行
眞聖王時沙梁部有石自行
地震城毁
訥祗王時地震金城南門毁
星隕如雨
眞平王時星隕如雨秋又大水漂沒人户三萬三百六十
蝦集兵象
善德主時宮西玉門池蝦蟆大集主曰兵象也命將搜百濟兵
又四七重城南大石自移三十五步又星落月城毗曇等曰落
星之下必有流血金庚信以偶人抱火載風鳶颺之曰落星還
上於天奮擊毗曇等殺之

○祥異類

龍見震門

羅史赫居世時二龍見金城井中暴雷雨震南門

鴻鴈民象

儒理王時漁鴈來集日者言鴻鴈民象已而南沃沮納款

震新宮門

伐休王時震新宮南門又震金城東門

地震泉湧

基臨王時地震泉湧京都毁民屋有死者

山崩水湧

實聖王時吐含山崩水湧三丈

佛書云口說道而無實得者蝦蟆禪 舌不說法者啞羊僧 避俗避僧者爲鳥鼠僧 形俗心者禿居士也 鳥鼠即蝙蝠之謂也

優婆尼

佛書曰優婆塞優婆尼此言在家二衆 秦言善宿男 唐言近事男即番語所謂火宅僧也 今北道在家僧有妻有子又有家業公番直宿山寺爲交市時用之故 俗謂蒙[illegible]軍 事物紀原曰漢明帝聽劉峻女出家 中國爲尼之始也 今又登枷女 即俗謂寺黨 麗時僧婢也 爲僧縫衣炊飯而設也 故今尚隸寺刹 見僧則拜 且其夫謂居寺 即寺奴也 字彙補曰佛之外道曰霞尼

比丘

釋典華言乞士 謂內乞法資心 外乞食資身也

、天堂

佛經云凡人爲死者供佛轉經雖有宿世罪業得生天堂之峯

曰天方國舊名

則已

十

佛經一

殿脊一

變成一

解地獄

謂地獄

、蝦蟆負岸

興輪寺
新羅本紀曰訥祇王時阿道和尚創是寺講演天花自落
金山寺
擇里志曰金山本龍湫深不可測羅時祖師以鹽累萬石填實而龍徙仍築基建大殿、四角階下細澗環周即甄神釼囚其父萱於金山寺是也
〻通度寺
擇里志曰唐初慈藏法師入天竺得釋迦頭骨及舍利藏寺後作塔以鎮歲久少傾 肅廟乙酉僧聖能欲重修毀塔則內青外道聖能〻重修而銀函金褓頭骨大如盆盎已千有餘年不朽如新又金盒舍利光奪人目今在梁山其碑蔡彭胤撰云

佛前所爲之幀勿覘視塗其四壁只存納飲食一孔而三日一

納、時亦勿邪睇化主僧依其言及二十九日料畫已就暫疏

眄焉畫師大驚擲筆起立曰不能矣即有黃雀出自飯孔飛去

影響音寂然惟而入視之畫佛已成而一足未就仍畫着鳥跡而

去即掛于桐華寺凡有水旱疾疫必禱神驗壬亂倭人竊而去

及雲師使倭願還我畫幀隱白曰弊國雖小重寶猶多何捨此

取彼政曰此佛甚靈可以祈風禱雨可以禳災致祥故闕白以

下齋聲曰大師亦能呼風喚雨何必求還佛幀

錫杖寺

佛國寺 羅牟梁里貧女有子大城卒死其死之夜金文亮家有神呼于空云大城今托汝家文亮妻果生男右手金簡在其手握大城二字因以名之既壯迎貧女養之與母同創此寺請僧表訓宗住以祝二母[illegible]

三國遺事曰良知法師在東都杖頭掛一布帒杖自飛檀越家

至振拂自鳴人知之納齋費帒滿則飛還故名其寺云

擇里志曰寺即新羅時所創而在長淵串海汀皆沙極細如金色暎日閃爍者二十里每隨風成峯朝徙暮遷左右流動沙上塔廟壯麗而不埋壓此可怪或曰海龍所爲近聞壬子前數年爲沙沒只法堂一瓦露出云其海龍不爲保護耶

桐華寺

擇里志曰羅僧弘眞飛錫空中錫止於此遂建寺以居地形固合屋宇宏傑自古多名僧修行者蓀谷詩桐花夜烟落海水春雲空爲是寺畫景也旬五志曰大邱八公山道僧買大絹八疋於燕市聯作一幅欲畫丈六金軀爲幀行八道募能畫者數年不得適楓岳僧水陸道場僧俗咸集化主僧通告莫有應者座末疲癃一僧應之偕歸請之僧曰此畫滿三十日乃成吾隱身於

福清渡乘大火先上後官司改其渡爲丸義渡

洛山寺

寺在東海上壁絶處前柱脚浸海諺傳寺將前覆無以易棟楠有一匠先裝船載土而各持新棟一時盧擬圯處乃齊放船浮寺即高擧得重修云魏志太祖有巨象欲知其斤而不可秤少子蒼舒曰置象於舟刻其水痕而以覆則知其數也又諺傳我國初懸鍾而撞聲不出有小兒曰掘鍾底數尺如言果有聲今鍾閣是也蓋金空則鳴故也

、兆榆寺

芝峯曰榆字不見韻書即筧方言箟音也梅月堂金鰲錄有之

金沙寺

彼潤寺雖美但營構繪飾之工特盛耳至於天作地生自然之勢殆未及此云

敬天寺

華嚴寺 在智異山僧煙氣不知何代人建此寺中有一殿四壁不以土塗皆用青壁刻華嚴經於其上有石像載之 俗云煙氣與其母化身之地東有日出峯西有月出峯

豊德扶蘇山敬天寺有石塔十二層刻十二會相人物聳動形容森爽其制作精巧天下無伕諺傳元脫〻丞相以為願刹晉寧君姜融募元朝工匠造塔至今有脫〻姜融之像

得母庵

擇里志曰大芚山有白雲菴壬亂咸悅孫某幼失母設水陸道場於此庵七日孫夢一羅僧曰汝母在山前鷲棲果一老嫗在石上急詢之即其母〻言被虜在倭國平朝提攜行汲有一僧負之來此不知何故改庵名曰得母庵按佛書黃蘗運師母至

以居奉純金佛像一軀每日出輒禱返國及登極大建神光寺於海州首陽山制工巧為一國之最後火更建殊不及古

檜岩寺

麗時西域僧指空到此云天寶山水之形宛同天竺阿蘭陀之寺後僧懶翁始建寺未畢而死其徒覺田等訖功為屋凡二百六十二間棟宇像設宏壯美麗甲於東方云

甘露寺

高麗李子淵入元朝登潤州甘露寺愛湖山勝致謂從行三老曰爾宜審視形勢載胸臆間天地間凡有形無不相似况我國山川清秀豈無京鄉相近乎汝宜為舟短棹無遠不尋以十年為期三老曰唯凡六涉寒暑始得之還作於開城西五鳳峯下

新興寺

麗史太祖圖畫三韓功臣於新興寺設無遮大會愚以爲何不畫麟閣爲煙閣耶于佛寺乎僧齋乎

仲獅齋

俗離有之爲李氏顧堂李氏即瞻穆李氏以奏文李字上加橫畫也

皇龍寺 天官寺 在慶州金庾信兒時母嚴訓不妄遊一日偶宿女隷家母曰惟汝立功名爲君親榮今乃遊戲淫房酒肆庾信誓不復過其門一日馬遵舊路誤至娼家娼且欣且怨垂泣出迎庾信斬所乘馬棄鞍而返女作怨詞傳之其家也天官其女號也

羅史眞平王時黃龍現於月城東王爲起佛寺號曰皇龍命率居於寺壁畫老松根幹鱗皴枝葉盤屈烏雀往往望之飛入及到蹭蹬而落歲久色暗僧以丹靑補之鳥雀不復來

神光寺 米岩寺 在慶州昔道人得神衆三昧自勵云非宮人不足動心神衆以宮人[illegible]遣宮人[illegible]於王王命以壬辰之亂倭兵來至此岩有丹痕[illegible]遣倭士數千敵兵之[illegible]閉日一念神呪倭兵數萬[illegible]山谷[illegible]新羅王迎爲國師寺傍有持[illegible]石上平坦可坐百人大[illegible]金庾信持[illegible]以供[illegible]

擇里志曰元文宗[illegible]庚申帝於長淵大靑島帝即順帝[illegible]等室

歸東洛建室號蕭齋〻之名寺之號皆始也釋書曰招提菩薩
皆古佛號故寺號亦招提云今尼媼號菩薩亦出此

鳩林

海史曰靈岩郡崔氏園中有瓜長丈餘崔氏女潛摘食之生子
以爲無人道而置之竹林有鳩來覆翼之遂收養出家爲僧名
道詵入唐傳一行禪師地理法而還後名其地曰鳩林猶莫耶
夫人攀阿輸迦樹生太子故謂祇林

七佛寺 千佛寺 在沃溝羅金庾信欲攻百濟請兵于唐蘇定方船來十二萬泊山下烟霧晦暝天地晦
山見若使問濟當近千寺奉佛即日天地清明山甚窄陜不可建千只排千石以象寺形建一寺稱之

擇里志曰句麗時隋兵至淸川江上有七僧前渡水不濕膝隋
兵以爲淺可渡隨而長驅盡渰焉兵退而僧不見遂建寺祀之
其孟浪和尚之類耶

精舍

事物紀原曰漢明帝立精舍以處攝摩騰今以佛寺爲精舍而儒者教授之所自晦菴武夷精舍滄洲精舍始也

禪補寺塔

麗僧宛演撰道詵傳曰道詵入唐學於一行、覽三韓山水圖曰人若有病尋血脉針灸則愈山川之病亦然建寺立塔如人鍼灸名爲裨補五百刹云唐詩天下名山僧占多者近是也今石佛浮屠蓋其時所建云按地家以滅鬱縮相地遷葬寄斬斷山川血脉欲滅其生氣也今山脉斬斷多唐將倭奴所爲云

蕭寺招提

杜陽編曰梁武帝造寺蘇子雲飛白書一蕭字其中後李約買

塔頂頭輪相邊即介甫對塔說話之譬也今塔鈴處

撤佛塔

恭愍王時榮川知事鄭習仁撤無信塔曰異哉惡木不息盜泉不飲惡其名也烏有巍然其形爲一邑所瞻而以無信表之乎

寺刹

要覽曰梵云刹瑟此云竿即幡柱也沙門得法者便當建幡告四遠也芝峯曰寺與宮寺之寺同按漢明時攝摩騰自西域獻經白馬來置鴻臚寺故仍名佛居爲寺〻曰白馬經亦曰白馬

佛堂名殿

傳燈錄曰好箇佛殿按釋迦即淨飯王太子爲王出家故以王禮待之所居謂之殿其俗言太子謂浮屠故僧塔亦云

擇里志曰我 太祖潛邸時夢背負三椽花飛鏡落問無學對曰三木者王也花飛終有實鏡落豈無聲遂建釋王寺於安邊大修水陸道場三日有五百羅漢觀象於空中之應

坡州彌勒 灌燭寺 在般若山有石彌勒高五十四尺麗光宗時盤若山麓有大石湧出僧慧明所成佛像

坡州有石佛謂彌勒恩津又有之其高皆數十餘丈望之如樸父特立諺傳皆自地中湧出爲邑之鎭而禱之有靈云

帝釋院

麗史睿宗以宋帝所賜金函佛牙頭骨置之外帝釋院按釋者釋迦也僧家尊之爲帝也

蘇屠

東夷傳云三韓立蘇屠註浮屠僧塔也佛經云大安和尚心在

曰將復鬚髮我耶俗傳麗季士夫相誇門地曰爾家掛僧袈耶
我朝信眉大師以佔畢第住福泉寺 光廟眷待有札學祖大
師以清陰從祖爲國師好風水稱和尚亦爭厓金守溫之兄云

現像凌波

異聞錄曰陳季卿家于江南訪青龍寺有終南山翁在東壁有
寰瀛圖季卿乃尋江南路而長歎曰安得自渭泛河達于家山
翁曰是不難命僮折竹葉作舟置圖上季卿熟視久之稍覺渭
水波浪一葉漸巨席帆旣張怳若登舟旬餘已至家擇里志曰
興陽楞嚴寺在八靈山中昔琉球太子漂到此寺伏禱觀世音
請歸國七日七夜大師現像扶太子凌波而去寺僧繪像猶在

羅漢觀像

隋史文帝以沙門彦琮爲翻經館學士唐以不空爲鴻臚卿始
也我朝壬亂松香山僧休静使募僧軍静弟子義嚴爲揔攝開
東僧惟政湖南僧處英爲將山谷送密老詩去與青山作主人
不負法昌老禪將正合此也芝峯曰休静金剛山詩蘇月臘仙
千丈檜隣林清瑟一蠶灘有戰功授二品職又昇平僧玉洞從
李統制有功仍居忠武祠祭奠且言國有警則統制先期見夢

雪菴薦朝

芝峯曰雪菴乃李溥光初爲僧趙松雪見其所書酒樓勸還俗
薦朝官之其類賈浪仙鄭介清耶詩林註亦朓初爲埋骨僧

遁入禪社

麗史曰權晅自號夢菴居士一夕遁入禪社剃髮子溥往哭[illegible]

燕岩曰長城外白雲塔石窟中有遠時入定僧至乾隆時微溫
柔潤但無氣息

僧科

麗史宣宗初立僧科芝峯曰我朝禪科用普雨言設之後罷普
雨者臨陂縣東寺僧手操青山雲月楓謗傳謫濟州去 言我
當死爲國馬所蹴别作銀槽盛粥枚群馬中呼普雨
後果如之有白馬蹴銀槽食遂爲御乘馬馬甚駿又如人意甚
愛之忽病幾死上曰此馬也言死者死一日馬醫進言曰馬病
則愈粥不食三卧臥不起三日上曰死矣乎醫曰殿下旣言死
以臣所見亦似死也

僧統揔攝

始創寺度僧我 成宗壬子還度僧法

、三生四衆

佛經云過去未來現在謂三生即唐詩三生石上舊精魂是也與俗所謂胎生濕生化生異矣聲聞乘緣覺乘菩薩乘謂三乘與大乘禪小乘禪最上乘禪亦異也人天神鬼謂四衆亦曰四部又僧尼善男子善女人亦謂四衆也

、皇長生

擇里志曰靈岩道岬寺道詵發迹所洞外立二石一則刻皇長生三字一則刻國長生三字不知何意鷄龍山岬寺後峯石刻方白馬角口或生禾八字亦未知何意

、處檜入定

元無怨靑山亦不嚬之語相似

曼陀羅花 酉陽曰天女九退相九髮徹底法又屢動不止 瓔珞花鬘皆重香山詩云骨靈爲華鬘是也

佛頂心經曰觀世音菩薩說此陀羅尼已天雨寶花繽紛而下

羅時阿道講演天花自落申叔舟海東記曰聖德太子卽日本

敏達天皇之孫三歲聞十人語同時解之十歲悟佛法於菩提

寺講聖鬘經天雨曼陀羅花是時中國梁有昭明太子亦商享

香臘

唐詩僧臘庭前樹註佛家謂年爲臘又僧夏以結夏 : 以祝髮

度牒

高僧傳曰度牒自南北朝有之唐食貨志曰肅宗至鳳翔以國

用不足始給空名度牒則似今加資帖矣百濟史辰斯王元年

文句曰偈

佛語謂文句為偈猶道書以卷為局也夜靜水寒魚不食滿船
空載月明歸是佛偈也故為法堂柱聯

貝葉旃檀

擇里志曰長湍華藏寺有西域僧指空所留貝葉經旃檀香按柳
文詣超師詩閒持貝葉書步出東齋讀註西域經多以貝木葉
書之文選曰指空伽比羅國王之子東遊金剛山士女奔波因
帝旨還燕

菩提樹

梵語菩提此云正覺五祖偈曰身是菩提樹心如明鏡臺六祖
曰菩提本無樹明鏡亦非臺與綠水喧如怒青山嘿似嚬綠水

萬大藏經以舶載來刻而加漆以銅錫爲粧而建閣百二十間藏度至今千餘年板如新刻飛鳥廻避不坐屋上可異芝峯曰俗傳板汗出有邊患云倭以徐市所求九經欲相換我國不許而咸豊丁巳我大王大妃命開板于奉恩寺

茶毗舍利

要覽曰耶維闍毗茶毗皆言焚燒也坡詩不覺燈花落茶毗一箇僧是也今茶毗道僧全體燒盡有骨如珠得火中躍出謂舍利爲起塔廟藏之或燒凡人亦有之盖人之精髓火不能燒者

不立文字

要覽曰達摩不立文字者恐執文滯相也傳燈錄曰以燈傳燈以心傳心然謝惠子所謂妙處不傳何哉

、南無阿彌陀佛

悲花經曰南無者諸佛世尊名號音聲也佛經云佛上有世界極樂以無八物十惡道故也今佛殿題額取此也

、題畫佛文

韓退之云極西之方有佛國其土大乘爲國是佛而禮之願其往生蓋與佛骨表異矣

、達摩真性

芝峯曰其頌云始終窮妙極真離性情緣理空忘照寂身至淨明圓此二十字回環進退成四十首計八百字每首用韻奇矣

、八萬大藏

羅史哀莊王既死已斂而復蘇與冥官約發願送使入唐購八

金剛經曰世尊食時着衣持鉢入舍衛大城乞食今謂山乞傳燈錄云問和尚家風曰一瓶兼一鉢到處是生涯又八菩薩往衆香國禮佛乞飯之餘於是香積如來以衆香鉢盛飯與之山谷詩不逢壞衲乞香飯今禮佛與飯是也我國僧尼禁入王城自正廟世述海剌客變後也

、檀越施主

梵語云陀那鉢底唐言施主稱檀那者訛陀爲檀又稱檀越者謂行禮施能越貧窮海故也

、南北宗

傳燈錄曰六祖得法住曹溪神秀亦嗣五祖法居荊州號南北宗其猶太極兩儀爲釋迦如來極樂界爲南無阿彌陀佛也

繼傳心燈

維摩經云諸弟子有法門名無盡燈譬如一燈燃百千燈其燃燈佛供之始乎

八關燃燈

羅史眞興王每歲仲冬宮中會僧徒置輪燈一座設綵棚百戲以祈福名八關麗太祖親述訓要十條曰一創寺二五公願當俗謂功德院也六燃燈事佛八關祀天靈山川龍神

木魚

劉斧摭遺云僧舍木魚者魚晝夜不合目修行者忘寢修道魚可化龍凡可化聖又木鐸書遒人循路而僧徒取以警衆乞瓶乞食禮佛

語錄曰內外身心一時俱捨隨方應物能所欲皆忘是謂大捨行道布德無所希望是謂中捨修行衆善有所希望是謂小捨梁武帝捨身同泰寺是也唐史頂香灼體今佛家受火謂捨身

燒香

楞嚴經曰純燒沉水毋令見火其引導聲云奉獻爲一瓣香德容難思意根盤塵沙界葉覆五須彌后山註諸禪開堂宗第三瓣香推本其得法師自則云此一瓣敬爲某人其詩曰向來一瓣香敬爲曾南豐是也明史嚴宗見便殿焚香曰先帝不壽以此助陽盖燒香求陰校陽以香氣動之故也

寺刹有印

后山詩截有空王印貧無置錐地註佛章謂傳佛心印今亦有

集韻曰西域謂頌曰唄法苑曰西方之有唄猶東國之有讚者從文以結章唄者短偈以流頌此其事義名異實同

記莂

佛家作詩曰偈作文曰莂黃庭堅與禪師書曰承記莂是也宋詩瑞木千尋珠仙圖幾帀開註負語謂一卷為一帀帀音斛

佛座祝壽

璿源譜曰舊例誕日勳舊之臣就僧舍設齋祝壽 成宗丁酉朱鷄亞深源奏罷之然今佛座前猶書主上殿下萬萬歲七字亦亞祝我王萬壽也盖聖朝雖崇儒敎麗俗猶襲宮家財貨太半為齋會施主之糜費近年鷄龍山有千燈之祭矣

捨身

魏書曰浮屠正號曰佛陀華言譯之則謂淨覺 釋典曰殑伽華言天堂殑音竟正韻曰伽藍神名也僧伽藍衆園也釋云園取生植義也菩薩註菩普也薩濟也能普濟衆生也

苾蒭僧

禪宗記曰禪僧衣褐講僧衣紅瑜伽僧者今應赴僧衣葱白又真臘國呼僧爲苾蒭僧皆茹魚肉惟不飮酒供佛亦用魚肉僧用金銀轎杠傘柄者國王有大政亦咨訪之

團隨

佛書曰言食隨在鉢中也 梵言儐茶波 一曰濱茶夜華言團者食團謂行乞食也

梵唄

傳燈錄曰袈裟乃西域屈眴布緝木綿花心織成釋迦佛生四十九年將金縷僧伽梨衣傳與一祖摩訶迦葉傳至三十二祖弘忍○六祖慧能得衣鉢奔南嶺外有明上座追至大庾嶺能擲衣鉢於石上曰此衣可爭耶明擧之不動曰我來求法非爲衣也六祖衣鉢爲天下所宗有張初昌懷刃入室將欲加害六祖置金十兩於方丈張揮刃者三都無所損祖曰正劒不邪〻劒不正只負汝命張驚仆乃蘇與金令去(僧偈云碧羅月上紅袈裟共色紅舊矣)

和南

韻書曰合掌禮謂和南穆天子傳謂膜拜而受也胡人拜稱南膜蓋以天道合於南之意耶通鑑膜拜註長跪拜之

、佛陀

恒沙世界之外今佛像屈指掌中是也

削髮 [illegible]

類要曰覆以慚愧之衣落其煩惱之髮蓋祝髮胡俗也類說云不宦僧髮須垂拂履曰留髮表丈夫梅月堂以削髮逃塵世爲句

念珠 又曰過去未來現在以應三十六天之數即三十六宮却是春也各應三生合百八云

佛書曰七十二候二十四氣十二時合百八爲念佛之數云

袈裟

佛書曰阿難在靈鷲山上四望見福田疆畔因制七條衣割截之法王維詩裁衣學水田王昌齡詩香帔稱畦成楊升庵詩稱畦帔水田是也

傳衣鉢

、身黃髮青

浮屠經曰臨兒國王生隱屠太子父曰屠頭邪母曰莫邪屠身色黃髮如青絲乳有青色爪赤如銅始莫邪夢白象而孕及生從母右脅出有髮墮地能行七步又生時有二龍王夾左右吐水一龍水暖一龍水冷遂成二池猶一冷一煖初行處琉璃上有太子腳跡見在云今佛像金身綠髮故坡詩曉山濃似佛頭青是也又佛上忉利天爲母說法九十日波斯匿王思欽見佛即刻牛頭旃檀象置精舍內佛坐此像是木像之始也

、著右手掌

佛書云三千大千世界着右手掌中又復還置本處不使人有往來心維摩詰云取三千大千世界如陶家輪著右掌中擲過

典座曰人未認可還之名拾得又佛名寒山今僧房容座書寒山拾得四字以典座也

甲寅生聖

芝峯曰甲及寅年生者聖此言似出佛家以釋迦生甲寅故也論衡云周昭王二十六年甲寅四月八日井泉溢恒星不見太史蘇繇占西方聖人生云西域國母摩耶氏遊毘藍園無優樹下生釋迦年尼字悉達多是謂佛祖蓮史曰二月八日生淨梵王子姓瞿曇氏名釋迦牟尼(佛者言釋迦四月八日生十二月八日見明星悟道二月八日涅槃言死)

象教

頭陀碑象教註刻木為佛瞻敬之以形象教人也後漢天竺國傳西天有佛其形長丈六尺而黃金色是也

、沙門削髮 漢郊祀志曰沙門漢言息心削髮絶情欲歸於無為也

善覺要覧曰梵云沙門或云桑門唐言勤息猶褒譽之謂蘭奢覺悟之謂佛也內有德智外有勝行在人之上謂上人皆方語

三寶

羅史訥祇王時梁遣使賜王香君臣不知名與所用沙門墨胡子適自勾麗至曰焚此致誠於三寶、、者佛佗達摩僧伽也燒此發願則必有靈應今三寶之名是也圓覺要覧曰梵語阿闍梨耶隋云正行能糾正弟子行亦三寶之流也唐王播詩慚愧闍梨飯後鐘是也梨一作黎

、寒山拾得

傳燈錄曰豊干禪師行山中見一兒數歲攜至天台國清寺付

武帝太廟以麪爲犧牲出此守約篇云漢作昆明池得黑灰東方朔曰可問西域道人即佛之徒也歷代三寶記劉向稱予覽典籍有佛經則知周時已有佛矣哀帝時博士弟子景慮受大月氏使伊存口傳浮屠經則特默來佛書圖像自明帝始也

佛道慈悲

漢明帝紀曰其書大抵以虛無爲宗貴慈悲不殺以爲人死精神不滅隨復受形生時所行善惡皆有報應故所貴修鍊精神以至爲佛善爲宏闊勝大之言勸誘愚俗精於其道者號曰沙門蓋其道之行以善惡爲後生報應之說固左道而爲喜殺多慾者之戒然雖稱彌天罪惡一誦阿彌陀佛則免棃泥地獄之說亦捫蝨捉户外有撲殺佛子之語也是以君子闢佛也

、寶育聖僧

輿覽曰高麗始祖寶育出家爲僧居平那山人謂寶育聖人牧隱詩聖僧遺跡尚宛然瓶錫歲月堆蒼蘚

、遍照辛旽

麗史太祖以僧惠居爲國師坦文爲王師自是世爲家法終致遍照之禍恭愍王嫉世臣執命援旽國政士大夫妻妾以旽爲神聽法來旽必淫之又王嘗夢人拔劒刺己有僧救免會金先以遍照見其貌肖王異之長髮爲頭陀吳仁澤曰道詵秘記有非僧非俗亡國之語宜除此人按與竪牛事相類

、祭天金人

顔師古曰休屠祭天金人今佛像而祭不用牛羊惟焚香禮拜

芝峯曰黔丹禪師即真鑑也孤雲作碑曰俗姓崔氏其先漢族
隋師征遼役於驪貊爲全州崔氏而形貌黯然號黑頭陀其
世母夢梵僧寄以琉璃罌

、郎智乘雲

三國遺事曰郎智法師乘雲往來天竺又靈觀家近龍窟雲暗
則聞有樂聲人傳盤龍之管絃師以杖擊床樂聲忽止一日龍
出水面人皆惶怖師一喝龍即沒唐詩所謂床下鉢盂藏一龍

、善宗祝髮

羅史云裔即憲安王庶子祝髮號善宗烏啣牙籤落鉢中書王
字高麗顯宗詢以神穴寺僧入爲王改寺名爲、中興寺又皇明
高皇帝托跡皇覺寺師事高彬

四溟堂法嗣號奇巖彥機號鞭羊堂忠徽號雲谷宗初號翠微

丶禪統

句五志曰自阿道至無準其間禪宗相承之序未易通曉自太古傳幻菴〻傳龜谷〻傳登堦〻傳碧松〻傳芙蓉〻傳清虛此七代則直傳釋迦正統四溟傳得衣鉢於西山而亦繼道統者也奇巖雲谷亦近代空門顯著者而翠微即西山三世法孫有道行名於當世芝峯曰東方異僧曰義相曰道詵世傳義相爲元曉弟子皆羅神文王時僧又道詵之師智藏而又謂唐一行弟子麗史放妖僧懶翁于金剛山又無學本高麗成駙馬子生而癖下有鬼字爲懶翁弟子蓋自義相至無學以風水傳統黑頭陀

堅遣僧阿道至又晋胡僧摩羅陁至百濟於是乎東方有僧而
新羅法興王始行佛法至真興剃髮被衲倭史宋雍熙中日本
僧奝然入朝言始傳佛教於百濟云三國遺事曰晋德和尚初
在東都以羅王不從移筇方丈於完山州孤大山道義國師首
來律師梵日國師洪涉國師哲鑑國師無染國師道憲國師普
照國師慧覺尊者麟覺國師懶翁禪師號江月堂達空和尚無
準禪師號涵虛堂作般若經說義普愚號太古入中原得臨濟
十八代嫡孫石屋清洪道統以還混修號幻菴覺雲號龜谷正
心號登堦智岩號碧松一禪號敬聖堂靈觀號芙蓉堂休靜號
清虛堂又西山其悟道詩曰萬國都城如垤蟻千家豪傑若醯
鷄一窓明月清虛枕無限松風韻不齊志常號老松堂惟政號

述之爲可繼也于是之學空空如也孰謂鄒人之子知禮乎父
爲大夫子爲士蓋有之矣欲潔其身而亂大倫而謂賢者爲之
乎丈夫生而願爲之有室物之情也如之何其廢也女子生而
願爲之有家古之道也吾何爲獨不然攝齊升堂夫子未出於
正也吾不欲觀之矣磨頂放踵父母國人皆賤之良人未之知
嗚呼拔一毛色斯擧矣今亡矣夫可以人而不如鳥乎旣而播
然改曰往者不可諫來者猶可追盍歸乎來復之鄉予日望之

東方有僧

傳燈錄曰初祖達磨曰當往震旦設大法藥遂泛重溟達於南
海史云唐天竺國王曰何古亦有摩訶震旦使者至吾國乎按
東史震旦乃渤海高王大榮祚國號也高句麗小獸林王時符

出名物度敎已落在吾儒第二義彼亦不無所見於理者

、責儒歸釋

清嘉慶六年工部侍郎鄒奕孝募三子棄儒歸釋其妻雲南內閣學士壯圖之女也集四子句連綴成文以志感曰攻乎異端、我丈夫也、甚矣良人者所仰望而終身、今若此、吾未如之何也已、古人有言曰君子不出於家而成教於國、三子者出、非其道也、父母俱存、兄弟無故、不亦樂乎、宜爾室家、樂爾妻孥、可謂士矣、今也、出妻屏子、是誠何心哉、無父無君、是禽獸也、子歸而求之、是亂天下也、居仁由義、君子人也、望望然去之、亦爲不善變矣、爲人子止於孝、今之孝子不顧父母之養、曾是以爲孝乎、父母在不遠遊、子好遊乎、曠安宅而不居、不可以已乎、父作之子

我 正廟朝李家煥購来其書於中國於是乎東方始有 天主之學云按漢封禪書祭八神其一 天主佛書六道之一亦天主則天主之説舊矣燕岩曰耶蘇者如中國之語賢爲君子番俗之稱僊爲喇嘛也耶蘇一心敬天立教八方年三十遭極刑國人哀慕之設爲耶蘇之神謂天主其教四条信誓断色念絶官欲有敷教八方願無更還故土名雖闢佛篤信輪回萬曆中西土沙方濟者至粵東而死繼有利瑪竇其教以昭事爲宗修身爲要忠孝慈愛爲工務遷善改過爲入門生死大事有備無患爲究竟西方奉教以来千餘年大安長治其言誇誕中國無信之者鶚汀曰西學安得詆佛本依釋氏糟粕既入中國見中國斥佛於中國文書中討出上帝主宰等語以附吾儒然本領元不

、十字牌

瀛環志畧曰天主教規立十字架作銅人肖耶蘇被釘受難之形旁有女人像肖耶蘇之母馬利亞即天主女圖

、利瑪竇

芝峯曰歐羅巴人利瑪竇所著天主實義二卷首論天主始制天地主宰安養之道次論人魂不滅大異禽獸次辨輪廻六道之謬天堂地獄善惡之報末論人性本善而敬奉天主之意其俗謂君曰敎化皇不婚娶故無襲嗣擇賢而立之又其俗重友誼不爲私蓄著重友論焦竑曰西域利君以爲友者第二我云詳見續耳譚盖其學佛之流而雜以墨、之名而棄之以道又以天文地理醫藥卜筮種樹農桑之術潤餙之前天下也固矣感神而孕漢哀帝五年庚申生耶蘇於猶太國耶蘇宣傳教法哉殺哉淫哉盜哉誣證謂天爲父已爲上天之獨子降生以拯濟世人謂人之生也靈魂爲重軀殼爲輕軀殼時至而靈魂歷劫不磨修道之人升靈魂於天國與天無極而天主者以耶蘇爲上天之主宰也猶太國王惡之賄其士者賣其師耶蘇釘之十字架其數、形見　奉耶蘇教者不祀別神不供祖先以耶蘇救世主亦佛氏之支流別派歐羅巴遠在荒裔周孔之教而不及耶蘇生於其間忘身救世彼土崇而信之亦無所謂非而必欲傳其教於中土則亦未免多事矣又西國奉耶蘇教者不奉回教、、者回、國教也相起兵攻伐故世所謂孔教釋教洋教回、教爲四大教是也 近年我國嶺南有東學而攻西學然其誦語天主造化定則亦西學之流也物及天主如圖西洋人入中國始此熹宗世御史鄒元標馮從吾建首善院于京師與高攀龍等講學其中罷斥小悉焚其典籍棄先師木主于路至崇禎中西洋人湯若望修曆于其中今為洋主堂云近有我使入燕見天主堂耶蘇木像以白檀香為之形容其臨刑之像若鮮血淋漓新漬云

、耶蘇基督 瀛環志云佛生于周莊王十年滅度于周匡王六年天主教耶蘇生于漢哀帝元壽二年庚申滅度于漢光武建武七年己丑回教穆罕默德生于陳宣帝大建元年滅度于隋文帝開皇十四年甲寅

瀛環志畧意大里亞列傳曰泰西人所刻耶蘇之書甚多其叙述謂上古之世有至人摩西者受神天教於西奈山垂十誡以教世人其先有搭人曰亞伯拉罕十四世而生大辟西人皆西土名賢能教化人大辟十四世爲巴別倫、、、又十四世而生耶蘇基督 基督如十國之云神靈也 耶蘇之父曰約色弗母曰馬利亞、

午十七遇天真降授道經鍊形不食萬曆庚辰重九蛻去王世貞傳其事而所言多涉禪味然其曰中庸天命之謂性一語旨天下之道又曰毋意毋必毋固毋我有味哉玆所以為孔子乎勿正勿忘勿助孟氏庶幾擔荷矣又云求道者但於十二時點檢身心中過而已此數語與吾不背

、朱衣女

燕岩曰天主堂所畵朱衣女似是五代時閩都巡檢林願之第六女生晉天福八年以雍熙四年二月二十九日昇仙常朱衣飛翻海上里人祠之

、天主女

明史萬曆二十九年辛丑天津監稅中官進大西洋利瑪竇方

恒搖頭欲絶故其聲不止也問何至此主人亦未達其所以然

昔越勾踐爲吳求奇木使國民入深山不得者十餘年惟唉草木賣瘠身毛生數百年後人有逢之者飛越岩谷疾若鳥獸是爲木客按徐鉉傳鄱陽山木客秦時造阿房宮者食木實得不死就民間取酒爲詩云酒盡君莫沽壺乾我當發

道士

事物紀原曰黃帝內傳有道士行禮之文此宜爲有道之士也樓觀本紀云周穆王因尹眞人草樓之觀以幽逸人居之謂之道士則道士眞人幽人逸人之名久矣

雲陽鍊形

芝峯曰雲陽大師壽貞者皇明太學士王錫爵女生於嘉靖戊

說文曰仙者山人博物志曰日南有野女羣行裸袒無衣襌神異經曰西方深山有人長尺餘袒身捕蝦蟹以食名山㺐即玉姜之類樵採者或見之盖海中鮫人之類也旬五志曰頭流蘭若僧冬夜爇火於窟邊每有撥而滅者僧潛伺之夜深有飛物大如人自屋角入竈撥火炭之僧突出欲捉即飛倏去乃設網為易入難出者然其物果罥網僧覩其貌則面目咸體人而長毛遍生問曰人耶仙耶何由而来其物奮佰咽咲不成言語放之凌風而去又咸興金進士夜宿東峽鄰村聞鐵鎖聲若馬搖動者然徹曉不止問主人曰汝有不剔馬乎以鎖聲不能寐答曰非馬也吾祖々世年紀不知幾而過百歲已遠渾身生毛若山猪狀不饑不飽語言不通常欲奮迅々則難尋故以鐵鎖繫之

坐化云集仙傳曰尸解者足不青皮不皺目光不毀髮不脫者
皆尸解也有未斂而失尸者有人形在而無復骨者有人在形
去者有髮脫形去者白日去爲上尸解夜半去爲下尸解句五
志曰檀君赫居世東明王新羅時有永郎述郎南郎玉寶高金
謙孝大世仇柒昆始金可紀崔致遠麗朝有姜邯賛我 世祖朝
有權真人梅月堂新堂洪裕孫 成廟朝有新堂鄭鵬丁壽崑
中宗朝有廬菴鄭希良南趎智異仙人花潭徐敬德北窓鄭磏
古玉鄭碏桧軒鄭礎田禹治尹君平漢拏仙翁 宣祖朝有松菴
南師古守菴朴枝華土亭李之菡寒溪老僧柳亨進南海
張漢雄蔣生忘憂堂郭再祐
、山人謂仙

可紀登仙

唐沈汾續仙傳飛昇者六人中有金可紀者新羅人賓貢進士仙迹甚異而我東無傳焉惜哉唐大中十一年十二月可紀忽上表言臣奉玉皇詔明年二月二十五日當上昇宣宗異之賜宮女藥彩又遣中使伏待至其日果有五雲笙鶴金石鳳幢滿空昇鶴而去朝列庶士觀者填隘莫不瞻禮云章孝標送金可紀歸新羅詩云登唐科第語唐音望日初生歸故林風高一葉飛魚背潮淨三山出海心

丹學

擇里志曰崔真人濡南宮道士斗樞青霞克中皆以丹學稱上黨韓無畏得道尸解梅月堂金時習坐化無量寺李手宗子亦

僧對碁僮以書進道人笑曰我已知爾至矣付一札並壽玉春子僮來時九月還時二月矣趂登第官典籍卒失碁子所在而道人即孤雲老僧即黔丹禪師云

孤雲得道

擇里志曰雙溪寺有孤雲畫像沿溪石壁多刻孤雲字世傳得道徃來於伽倻智異之間云 宣廟辛卯間寺僧得一紙於巖石間有詩曰東國花開洞壺中別有天仙人推玉枕身世倐千年字畫如新而字法與世所傳孤雲筆同云盖孤雲與金可紀崔承祐附商船入唐逢申天師於終南山亦得內丹秘訣歸東修仙云實以鷄林黃葉鵠嶺靑松之語羅王惡之故懼卒家逃伽倻朴守庵詩孤雲唐進士初不學神仙 是也

某松之精也見先生過禮當佚見呂因書壁云獨自行來獨自
坐無限世人不識我惟有城南老樹精分明知道神仙過抱朴
子曰山中樹能人語者非樹能語也其精爲之名曰雲陽

山仙

羅時述郎永郎安詳南郎同遊高城三日題丹書所謂南石行

水仙

抱朴子曰華陰馮夷爲水仙、傳宋舍人琴高乘赤鯉山谷詩
霜林恨暇憑春網薦琴高是也我國朴守庵枝華壬亂於楊根
水濱斫木書杜詩句鷗元水宿何事有餘哀投水死人謂水仙
、南趎玉碁
芝峯曰南趎谷城人手書與僮往智異山青鶴洞則道人與老

傷子棱敵投地蓋仙化鶴、化仙如丁令威蘇耽之類是也

、茅濛昇天

芝峯曰秦始皇時茅濛字初成白日昇天其邑謠云神仙得者茅初成爲七言古詩之首云蒯通傳與安期生遊通亦仙徒歟

、竇公墨翟

芝峯曰竇公魏文侯時樂工至漢文帝時二百八十歲墨翟至漢武帝時二百餘歲唐張果老云我生堯丙子抱朴子云蜀有李阿穴居不食名不傳世號李八百我國有咸興三百者不知姓名貫鄉近來尚存語壬亂如昨日事語丙亂已耄矣

、呂洞賓

列仙傳曰洞賓憩岳州白鶴寺前有老人自松梢冉冉而下四

女媧氏十九代孫名大禹壽三百六十歲入九嶷山仙去後三千六百歲化精姙娘十四月生禹坼石紐山堯以其功如古大禹賜號禹之說亦誕

素女

芝峯曰素女見養生書玄女見地理書皆人名非女人猶女媧之君號女真之國名耶席上腐談云女媧非女主乃男聖若鄒經所云搏虎之馮婦而中原人以月山大君婷爲女人者

次仲化鳥

列仙傳曰王次仲變篆爲隸始皇召之不至將殺之次仲化爲大鳥振翼而起使者拜曰無以復命乃以三丈翮墮與之因號落翮山隋史煬帝造儀衛烏程有鶴巢樹高百丈伐其樹鶴恐

仙佛類

老氏瞿圖

芝峯曰其畧云三皇時化身號盤古先生伏羲時化身號鬱華子軒轅時號廣成子顓帝時號赤精子帝嚳時號錄圖子堯時號務成子追商陽甲時分身化氣寄胎八十一年生于武丁庚辰二月十五日卯時周武王時爲守藏史遷柱下史至昭王二十三年過函谷關遇關令尹喜後二十五年降于蜀青衣肆會尹喜同度流沙胡域穆王時復還中夏平王時復出關開化蕃隣諸國復還中夏敬王時十七年孔子問道於老君烈王二年過秦、獻公問以歷數遂出散關赧王九年飛昇崑崙秦時降陝河之濱號河上丈人亦曰河上公其說多誕又遁甲開山圖曰

松南雜識